Kriminalität und Gesellschaft

Reihe herausgegeben von
Stefanie Eifler, Katholische Universität Eichstätt-Ingolstadt,
Eichstätt, Deutschland

In der Reihe »Kriminalität und Gesellschaft« werden Beiträge veröffentlicht, die ebenso an klassische wie an aktuelle Forschungsthemen einer Soziologie der Kriminalität anknüpfen und sich der theoretischen und/oder empirischen Analyse des sozialen Phänomens „Kriminalität" widmen. Einen Schwerpunkt der Reihe bilden Studien, in denen theoriegeleitete empirische Analysen der Kriminalität vorgestellt werden. Von besonderem Interesse sind dabei Beiträge, in denen neue Kriminalitätsphänomene in den Blick genommen, neue theoretische Entwicklungen aufgegriffen, oder neue methodische Perspektiven einbezogen werden.

Weitere Bände in der Reihe http://www.springer.com/series/12742

Ivar Krumpal · Roger Berger
(Hrsg.)

Devianz und Subkulturen

Theorien, Methoden und empirische Befunde

Hrsg.
Ivar Krumpal
Universität Leipzig
Leipzig, Deutschland

Roger Berger
Universität Leipzig
Leipzig, Deutschland

ISSN 2566-9559   ISSN 2567-0034   (electronic)
Kriminalität und Gesellschaft
ISBN 978-3-658-27227-2   ISBN 978-3-658-27228-9   (eBook)
https://doi.org/10.1007/978-3-658-27228-9

Die Deutsche Nationalbibliothek verzeichnet diese Publikation in der Deutschen Nationalbibliografie; detaillierte bibliografische Daten sind im Internet über http://dnb.d-nb.de abrufbar.

Springer VS
© Springer Fachmedien Wiesbaden GmbH, ein Teil von Springer Nature 2020
Das Werk einschließlich aller seiner Teile ist urheberrechtlich geschützt. Jede Verwertung, die nicht ausdrücklich vom Urheberrechtsgesetz zugelassen ist, bedarf der vorherigen Zustimmung des Verlags. Das gilt insbesondere für Vervielfältigungen, Bearbeitungen, Übersetzungen, Mikroverfilmungen und die Einspeicherung und Verarbeitung in elektronischen Systemen.
Die Wiedergabe von allgemein beschreibenden Bezeichnungen, Marken, Unternehmensnamen etc. in diesem Werk bedeutet nicht, dass diese frei durch jedermann benutzt werden dürfen. Die Berechtigung zur Benutzung unterliegt, auch ohne gesonderten Hinweis hierzu, den Regeln des Markenrechts. Die Rechte des jeweiligen Zeicheninhabers sind zu beachten.
Der Verlag, die Autoren und die Herausgeber gehen davon aus, dass die Angaben und Informationen in diesem Werk zum Zeitpunkt der Veröffentlichung vollständig und korrekt sind. Weder der Verlag, noch die Autoren oder die Herausgeber übernehmen, ausdrücklich oder implizit, Gewähr für den Inhalt des Werkes, etwaige Fehler oder Äußerungen. Der Verlag bleibt im Hinblick auf geografische Zuordnungen und Gebietsbezeichnungen in veröffentlichten Karten und Institutionsadressen neutral.

Springer VS ist ein Imprint der eingetragenen Gesellschaft Springer Fachmedien Wiesbaden GmbH und ist ein Teil von Springer Nature.
Die Anschrift der Gesellschaft ist: Abraham-Lincoln-Str. 46, 65189 Wiesbaden, Germany

Inhaltsverzeichnis

Geleitwort

Das Programm der Analytischen Kriminologie – illustriert durch einem Vergleich der „rational choice"- Theorie und der „general theory of crime" VII
Karl-Dieter Opp

Einleitung 1
Ivar Krumpal und Roger Berger

Teil I Theorie

Die Rolle sozialer Normen in einer weiten Rational Choice Theorie der Kriminalität 13
Guido Mehlkop

Drogenkonsum als rationale Wahl – dynamische Modelle 51
Roger Berger und Thomas Gautschi

Heikle Fragen und Vertrauen: Erklärungen des Antwortverhaltens in Randomized Response Surveys 89
Ivar Krumpal und Thomas Voss

Teil II Methoden und Experimente

Let's Ask About Sex: Methodological Merits of the Sealed Envelope Technique in Face-to-Face Interviews 123
Felix Wolter and Peter Preisendörfer

V

Die Person Sum Technique: Ein neues Instrument zur Erhebung quantitativer heikler Items 151
Justus Junkermann

Die Messung der Durchsetzung informeller Normen im Vignetten- und Feldexperiment 167
Knut Petzold und Stefanie Eifler

Teil III Empirische Anwendungen

Akademisches Fehlverhalten: Wie ehrlich berichten Studierende über Täuschungen? 207
Martina Kroher

Selbstbericht und Vignette als Instrumente zur empirischen Abbildung von Gewalt als Sanktionshandlung 241
Lena M. Verneuer

Frauen – das ängstliche Geschlecht? 279
Till Hovestadt und Kurt Mühler

Geleitwort

Karl-Dieter Opp

Das Programm der Analytischen Kriminologie – illustriert durch einem Vergleich der „rational choice"-Theorie und der „general theory of crime"

Zusammenfassung Dieser Beitrag ist ein Plädoyer für einen empirischen Theorienvergleich von Theorien der Kriminalität mit der weiten Version der Theorie rationalen Handelns. Ein solcher Vergleich ist Teil des Programms einer Analytischen Kriminologie. Dieses wird zunächst zusammengefasst. Sodann illustrieren wir das Programm an einem Beispiel: Aus der Theorie rationalen Handelns folgt, dass eine der am intensivsten diskutierten Theorien in der Kriminologie, die „general theory of crime" von Gottfredson und Hirschi (1990), nur unter bestimmten Bedingungen gilt. Sodann wird über eine empirische Untersuchung berichtet, in der diese Folgerungen aus der Theorie rationalen Handelns bestätigt werden: Es zeigt sich, dass die Beziehung zwischen geringer Selbstkontrolle – die zentrale Variable der „general theory of crime" – und Kriminalität durch Variablen der Theorie rationalen Handelns erklärt wird.

Einführung

Einige Beiträge in dem vorliegenden Band wenden die „rational choice"-Theorie (RCT) zur Erklärung von Kriminalität an. Es passt deshalb gut zu diesen Beiträgen, wenn wir das Programm einer Analytischen Kriminologie (Opp

---

K.-D. Opp
Universität Leipzig, Leipzig, Deutschland
University of Washington, Seattle, USA
E-Mail: opp@sozio.uni-leipzig.de

und Pauwels 2018; Opp 2020) an einem Beispiel illustrieren: In diesem Programm wird die RCT angewendet, um die Geltungsbedingungen von Theorien abweichenden Verhaltens zu ermitteln. Dieses Beispiel ist die „general theory of crime" (Gottfredson und Hirschi 1990), eine der bekanntesten und intensiv diskutierten Theorien in der Soziologie des abweichenden Verhaltens. Wir werden zuerst das Programm der Analytischen Kriminologie zusammenfassen, dann die genannte kriminologische Theorie darstellen und mit der RCT vergleichen.

Zu Beginn soll geklärt werden, wie zwei unklare und mehrdeutige Begriffe verwendet werden. „Kriminalität" soll als Nichtbefolgung von Normen des Strafgesetzbuches bezeichnet werden. Dies ist die am häufigsten verwendete Definition in der Kriminologie und enthält das, was die existierenden Kriminalitätstheorien zu erklären versuchen. „Theorie" heißt Aussagen ohne Raum- und Zeitbezug, die behaupten, dass unter bestimmten Bedingungen bestimmte Sachverhalte auftreten. Die hier behandelten Theorien erklären Kriminalität oder generell (von Normen) abweichendes Verhalten. Der Kürze halber befassen wir uns mit der Erklärung von Kriminalität.

Was man gegen das Theorien-Chaos in der Kriminologie tun kann: das Programm der Analytischen Kriminologie

Die Motivation für unser Programm einer Analytischen Kriminologie, das von Opp und Pauwels (2018) vorgeschlagen und detaillierter in einem Buch (Opp 2020) dargestellt und diskutiert wird, ist die Situation in der Kriminologie. Im Folgenden wird diese zuerst kurz beschrieben. Sodann skizzieren wir unser Programm einer Analytischen Kriminologie.

Das Theorien-Chaos in der Kriminologie

In der Kriminologie gibt es eine Vielzahl von Theorien. Die Herausgeber des vorliegenden Bandes haben in ihrer Einleitung einiger dieser Theorien genannt. Man könnte z. B. noch die „social structure social learning"-Theorie (Akers et al. 2016) oder die „routine activity"-Theorie (Cohen und Felson 1979) hinzufügen. Einen Überblick über die gegenwärtig diskutierten Theorien enthalten Lehrbücher wie Akers et al. (2016) oder Handbücher bzw. Enzyklopädien wie Bruinsma und Weisburd (2014). Bruinsma (2016) beschreibt die gegenwärtige Situation in der Kriminologie im Detail. Zusammenfassend kann man sagen, dass die einzelnen Theorien viele Mängel aufweisen und dass niemand weiß, was denn nun die Ursachen von Kriminalität sind.

Ist die Theorienvielfalt in der Kriminologie überhaupt ein Problem? Dies ist nur dann der Fall, wenn sich die Theorien widersprechen. Diese könnten aber lediglich auf unterschiedliche Ursachen für Kriminalität hinweisen. So könnte die „general theory of crime" von Gottfredson und Hirschi (1990) behaupten, dass geringe Selbst-Kontrolle (SK) zu Kriminalität führt, dass aber andere Faktoren wie z. B. kriminelle Kontakte dieselbe Wirkung haben. Beide Theorien – die „self-control"-Theorie (SKT) und die Theorie krimineller Kontakte – sind also nicht widersprüchlich. Vielleicht wird aber auch behauptet, dass immer dann, wenn Kriminalität auftritt, eine geringe SK vorliegt, und wenn SK gegeben ist, dann existiert Kriminalität,[1] und dass andere Faktoren keine Ursachen für Kriminalität sind. Ein Problem der meisten Theorien ist, dass nicht klar ist, was genau behauptet wird.

Ein anderes Problem ist, dass viele Begriffe der Theorien unklar sind. So fragt es sich, was mit dem „Überwiegen von positiven über negative Definitionen abweichenden Verhaltens" in der Theorie differenzieller Kontakte (Sutherland 1947) oder was mit niedriger SK in der SKT gemeint ist.

Weiter ist meist nicht eindeutig, was genau die Hypothesen sind, aus denen Theorien bestehen. So wird die „general strain"-Theorie (Agnew 2005, 2006) auf vielen Seiten beschrieben. Wenn man sie z. B. mit der RCT vergleichen will, weiß man nicht, was denn nun die zentralen generellen Aussagen, was Folgerungen aus Hypothesen der Theorie oder was nur Illustrationen sind. Bei Makro-Theorien wie z. B. bei der „social disorganization"-Theorie (Sampson und Groves 1989) oder der „collective efficacy"-Theorie (Sampson 2006) fehlen Bezüge zur Mikroebene.

Resümierend kann man sagen, dass niemand weiß, wie die Kriminalitätstheorien genau lauten und welche Theorie oder Theorien Kriminalität am besten erklärt bzw. erklären.

Das Programm der Analytischen Kriminologie

Will man genauer wissen, welches denn nun die Ursachen der Kriminalität sind, dann liegt es nahe, die verschiedenen Theorien miteinander zu vergleichen. Dies ist aber nur möglich, wenn klar ist, wie die Theorien genau lauten. Bevor man diese Theorien vergleicht, ist der *erste Schritt, die Theorien zu präzisieren*. Man kann schwerlich etwas miteinander vergleichen, wenn man nicht weiß, was man denn nun vergleichen will. Eine solche Präzisierung der vorliegenden Theorien ist auch das erste Ziel unseres Programms der Analytischen Kriminologie.

Sind die zu vergleichenden Theorien klar, könnte man sie zunächst *miteinander* vergleichen – man könnte hier von einem *horizontalen Theorienvergleich* sprechen. Hier werden also Theorien gleicher „Reichweite", d. h. Theorien

---

[1]Die erste Aussage ist, im Sinne der Logik, eine *Implikation*. Sie ist nur dann falsch, wenn z. B. niedrige SK gegeben (oder hoch) ist, aber keine (oder relativ niedrige) Kriminalität vorliegt. Die zweite Aussage ist eine *Äquivalenz*. Sie ist falsch, wenn z. B. niedrige SK und keine Kriminalität und wenn Kriminalität und keine niedrige SK gegeben ist.

mit demselben Explanandum, verglichen. Hierzu gibt es in der Kriminologie eine ausführliche Diskussion (vgl. z. B. Bernard und Snipes 1996). Es existieren auch bereits eine Reihe solcher horizontalen Theorienvergleiche (vgl. z. B. die Zusammenfassung in Akers et al. 2016, Kap. 15, oder detaillierte Vergleiche der SKT mit anderen kriminologischen Theorien in Goode 2008).

Oft begnügt man sich nicht mit einem vergleichenden Theorientest. Man versucht vielmehr eine *Integration* von Theorien in dem Sinne, dass man ihre Variablen kombiniert (z. B. Agnew 2005; Elliott et al. 1979; Thornberry 1987). „Integration" heißt, dass die neue Theorie Hypothesen der Ausgangstheorien enthält.

Die bisherigen Ergebnisse dieser Art des Theorienvergleichs sind enttäuschend. Es gibt bisher keine Kriminalitätstheorie, die allgemein als überlegen angesehen wird. Dieser Behauptung scheinen insbesondere Vertreter der *„situational action theory"* (z. B. Wikström und Treiber 2016) zu widersprechen. Wir zeigen (Opp und Pauwels 2018, S. 232–236; Opp 2020, Abschn. 7.8), dass diese Theorie so gravierende Mängel hat, dass sie keine brauchbare kriminologische Theorie ist.

Eine Alternative ist der Versuch eines *vertikalen Theorienvergleichs*: Man könnte *kriminologische Theorien mit allgemeinen Handlungstheorien vergleichen*. Obwohl hier mehrere Theorien in Betracht kommen, wird die RCT am häufigsten in der Kriminologie angewendet (vgl. z. B. Matsueda 2013; Tibbetts 2014). Diese Anwendung besteht zum einen darin, dass man *konkrete Arten kriminellen Handelns erklärt*. Dabei erfährt man aber nicht, inwieweit die vorliegenden kriminologischen Theorien brauchbar sind. Es ist deshalb sinnvoll, die *RCT mit kriminologischen Theorien zu vergleichen*.

Es versteht sich fast von selbst, dass hier die *weite Version der RCT* gemeint ist. Diese wird in dem genannten Beitrag von Opp und Pauwels und auch in dem Beitrag von Mehlkop in diesem Band beschrieben, siehe auch den ersten Teil des Beitrages von Berger und Gautschi. Entsprechend soll hier nicht auf die RCT eingegangen werden.

Warum erscheint ein solcher vertikaler Theorienvergleich sinnvoll? Da sich die RCT für die Erklärung einer Vielzahl von Handlungen (einschließlich krimineller Handlungen, vgl. z. B. Matsueda 2013) als fruchtbar erwiesen hat, ist zu erwarten, dass sie auch *zeigen kann, unter welchen Bedingungen kriminologische Theorien gelten oder warum sie falsch sind*. So würde aus der RCT folgen, dass nicht lediglich kriminelle Kontakte zu Kriminalität führen, sondern dass diese nur dann kriminalitätsfördernd sind, wenn sie mit Nutzen und Kosten kriminellen Handelns gemeinsam auftreten. Ein komplizierteres Beispiel ist die „situational action theory" (vgl. die Diskussion in Opp und Pauwels 2018). Die Anwendung der RCT zeigt die Schwächen und Geltungsbedingungen der Theorie. Die Anwendung der RCT führt zu einer *Integration* kriminologischer Theorien: Diese werden zu Teiltheorien der RCT.

Geleitwort

Es könnte eingewendet werden, dass diese Anwendung der RCT ihre Gültigkeit voraussetzt. Dies ist aber nicht der Fall: Selbstverständlich muss empirisch geprüft werden, inwieweit sich die aus der RCT ergebenden Korrekturen der kriminologischen Theorien empirisch bestätigen. Falls dies nicht der Fall ist, muss die RCT modifiziert oder durch eine andere Theorie ersetzt werden.

Ein solcher empirischer Theorienvergleich kriminologischer Theorien und der RCT ist ein weiterer Bestandteil unseres Programms der Analytischen Kriminologie. Die grundlegende Idee eines solchen Programms ist nicht neu. Vor allem Malewski (1967) hat dargelegt, dass allgemeine Theorien wie die Lerntheorien und die Theorie der kognitiven Dissonanz soziologische Theorien (wie die Theorie der Statusinkonsistenz) modifizieren.[2]

In der Kriminologie wird die RCT meist zur Erklärung konkreter Arten der Kriminalität angewendet. Es gibt aber auch Vergleiche kriminologischer Theorien mit der RCT (vgl. z. B. Frey und Opp 1979; Matsueda 2013; Opp 1989; Tibbetts 2014). Ein *Forschungsprogramm*, das systematisch kriminologische Theorien und die RCT vergleicht, gibt es bisher nicht.

Vor allem im deutschen Sprachbereich wird das *Modell der Frame-Selektion* (MFS) als Alternative zur RCT angesehen. In Opp und Pauwels (2018) werden eine Reihe gravierender Mängel des MFS aufgezeigt. Diese Mängel sind seit längerem bekannt (vgl. Opp 2004, S. 258–260, 2010, 2017, 2019a, b). Eine Präzisierung und Modifikation erfolgte bisher nicht. Dies zeigt ein neuer Artikel (Schulz und Kroneberg 2018). Vor allem ist bemerkenswert, dass nach wie vor wieder die alten, fragwürdigen Einwände gegen den Hauptgegner – die RCT – erhoben werden.[3]

---

[2]Ein empirischer Theorienvergleich war auch ein Forschungsschwerpunkt der Deutschen Forschungsgemeinschaft. Vgl. Opp und Wippler (1990), insbes. 228–233.

[3]So heißt es wieder, es sei „der weiten RC-Theorie prinzipiell möglich, nahezu jedes zentrale Konstrukt der kriminologischen Theoriediskussion als subjektiv erwartete Nutzen oder Kosten zu berücksichtigen" (ebd., S. 254). Die detaillierte Diskussion dieses eindeutig unzutreffenden Einwandes wird nicht zur Kenntnis genommen (siehe bereits Opp 1999, S. 182–184). Weiter wird wieder die „Leere" der RCT kritisiert: sie biete wenig „Anleitung" für die konkreten Anreize (ibd., S. 254). Auch dieses Argument ist abwegig (siehe bereits Opp 1999, S. 181–184). Bekanntlich können generelle Theorien keine Anfangsbedingungen (z. B. Arten von relevanten Nutzen) enthalten, da diese je nach Situation unterschiedlich sind. Auch das MFS enthält nicht die konkreten Frames oder Skripte, die z. B. für einen Taschendiebstahl relevant sind. Diese Anfangsbedingungen müssen, wie bei der RCT, empirisch ermittelt werden. Die RCT kann auf eine Vielzahl von empirischen Forschungen verweisen, in denen Arten von Nutzen und Kosten für Kriminalität (und andere Handlungen) ermittelt werden. Diese werden als heuristisches Reservoir bei konkreten Erklärungen verwendet.

Resümierend kann man sagen, dass das MFS keinesfalls eine der RCT überlegene Theorie ist. Hypothesen des MFS und der „dual-process"-Theorien *ergänzen* die RCT, wie im einzelnen bei Opp und Pauwels (2018 – siehe Abb. 2, S. 229) und in den anderen genannten Publikationen gezeigt wird. Wir empfehlen, anstelle des MFS das MODE-Modell anzuwenden (z. B. Fazio und Towles-Schwen 1999 – siehe die kurze Darstellung bei Opp und Pauwels 2018).

Eine Illustration des Programms der Analytischen Kriminologie – Schritt 1: eine Explikation der „self-control"-Theorie

Der Begriff der Selbst-Kontrolle. In der Alltagssprache würde man „niedrige Selbstkontrolle" so charakterisieren: Man kann sich schlecht beherrschen, d. h. man handelt immer so, wie man gerade möchte. Die Theorie besagt, dass dann kriminelles Handeln wahrscheinlich ist. Betrachten wir zuerst die genaue Definition von niedriger SK. In einer neueren Schrift definiert Gottfredson SK in folgender Weise (Gottfredson 2017, S. 3):

> „Self-control is defined as the ability to forego acts that provide immediate or near-term pleasures, but that also have negative consequences for the actor, and as the ability to act in favor of longer-term interests."

Es handelt sich um eine Definition von *hoher* SK. *Niedrige* SK bedeutet eine „inclination to focus on the short-term rather than the long-term, on immediate gratification of needs, and on wants and desires (whatever they may be), and not on the longer-term negative consequences of behavior" (ibid., S. 3).

„Ability" oder „inclination" sind *Dispositionsbegriffe*. Andere Beispiele für solche Begriffe sind aggressiv, ehrlich, kriminell oder ein „guter" Torhüter sein. Solche Eigenschaften kann man nicht direkt beobachten wie die Haarfarbe. Man schreibt vielmehr Personen (oder Objekten) eine solche Eigenschaft zu, indem man Reaktionen in bestimmten Situationen über einen längeren Zeitraum beobachtet. Je nach der Art der Reaktionen wird dann eine bestimmte Eigenschaft D – eine „Disposition" – zugeschrieben. Ein „guter" Torhüter ist z. B. eine Person, die regelmäßig relativ viele Schüsse auf sein Tor hält. Die Situation sind Torschüsse, die Reaktion ist die Häufigkeit, mit der Torschüsse gehalten werden. Die zugeschriebene Eigenschaft bzw. Disposition ist ein „guter" Torhüter zu sein.

Die Struktur solcher Definitionen ist folgende.[4] Man müsste eine Person mehrfach in folgenden Situationen beobachten:

---

[4]Siehe zusammenfassend Hempel (1952, S. 23–29). Siehe auch die Darstellung bei Opp (2014, S. 125–129). Es gibt in der Wissenschaftstheorie detaillierte Diskussionen solcher Begriffe. Vgl. z. B. Fara 2018 oder Malzkorn 2001. Hierauf soll jedoch nicht eingegangen werden. Die Ausführungen Hempels reichen für eine Präzisierung des Begriffes der SK aus.

Situation: Eine Handlung H führt zu kurzfristigem Nutzen und langfristigen negativen Konsequenzen.

Angenommen, wir beobachten:

Reaktion: Die Handlung H wird *nicht* ausgeführt.

Liegen beide Bedingungen vor – die Situation und die Reaktion –, dann wird der Person eine *hohe SK* zugeschrieben. Wird H ausgeführt, liegt *niedrige* SK vor. Wir nehmen an, dass es sich bei den Konsequenzen um wahrgenommene Konsequenzen der Akteure handelt, also nicht um Konsequenzen aus der Sicht eines Beobachters.

Nehmen wir an, wir haben das kriminelle Handeln von Personen P ermittelt und prüfen, ob eine niedrige SK Kriminalität erklären kann. Nehmen wir weiter an, wir haben in einem gewissen Zeitraum die genannten Situationen und die Reaktionen von P beobachtet und schreiben ihnen eine hohe oder niedrige SK zu. Das Problem ist, dass die Messung das Explanandum (d. h. das zu erklärende Handeln) enthält. Wir beobachten ja das Verhalten (Kriminalität) in der Situation. Nun erklären wir die Reaktion durch die Situation. Eine solche Erklärung ist analytisch wahr, sie hat also keinerlei Informationsgehalt.[5]

Dieses Problem kann vermieden werden, wenn angenommen wird, dass die gemessene Eigenschaft D (also niedrige oder hohe SK) langfristig stabil und in allen ähnlichen Situationen gegeben ist. Die „Fähigkeit zur Selbstkontrolle" ist also, so lautet die Annahme, über die Zeit stabil und transsituational. Dann kann man bei Personen in der genannten Weise SK messen und für die Zukunft voraussagen, dass sie immer zu Kriminalität führt. Solche Annahmen werden in der SKT getroffen (z. B. Gottfredson 2017, S. 1). Allerdings sind sie umstritten und auch wenig plausibel.

SK wurde bisher in der Literatur nicht in der beschriebenen Weise gemessen. Es wurde auch nie diskutiert, dass es sich bei der „Fähigkeit" zur Selbstkontrolle um einen Dispositionsbegriff handelt und wie dieser gemessen werden könnte. Stattdessen werden den Befragtem Items vorgegeben, in denen sie selbst ihr

---

[5]Angenommen, „S" steht für „Situation", „D" für „Disposition" und „R" für „Reaktion". Ein Pfeil steht für eine Implikation, ein Doppelpfeil für eine Äquivalenz. Der Satz, der die Verwendung des Dispositionsbegriffes festlegt, lautet: *(x) [Sx → (Dx ↔ Rx)]* (d. h. für alle Personen x gilt: wenn x in der Situation S sind, dann wird die Disposition D zugeschrieben, wenn, und nur wenn R auftritt). Zu erklären ist: (Da → Ra), d. h. wenn D (niedrige SK) vorliegt, dann führt die Person a die Reaktion R (Kriminalität) aus. Der zweite Satz folgt logisch aus dem ersten Satz. (Wenn der erste Satz wahr ist, kann der zweite nicht falsch sein). Die Erklärung von R (Kriminalität) ist also analytisch wahr.

Verhalten beschreiben. So wird häufig eine Skala von Grasmick et al. (1993) verwendet. Die Befragten können z. B. den folgenden Behauptungen mehr oder weniger zustimmen: „I often act on the spur of the moment without stopping to think" oder „If things I do upset people, it's their problem not mine." Wie solche Messungen mit dem theoretischen Begriff zusammenhängen, ist eine offene Frage.

Eine Explikation der Theorie. Die „general theory of crime" (Gottfredson und Hirschi 1990) besteht aus einer einfachen Hypothese:

Geringe Selbst-Kontrolle (SK) führt zu Kriminalität.

Diese Hypothese ist in vielen Untersuchungen überprüft worden und hat sich gut bestätigt (Britt und Gottfredson 2003; Goode 2008; Gottfredson 2017).

Die SKT wirft mehrere Fragen auf. Die erste Frage ist, ob es nach Meinung der Autoren noch andere Faktoren gibt, die zu Kriminalität führen. Es scheint, dass SK die zentrale unabhängige Variable ist: „As a general cause, it should predict rate differences everywhere, for all crimes, delinquencies and related behaviors, for all times, among all groups and countries" (Gottfredson 2006, S. 83). Es ist also zu erwarten, dass in allen empirischen Untersuchungen niedrige SK immer zu Kriminalität führt.

Die Autoren selbst ziehen diese Hypothese in Zweifel: „In our view, lack of self-control does not require crime and can be counteracted by situational conditions or other properties of the individual" (Gottfredson and Hirschi 1990, S. 89). Oder: „People lacking self-control will also tend to pursue immediate pleasures that are *not* criminal. They will tend to smoke, drink, use drugs, gamble, have children out of wedlock, and engage in illicit sex" (S. 90). D. h.: *Wenn niedrige SK, dann führt dies zu Kriminalität oder nicht zu Kriminalität.* Dies ist nun eine Tautologie (die Aussage kann nicht falsch sein). Wenn wir dies ernst nehmen, könnten wir diesen Beitrag beenden, da wir nicht an der Diskussion von Tautologien interessiert sind.

Aber vielleicht meinen die Autoren, dass niedrige SK nicht allein zu Kriminalität führt. Die Behauptung in dem obigen Zitat, dass niedrige SK „can be counteracted by situational conditions or other properties of the individual" könnte bedeuten, dass niedrige SK nicht alleine auf Kriminalität wirkt. Die Autoren schreiben weiter: „Crimes require the interaction of an offender with people or their property" (S. 90). Das gilt für nicht-kriminelles Handeln aber auch. Die Autoren meinen, dass Personen, die „gregarious or social" sind, eher kriminelle Akte ausführen (S. 90). Aber das gilt nur wenn „other things being equal" (S. 90). Was diese „other things" sind, wird nicht gesagt.

Geleitwort

Zu den anderen Faktoren könnten die „opportunities" (Gelegenheiten) gehören. Bei Gottfredson und Hirschi (1990, S. 4) heißt es dagegen, dass „everyone is capable of crime" (siehe auch Gottfredson und Hirschi 2003). Simpson und Geis (2008, S. 50) bemerken zutreffend: „For example, a sharecropping farmer in Alabama would have difficulty engaging in insider trading or an anti-trust violation" (Simpson und Geis 2008, S. 50). Wie aber Gelegenheiten in die Theorie eingefügt werden – additiv oder multiplikativ – ist nicht klar.

Es ist weiter nicht klar, ob die Theorie eine Implikation oder eine Äquivalenz ist (siehe Anmerkung 1). Eine Äquivalenz ist wenig plausibel. Diese würde besagen, dass immer dann, wenn Kriminalität auftritt, niedrige SK vorliegt. Bei langfristig geplanter Kriminalität wie etwa bei der Manipulation der Diesel-Software in den großen Autofirmen kann man sich kaum vorstellen, dass die Täter eine niedrige SK zu diesen Manipulationen geführt hat. Hier ist auch offensichtlich, dass Opportunitäten eine Bedingung sind: Die Leser oder Leserinnen dieses Beitrages – selbst wenn sie niedrige SK aufweisen – dürften kaum in der Lage sein, Abgase zu manipulieren.

Wie dem auch sei: In der Literatur wird angenommen, dass generell niedrige SK eher als hohe SK zu Kriminalität führt. Von dieser Annahme soll auch im Folgenden ausgegangen werden. Wir werden sehen, inwieweit die RCT andere Bedingungen spezifizieren kann.

Die Theorie versucht nicht nur, Kriminalität zu erklären. Die Autoren befassen sich auch mit der Frage, welches die Bedingungen sind, die zu niedriger oder hoher SK führen. Cullen et al. (2008, S. 61) fassen die These der SKT so zusammen: „By exercising social control, parents create self-control in their children." Diese bleibt dann weitgehend stabil im weiteren Lebensverlauf. Diese These ist umstritten – siehe die Diskussion bei Cullen et al. (2008). Wir wollen nicht weiter darauf eingehen, sondern konzentrieren uns auf die Beziehung zwischen niedriger SK und Kriminalität.[6]

Resümee Diese Darstellung und Diskussion illustriert die Situation in der Kriminologie. Die Theorie ist in mehrerer Hinsicht unklar: Wir wissen nicht einmal, aus welchen Variablen sie genau besteht. Hinzu kommt, dass der Begriff der Selbst-Kontrolle nicht klar ist und dass die Beziehung von Messungen zu diesem Begriff offen ist.

---

[6]Ein weiteres Problem ist, dass SK eine quantitative Variable ist. Was „niedrige" und „hohe" SK bedeutet ist unklar. Wir nehmen im Folgenden an, dieses dieses Problem gelöst ist.

Schritt 2: Ein Vergleich der „self-control"-Theorie mit der Theorie rationalen Handelns

Wenn wir die SKT mit der RCT vergleichen wollen, dann fragt es sich zuerst, ob sich die unabhängige Variable auf Nutzen oder Kosten bezieht. Die Vereinbarkeit der SKT mit der RCT wird generell von den Autoren zugestanden: „all people seek to pursue common motivations in accordance with their own view of self-interest and to maximize pleasure and avoid pain" (ibid., S. 3). Tibbetts und Myers (1999) teilen diese Meinung nicht, da sie die SKT mit der RCT vergleichen (siehe unten).

Selbst wenn man von einer *generellen* Vereinbarkeit der SKT und der RCT ausgeht, fragt es sich, wie *genau* die SKT aus der Sicht der RCT modelliert werden kann. Wir wollen hierzu die Wert-Erwartungstheorie (WET) anwenden.[7]

Die vorangegangene Darstellung der SKT zeigt, dass sie sich auf zwei *Handlungskonsequenzen* bezieht: kurzfristige („short-term") Nutzen – also Handlungskonsequenzen mit positivem Nutzen – und (langfristige) negative Handlungskonsequenzen. Handlungskonsequenzen, deren Nutzen und subjektive Wahrscheinlichkeiten sind Gegenstand der WET, sodass diese zum Vergleich mit der SKT angewendet werden kann.

Wenn die *kurzfristigen Nutzen* zu Kriminalität führen sollen, dann bedeutet dies, dass die subjektive Wahrscheinlichkeit, diese Nutzen zu erhalten, relativ hoch bei Kriminalität und niedrig bei Konformität ist. Die subjektiven Wahrscheinlichkeiten der *langfristigen negativen Konsequenzen* bei Kriminalität werden offensichtlich als gering angesehen, sie werden ja vernachlässigt.

Wir unterscheiden den SEU („subjective expected utility") für eine bestimmte kriminelle Handlung (KRIM) und eine bestimmte gesetzeskonforme Handlung (GES). In den beiden folgenden Gleichungen ist der SEU-Wert gleich der Summe der Produkte der rechten Seite der Gleichung.

Betrachten wir zunächst die folgende *Gleichung (1)*. Kurzfristiger Nutzen U (für „utility") hat gemäß der SKT eine hohen Wert und wird mit hoher Wahrscheinlichkeit p (für „probability") bei KRIM erwartet. Langfristiger Nutzen wird vernachlässigt, hat also einen geringen p-Wert. Der SEU-Wert für KRIM ist also insgesamt relativ hoch. Fett gedruckte Parameter haben einen hohen Wert,

---

[7]Eine unklare Theorie wie die SKT kann in verschiedener Weise expliziert werden. Bei Schulz und Kroneberg (2018) wird z. B. angenommen, dass bei niedriger Selbstkontrolle „ein Akteur im as-Modus verbleibt und kein Wechsel in den rc-Modus stattfindet" (262). Unsere Explikation erlaubt auch, dass bei niedriger Selbstkontrolle der rc-Modus (d. h. Überlegung) gewählt werden kann. Aus Raumgründen wollen wir uns auf unsere Explikation beschränken.

Kursivdruck bezieht sich auf geringe Werte, durchgestrichene Nutzen haben keinen Effekt da die p-Werte gering sind.

(1) SEU(KRIM) = $\mathbf{p_{kk}}$ · U(Kurzfristige Nutzen für KRIM) + p_{kl} · -U~~(Langfristige Negative Konsequenzen für KRIM)~~

(2) SEU(GES) = p_{gk} · U(Kurzfristige Nutzen für KRIM) + p_{gl} · -U~~(Langfristige Negative Konsequenzen für KRIM)~~.

Fettdruck: p und U haben hohe Werte; *Kursivdruck:* p and U haben niedrige Werte nahe null; ~~durchgestrichene Audrücke~~ haben den Wert null.

Die SKT behauptet nun, dass diese Parameter Kriminalität wahrscheinlich machen: Hohe kurzfristige Nutzen für Kriminalität sind wahrscheinlich, während die negativen Konsequenzen nicht ins Gewicht fallen. Diese Voraussage, dass in dieser Situation Kriminalität auftritt, ist *unvereinbar mit der RCT*. Die Konstellation der Anreize in Gleichung (1) wird gemäß der WET nur zu Kriminalität führen, *wenn der SEU-Wert für Kriminalität höher ist als für gesetzestreues Verhalten*. Wir benötigen also eine entsprechende Gleichung für Konformität bzw. gesetzestreues Verhalten (GES). Erst wenn diese SEU geringer als die für KRIM ist wird Kriminalität auftreten.

Gleichung (2) für GES ist so formuliert, dass der SEU-Wert relativ niedrig ist. Bei Konformität erhält man deutlich geringere kurzfristige Vorteile als bei Kriminalität. Die erwarteten negativen langfristigen Nutzen bei Kriminalität werden ebenfalls niedrig sein.

Es fragt sich, warum die kurzfristigen Nutzen größer bei Kriminalität als bei Konformität sein sollen. „Excitement" oder „thrill" (also kurzfristige Nutzen) können auch bei konformem Verhalten auftreten (siehe das obige Zitat der Autoren): Man kann Sport treiben, rauchen, mit Freunden ausgehen etc. Die beiden Gleichungen könnten also auch anders lauten – wir ignorieren die negativen Konsequenzen, da diese gemäß den Gleichungen (1) und (2) keinen Einfluss haben:

(1a) SEU(KRIM) = p_{kk} · U(Kurzfristige Nutzen für KRIM)

(2a) SEU(GES) = $\mathbf{p_{gk}}$ · U(Kurzfristige Nutzen für KRIM)

Dies bedeutet, dass allein „easy short-term benefits" für Kriminalität nicht ohne weiteres zu kriminellen Handeln führen. Gemäß der RCT müssen immer die vorliegenden Handlungsalternativen in Betracht gezogen werden. Gleichungen (1a) und (2a) modellieren eine Situation, in der die „easy benefits" größer bei gesetzestreuem Handeln sind.

Bei der Darstellung der SKT haben wir darauf hingewiesen, dass es umstritten ist, welche anderen Faktoren eine Rolle spielen könnten. Nagin und Paternoster (1993) und Tibbetts und Myers (1999) messen eine Reihe von Kosten und Nutzen (siehe den nächsten Abschnitt), die Kriminalität oder Konformität beeinflussen könnten. Die Literatur zur Anwendung der RCT in der Kriminologie weist auf eine Vielzahl weiterer Arten von Nutzen und Kosten hin, die für Kriminalität relevant sind. Danach erscheint es wenig sinnvoll, sich lediglich auf wenige Handlungskonsequenzen zu beschränken. Ersetzen wir Gleichung (2a) durch Gleichung (2b) – die Subskripte werden der Einfachheit weggelassen:

(2b) SEU(GES) = **p** · U(Kurzfristige Nutzen für KRIM) + **p** · U(Kurzfristige Nutzen für GES) + **p** · U(Positive Konsequenzen für GES).

D. h. Konformität (GES) könnte dieselben kurzfristigen Nutzen wie Kriminalität haben, dazu noch andere kurzfristige Nutzen, die nur durch Konformität erlangt werden können. Weiter könnte Konformität zu vielen anderen positiven Konsequenzen führen, z. B. zu langfristigen beruflichen Vorteilen.

Wir sind bisher davon ausgegangen, dass KRIM und GES als Alternativen wahrgenommen werden. Es wäre jedoch denkbar, dass Individuen *Kriminalität als einzige Handlungsalternative wahrnehmen*. Die Handlung würde dann spontan ausgeführt. In der Vergangenheit könnte Kriminalität bewusst gewählt worden sein. Diese Wahl könnte dann die erwarteten Konsequenzen gehabt haben und wiederholt worden sein. Nach einiger Zeit könnte dann Konformität nicht mehr in Betracht gezogen worden sein. In bestimmten Situationen werden dann sofort die Anreize für Kriminalität aktiviert und Kriminalität wird ausgeführt. In der Alltagssprache wird dies dann als „impulsives" Handeln beschrieben. Dies ist ein möglicher Mechanismus, der die Entstehung eingeschränkter Handlungsalternativen erklärt. Es ist in diesem Zusammenhang wichtig, dass sich diese Bedingungen aus der RCT ergeben.

Es wäre auch denkbar, dass *Konformität als einzige Handlungsalternative wahrgenommen wird*. Es gilt eine ähnliche Argumentation wie im vorangegangenen Absatz.

Diese Analyse zeigt, dass ein Vergleich einer kriminologischen Theorie mit der RCT einige wichtige Konsequenzen für die Korrektur der Theorien hat. Niedrige SK wirkt nur, wenn diese Variable mit bestimmten Nutzen und Kosten für Kriminalität oder Konformität korreliert.

Wir haben vorher einen Mechanismus skizziert, der zu eingeschränkter Wahrnehmung von Handlungsalternativen führt. Dies könnte zu einer *Fehlwahrnehmung von Anreizen führen*. Die spontane Ausführung von Kriminalität wird in unterschiedlichen Situationen stattfinden. Dabei werden auch unterschiedliche Anreize auftreten. So mag bei einem spontanen Taschendiebstahl nicht wahrgenommen werden, dass Freunde des Opfers die Tat beobachten und den Täter stellen. Dies würde wahrgenommen, wenn überlegt gehandelt und die Situation beobachtet wird. Die spontane Ausführung bestimmter Handlungen könnte also zur Fehlwahrnehmung handlungsrelevanter Anreize führen. Zur Formulierung solcher Hypothesen können „dual-process"-Theorien angewendet werden (z. B. Hypothesen des MODE-Modells). Danach würde im Beispiel eine hohe *Motivation* (erwartete Kosten einer Fehlentscheidung) und hohe *Opportunitäten* (Zeit und Ressourcen für eine Entscheidung) vorliegen, die überlegtes Handeln fördern (Fazio und Towles-Schwen 1999). Diese Überlegung illustriert im übrigen, dass „dual-process"-Theorien die RCT ergänzen und ihr nicht widersprechen.

Schritt 3: empirische Prüfung. Über empirisch gut bestätigte Theorien, die falsch sind: das Beispiel der „self-control"-Theorie
Es ist schwierig oder fast unmöglich, die Schöpfer einer Theorie davon zu überzeugen, dass die Theorie Mängel hat oder dass eine andere Theorie überlegen ist. So weisen die Vertreter von Theorien normalerweise darauf hin, wie gut ihre Theorie bestätigt ist. Dies gilt z. B. für die SKT. So heißt es bei Gottfredson (2017, S. 1). „Most reviews find substantial empirical support for the principal positions of the theory." Ähnliche Äußerungen findet man z. B. auch in Schriften zur SAT und zur „social structure social learning theory".

Bedeutet dies nicht, dass alle Einwände gegen die Gültigkeit der entsprechenden Theorien unhaltbar sind und ein Vergleich z. B. mit der RCT vollkommen überflüssig ist? Ein solches Argument übersieht einen wichtigen Sachverhalt, der für Wissenschaftstheoretiker selbstverständlich ist (z. B. Lakatos 1970): *Eine einzelne Theorie kann noch so gut bestätigt sein, sich aber als falsch erweisen, wenn sie mit einer anderen Theorie verglichen wird.* Wenn z. B. einzelne Hypothesen der „situational action"-Theorie herausgegriffen und geprüft werden, dann sagt dies nichts über die Gültigkeit dieser Hypothesen. Hierzu müsste die Theorie mit anderen, konkurrierenden Theorien verglichen werden.

Für das hier vertretene Forschungsprogramm einer Analytische Kriminologie ist es von zentraler Bedeutung, dass wichtige Kriminalitätstheorien – einschließlich die hier behandelte SKT – mit der RCT *empirisch* verglichen werden. Dabei wären die Variablen der zu prüfenden Kriminalitätstheorie einerseits und Variablen der RCT andererseits empirisch zu messen. Sodann wären drei multivariate Modelle zu berechnen: 1) Ein Modell, das nur die Variablen der Kriminalitätstheorie enthält; 2) ein anderes Modell, das nur die Variablen der RCT enthält, und 3) ein vollständiges Modell mit den Variablen beider Theorien. Angenommen im ersten Modell haben die Kriminalitätsvariablen signifikante Effekte. Im dritten vollständigen Modell müssten diese Effekte dann null oder stark reduziert werden; die Variablen der RCT müssten die stärksten Effekte haben. Inhaltlich bedeutet dies, dass die Variablen der RCT die Effekte der Kriminalitätsvariablen erklären.

Wir haben nur eine Studie gefunden, die einen solchen vergleichenden Test einer Kriminalitätstheorie und der RCT mit detaillierten Auswertungen enthält. Tibbetts und Myers (1999) messen SK. Dabei gehen sie davon aus, dass niedrige SK keine Variable der RCT ist. Dies ist gerechtfertigt, da, wie wir sahen, gemäß der RCT die Variable SK in anderer Weise als in der SKT modelliert werden muss. Weiter messen die Autoren eine Reihe von Anreizvariablen für „cheating" – das zu erklärende Verhalten. Diese Variablen sind: „anticipated shame, perceived pleasure of a behavior, morals, perceived formal and informal sanctions". „Caught for cheating on previous exams" (ibid.) wird ebenfalls ermittelt. In einem ersten Modell hat niedrige Selbstkontrolle einen signifikanten Effekt auf „cheating". Wenn dann nur „shame" als Variable hinzugefügt wird, ist SK nicht mehr signifikant. Diese Variable bleibt auch im vollständigen Modell nicht signifikant.

Dies ist ein eindrucksvolles Beispiel dafür, wie wichtig vergleichende Theorientests sind. Die Studie zeigt in eindrucksvoller Weise, wie wenig eine empirische Bestätigung einer einzelnen Theorie über die Gültigkeit dieser Theorie aussagt. Angesichts dieses Sachverhaltes, der eigentlich Sozialwissenschaftlern aus der multivariaten Statistik bekannt ist, fragt man sich, warum trotzdem vergleichende Theorientests so selten sind.

Nagin and Paternoster (1993) vergleichen ebenfalls die Wirkungen von niedriger SK und Variablen der RCT. Hier bleibt niedrige SK signifikant im Gesamtmodell, es werden jedoch keine Modelle geschätzt, die zeigen, wie sich niedrige SK bei Einschluss von Variablen der RCT verändert. Nagin und Pogarski (2001) explizieren niedrige SK als das „timing" einer negativen Sanktion. Wenn man dies als eine adäquate Explikation der SKT ansieht, dann wird sie widerlegt: Die Schnelligkeit einer Bestrafung hat keinen Effekt auf die gemessene Kriminalität.

Die Studie von Tibbetts und Myers ist auch ein Beispiel dafür, dass Vertreter einer Theorie Studien ignorieren, die ihre Theorie widerlegen. Es ist erstaunlich, dass in neueren Darstellungen von einem der Hauptautoren der „self-control"-Theorie diese Falsifikation nicht erwähnt wird (Gottfredson 2006, 2017). In dem Buch, dessen Gegenstand die SKT ist (Goode 2008), fehlt die genannte Studie im Literaturverzeichnis ebenfalls.

Resümee

In diesem Beitrag wird vorgeschlagen, in systematischer Weise kriminologische Theorien mit der weiten Version der „rational choice"-Theorie (RCT) zu vergleichen. Da sich diese Theorie bisher als fruchtbar erwiesen hat, ist davon auszugehen, dass aus ihr Bedingungen für die Gültigkeit kriminologischer Theorien folgen. Dadurch werden kriminologische Theorien integriert in dem Sinne, dass sie Teiltheorien der RCT werden. Dieser systematische Theorienvergleich ist Teil eines Programms der Analytischen Kriminologie (Opp und Pauwels 2018; Opp 2020).

Wir haben dieses Programm mit einer intensiv diskutierten kriminologischen Theorie – der „general theory of crime" – illustriert. Es zeigte sich ein typisches Bild für den Stand der Kriminologie: Die Theorien sind in vieler Hinsicht unklar. Um sie diskutieren zu können, müssen sie zuerst präzisiert werden. Dies war auch der Fall für die hier analysierte Theorie.

Der Vergleich beider Theorien zeigt Geltungsbedingungen der kriminologischen Theorie auf. Dies ist zunächst das Ergebniss einer theoretischen Analyse. Ob die Implikationen der RCT korrekt sind, muss überprüft werden. Eine vorliegende Untersuchung führt einen solchen Test durch: Es zeigte sich, dass Variablen der RCT die Wirkung der zentralen Variablen der SKT – niedrige Selbstkontrolle – auf Kriminalität erklären können.

An anderer Stelle wurden in ähnlicher Weise weitere Theorien analysiert (Opp 2020, Kap. 7): die Anomietheorie, die „general strain"-Theorie, die Theorie differenzieller Kontakte, die „social structure social learning"-Theorie, Hypothesen des „labeling"-Ansatzes, die „social disorganization"- und „collective efficacy"-Theorie und die „situational action"-Theorie. Das genannte Buch enthält weiter eine ausführlichere Analyse der „general theory of crime"-Theorie. Die Ergebnisse der theoretischen Analysen entsprechen genau den Ergebnissen, die in diesem Beitrag beschrieben wurden: Alle Theorien mussten erheblich präzisiert werden. Weiter zeigt die RCT zentrale Schwächen und Geltungsbedingungen der Theorien. Es ist zu hoffen, dass die künftige Forschung die Ergebnisse dieser Analyse und weiterer Analysen einer empirischen Kontrolle unterzieht.

Karl-Dieter Opp
Universität Leipzig
University of Washington

Literatur

Agnew, R. (2005). *Why do criminals offend? A general theory of crime and delinquency.* Los Angeles: Roxbury.

Agnew, R. (2006). General strain theory: Current status and directions for further research. In F. T. von Cullen, J. P. Wright, & K. R. Blevins (Hrsg.), *Taking stock: The status of criminologcial theory.* New Brunswick: Transaction Publishers.

Akers, R. L., Sellers, C. S., & Jennings, W. G. (2016). *Criminological theories. Introduction, evaluation, and applications* (7. Aufl.). Oxford: Oxford University Press.

Bernard, T. J., & Snipes, J. B. (1996). Theoretical integration in criminology. *Crime and Justice, 20,* 301–348.

Britt, C. L., & Gottfredson, M. R. (Hrsg.). (2003). *Control theories of crime and delinquency.* New Brunswick: Transaction Publishers.

Bruinsma, G. (2016). Proliferation of crime causation theories in an era of fragmentation: reflections on the current state of criminological theories. *European Journal of Criminology, 13*(6), 659–676.

Bruinsma, G., & Weisburd, D. (Hrsg.). (2014). *Encyclopedia of criminology and criminal justice.* New York: Springer.

Cohen, L. E., & Felson, M. (1979). Social change and crime rate trends: A routine activity approach. *American Sociological Review, 44*(4), 588–608.

Cullen, F. T., James, D. U., John, P. W., & Kevin M. B. (2008). Parenting and Self-Control. In E. von Goode (Hrsg.), *Out of control: Assessing the general theory of crime. Assessing the general theory of crime* (S. 61–74). Stanford: Stanford University Press.

Elliott, D. S., Ageton, S. S., & Canter, R. J. (1979). An integrated theoretical perspective on delinquent behavior. *Journal of Research in Crime and Delinquency, 16*(1), 3–27.

Fara, M. (2018). Dispositions. *Stanford Encyclopedia of Philoophy.* https://plato.stanford.edu/entries/dispositions/.

Fazio, R. H., & Towles-Schwen, T. (1999). The MODE model of attitude-behavior processes. In S. von Chaiken & Y. Trope (Hrsg.), *Dual process theories in social psychology* (S. 97–116). New York: Guilford.

Frey, B. S., & Opp, K. D. (1979). Anomie, Nutzen und Kosten. *Soziale Welt, 30*(3), 330–343.

Goode, E. (Hrsg.). (2008). *Out of control: Assessing the general theory of crime. Assessing the general theory of crime.* Stanford: Stanford University Press.

Gottfredson, M. (2006). The empirical status of control theory in criminology. In F. T. von Cullen und R. Agnew (Hrsg.), *Criminological theory – Past to present* (3. Aufl., S. 77–100). Los Angeles: Roxbury.

Gottfredson, M. (2017). Self-control theory and crime. *Oxford Research Encyclopedia of Criminology,* 1–25.

Gottfredson, M., & Hirschi, T. (1990). *A general theory of crime.* Stanford: Stanford University Press.

Gottfredson, M., & Hirschi, T. (2003). Self-control and opportunity. In L. B. von Chester & M. R. Gottfredson (Hrsg.), *Advances in criminological theory* (Bd. 12, S. 5–20). London: Transaction Publishers.

Grasmick, H. G., Tittle, C. R., Bursik, R. J., & Arneklev, B. J. (1993). Testing the core implications of Gottfredson and Hirschi's general theory of crime. *Journal of Research in Crime and Delinquency, 30*(1), 5–22

Hempel, C. G. (1952). *Fundamentals of concept formation in empirical science*. Chicago: University of Chicago Press.

Lakatos, I. (1970). Falsification and the methodology of scientific research programmes. In I. von Lakatos & A. Musgrave (Hrsg.), *Criticism and the growth of knowledge. Proceedings of the international colloquium in the philosophy of science, London, 1965* (Bd. 4, S. 91–196). Cambridge: Cambridge University Press.

Malewski, A. (1967). *Verhalten und Interaktion. Die Theorie des Verhaltens und das Problem der sozialwissenschaftlichen Integration*. Tübingen: Mohr.

Malzkorn, W. (2001). Defining disposition concepts: A brief history of the problem. *Studies in History and Philosophy of Science, 32*(2), 335–353.

Matsueda, R. L. (2013). Rational choice research in criminology: A multi-level framework. In R. von Wittek, T. B. S. Snijders, & V. Nee (Hrsg.), *The handbook of rational choice research* (S. 283–321) . Stanford: Stanford University Press.

Nagin, D. S., & Paternoster, R. (1993). Enduring individual differences and rational choice theories of crime. *Law and Society Review, 27*(3), 467–496.

Nagin, D. S., & Pogarsky, G. (2001). Integrating celerity, impulsivity, and extralegal sanction threats into a model of general deterrence: Theory and evidence. *Criminology, 39*(4), 865–891.

Opp, K. D. (1989). The economics of crime and the sociology of deviant behavior. A theoretical confrontation of basic propositions. *Kyklos, 42*(3), 405–430.

Opp, K. D. (1999). Contending conceptions of the theory of rational action. *Journal of Theoretical Politics, 11*(2), 171–202.

Opp, K. D. (2004). Review essay. Hartmut Esser: Textbook of sociology. *European Sociological Review, 20*(3), 253–262.

Opp, K. D. (2010). Frame-Selektion, Normen und Rationalität. Stärken und Schwächen des Modells der Frame-Selektion. In G. von Albert & S. Sigmund (Hrsg.), *Sonderheft 50 der Kölner Zeitschrift für Soziologie und Sozialpsychologie: Soziologische Theorie kontrovers* (S. 63–78). Wiesbaden: VS Verlag.

Opp, K. D. (2014). *Methodologie der Sozialwissenschaften. Einführung in Probleme ihrer Theorienbildung und praktischen Anwendung* (7. Aufl.). Wiesbaden: Springer VS.

Opp, K. D. (2017). When do people follow norms and when do they pursue their interests? Implications of dual-process models and rational choice theory, tested for protest participation. In B. von Jann & W. Przepiorka (Hrsg.), *Social dilemmas, institutions and the evolution of cooperation* (S. 119–141). New York: De Gruyter.

Opp, K. D. (2019a). Die Theorie rationalen Handelns, das Modell der Frame-Selektion und die Wirkungen von Bestrafungen auf Kooperation. Eine Diskussion von Hartmut Essers Erklärung der Ergebnisse eines Experiments von Fehr und Gächter (2000, 2002). *Zeitschrift für Soziologie, 48*(2), 97–115.

Opp, K. D. (2019b) Rational choice theory, dual-process theories and the model of frame selection. A critical comparison. In V. von Buskens (Hrsg.), *Advances in the sociology of cooperation: Theory, experiments, and applications* (im Erscheinen).

Opp, K. D. (2020). *Analytical criminology. Integrating explanations of crime and deviant behavior*. London: Routledge.

Opp, K. D., & Pauwels, L. (2018). Die weite Version Theorie rationalen Handelns als Grundlage einer Analytischen Kriminologie. *Monatschrift für Kriminologie und Strafrechtsreform, Sonderheft, 101*(3/4), 223–250.

Opp, K. D., & Wippler, R. (Hrsg.). (1990). *Empirischer Theorienvergleich. Erklärungen sozialen Verhaltens in Problemsituationen.* Opladen: Westdeutscher Verlag.

Sampson, R. J. (2006). Collective efficacy theory: Lessons learned and directions for future inquiry. In F. T. von Cullen & R. Agnew (Hsrg.), *Criminological theory – Past to present* (3. Aufl., S. 149–167). Los Angeles: Roxbury.

Sampson, R. J., & Groves, W. B. (1989). Community structure and crime; testing social-disorganization theory. *American Journal of Sociology, 94*(4), 774–802.

Schulz, S., & Kroneberg, C. (2018). Die situative Verursachung kriminellen Handelns – Zum Anwendungspotential des Modells der Frame Selektion in der Kriminologie. *Monatsschrift für Kriminologie und Strafrechtsreform, 101*(3/4), 251–271.

Simpson, S. S., & Geis, G. (2008). The undeveloped concept of opportunity. In E. von Goode (Hsrg.), *Out of control: Assessing the general theory of crime. assessing the general theory of crime* (S. 49–60). Stanford: Stanford University Press.

Sutherland, E. H. (1947). *Principles of criminology* (4. Aufl.). Philadelphia: Lippincott.

Thornberry, T. P. (1987). Toward an interactional theory of delinquency. *Criminology* 25(4), 863–891.

Tibbetts, S. G. (2014). Integrating rational choice and other theories. In G. von Bruinsma & D. Weisburd (Hsrg.), *Encyclopedia of criminology and criminal justice* (S. 2564–2573). New York: Springer.

Tibbetts, S. G., & Myers, D. L. (1999). Low self-control, rational choice, and student test cheating. *American Journal of Criminal Justice, 23*(2), 179–200.

Wikström, P. O. H., & Treiber, K. (2016). Situational theory. The importance of inter-actions and action mechanisms in the explanation of crime. In A. R. von Piquero (Hrsg.), *The handbook of crimnological theory* (Bd. 1, S. 415–444). Chichester: Blackwell.

Herausgeber- und Autorenverzeichnis

Über die Herausgeber

Ivar Krumpal, PD Dr., Universität Leipzig, Institut für Soziologie, Beethovenstr. 15, D-04107 Leipzig, krumpal@sozio.uni-leipzig.de, Forschungsschwerpunkte: Survey Methodologie, Normen und soziale Erwünschtheit, Devianz und Kriminalität, Arbeitsmarkt- und Wirtschaftssoziologie.

Roger Berger, Prof. Dr., Universität Leipzig, Institut für Soziologie, Beethovenstr. 15, D-04107 Leipzig, berger@sozio.uni-leipzig.de; Forschungsschwerpunkte: Experimentelle Methoden in der Sozialwissenschaft; Spieltheoretisch fundierte Kooperationsforschung, insb. zu Fairness und Reziprozität.

Autorenverzeichnis

Roger Berger, Prof. Dr., Universität Leipzig, Leipzig, Deutschland

Stefanie Eifler, Prof. Dr., Katholische Universität Eichstätt-Ingolstadt, Eichstätt, Deutschland

Thomas Gautschi, Prof. Dr., Universität Mannheim, Mannheim, Deutschland

Till Hovestadt, Universität Leipzig, Leipzig, Deutschland

Justus Junkermann, M.A., Johannes Gutenberg-Universität Mainz, Mainz, Deutschland

Martina Kroher, Dr., Leibniz Universität Hannover, Hannover, Deutschland

Ivar Krumpal, PD Dr., Universität Leipzig, Leipzig, Deutschland

Guido Mehlkop, Prof. Dr., Universität Erfurt, Erfurt, Deutschland

Kurt Mühler, Prof. Dr., Universität Leipzig, Leipzig, Deutschland

Karl-Dieter Opp, Prof. Dr., Universität Leipzig, Leipzig, Deutschland / University of Washington, Seattle, USA

Knut Petzold, PD Dr., Ruhr-Universität Bochum, Bochum, Deutschland

Peter Preisendörfer, Prof. Dr., Johannes Gutenberg-Universität Mainz, Mainz, Deutschland

Lena M. Verneuer, Dr., RWTH Aachen, Aachen, Deutschland

Thomas Voss, Prof. Dr., Universität Leipzig, Leipzig, Deutschland

Felix Wolter, Dr., Johannes Gutenberg-Universität Mainz, Mainz, Deutschland

Einleitung

Ivar Krumpal und Roger Berger

Zusammenfassung

Zentraler Anlass und Impulsgeber für diesen Sammelband war die gemeinsame Frühjahrstagung der Sektionen Methoden der empirischen Sozialforschung und Modellbildung und Simulation der Deutschen Gesellschaft für Soziologie zum Thema „Devianz, Subkulturen und soziale Bewegungen: Methodische Zugänge und empirische Befunde". Sie wurde von den beiden Herausgebern im März 2018 am Institut für Soziologie der Universität Leipzig veranstaltet.

---

1 Theorie

Unter dem Begriff der „Devianz" können Verhaltensweisen oder Einstellungen verstanden werden, welche von allgemein anerkannten, normativen Erwartungen einer Gesellschaft abweichen und entsprechend einer informellen oder formellen Sanktionsdrohung unterliegen. Die deviante Missachtung institutioneller Begrenzungen und gesellschaftlich etablierter Normen geht häufig einher mit der Entstehung von Subkulturen.

I. Krumpal (✉) · R. Berger
Universität Leipzig, Leipzig, Deutschland
E-Mail: krumpal@sozio.uni-leipzig.de

R. Berger
E-Mail: berger@sozio.uni-leipzig.de

© Springer Fachmedien Wiesbaden GmbH, ein Teil von Springer Nature 2020
I. Krumpal und R. Berger (Hrsg.), *Devianz und Subkulturen*, Kriminalität und Gesellschaft, https://doi.org/10.1007/978-3-658-27228-9_1

Während „Devianz" ein weiter Begriff ist und sich auf Normabweichungen im Allgemeinen bezieht, beziehen sich die enger gefassten Begriffe der „kriminellen Handlung" oder der „Delinquenz" ausschließlich auf das Überschreiten legaler Grenzen, also auf strafrechtlich relevante Tatbestände in Form von Rechtsnormverletzungen. In dem vorliegenden Sammelband werden vor allem deviante Verhaltensweisen untersucht. Mit Verhaltensweisen, die prinzipiell justiziabel und damit auch delinquent sind beschäftigen sich die Beiträge von Berger und Gautschi und Junkermann (illegaler Drogenkonsum), Verneuer (physische Gewalt) und Kroher (Plagiate).

Zur Erklärung von Devianz und Kriminalität findet sich eine Vielzahl von Ansätzen, die aus unterschiedlichen theoretischen Traditionen stammen und auf verschiedenen Analyseebenen angeordnet sind. Ältere, klassische Ansätze verbleiben typischerweise auf der Makroebene und geben Erklärungsmuster für Unterschiede in den Kriminalitätsraten zwischen Gesellschaften bzw. deren Wandel über die Zeit. Makrotheoretische Ansätze zur Erklärung abweichenden Verhaltens sind beispielsweise die Anomie-Theorie (Merton 1938, 1957) und systemtheoretische Ansätze. Wie Diekmann und Opp (1979) und Mehlkop (2011) anmerken, weisen diese Ansätze das Problem auf, dass handlungstheoretische Mechanismen auf der Mikroebene bei der Erklärung abweichenden Verhaltens ausgeblendet werden und damit Theorien ohne eigentliche (Tiefen)erklärung vorliegen. Diesen Mangel vermeiden Handlungstheorien, die deviantes und delinquentes Verhalten über Mechanismen auf der Mikroebene erklären. Dies gilt für sämtliche Beiträge in diesem Band.

Bekannte Mikroansätze sind die Theorie der differenziellen Kontakte (Sutherland und Cressey 1966), die General Theory of Crime (Gottfredson und Hirschi 1990) oder die aus der ökonomischen Tradition übernommene Rational Choice Theorie (RC-Theorie; vgl. Becker 1968; Gautschi und Berger 2018), sowie deren Modifikationen und Erweiterungen wie die Subjective Expected Utility-Theorie (SEU-Theorie, vgl. Esser 1993). Während die stärker ökonomisch orientierte RC-Theorie mit harten Anreizen argumentiert (z. B. Gewinnen aus delinquentem Verhalten), können in erweiterten Modellen problemlos internalisierte Normen und weitere psychologische Konstrukte in die Handlungserklärung integriert werden („weiche" Variante der RC-Theorie; vgl. Opp 1986; Diekmann und Voss 2004). Die beiden theoretischen Beiträge in dem Sammelband (neben dem Übersichtsartikel von Mehlkop) zeigen dieses Spektrum ebenfalls auf. Während bei Berger und Gautschi insbesondere auch „harte" Anreize (Drogenpreise, Bestrafungskosten) eine zentrale Rolle spielen, zeigen Krumpal und Voss in ihrer spieltheoretischen Analyse, dass „weiche" Anreize wie z. B. erwartete Schamgefühle in Befragungssituationen einen starken Verhaltensanreiz und in der Folge auch eine plausible Verhaltenserklärung liefern können.

Devianz und noch mehr Delinquenz steht typischerweise im Spannungsfeld zwischen eigeninteressierter Handlungswahl, situativen Anreizen und durch Merkmale der sozialen Situation moderierten normativen Aspekten. Deshalb sollte eine entsprechende Erklärung immer mehrere Dimensionen berücksichtigen (vgl. Eifler 2009; Krumpal 2018). Es gibt Versuche, die verschiedenen theoretischen Linien in integrierte Ansätze zu überführen und miteinander zu verknüpfen. Als Beispiele sind hierbei das Model of Frame Selection (MFS; vgl. Esser 2001; Kroneberg 2007) oder die Situational Action Theory (SAT; vgl. Wikström 2015; Kroneberg und Schulz 2018) zu nennen, in denen Interaktionseffekte zwischen internalisierten Einstellungen, Normen und situativen Anreizen in handlungstheoretische Erklärungen integriert werden, um realistischere Modelle devianten Verhaltens auf der Individualebene zu erhalten (für eine einführende Übersicht der Beitrag von Mehlkop in diesem Band). Entscheidend ist hierbei, dass für die vorgeschlagenen Modelle ein sinnvoller Ausgleich zwischen Komplexität (realistische Perspektive) und analytischer Stringenz (instrumentelle Perspektive) gefunden wird.

Alle Beiträge des vorliegenden Sammelbandes zeichnen sich durchgehend dadurch aus, dass sie mit einem empirisch-analytischen Zugang an das Thema „Devianz und Subkulturen" herangehen. Über reine Deskription hinaus besteht deshalb der Anspruch, präzise Aussagen über Kausalbeziehungen und Erklärungen von sozialen Tatbeständen zu formulieren und aus den theoretischen Modellen abgeleitete Hypothesen mit Hilfe von Methoden der empirischen Sozialforschung und der Statistik zu überprüfen. Es wird eine werturteilsfreie Analyse von sozialen Zusammenhängen, Prozessen und Interaktionen angestrebt. Um diese Ziele zu erreichen werden formale Methoden der Theoriebildung eingesetzt (RC Modelle; Spieltheorie) und quantitative Daten mit statistischen Datenanalysemethoden ausgewertet.

2 Methode

Neben der Theoriebildung und Erklärung, stellt vor allem die Messung von abweichenden bzw. delinquenten Handlungen eine Herausforderung dar, da diese per Definition von Normen abweichen und deshalb tendenziell verdeckt werden. Daten über deviante (wahrscheinlich auch in geringerem Ausmaß: delinquente) Verhaltensweisen können durch ex-post-facto (wie in Befragungen) oder experimentellen Designs (wie in Feldexperimenten) gewonnen werden. Als Erhebungsmethode stehen dabei Beobachtungen (z. B. in Feldexperimenten wie im Beitrag von Petzold und Eifler) und Befragungen (z. B. in den Beiträgen von Hovestadt und Mühler, sowie Junkermann), im Vordergrund. Das Vignettenexperiment bzw.

faktorieller Survey hat sich in der jüngsten Vergangenheit als Design bzw. Messmethode in der Forschung zu Devianz etabliert. Es erlaubt, dass die Intention zu deviantem und delinquentem Verhalten erfragt werden kann und nicht in die Tat umgesetzt (beobachtet) werden muss (z. B. Petzold und Eifler in diesem Band). Häufiger bei delinquentem, als bei deviantem Verhalten werden auch prozessproduzierte bzw. Registerdaten herangezogen. Die Daten aus allen Erhebungsformen können zudem kombiniert werden (vgl. z. B. die Beiträge von Berger und Gautschi, Kroher, Petzold und Eifler, sowie Verneuer).

Bei allen Messungen stellen sich Fragen nach der Datenqualität und der Validität der Messung. Für Verhaltensweisen die ihrer Natur nach tendenziell nicht offen berichtet werden gilt dies in besonderem Ausmaß. So zeigt sich bspw. bei der Messung von Normverletzungen bzw. Devianz ein enger Zusammenhang zu Problemen der sozialen Erwünschtheit und Nonresponse (vgl. Stocké 2004; Krumpal und Näher 2012). Kumulative empirische Evidenz weist darauf hin, dass bestimmte Designaspekte einer Befragung (z. B. Umfragemodus, Erhebungstechnik) dazu beitragen können, Verzerrungen aufgrund sozialer Erwünschtheit zu verringern, die Kooperationsbereitschaft der Befragten zu erhöhen und somit die Datenqualität zu verbessern (Tourangeau und Yan 2007). Allgemein wurden in der empirischen Forschung zu Devianz innovative Methoden entwickelt und experimentell evaluiert (z. B. Vignetten, Randomized Response Techniken). In dem Band wird diese Tradition prominent weitergeführt. Die Beiträge von Wolter und Preisendörfer, Junkermann, sowie Petzold und Eifler beschäftigen sich explizit mit der Messung von Verhalten, dass als sozial (un)erwünscht wahrgenommen wird, nämlich verschiedene sexuelle Aktivitäten, Alkohol und Drogenkonsum.

3 Übersicht über die einzelnen Beiträge

Der Sammelband umfasst theoretische Übersichtsarbeiten (Mehlkop, Berger und Gautschi), eigenständige Theorieentwicklung (Krumpal und Voss), methodische Experimente (Wolter und Preisendörfer, Junkermann, sowie Petzold und Eifler) und inhaltlich orientierte Beiträge (Kroher, Verneuer, Hovestadt und Mühler). Im Folgenden werden die Beiträge kurz dargestellt.

I. *Theorie:* Die theoretischen Übersichtsarbeiten und -entwicklungen geben den aktuellen Forschungsstand wieder und vertiefen unser Verständnis der Interaktionen von situativen Anreizen, internalisierten Einstellungen und normativen Aspekten bei der Erklärung von Devianz und Delinquenz. *Guido Mehlkop* (Beitrag 1) erörtert den Beitrag sozialer Normen bei der Erklärung krimineller Handlungen. Neben der engen und der weiten Rational Choice Theorie (RCT) werden Dual Process Theorien, insbesondere das Model of Frame Selection (MFS) und die Situational Action Theory (SAT), besprochen und es wird gezeigt, dass Normen auf unterschiedliche Art und Weise individuelle Entscheidungen beeinflussen können. Auch werden Interaktionen zwischen sozialen Normen und Drittvariablen wie individueller Selbstkontrolle oder kontextspezifischen Neutralisierungen diskutiert und statistische Modellierungsansätze erörtert.

Verschiedene Varianten der Rational Choice Theorie (RCT) stehen auch im Mittelpunkt des Beitrags von *Roger Berger* und *Thomas Gautschi* (Beitrag 2). Hier wird der individuelle Drogenkonsum als rationale Wahlhandlung mathematisch modelliert und empirische Evidenz zu den diskutierten Modellen zusammengefasst. Besondere Berücksichtigung erfahren hierbei dynamische Modelle des Drogenkonsums, die den Faktor Zeit explizit einbeziehen. Dazu werden unterschiedliche Annahmen über die Stärke und Konsistenz der Zukunftsorientierung der Akteure getroffen (z. B. exponentielle versus hyperbolische Diskontierung der Zukunft) und theoretisch abgeleitet, welche Implikationen sich daraus ergeben. Die berichtete empirische Evidenz zeigt, dass Drogenkonsumenten auf Restriktionen wie etwa Preise oder rechtliche Einschränkungen reagieren.

Der erste Teil des Sammelbandes wird komplettiert durch einen Beitrag von *Ivar Krumpal* und *Thomas Voss* (Beitrag 3), in dem die Validität der Messung von Devianz und das Problem der sozialen Erwünschtheit in Surveys im Zusammenhang mit verschiedenen Datenerhebungsmethoden erörtert werden. Mittels eines spieltheoretischen Ansatzes (Vertrauensspiel) wird die Interviewsituation als soziale Interaktion zwischen Befragten und Interviewern in einem Kontext von Normen und wechselseitigen Erwartungen modelliert und es werden Bedingungen ausgearbeitet, unter denen Befragte ehrlich oder sozial erwünscht auf Fragen nach den eigenen Normverletzungen antworten.

II. *Methoden und Experimente:* Nach den theoretischen Arbeiten folgen drei Beiträge, welche schwerpunktmäßig methodische Fragestellungen bearbeiten und hierzu experimentelle Designs verwenden. Experimente mit Zufallszuweisung (Randomisierung) von Befragten zu Treatment- und Kontrollgruppe(n) haben den Vorteil, dass sich Hypothesen über kausale Zusammenhänge valide überprüfen lassen. Die Hypothesen beziehen sich dabei auf die Messung von Devianz. Diese zielen jeweils auf die methodischen Gütekriterien wie interne und externe Validität.

In ihrer Studie befragen *Felix Wolter* und *Peter Preisendörfer* (Beitrag 4) Studierende an einer deutschen Universität zu ihrem Sexualleben. Da die Fragen intim sind, ist im Rahmen von Face-to-Face Interviews mit Nonresponse und sozial erwünschten Antwortverhalten zu rechnen. Deshalb führen die Autoren ein Methodenexperiment durch und vergleichen die klassische direkte Befragung mit der Sealed Envelope Technik (SET), welche die Interviewsituation anonymisiert. Hierbei zeigen sich einige methodische Vorteile der SET gegenüber der direkten Befragung (z. B. weniger Item Nonresponse; weniger Unbehagen beim Beantworten heikler Fragen). Weiterhin zeigen sich auch inhaltliche Einsichten. So scheint in der Subgruppe von Studierenden Masturbation weit eher als deviant wahrgenommen zu werden als homosexuelle Praktiken.

Die Arbeit von *Justus Junkermann* (Beitrag 5) entwickelt und evaluiert eine neue Methode zur Messung quantitativer heikler Variablen, die Person Sum Technik (PST). Die Befragungsstudie verwendet ein experimentelles Design und untersucht ein studentisches Sample zum Ausmaß ihres Alkohol- und Drogenkonsums. Die Ergebnisse zeigen, dass die PST keine valideren Schätzungen der heiklen Verhaltensweisen liefert als direkte Selbstauskünfte.

Im Beitrag von *Knut Petzold* und *Stefanie Eifler* (Beitrag 6) wird eine Studie zu informellen Normen im Fußgängerverkehr repliziert. Methodisch interessiert dabei, ob das berichtete intendierte Verhalten in einem Vignettenexperiment das tatsächlich beobachtete in einem Feldexperiment wiedergibt. Im Fokus stehen dabei sowohl deskriptive Anteile, wie auch die Wirkung von bestimmten Faktoren auf die Durchsetzung von informellen Normen. Es zeigt sich, dass zwar die berichteten Anteile – wie durch Modelle sozial erwünschten Antwortverhaltens vorhergesagt – verzerrt wiedergegeben werden (verbale Sanktionen werden überberichtet und physische unterberichtet). Die Wirkungsrichtung von theoretischen Faktoren der Normdurchsetzung wird jedoch auch durch die Vignettenuntersuchung korrekt prognostiziert. Damit bestätigen Petzold und Eifler einen Befund, der sich auch für Laborexperimente findet (z. B. Bader et al. 2019): Deskriptive Anteile aus experimentellen Befunden sind oft nicht extern valide, die Stimulus-induzierten Kausaleffekte allerdings schon. Konkret hat das Geschlecht in dem untersuchten Bereich keinen Einfluss auf die informelle Normdurchsetzung. Aggressoren mit hohem Status werden dagegen eher zurechtgewiesen als solche mit tiefem Status.

III. *Empirische Anwendungen:* Im dritten Teil des Sammelbandes werden empirische Beiträge mit überwiegend inhaltlichen Fragestellungen besprochen.

Es handelt sich hierbei um Umfragestudien (Beobachtungsstudien ohne experimentelles Design), die statistische Assoziationen mit Hilfe von Regressionsanalysen untersuchen. Einleitend untersucht die Arbeit von *Martina Kroher* (Beitrag 7) sowohl individuelle als auch situative Erklärungsfaktoren akademischen Fehlverhaltens an deutschen Hochschulen und Universitäten. Auf der Grundlage einer bundesweiten Online-Umfrage unter Studierenden kann sie empirisch zeigen, dass deviantes Verhalten wie das Abschreiben in Klausuren oder das Plagiieren in Hausarbeiten weit verbreitet ist. Interessanterweise ist diese Devianz nicht gleichmäßig verteilt, sondern tritt in einzelnen Fächern und Subgruppen in denen die Wahrnehmung ist, dass auch im Freundeskreis oft betrogen wird, häufiger auf. Hier könnte man schon von einer Subkultur sprechen, in der abweichendes Verhalten normal und weit verbreitet ist und subjektiv kaum mehr als deviant empfunden wird. Im Anschluss thematisiert die Arbeit von *Lena Verneuer* (Beitrag 8) verschiedene Erklärungs- und Messansätze von Gewalt als Sanktionshandlung. Als handlungstheoretischer Bezugsrahmen dient hierbei das Model of Frame Selection (MFS). In der empirischen Analyse werden Querschnittsdaten ausgewertet und klassische Messinstrumente (Selbstberichtsdaten) mit Vignetten verglichen und kritisch erörtert. Abschließend beschäftigt sich der Beitrag von *Till Hovestadt* und *Kurt Mühler* (Beitrag 9) mit der Frage, warum Frauen typischerweise eine weit höhere Kriminalitätsfurcht zeigen als Männer. Ausgehend vom bekannten Kriminalitätsfurchtparadoxon, wonach soziale Gruppen mit einem geringen Viktimisierungsrisiko besonders ängstlich sind (und umgekehrt), werden geschlechtsbezogene Hypothesen formuliert und deren Gültigkeit und Robustheit unter Kontrolle diverser Drittvariablen im Rahmen einer Sekundäranalyse mehrerer Datensätze empirisch getestet.

4 Allgemeiner Ausblick

Der vorliegende Sammelband vereint insbesondere analytisch-empirisch orientierte Beiträge, mit dem Ziel die Entstehungsbedingungen und Folgen von Normverletzungen und die Messung von Devianz auf eine theoretisch präzise und evidenzbasierte Grundlage zu stellen. Dies umfasst sowohl Beispiele einer stringenten formalen Theoriebildung und Hypothesenableitung als auch die statistische Analyse quantitativer Daten. Auch soll der Sammelband zu weiterer experimenteller Forschung zu Devianz und Subkulturen sowie zu Replikationsstudien anregen, damit ein kumulativer Erkenntnisgewinn möglich ist.

Literatur

Bader, F., Baumeister, B., Berger, R., & Keuschnigg, M. (2019). On the transportability of laboratory results. *Sociological Methods & Research*. https://doi.org/10.1177/0049124119826151.

Becker, G. (1968). Crime and punishment: An economic approach. *Journal of Political Economy, 76,* 169–217.

Diekmann, A., & Opp, K.-D. (1979). Anomie und Prozesse der Kriminalitätsentwicklung im sozialen Kontext. Vorschläge für die Weiterentwicklung und Formalisierung der Anomietheorie. *Zeitschrift für Soziologie, 8,* 330–343.

Diekmann, A., & Voss, T. (2004). Die Theorie rationalen Handelns: Stand und Perspektiven. In A. Diekmann & T. Voss (Hrsg.), *Rational Choice Theorie in den Sozialwissenschaften* (S. 13–29). München: Scientia Nova & Oldenbourg.

Eifler, S. (2009). *Kriminalität im Alltag. Eine handlungstheoretische Analyse von Gelegenheiten.* Wiesbaden: VS Verlag.

Esser, H. (1993). *Soziologie, Allgemeine Grundlagen.* Frankfurt a. M.: Campus.

Esser, H. (2001). *Soziologie. Spezielle Grundlagen: Bd. 6. Sinn und Kultur.* Frankfurt a. M.: Campus.

Gautschi, T., & Berger, R. (2018). Abweichendes Verhalten als rationale Wahl. *Monatsschrift für Kriminologie und Strafrechtsreform, 101,* 200–222.

Gottfredson, M. R., & Hirschi, T. (1990). *A general theory of crime.* Stanford: Stanford University Press.

Kroneberg, C. (2007). Wertrationalität und das Modell der Frame-Selektion. *Kölner Zeitschrift für Soziologie und Sozialpsychologie, 59,* 215–239.

Kroneberg, C., & Schulz, S. (2018). Revisiting the role of self-control in situational action theory. *European Journal of Criminology, 15,* 56–76.

Krumpal, I., & Näher, A.-F. (2012). Entstehungsbedingungen sozial erwünschten Antwortverhaltens: Eine experimentelle Studie zum Einfluss des Wordings und des Kontexts bei unangenehmen Fragen. *Soziale Welt, 63,* 65–89.

Krumpal, I. (2018). Ökonomische Handlungslogik versus psychologisch-normativer Ansatz zur Erklärung und Messung von Devianz. *Soziale Probleme, 29,* 45–67.

Mehlkop, G. (2011). *Kriminalität als rationale Wahlhandlung.* Wiesbaden: VS Verlag.

Merton, R. K. (1938). Social structure and anomie. *American Sociological Review, 3,* 672–682.

Merton, R. K. (1957). *Social theory and social structure.* Glencoe: Free Press.

Opp, K.-D. (1986). Soft incentives and collective action. *British Journal of Political Science, 16,* 87–112.

Stocké, V. (2004). Entstehungsbedingungen von Antwortverzerrungen durch soziale Erwünschtheit. Ein Vergleich der Prognosen der Rational-Choice Theorie und des Modells der Frame-Selektion. *Zeitschrift für Soziologie, 33,* 303–320.

Sutherland, E. H., & Cressey, D. (1966). *Principles of criminology.* Philadelphia: Lippincott.

Tourangeau, R., & Yan, T. (2007). Sensitive questions in surveys. *Psychological Bulletin, 133,* 859–883.

Wikström, P.-O. (2015). Situational action theory. *Monatsschrift für Kriminologie und Strafrechtsreform, 98,* 177–186.

Einleitung 9

Krumpal, Ivar PD Dr., Universität Leipzig, Institut für Soziologie, Beethovenstr. 15, D-04107 Leipzig, krumpal@sozio.uni-leipzig.de, Forschungsschwerpunkte: Survey Methodologie, Normen und soziale Erwünschtheit, Devianz und Kriminalität, Arbeitsmarkt- und Wirtschaftssoziologie.

Berger, Roger Prof. Dr., Universität Leipzig, Institut für Soziologie, Beethovenstr. 15, D-04107 Leipzig, berger@sozio.uni-leipzig.de, Forschungsschwerpunkte: Experimentelle Methoden in der Sozialwissenschaft; Spieltheoretisch fundierte Kooperationsforschung, insb. zu Fairness und Reziprozität.

Teil I
Theorie

Die Rolle sozialer Normen in einer weiten Rational Choice Theorie der Kriminalität

Guido Mehlkop

Zusammenfassung

Von den Vertreterinnen und Vertretern der weiten Rational Choice Theorie wird sozialen Normen eine wichtige Rolle bei der Analyse sozialer Mechanismen zur Erklärung von kriminellem Handeln zugeschrieben. Es scheint jedoch keine Einigkeit darin zu bestehen, an welcher Stelle in einer prozessorientierten Erklärung die Normen intervenieren und ob sie direkte oder indirekte bzw. moderierte Effekte ausüben. In diesem Beitrag wird argumentiert, dass Normen zunächst im Sinne von Dual Process Theorien als eine Art Filter wirken und entscheidend dafür sind, ob Akteure automatisch-spontan nicht-kriminell bzw. kriminell handeln. Nur Akteure, bei welchen dieser Filter nicht wirkt treten in einen Abwägungsprozess von Kosten und Nutzen ein – in diesem deliberativen Modus spielen Normen nun aber auch eine Rolle. Sie wirken als psychische Anreize, die entweder als Kosten oder als Nutzen gesehen werden und deren Effekte mit anderen Merkmalen, wie der Fähigkeit zur Selbstkontrolle oder Verfügbarkeit von Neutralisierungen interagieren. Der Artikel schließt mit einer kurzen Diskussion über die angemessene empirische Überprüfung der Effekte der Normen, insbesondere über statistische Modelle, die simultan die Effekte einer Variable an mehreren Stellen des Mechanismus überprüfen können, wie Double Hurdle Modelle.

G. Mehlkop (✉)
Universität Erfurt, Erfurt, Deutschland
E-Mail: guido.mehlkop@uni-erfurt.de

© Springer Fachmedien Wiesbaden GmbH, ein Teil von Springer Nature 2020
I. Krumpal und R. Berger (Hrsg.), *Devianz und Subkulturen*, Kriminalität und Gesellschaft, https://doi.org/10.1007/978-3-658-27228-9_2

Schlüsselwörter

Kriminalität · Rational Choice · Soziale Normen · Situational Action Theory · Model of Frame Selection · Double Hurdle Modelle

Keywords

Crime · Rational Choice · Social Norms · Situational Action Theory · Model of Frame Selection · Double Hurdle Model

1   Einleitung

Im Sinne einer Analytischen Soziologie sollte für die Erklärung kriminellen Verhaltens eine klare, präzise und informationshaltige Theorie auf Grundlage des methodologischen Individualismus herangezogen werden, die zudem empirisch falsifizierbar ist (Opp 2013a, b; Kalter und Kroneberg 2014). Die aus der Theorie abgeleiteten Hypothesen sollen so spezifisch sein, dass sie vorhersagen, unter welchen konkreten Bedingungen kriminelles Verhalten wahrscheinlich ist oder nicht (Braun 2008; Lenski 1988). Dies erfordert, dass wir die Mechanismen kennen, die dem Handeln zugrunde liegen. Diese Mechanismen können als Kausalbeziehungen zwischen Variablen auf verschiedenen Analyseebenen mit dem Makro-Mikro-Makro-Schema (McClelland 1961; Coleman 1990; Esser 1993) dargestellt werden. Für den handlungstheoretischen Kern auf der Mikroebene bedarf es nach Kalter und Kroneberg (2014, S. 97) einer „toolbox of social mechanisms" über Annahmen menschlichen Handelns, die uns zur Erklärung des Explanandums führen. Diese Annahmen beinhalten Regelmäßigkeiten bzw. Muster des Handelns und müssen offen sein, um weitere Determinanten des Handelns, wie interindividuell variierende Persönlichkeitsmerkmale, soziale Normen und Kontextfaktoren zu integrieren.

Die Rational Choice Theorie (RCT) entspricht diesen Anforderungen und wird deswegen häufig zur Erklärung kriminellen Verhaltens angewendet (Opp 2017; Mehlkop und Becker 2004; Imhof und Becker 2008; Mehlkop und Graeff 2010; Sattler et al. 2019). In den letzten Jahrzehnten ist die RCT beständig modifiziert und erweitert worden. Während die ursprüngliche (enge) RCT stark von der neo-klassischen Ökonomie geprägt war und davon ausging, dass ausschließlich materielle bzw. instrumentelle Anreize von vollständig informierten Akteuren abgewogen und Handlungen nach der Maximierungsregel gewählt werden, lässt die weite RCT zu, dass Akteure mit begrenzter Rationalität (Simon 1955) auch nicht-materielle und soziale Präferenzen verfolgen (Kroneberg 2009). Insbesondere ziehen die weite RCT und die Dual Process Theorien (Chaiken und

Trope 1999; Kroneberg 2005, 2007; Kronberg et al. 2010a, b; Wikström 2006) in Betracht, dass Akteure auch spontan sozialen Normen folgen und dann gar nicht mehr über kriminelle Handlungsalternativen im Sinne einer Nutzen-Kosten-Abwägung deliberieren.

Allerdings scheint mir insbesondere die Rolle sozialer Normen bei der Erklärung krimineller Handlungen innerhalb der (weiten) RCT noch nicht hinreichend geklärt, da bei verschiedenen Autorinnen und Autoren unterschiedliche Ansätze diskutiert werden, etwa, an welchen Stellen soziale Normen im Erklärungsansatz wirken. Dies wirft eine Anzahl von Fragen auf, denen ich hier nachgehen möchte: Wirken Normen bereits in der Definition der Situation[1] (Kroneberg 2005, 2007; Wikström 2006) oder zeigt sich der Effekt der Normen erst während der Evaluation der Handlungsalternativen, in dem Sinne, dass der intendierte Bruch einer Norm in Form eines schlechten Gewissens wahrgenommen wird (vergl. Opp 2013c; Tittle et al. 2010)? Sind Normen ausschließlich erlernte soziale Präferenzen bzw. „weiche" Anreize, die zu anderen Anreizen (Wert der „Beute", Höhe der Strafen bei Entdeckung der kriminellen Handlung) addiert oder von ihnen subtrahiert werden? Macht es einen Unterschied, ob es sich um Normen handelt, die „Legitimität durch Verfahren" (Luhmann 1975; Tyler 1990, 1997) beanspruchen können, oder ob es sich um deskriptive oder injunktive Normen (Cialdini 1988; Cialdini et al. 1990; Goldstein et al. 2008) handelt, deren Geltungsmacht ausschließlich vom Handeln anderer Akteure abhängt? Welche Rolle spielen Selbstkontrolle (Schulz 2018) und Neutralisierungsmöglichkeiten (Kaptein und van Helvoort 2018) bei der Wirkung sozialer Normen?

Um diesen Fragen nachzugehen werde ich im ersten Teil diskutieren, welche unterschiedlichen Effekte den sozialen Normen in der engen und der weiten Variante der RCT zugewiesen werden. Alsdann werde ich Dual Process Theorien und insbesondere das Model of Frame Selection und die Situational Action Theory im Hinblick auf die Effekte sozialer Normen als Frame bzw. Filter besprechen und der Frage nachgehen, ob Normen auch Effekte über den Frame oder Filter hinaus in Verbindung mit individueller Selbstkontrolle und kontextspezifischen Neutralisierungen ausüben. Der Beitrag schließt mit Gedanken über die empirische Untersuchung des komplexen Zusammenspiels von psychischen und physischen Anreizen, Merkmalen des handelnden Individuums sowie der Situation bei der Erklärung kriminellen Handelns und einem Fazit.

---

[1]Die Terminologie (Definition der Situation und Evaluation der Handlungsalternative) habe ich von Hartmut Esser (1991, 1993a) übernommen.

2 Die enge und die weite Rational Choice Theorie kriminellen Verhaltens

Bei der Erklärung einer kriminellen Handlung sind drei miteinander verbundene Gruppen von Determinanten von Bedeutung. Erstens ist es plausibel anzunehmen, dass die Merkmale der kriminellen Handlungsalternative in der spezifischen Entscheidungssituation als Anreize eine Rolle spielen (subjektiv erwarteter Wert der Alternative, wie die „Beute", die angenommene Höhe der Strafe, situativ geschätzte Wahrscheinlichkeit der Entdeckung und Strafe usw., Sattler et al. 2019). Zweitens kann die Einstellung des Akteurs zu den mit der abweichenden Handlungsalternative verbundenen sozialen Normen von Belang sein (siehe Graeff 2005; Graeff et al. 2013; Kroneberg et al. 2010a; Mehlkop und Graeff 2010; Tittle et al. 2010; Wickström 2006). Bei der Bewertung situativer Merkmale und der Möglichkeit, sich an seine eigenen Einstellungen und Normen tatsächlich auch zu halten, können drittens Persönlichkeitsmerkmale wie Selbstkontrolle (Gottfredson und Hirschi 1990; Kroneberg und Schulz 2018; Wikström und Treiber 2007) eine Rolle spielen.

2.1 Die enge Rational Choice Theorie

Cesare Beccaria und Jeremy Bentham haben bereits im 18. Jahrhundert Kriminalität als Ergebnis eines individuellen Entscheidungsprozesses erklärt. Beide Autoren sahen den Menschen als rationalen Eigennutzmaximierer, dessen stärksten Antriebe die Maximierung von Lust und die Vermeidung von Schmerzen sind und der im Zweifelsfalle den eigenen Nutzen über das Gemeinwohl stellt. Beccaria (1998 [original 1764]) identifiziert vor diesem Hintergrund drei Variablen zur Erklärung krimineller Handlungen: Den Nutzen aus der Tat, die Strafhöhe sowie die Wahrscheinlichkeit („Unausbleiblichkeit") der Strafe. Er stellte fest: „Einer der stärksten Zügel des Verbrechens ist nicht die Grausamkeit der Strafen, sondern ihr unausfehlbares Nichtausbleiben …" (Beccaria 1998, S. 120) und hat damit die Erkenntnisse der empirischen Kriminalitätsforschung vorweggenommen, dass die Entdeckungswahrscheinlichkeit stärkere Effekte ausübt als die Strafhöhe (vergl. Pickett et al. 2018). Bentham (1966 [original 1789]) beschreibt die Entscheidung für oder gegen kriminelle Handlungen als „arithmetisches Geschäft" (Bentham 1966, S. 44), auch unbewusst ablaufen könne: „Man rechnet, ohne es zu wissen" (Bentham 1966, S. 44). Somit können diese beiden Autoren als Urheber der modernen Abschreckungstheorie gelten (Akers und Sellers 2013).

Eine ähnlich bahnbrechende Wirkung hatte der Artikel „Crime and Punishment" von Gary S. Becker aus dem Jahre 1968 (Dahlbäck 2003; Mehlkop und Graeff 2011). Becker geht davon aus, dass ein (zurechnungsfähiger) Akteur eine Straftat bewusst begeht, wenn er dadurch einen höheren Nutzen erwartet als aus der nächstbesten nicht-kriminellen Handlung (vergl. Cornish und Clarke 1986; Elffers et al. 2003; Mühlenfeld 1999; Nagel 1986). Die Abschätzung des Nutzens aus der Straftat erfolgt aufgrund der drei Variablen, die auch bereits Beccaria und Bentham benannt haben: Nutzen, Entdeckungswahrscheinlichkeit und Strafhöhe. Für Becker spielen Persönlichkeitsmerkmale (außer, dass Becker von der prinzipiellen Risikofreude krimineller Akteure ausgeht, siehe Eide 1999) keine Rolle (Bodman und Maultby 1997; Nagin und Pogarsky 2001; Mehlkop und Graeff 2010).

Somit werden in dieser „engen" RCT ausschließlich instrumentelle Anreize als Determinanten der Entscheidung betrachtet (Opp 2004; Sattler et al. 2019) und die Entscheidung kann einfach als Abwägung des Nutzens verschiedener Handlungsalternativen betrachtet werden, wobei der subjektiv erwartete Nutzen der kriminellen Handlungsalternative mit der Formel $U = B - p*C$ dargestellt werden kann (U steht für den Nutzen (utility), B steht für den Gewinn aus der kriminellen Handlung (benefits), C für die Strafe im Falle der Entdeckung (costs) und p für die Entdeckungswahrscheinlichkeit (probability)).

Eine solche enge RCT kann den Mechanismus, der hinter einer Entscheidung für oder gegen eine kriminelle Handlung steht allerdings nicht vollständig erklären. Zunächst muss in Betracht gezogen werden, dass der Gewinn aus einer Straftat nicht automatisch dadurch realisiert wird, dass der Akteur nicht entdeckt wird. Viele Straftaten sind in Planung und Durchführung recht komplex und können auch ohne Entdeckung scheitern. Deswegen wurde das einfache Modell Beckers durch die subjektiv bewertete Erfolgswahrscheinlichkeit q erweitert, die nicht lediglich die Gegenwahrscheinlichkeit zur Entdeckungswahrscheinlichkeit $(p-1)$ darstellt und sich in empirischen Studien als bedeutsamer Prädiktor krimineller Intentionen erwiesen hat (Mehlkop und Becker 2004; Mehlkop und Graeff 2010; Kroneberg et al. 2010a; Graeff et al. 2014; Sattler et al. 2013a; Eifler und Leitgöb 2018). Somit kann in Anlehnung an Esser (1991) der Nutzenwert (engl. Subjective Expected Utility, SEU) als $SEU = q*B - p*C$ spezifiziert werden. Für die empirische Überprüfung des Effektes dieser instrumentellen Anreize sind unterschiedliche Strategien gewählt worden. Während in einigen Studien die Effekte der vier Variablen additiv, d. h. als einzelne unabhängige Variable in einer multiple Regression aufgenommen werden (Elffers et al. 2003; Entorf und Spengler 2005; Grasmick und Bursik 1990; Nagin und Pogarsky 2001; Niggli 1994; Silberman 1976; Klepper und Nagin 1989; Bodman und Maultby 1997;

Cummings et al. 2005; Pickett et al. 2018; Sattler et al. 2014), werden in anderen Studien die Effekte der Produktterme (p*C und/oder q*B) getestet, allerdings ohne die Haupteffekte der einzelnen Variablen auch aufzunehmen (Becker und Mehlkop 2004; Decker et al. 1993; Diekmann 1980; Matsueda et al. 2006; Paternoster und Simpson 1996; Mehlkop 2011). Schließlich werden in wieder anderen Studien die Interaktionseffekte zwischen Nutzen bzw. Kosten und deren jeweiligen Eintrittswahrscheinlichkeiten, also die Haupteffekte von p und C sowie simultan der multiplikative Interaktionsterm (p*C) aufgenommen (siehe Grasmick und Bryjak 1980; Grasmick und Green 1981; Howe und Loftus 1996; Paternoster und Iovanni 1986; Kroneberg et al. 2010a).

Zudem wird in der engen RCT nicht ausreichend betrachtet, dass Kriminalität nicht ausschließlich ein individuelles Entscheidungsproblem unter Abwägung des Entdeckungsrisikos ist (vergl. Mehlkop und Graeff 2011), da etwa die Verteilung von Gelegenheiten und die Bewertung von Anreizen für kriminelle Handlungen in Abhängigkeit der sozialstrukturellen Position von Individuen variieren (Birkbeck und LaFree 1993; Cornish und Clarke 1986). So können Aspekte der differenziellen Assoziation (Akers 1968; Cochran et al. 2016; Opp 1974; Sutherland und Cressey 1966) sowie der Anomie- bzw. Strain-Theorie (Agnew 1992, 1995; Agnew et al. 2002; Diekmann und Opp 1979; Merton 1968) in eine RCT integriert werden (Mehlkop 2011): Kontakte zu erfolgreichen Kriminellen können dazu führen, dass potenzielle Straftäter die Entdeckungswahrscheinlichkeit anders einschätzen als Menschen, die Kriminalität nur aus TV-Krimis kennen. Und eine Person mit sehr geringem (legalen) Einkommen wird den Nutzen der Beute im Wert von 10 EUR anders einschätzen als eine wohlhabende Person (vergl. Mehlkop und Becker 2004; Mehlkop und Graeff 2010). Zudem beinhaltet Kriminalität immer den Bruch sozialer Normen und damit die Enttäuschung der Erwartungen anderer (Paternoster 1989; Tyler 1997), die darauf reagieren werden. Der Bruch einer (internalisierten) Norm kann zudem internale Kosten (z. B. schlechtes Gewissen) produzieren. Auch dies wird in der engen RCT nicht ausreichend betrachtet. Schließlich viktimisieren die meisten Verbrechen andere Menschen. Dies sollte emphatische Menschen abschrecken und erfordert, Aspekte der Selbstkontrolltheorie (Gottfredson und Hirschi 1990) einzubeziehen.

2.2 Die weite RCT und die Rolle sozialer Normen

Dass Becker (1968) oder McKenzie und Tullock (1978) Normen in ihr Modell der engen RCT nicht explizit aufgenommen haben, liegt daran, dass dort nur materielle Nutzen und Kosten betrachtet werden, die sich leicht in monetären

Äquivalenten ausdrücken lassen. So gilt bei bei Becker: schätzt ein Akteur die Entdeckungswahrscheinlichkeit gleich Null ein, dann ist keinerlei Sanktion zu fürchten, da weder formale Akteure der Strafverfolgung noch die soziale Umwelt die Täterschaft des Straftäters identifizieren. In der engen RCT werden psychische bzw. internale Kosten, wie ein schlechtes Gewissen nicht betrachtet. Somit merken Kroneberg et al. (2010a, S. 263) an: „A major shortcoming of the traditional economic approaches to the explanation of criminal behavior is that they have failed to consider moral norms and the internalization thereof".

Allerdings herrscht in den Sozialwissenschaften generell kein Konsens bezüglich der erklärenden Kraft sozialer Normen für das Handeln von Individuen. Mit Cialdini et al. (1990, S. 202) kann konstatiert werden, dass für eine Gruppe von Autoren, wie Fishbein und Ajzen (1975), die Einstellung gegenüber einer Norm entscheidend für das Verstehen menschlicher Handlungen ist, andere hingegen das Konzept der sozialen Norm als bestenfalls vage ansehen (etwa Krebs und Miller 1985) und wiederum aus Perspektive des soziologischen Konstruktivismus und der Ethnomethodologie Normen kaum handlungsleitend sind, da sie erst während oder gar nach der Handlung selbst (re-)konstruiert und interpretiert werden (Cialdini et al. 1990; zu konstruktivistischen Ansätzen Mehlkop 2011).

Die Advokaten einer entscheidenden Rolle von Normen bei der Erklärung (intendierter) Handlungen, wie Fishbein (1967; Fishbein und Ajzen 1975) gehen etwa in der Theory of Reasoned Action und der Theory of Planned Behavior (Ajzen und Fishbein 1980; Fishbein und Ajzen 2010) davon aus, dass soziale Normen (die Bewertung des Handelns durch andere) ein zentraler Bestandteil der Erklärung von Handlungsintentionen sind. Mittlerweile liegen verschiedene Ansätze vor, wie Normen als eigenständige Erklärungsvariable in eine weite RCT integriert werden können (Green und Shapiro 1999; Tittle et al. 2010; Opp 2013c, 2017; Coleman 1990; Mehlkop und Becker 2004; Mehlkop und Graeff 2010; Kroneberg et al. 2010a, b; Graeff et al. 2014; Sattler et al. 2013a, b, c; Sattler 2007; Nagin und Paternoster 1994). So wird zugelassen, dass neben materiellen Nutzen und Kosten auch nicht-instrumentelle Präferenzen (Nutzen aus der Handlung an sich) verfolgt werden und dass schließlich auch normatives Handeln (Kroneberg 2009, S. 45) sowie spontanes Handeln (ohne Deliberation) erklärt werden kann. Die weite RCT lässt auch zu, dass individuelle Merkmale des Akteurs eine Rolle spielen und bezieht sich nicht auf objektive Gegebenheiten einer Situation, sondern auf deren subjektive Definition (Esser 1991) durch den Akteur.

Aus Sicht einer weiten RCT können Akteure mit starker positiver Einstellungen gegenüber einer Norm bereits einen Nutzen daraus ziehen, dass sie sich konform zu dieser Norm verhalten (Opp 1999; Yee 1997). Dies unterstellt einen Konsumnutzen aus der normkonformen Handlung an sich, der zum Nutzen aus anderen (instrumentellen) Anreizen addiert werden kann. Analog kann der „negative Konsumnutzen", also die intrinsischen Kosten aus dem Bruch der Norm, vom Gesamtnutzen der Handlungsalternative subtrahiert werden (Kroneberg et al. 2010b).

Der Konsumnutzen kann verschiedene Quellen haben. Tyler (1997; vergl. Mehlkop 2011) argumentiert, dass Akteure einen intrinsischen Nutzen aus der Befolgung einer Norm ziehen wenn sie von der Legitimität dieser Norm überzeugt sind und deswegen das Gefühl haben, das Richtige zu tun (vergl. auch Feld und Frey 2005). Die Legitimität einer Norm entsteht durch die Art, wie die Norm geschaffen und durchgesetzt wird (Tyler 1997) und kann mit Luhmann (1975) als „Legitimation durch Verfahren" bezeichnet werden. Diese Verfahren begründen „… eine generalisierte Bereitschaft, inhaltlich noch unbestimmte Entscheidungen innerhalb gewisser Toleranzgrenzen hinzunehmen" (Luhmann 1975, S. 28). Der Inhalt der Norm spielt dann keine große Rolle.

Ein alternatives Konzept ist die „Oughtness of social norms", also die Einstellung eines Akteurs darüber, wie sehr eine bestimmte Handlung moralisch verpflichtend ist. Dabei kann sich die moralische Verpflichtung sowohl darauf beziehen, in einer bestimmten Situation eine Handlung auszuführen (Erste Hilfe für Unfallopfer) oder aber eine Handlung zu unterlassen (etwa das Ablehnen von Bestechungsgeld). Dieses Konzept der „Oughtness" (Lindenberg et al. 2011[2]; Hechter und Opp 2001; Falk et al. 2005) fußt auf der Definition sozialer Normen als Regeln, deren Einhaltung informell und bewusst durchgesetzt werden sollen (Lindenberg et al. 2011, S. 100). Dieses Gefühl der Verpflichtung beruht darauf, dass die Norm internalisiert[3] worden ist und enthält drei Elemente. Erstens, das Einhalten der konkreten Norm wird von den Individuen generell als wichtig angesehen. Zweitens. Akteure, die in sozialen Situationen Zeuge eines Regelbruchs werden, fühlen sich verpflichtet, darauf negativ zu reagieren, auch wenn sie nicht das Opfer dieses Normbruchs sind. Drittens, Akteure fühlen sich

---

[2]Ich beziehe mich auf einen Artikel von Lindenberg, Joly und Stapel, ursprünglich veröffentlicht in der Social Psychology Quarterly. Dieser Artikel wurde 2012 zurückgezogen, da der Datensatz, mit dem die Hypothesen getestet worden sind, von Stapel manipuliert worden ist. Lindenberg und Joly hatten keine Kenntnisse über diesen Betrug. Ich beziehe mich ausschließlich auf die theoretische Konzeption von Oughtness, welche ich unabhängig von dem Betrug für äußerst fruchtbar halte (siehe Graeff et al. 2013).

[3]Die Internalisierung einer sozialen Norm beinhaltet Lernprozesse und Konditionierung (etwa durch Sanktionierungen) und führt im Falle der erfolgreichen Internalisierung dazu, dass der Akteur die Norm auch ohne Überwachung befolgt (Etzioni 2000; Scott 1971).

selbst verpflichtet, dieser Norm zu folgen. Hier wird, im Gegensatz zur Legitimitätsannahme, nicht der Norm unabhängig von den Inhalten gefolgt, sondern die Akteure sind von der Richtigkeit der konkreten Inhalte überzeugt. Sind alle drei Elemente stark ausgeprägt, so ist die Geltung der Norm aktiviert (Lindenberg et al. 2011, S. 101). Dieser Aktivierungsgrad kann variieren, etwa, wenn in einer konkreten Situation Merkmale auftreten, welche die Geltungsmacht der Norm infrage stellen (zum Beispiel Neutralisierungen, siehe unten).

Darauf aufbauend kann argumentiert werden, dass soziale Normen erlernte Präferenzen darstellen (siehe Mehlkop und Graeff 2010), die wie instrumentelle Anreize der Beute oder der Strafe wirken (Tittle et al. 2010), da das Befolgen der Norm, also die Realisierung der eigenen Präferenz zu einem intrinsischen Nutzen in Form von positiven Emotionen führt (gutes Gewissen) und kognitive Dissonanz (Festinger 1957) verhindert. Dieser intrinsische Nutzen kann analog zu dem Effekt eines instrumentellen Anreizes interpretiert werden (Opp 2004, 2013c; Sattler 2007; Tittle et al. 2010). Auf der anderen Seite verursacht der Normbruch negative Emotionen, welche als intrinsische Kosten gesehen werden können (schlechtes Gewissen, kognitive Dissonanz, siehe Coleman 1990; Opp 2013c; Posner und Rasmusen 1999; Sattler 2007; Tittle et al. 2010; Cochran et al. 1999; Grasmick und Bursik 1990; Danziger und Wheeler 1975; Grasmick et al. 1993).

Dies spräche dafür, die Effekte intrinsischer Anreize (gutes bzw. schlechtes Gewissen) und Effekte extrinsischer bzw. instrumenteller Anreize (Beute, Strafhöhe) zunächst getrennt voneinander zu betrachten und dann zu Gesamtnutzen bzw. Gesamtkosten zu addieren (siehe ausführlich Kroneberg et al. 2010a). Gerade über diesen Punkt der additiven Effekte von Normen und instrumentellen Anreize herrscht jedoch selbst zwischen Vertretern der (weiten) RCT keine Einigkeit. So widerspricht Opp (2017, S. 138) vehement der Sichtweise, dass in vielen Ansätzen der weiten RCT additive Effekte der Norm angenommen werden *müssen*. Leider kann aus Platzgründen diese Diskussion nicht vertieft werden, jedoch untermauert sie das in diesem Beitrag vorgebrachte Argument, dass die Rolle der Normen in einem Erklärungsmodell kriminellen Handelns keineswegs abgeschlossen und weitere theoretische sowie empirische Arbeit dringend erforderlich ist.

Man kann weiterhin überlegen, ob der Grund für die Trennung zwischen Erklärungsfaktoren aufgrund ursprünglicher RC Variablen nach Gary Becker (1968) (Kosten, Nutzen und Wahrscheinlichkeiten) und dem Erklärungswert der Einstellung gegenüber sozialen Normen per se, darin liegt, dass Menschen jeweils unterschiedliche Ziele verfolgen (Lindenberg 2011; Elster 1989a, b): entweder ein Akteur will seine individuellen (materiellen) Ressourcen mithilfe krimineller Handlungen erhöhen oder er will in einer sozial erwarteten bzw. probaten Art handeln und ergreift dann keine abweichende Handlungsalternative, auch wenn diese einen materiellen Nutzen realisieren könnten. So unterscheiden Cialdini et al. (1990) zwischen deskriptiven und injunktiven sozialen Normen. Diese Unterscheidung ist aus Sicht von Cialdini et al. (1990, S. 202) nötig, da alltagssprachliche Begriffe und lebensweltliche Bestimmungen von Normen für Zwecke soziologischer Analysen nicht hinreichend genau sind. Die Mehrdeutigkeit des Begriffs der Norm kann einerseits so interpretiert werden, dass eine Norm das ist, was die meisten anderen tun oder andererseits, was die meisten anderen aus der sozialen Bezugsgruppe erwarten. Eine deskriptive Norm im Sinne von Cialdini et al. (1990) bezieht sich auf das, was „ist", also das, was die anderen Mitglieder der Bezugsgruppe mehrheitlich tun, wohingegen sich die injunktive Norm darauf bezieht, was „sein sollte", also das, was die meisten anderen erwarten. Insbesondere deskriptiven Normen wird ein starker Effekt auf das individuelle Handeln zugemessen, was Cialdini et al. (1990) mit den Experimenten von Asch (1956) oder Sherif (1936) illustrieren. Cialdini et al. (1990, S. 203) begründen diese „magnetische Zugkraft" mit dem naiven Glauben daran, dass das, was alle oder viele anderen tun, auf irgendeine Art gut, effektiv oder vernünftig sein muss (Sattler et al. 2013a, 2014; Valente et al. 2004) – sogar, wenn andere in die Luft starren (vergl. Milgram et al. 1969). Dabei kann das automatische Folgen deskriptiver Normen als Strategie der „Abkürzung" des Entscheidungsprozesses gesehen werden (Cialdini et al. 1990; Cialdini 1988). Während deskriptive Normen spezifizieren, was andere Mitglieder der Bezugsgruppe tun, spezifizieren injunktive Normen, was die anderen erwarten. Somit konstituieren injunktive Normen die moralischen Regeln der Gruppe (Cialdini et al. 1990, S. 203). Handlungsleitend sind injunktive Normen, weil normkonformes Verhalten hier von den anderen Mitgliedern der Gruppe belohnt und abweichendes Verhalten bestraft wird, oder in den Worten von Cialdini et al. (1990, S. 203 f.): „Whereas descriptive norms inform behavior, injunctive norms enjoin it". Bei einem Konflikt deskriptiver mit injunktiven Normen in einer Situation scheint wichtiger zu sein, was die anderen tatsächlich tun als das, was diese erwarten (siehe dazu auch das Experiment von Bicchieri und Xiao 2009).

Das Befolgen von injunktiven Normen kann als rationale Strategie in funktional interdependenten sozialen Umwelten gesehen werden. Dann realisiert Kooperation für alle Beteiligten langfristig Vorteile (Coleman 1990; Ridley 1996). Peter M. Blau (1964) führt aus, dass die Akzeptanz der Regeln/Normen und damit auch der Verzicht auf Normbruch die soziale Beziehung auf lange Sicht sichert und dies mehr Nutzen bringt, als der kurzfristige Nutzen aus dem

Normbruch. Daneben erfolgt in Gruppen eine (positive) soziale Verstärkung für normkonforme Handlungen sowie eine Ablehnung normbrechender Handlungen (Akers und Sellers 2013; Bandura 1977; Sattler et al. 2019).

2.3 Zwischenfazit

Zunächst kann festgehalten werden, dass die enge RCT kriminelle Handlungen nicht erschöpfend erklären kann, da in deren Modellen kein Platz für die Effekte von Normen über die reine materielle Sanktion des Normbruchs hinaus vorhanden ist. Betrachtet man die Effekte sozialer Normen bei der Erklärung individuellen Verhaltens, dann sollte in Betracht gezogen werden, dass soziale Normen über verschiedene Mechanismen Entscheidungen und damit Handlungen beeinflussen können. Zum einen kann die individuell zugeschriebene Legitimität der Verfahren der Normsetzung verantwortlich dafür sein, dass Akteure Normen unabhängig vom deren Inhalt folgen (Luhmann 1975; Tyler 1990, 1997; Rompf et al. 2017) und überdies das Befolgen der Normen zu einem psychischem Konsumnutzen in Form eines guten Gewissens führt (und analog der Normbruch zu psychischen Kosten). Zum anderen ist es auch möglich, dass der konkrete Inhalt der Norm bedeutsam ist. So bemerkt Tyler (1990, 1997), dass Akteure Normen folgen, wenn sie daraus einen direkten materiellen Nutzen ziehen. Weiter kann man deskriptive und injunktive Normen (Cialdini et al. 1990) unterscheiden, bei denen letztlich der Inhalt weniger bedeutsam ist, die aber auch nicht internalisiert sein müssen, damit ihnen Folge geleistet wird. Hier kommt es nur darauf an, an welche Normen sich die anderen halten bzw. welche Normen die anderen bereit sind durchzusetzen.

3 Homo oeconomicus, homo sociologicus oder homo variablis?

Bislang wurde diskutiert, ob soziale Normen als Anreize betrachtet werden sollen, welche analog zu anderen (instrumentellen) Anreizen wie dem materiellen Nutzen aus einer Straftat und den formalen Strafen *additiv* in ein Erklärungsmodell integriert werden. Dieser Ansatz läuft darauf hinaus, dass Akteure dem Bruch oder dem Folgen der Normen einen Nutzen- oder Kostenwert zuordnen, welcher in die Deliberation über verschiedene Handlungsalternativen eingeht. Dies entspricht in Grundzügen dem Menschenbild des homo oeconomicus. Ein solches Vorgehen kann jedoch kritisiert werden, da sich internalisierte Normen das Handeln (auch) durch einen automatischen, nicht ergebnisorientierten und unbewussten Mechanismus determinieren (Boudon 2003; Elster 1989a, b; Etzioni 1988). Dies bedeutet nicht zwangsläufig, dass ein solcher homo sociologicus als „systemic" bzw. „cultural dope" (Garfinkel 1967; Rössel 2008) angesehen wird, der wie eine Marionette sozialen „Kräften" folgt und dabei andere (instrumentelle) Anreize ignoriert. So führt Esser aus, dass neben rein instrumentellen Anreizen im Sinne Beckers (1968) auch „... die Wirkung von ‚irrationalen' Loyalitäten, besonders normativen oder kulturellen Orientierungen oder gemeinsamen Sinnwelten und die nicht-kontraktuellen Teile..." betrachtet werden müssen (Esser 2002, S. 32).

In diesem Sinne erscheinen in der soziologischen Befassung mit Kriminalität Ansätze interessant, welche soziale Normen als Rahmung einer Situation oder als Filter für Handlungsalternativen verstehen (Davidson 1980; Fetschenhauer 1998; Grasmick und Green 1981; Green 1991; Kroneberg 2005, 2007; Kroneberg et al. 2010, b; Schick 1997; Wikström 2006).

Zugespitzt ausgedrückt: Diese Ansätze gehen davon aus, dass die meisten Menschen sich in Situationen, in denen kriminelle Handlungsalternativen objektiv verfügbar und wählbar sind, subjektiv gar keine Gedanken über deren Kosten und Nutzen machen, sondern einer salienten sozialen Norm ohne Deliberation folgen. Daraus folgt, dass nur eine Subgruppe von Akteuren überhaupt Kosten und Nutzen abwägt und in diesem engen Sinne rationale Entscheidungen trifft (Kroneberg et al. 2010a, S. 264). Dies entspricht dem homo variabilis, der sowohl deliberativ wie auch automatisch-spontan handelt.

Der Ansatz der „bounded rationality". (Simon 1955) beinhaltet, dass Menschen nur eine limitierte Anzahl von entscheidungsrelevanten Informationen in einer bestimmten Zeiteinheit erfassen und verarbeiten können und Menschen oft einfach ihren Emotionen folgen bzw. sich an sozialen Symbolen orientieren, ohne detailliert zu deliberieren. Angesichts der begrenzten kognitiven Kapazitäten bewirken solche Strategien und Heuristiken eine Reduktion der Komplexität (Esser 1991) und sparen Entscheidungskosten (Opp 2017).

Genauer betrachtet bewirkt die begrenzte Rationalität, dass Akteure nur solange Informationen über entscheidungsrelevante Parameter suchen, solange der Wert jeder neuen Information über den Suchkosten der Information liegt (Mehlkop und Graeff 2010). Zu einer Strategie, um mit den begrenzten kognitiven Ressourcen hauszuhalten gehört auch, Heuristiken oder Daumenregeln zu folgen und dann automatisch bestimmte Handlungen ausführen (Sattler et al. 2013a). Dies ist mit dem Paradigma rationalen Handelns vereinbar, da so Informations- und Entscheidungskosten gespart werden, insbesondere, wenn rasches Handeln erforderlich ist oder wenn es sich um sogenannte „Low Cost Situationen"

Die Rolle sozialer Normen in einer weiten Rational Choice ... 25

(Diekmann und Preisendörfer 1998) handelt, in denen die Konsequenzen einer falschen Entscheidung nicht schwerwiegend sind.

Aufbauend auf den Arbeiten von Simon (1955) hat sich Daniel Kahneman zusammen mit Amos Tversky damit befasst, wie Menschen Bewertungen und Entscheidungen treffen (Kahneman 2003, S. 697). Kahneman (2003, S. 697) geht davon aus, dass Menschen in zwei Modi funktionieren: in einem intuitiven Modus, in dem Bewertungen und Entscheidungen automatisch und schnell getroffen werden und in einem kontrollierten Modus, in dem Akteure deliberativ und deutlich langsamer zu Entscheidungen kommen. Der intuitive Modus, der Stanovich und West (2000) folgend System 1 und der deliberative Modus, der System 2 heißt, wird von Kahneman (2003, S. 698) folgendermaßen beschrieben: „The operations of System 1 are typically fast, automatic, effortless, associative, implicit (not available to introspection), and often emotionally charged; they are also governed by habit and are therefore difficult to control or modify. The operations of System 2 are slower, serial, effortful, more likely to be consciously monitored and deliberately controlled; they are also relatively flexible and potentially rule governed". Ob das System 1 ausgelöst wird hängt davon ab, ob ein mentales Modell zugänglich ist, welches für eine bestimmte Situation eine Handlungsalternative bereithält. Kahneman (2003, S. 701) weist darauf hin, dass insbesondere die Bewertung eines Stimuli als „gut" oder „schlecht" ein solches mentales Modell und damit System 1 aktivieren kann. Weil soziale Normen anzeigen, was in einer bestimmten Situation als „gute" oder „schlechte" Handlung gilt, sollten soziale Normen so Handeln im System 1 auslösen können.[4]

---

[4]System 1 Handeln muss dabei nicht ausschließlich von Normen ausgelöst werden, sondern kann unterschiedliche Ursachen haben (Sunstein 2014). Ein prominentes Beispiel für System 1 Handeln ohne Deliberation ist, dass Menschen „voreingestellten" Handlungsoptionen (defaults) oft ohne weitere Überlegung folgen. In Deutschland besteht ein solcher default zurzeit darin, dass Menschen keine Organspender sind und sich erst durch eine Absichtserklärung selbst dazu machen müssen (opt-in Lösung). Ein Blick in die Statistiken zeigt, dass die meisten Menschen in Deutschland diesen default nicht ändern und deswegen auch keine (potentiellen) Organspender sind (Johnson und Goldstein 2003). In anderen Ländern, wie in Österreich, besteht der default darin, dass jede Person Organspender ist, solange er oder sie nicht explizit widerspricht (opt-out Lösung). Die meisten Menschen in Österreich ändern diesen default nicht und sind deswegen Organspender. Dazu Johnson und Goldstein (2003, S. 1338): „First, decision-makers might believe that defaults are suggestions by policy-makers, which imply recommended actions. Second, making a decision often involves effort, whereas accepting the default is effortless. (...). Finally, defaults often represent the existing state or status quo, and change usually involves a trade-off."

3.1 Dual Process Theorien und variable Rationalität

„Dual Process" Theorien (vergl. Chaiken und Trope 1999; Osman 2004) beschäftigen sich mit der Frage, unter welchen Bedingungen Akteure in einem System 1 automatisch-spontan oder in einem System 2 reflektiert-kalkulierend handeln. Die elaboriertesten Ansätze im Sinne einer variablen Rationalität, die sich explizit (auch) mit kriminellen Handlungen befassen sind das Model of Frame Selection (MFS) (z. B. Kroneberg et al. 2010b; Kroneberg 2010, 2014) und die Situational Action Theory (SAT) (u. a. Wikström 2006, 2015; Wikström und Svennson 2010; Wikström und Treiber 2007).[5] Beide Ansätze gehen davon aus, dass nur eine Subgruppe von Akteuren im Sinne der RCT alle externalen und internalen Anreize gegeneinander abwägen, erwartete Nutzenwerte der Alterativen vergleichen und schließlich nach der Maximierungsregel eine der Alternativen auswählen. Die Mehrzahl der Akteure hingegen folgt (internalisierten) Normen und handelt automatisch und spontan nicht-kriminell. Letzteres entspricht dem Handeln in System 1 bei Kahneman (2003). Trotz dieser wichtigen Parallele gibt es aber auch deutliche Unterschiede zwischen den beiden Ansätzen: Ein Unterschied besteht darin, dass bei der SAT im Entscheidungsprozess die Abschreckungsmechanismen stärker thematisiert werden als die Vorteile der Handlungsalternativen (Sattler et al. 2019). Durch diese weitgehende Vernachlässigung des zu erwartenden Nutzens und dessen Realisierungschancen weicht die SAT von den weiten RC-Modellen ab. Dies stellt m. E. einen Rückschritt dar, da sich die Nutzenvariablen empirisch durchaus bewährt haben. Zudem wird der Moral in der SAT eine größere Bedeutung zugeschrieben.

Im Sinne des MFS erklären zwei Mechanismen individuelles Handeln (Kroneberg et al. 2010a, b; Kroneberg 2014). Der erste Mechanismus ist die Wahl einer Handlungsalternative nach einem Vergleich von Kosten und Nutzen aller Handlungsalternativen. Vergleichbar mit System 1 bei Kahneman (2003) kann als zweiter Mechanismus ein mentales Modell für eine Situation aktiviert werden, wenn zum Beispiel eine soziale Norm in einer bestimmten Situation salient und/ oder vom Akteur internalisiert worden ist – dann wird in dieser Situation ohne weitere Deliberation der Norm gefolgt (Best und Kroneberg 2012), dies wird im MFS der automatisch-spontane Modus (as-Modus) genannt. Hier werden andere Handlungsalternativen gar nicht mehr berücksichtigt und folglich wird auch keine kalkulierende Abwägung von instrumentellen Anreizen durchgeführt. Wird

---

[5]Siehe dazu die wichtigen Vorarbeiten von Lindenberg (1990) und Esser (1993a, b).

hingegen eine solche Kalkulation durchgeführt, dann spricht Kroneberg (2005, 2006) vom reflexiv-kalkulierenden Modus (rc-Modus). Offensichtlich wird dieser rc -Modus in der Logik der variablen Rationalität dann aktiviert, wenn der Akteur in einer bestimmten Situation nicht auf eine internalisierte Norm oder ein anderes soziales Symbol, welches diese Funktion erfüllt zurückgreifen kann. Dann befindet sich der Akteur in einem Modus, der mit System 2 von Kahneman (2003) verglichen werden kann. Diese Annahme einer variablen Rationalität (Kroneberg 2005, 2006; Kroneberg et al. 2010a, b) verbindet die weite RCT mit normativ-kulturalistischen Ansätzen und ermöglicht eine kohärente und prozessbasierte Erklärung menschlichen Handelns entweder im System 1 oder 2.

Auch in der SAT werden zwei Mechanismen des Handelns angenommen. In einer gegebenen sozialen Situation liegen zunächst Handlungsmotivationen vor, zum Beispiel eine Versuchung oder Provokation, auf die reagiert werden muss (Wikström 2015; Eifler 2015). Hier interagiert die Situation mit den Einstellungen und Merkmalen des Individuums (Kroneberg und Schulz 2018). Nun ist zunächst entscheidend, welche (moralische) Einstellung der Akteur gegenüber den situativ begründeten Verhaltensalternativen aufweist. Ist dessen Einstellung gegenüber den Alternativen im Sinne einer personalen Moral oder Norm sehr stark ausgeprägt, dann werden Alternativen, die in Konflikt mit der Einstellung stehen, bereits während dieser Definition der Situation herausgefiltert. In der SAT wird folglich von einem moralischen Filter gesprochen (Wikström 2015; Wikström und Svensson 2010). Im Extremfall ist dieser Filter so „fein", dass ohne weitere Deliberation eine Handlung ausgeführt wird, die mit der personalen Moral in dieser Situation übereinstimmt, also entspricht dieser Mechanismus dem System 1 bei Kahneman (2003). Die SAT lässt auch ausdrücklich zu, dass automatisch kriminell gehandelt wird, sofern der Akteur deviante Einstellungen internalisiert hat, in diesem Falle werden nicht-kriminelle Alternativen herausgefiltert (Wikström 2015; Cochran 2015; Eifler 2015; Hirtenlehner und Kunz 2016; Hirtenlehner 2015).[6] Ist kein Filter vorhanden, dann handelt der Akteur gemäß seines „Begehrens", falls er überzeugt ist, diese Handlung auch erfolgreich durchführen zu können (Wikström 2006). Hier spielt dann auch die Fähigkeit zur Selbstkontrolle eine wichtige Rolle (Kroneberg und Schulz 2018 und unten). Wikström und Treiber (2007, S. 246) selbst sehen diesen Modus des überlegten Handelns als RC.

---

[6]Hierbei muss auch in Betracht gezogen werden, dass eine Provokation oder sonstige Erregung einen Effekt auf die SK haben kann (Baumeister et al. 2000; Ariely und Loewenstein 2006) und deswegen die Deliberation entfällt oder nicht voll ausgeführt wird.

Offensichtlich spielt bei der Erklärung von kriminellem Handeln im Sinne solcher Dual Process Theorien das Potenzial sozialer Normen als Auslöser von System 1 eine wichtige Rolle. Es stellt sich jedoch die Frage, ob die Normen, welche als Frame/Filter fungieren auch internalisiert bzw. moralisch stark aufgeladen sein müssen. Je stärker die Norm internalisiert ist, desto besser sollte sie als Frame/Filter funktionieren (Kroneberg et al. 2010a, S. 261). Die Aktivierung des as-Modus kann dabei aus meiner Sicht auch ohne Internalisierung geschehen, wenn die Norm entweder sehr salient als deskriptive oder injunktive Norm hervortritt und so anzeigt, wie sich andere in der Situation verhalten oder welches Verhalten von anderen erwartet wird. Dann funktioniert die Norm als eine Art „Wegzeichen" (nicht als „moralischer Kompass") und dient der Orientierung, welche Handlungsalternative im spezifischen sozialen Kontext erfolgreich sein wird. So zeigen Cason und Mui (1998) in Diktatorspielen, dass sich Akteure in diesem Sinne am Verhalten anderer orientieren. Diese wegeweisende, aber nicht moralisch aufgeladene Funktion von Normen wird in dem MFS besser berücksichtigt als in der SAT, die deutlich stärker mit Moral argumentiert.

In Anerkennung variabler Rationalität und as-Modus spielen Nutzen-Kosten-Abwägungen bei der Erklärung krimineller Handlungen nur bei einer Subgruppe von Individuen überhaupt eine Rolle (Kroneberg et al. 2010a; Wikström 2006). Diese Überlegungen haben dazu geführt, dass zur empirischen Überprüfung eines Frames bzw. eines moralischen Filters eine Interaktion zwischen der individuellen Stärke der Einstellung gegenüber Normen und den übrigen Anreizen (Kosten, Nutzen und Wahrscheinlichkeiten) vermutet wird wobei letztere entweder mithilfe von Survey-Instrumenten in Fragebögen erhoben oder mithilfe von Vignetten manipuliert worden sind (siehe Kroneberg et al. 2010a; Mehlkop 2011; Mehlkop und Graeff 2010). Die Annahme multiplikativer Interaktionseffekte in einigen Dual Process Theorien hat Opp (2017, S. 120) folgend weitreichende Konsequenzen: im Sinne einer Interaktion führt eine sehr stark internalisierte Norm dazu, dass eine Veränderung der instrumentellen Anreize keinen Effekt auf die Entscheidung hätte, wohingegen additive Effekte nahelegen, dass eine Veränderung der instrumentellen Anreize immer einen (ceteris paribus) Effekt auf die Entscheidung haben.

Im Sinne multiplikativer Interaktionseffekte zwischen Normen und instrumentellen Anreizen haben einige Studien dieses Zusammenspiel überprüft, indem die Stichproben gemäß der Einstellung gegenüber Normen in Subgruppen unterteilt wurden und dann die Effekte der instrumentellen Anreize in den verschiedenen Subgruppen geschätzt worden sind (z. B. Bachman et al. 1992; Fetchenhauer 1998; Paternoster und Simpson 1996; Kroneberg und Schulz 2018). Andere Studien haben die Interaktionen zwischen der Einstellung zu Normen und einzelnen

Die Rolle sozialer Normen in einer weiten Rational Choice ... 29

instrumentellen Anreizen (also nur dem Nutzen einer kriminellen Handlung oder nur der Höhe der Strafe usw.) untersucht (z. B. Burkett und Ward 1993; Wenzel 2004; Grasmick und Green 1981; Green 1991). Wieder andere Studien haben einen Wert für den Gesamtnutzen einer kriminellen Handlung berechnet und diesen aggregierten Wert dann mit Einstellungen gegenüber Normen interagieren lassen. So haben Mehlkop und Graeff (2010) für das Delikt Steuerhinterziehung (bewusst falsche Angaben in der Steuererklärung) die Interaktion zwischen dem oben in Zusammenhang mit der weiten RCT diskutierten SEU-Wert ($q*B - p*C$) und der Einstellung gegenüber einer allgemeinen Norm der Gesetzestreue mithilfe von ALLBUS-Daten untersucht. Mehlkop und Graeff (2010) stellen fest, dass der SEU-Wert für Befragte mit stark internalisierter Gesetzestreue keine Rolle spielt, wohingegen bei Befragten mit moderat internalisierter Gesetzestreue der SEU-Wert signifikante Effekte ausübt. Dies entspricht den Erwartungen des MFS. Eine dritte, sehr kleine Gruppe von Befragten in dieser Studie lehnt die allgemeine Norm der Gesetzestreue ab und hier ist unabhängig von dem SEU-Wert die kriminelle Intention sehr hoch. Dies wiederum passt zu den Vermutungen der SAT über habitualisierte Kriminalität. Zu sehr ähnlichen Ergebnissen kommt Mehlkop (2011) mit einem anderen repräsentativen Datensatz, der neben Steuerbetrug auch Versicherungsbetrug, Schwarzfahren, Ladendiebstahl und Unfallflucht analysiert. Sattler et al. (2013a) untersuchten mithilfe eines faktoriellen Survey-Designs die Interaktion zwischen Nutzen (als SEU-Wert) und der Einstellung gegenüber mehreren Normen im Hinblick auf die illegale Einnahme leistungssteigernder Medikament durch Studierende und Lehrende an deutschen Universitäten. Sie konnten bestätigen, dass mit steigender Internalisierung von Normen gegen Doping die Höhe des Gesamtnutzens (Wahrscheinlichkeit multipliziert mit Stärke der Wirkung des Medikaments abzüglich Stärke der Nebenwirkungen multipliziert mit deren Eintretenswahrscheinlichkeit) an Erklärungskraft verliert. Ebenfalls in einem faktoriellen Survey-Design haben Graeff et al. (2014) wiederum keine Interaktion zwischen instrumentellen Anreizen und internalisierten Normen zur Erklärung der Annahme von Bestechungsgeldern finden können.

Die genannten Studien prüfen mithilfe des Interaktionsterms in erster Linie die Existenz eines Frames bzw. eines moralischen Filters.[7] Hier stellt sich dann die Frage, ob diese Vorgehensweise immer noch die angemessene empirische

---

[7]Opp (2017) kritisiert an dieser Interpretation, dass eine solche Modellierung implizit einen bestimmten Schwellenwert der Norminternalisierung annehmen muss, der allerdings in diesen Studien nicht benannt wird.

Überprüfung darstellt, wenn davon ausgegangen wird, dass die sozialen Normen nicht nur als Frame bzw. Filter wirken, sondern auch dann Effekte ausüben, wenn die Akteure im deliberativen System 2 operieren. Hier könnte man zwar argumentieren, dass die Haupteffekte der Norm-Variable diese Effekte der Norm im deliberativen Modus erklären. An dieser Stelle sollen die Argumente der oben beschriebenen weiten RCT erneut aufgegriffen und in eine Dual Process Erklärung kriminellen Handelns integriert werden, um die Wirkung sozialer Normen im Sinne einer Tiefenerklärung an mehreren Stellen im Modell zu diskutieren. Es wird im Folgenden gezeigt werden, dass der Haupteffekt der Norm nicht ausreichend die Komplexität der Effekte (internalisierter) Normen und ihrer möglichen Interaktionen mit weiteren unabhängigen Variablen im System 2 abbildet.

Die Effekte der Normen können bildlich gesprochen als Sprung über eine „Hürde" betrachtet werden. Die meisten Menschen handeln automatisch und spontan nicht-kriminell, da soziale Normen für sie eine Hürde darstellen, deren Höhe bzw. Überwindbarkeit durch die Stärke der Internalisierung bzw. Salienz einer sozialen Norm festgelegt ist. Nur dann, wenn die Hürde übersprungen wurde und der Akteur in System 2 operiert, wird er die klassischen RC-Variablen (physische und psychische instrumentelle Anreize) evaluieren. Wie im Folgenden gezeigt werden wird, spielen soziale Normen hinter der Hürde, also in System 2, weiterhin eine wichtige Rolle bei der Entscheidung für oder gegen eine kriminelle Handlung.

3.2 Die Effekte sozialer Normen bei der Deliberation über kriminelle Handlungsalternativen

Wird kein Frame bzw. Filter aktiviert, dann handeln die Akteure im rc-Modus des System 2 und wägen Nutzen und Kosten aller wahrgenommenen Handlungsalternativen gegeneinander ab. Oben wurde bereits darauf hingewiesen, dass im deliberativen Modus die Einstellungen zu sozialen Normen nun im Sinne psychischen Nutzens oder psychischer Kosten eine wichtige Rolle spielen kann, zusätzlich zu den Sanktionskosten bei entdecktem Normverstoß. Die soziale Norm ist zwar nicht so stark internalisiert, dass diese ein automatisches Handeln auslöst, aber der Akteur kann sich durchaus der Existenz der Normen bewusst sein und den Nutzen aus der Normbefolgung (warm glow, gutes Gewissen, soziale Anerkennung) bzw. den Kosten aus der Normverletzung (schlechtes Gewissen, soziale Kritik und Ächtung) in seine Entscheidung einfließen lassen. Ob und wie stark die Norm dabei wirkt, hängt auch von den Neutralisierungsmöglichkeiten (siehe unten) und der individuellen Fähigkeit zur Selbstkontrolle ab (siehe auch unten).

Generell kann im System 2 das Handeln entgegen einer Norm oder der eigenen Moral psychische Kosten (Schuldgefühle) verursachen. Diese Kosten durch Schuldgefühle fallen immer an und dazu können Sanktionskosten addiert werden, falls die Tat entdeckt und bestraft wird (Coleman 1990; Opp 2013c; Posner und Rasmusen 1999; Sattler 2007; Tittle et al. 2010; Cochran et al. 1999; Grasmick und Bursik 1990). So stellen Heyneman et al. (2008) in ihrer Studie fest, dass 20–35 % der befragten Studierenden angaben, ein schlechtes Gewissen zu erwarten, wenn sie bei einer Prüfung an der Universität betrügen würden. Solche Effekte werden auch in weiteren Studien zu diesem Themenbereich berichtet (Diekhoff et al. 1999; Sattler et al. 2013c). Dieses schlechte Gewissen als intrinsischer Mechanismus wird mit der Wahrscheinlichkeit $p = 1$ im Falle des Normbruchs eintreten. Natürlich führt umgekehrt das Befolgen erlernter bzw. zumindest teilweise internalisierter Normen zu positiven Gefühlen wie einem guten Gewissen oder einem positivem Selbstwert – und damit zu einem intrinsischen Nutzen (Opp 2004, 2013c; Sattler 2007; Tittle et al. 2010; Kroneberg et al. 2010). Dieser intrinsische Nutzen kann dann zu dem Wert anderer Konsequenzen aus dem Befolgen einer Norm addiert werden. Dieses positive Gefühl des guten Gewissens wird mit der Wahrscheinlichkeit von $p = 1$ eintreten, wenn der Akteur die Norm internalisiert hat und dieser folgt.

Die Befolgung sozialer Normen realisiert allerdings nicht nur intrinsische Gewinne oder Kosten, sondern, wie bereits oben angesprochen, unter Umständen auch extrinsischen Nutzen in Form von sozialer Anerkennung. Diese Effekte könne aber nur dann auftreten, wenn die soziale Umwelt von den Handlungen erfährt, also muss streng genommen auch eine Wahrscheinlichkeit für die Anerkennung unabhängig von der eigentlichen Höhe dieses Nutzens in das Modell integriert werden. Weitere mögliche Haupteffekte der Norm sind Kosten durch soziale Ächtung bis hin zum Ausschluss aus der sozialen Gruppe, wenn gegen deskriptive bzw. injunktive Normen verstoßen wird. Dann muss hier aber auch eine Entdeckungswahrscheinlichkeit mitbedacht werden, da diese Form der Kosten nur auftreten kann, wenn andere das Handeln entdeckt haben.

3.3 Soziale Normen und Selbstkontrolle

Aus Sicht der weiten RCT kann davon ausgegangen werden, dass die Normen Haupteffekte (im Sinne psychischen Nutzens oder psychischer Kosten) auf die Entscheidung für oder gegen eine kriminelle Handlung ausüben, sobald ein Akteur die Hürde des Frames oder moralischen Filters überwunden hat und im System 2 operiert. Aus Sicht der SAT ist auch zu erwarten, dass diese Effekte der Norm von der individuellen Fähigkeit zur Selbstkontrolle (SK) des Akteurs abhängen. Der prominenteste Erklärungsansatz zu den Auswirkungen einer niedrigen SK auf Kriminalität ist die General Theory of Crime (GTOC) von Gottfredson und Hirschi (1990). Die GTOC geht davon aus, dass menschliche Entscheidungen prinzipiell nach dem Erklärungsmuster der RCT getroffen werden, erweitert diese jedoch damit, dass es individuelle Unterschiede bei dieser Wahl in Abhängigkeit der individuellen Selbstkontrolle gibt (Gottfredson und Hirschi 1990; Schulz 2018; Akers und Sellers 2013; Hirschi 2004). Die Fähigkeit zur Selbstkontrolle als Persönlichkeitsmerkmal stellt eine individuelle Ressource dar, Versuchungen i.S.v. sofortiger Bedürfnisbefriedigung zugunsten langfristiger Belohnungen zu widerstehen. Die Fähigkeit zur Selbstkontrolle besteht in der ursprünglichen Version der GTOC (Gottfresdon und Hirschi 1990) aus sechs Dimensionen (Impulsivität, Präferenz für einfache Tätigkeiten, Risikofreude, Präferenz für physische Aktivität, Egoismus und Probleme bei der Kontrolle des eigenen Temperaments), sie wird während der Sozialisation eines Menschen erworben und bleibt im weiteren Lebensverlauf weitgehend stabil (Hirschi 2004; Akers und Sellers 2013; Pratt und Cullen 2006). Da Straftaten oft einen sofortigen Nutzen versprechen und die langfristigen Folgen (Bestrafung, Stigmatisierung, soziale Exklusion) erst später erfolgen, werden Menschen mit geringer Selbstkontrolle „in Versuchung" geführt, der sie kaum widerstehen können (Nagin und Paternoster 1994; Tittle et al. 2010; Schulz 2018). Die Fähigkeit zur Selbstkontrolle wird in der SAT genau wie die individuelle Einstellung zu Normen/Moral als Teil der kriminellen „Neigung" aufgefasst (Sattler et al. 2019; Wikström 2015; Hirtenlehner und Kunz 2016; Wikström und Svensson 2010; Hirtenlehner 2015). Die Durchsicht einer Reihe empirischer Studien zur GTOC (vergl. Akers und Sellers 2013) weist einen Effekt verschiedener Operationalisierungen von Selbstkontrolle auf kriminelles Verhalten nach, es wird aber auch deutlich, dass ein Alleinerklärungsanspruch der GTOC nicht gerechtfertigt ist. Die Ergebnisse anderer Studien widersprechen den Annahmen der GTOC. So findet Hirtenlehner (2015), dass die klassische Abschreckung (in Form eines Produkts aus Entdeckungswahrscheinlichkeit und Strafhöhe) den Effekt der geringen Selbstkontrolle auf Kriminalität mediiert.

Die Selbstkontrolle ist aus Perspektive der SAT dann von Bedeutung, wenn eine kriminelle Handlung nicht bereits durch die Norm/Moral herausgefiltert wurde (Sattler et al. 2019; Wikström und Svensson 2010; Kroneberg und Schulz 2018; Wright et al. 2004). Somit sind neben den internalen und externalen Anreizen prinzipiell Haupteffekte der sozialen Norm (siehe oben) und der SK zu erwarten, wobei hohe SK im Sinne Gottfredson und Hirschis (1990) zu einer niedrigeren Wahrscheinlichkeit krimineller Handlungen beitragen sollte.

Eine hohe SK kann jedoch neben diesem direkten Effekt auch die Effekte der Normen verstärken. Dies entspricht dann einer Zweifach-Interaktion in dem Sinne, dass eine hohe SK es dem Akteur ermöglicht, sich an seine normativen bzw. moralischen Einstellungen zu halten, auch wenn die Situation starke Anreize zu abweichenden Handlungen bietet (siehe Kroneberg und Schulz 2018). Das bedeutet aber auch, dass hohe Selbstkontrolle eine kriminelle Handlung wahrscheinlicher macht, wenn die Akteure in der Deliberationsphase devianten Normen folgen. Kroneberg und Schulz (2018, S. 61) sehen Selbstkontrolle als zweischneidiges Schwert: Hohe Selbstkontrolle verringert die Wahrscheinlichkeit krimineller Handlungen, wenn ein Akteur eine starke positive Einstellung zu Normen der Gesetzestreue hat, aber eine hohe Selbstkontrolle erhöht die Wahrscheinlichkeit für Kriminalität, wenn der Akteur starke positive Einstellungen gegenüber devianten Normen aufweist. Andernorts wird argumentiert, dass Menschen mit sehr hoher Selbstkontrolle generell eine sehr geringe Neigung zu Kriminalität haben und deswegen Strafen bzw. Abschreckung gar nicht nötig sind (Hirtenlehner 2015), oder diese sich gar nicht erst in Situationen bringen, in denen abweichendes Verhalten als Handlungsalternative zur Verfügung steht (Eifler 2015). Dies würde bedeuten, dass SK auch Handeln im System 1 auslösen kann. Kronberg und Schulz (2018) schlagen zudem folgenden Erklärungsmechanismus vor: im System 2 der Deliberation ermöglicht es eine hohe SK sich an die moralischen Einstellungen zu halten und deswegen wird keine Abschreckung durch Strafen benötigt. Liegen allerdings deviante Einstellungen vor, dann erfolgt bei hoher SK auch von hohen Strafen kein Abschreckungseffekt. Dies impliziert eine dreifache Interaktion, die Kronberg und Schulz (2018) in Subgruppen-Analysen untersuchen. Dazu haben sie ihre Stichprobe anhand der individuellen Moral der befragten Personen in Gruppen mit niedriger Moral (deviante Normen), mittlerer Moral und hoher Moral unterteilt und in jeder Subgruppe den Effekt der zweifach-Interaktion SK*Entdeckungswahrscheinlichkeit berechnet. Der Effekt der Interaktion ist nur in der Subgruppe der Befragten mit mittlerer Moral statistisch signifikant unterschiedlich von Null. Interessanterweise scheint es also so zu sein, dass anders als Gottfredson und Hirschi (1990) ursprünglich vermutet haben, nicht die niedrige SK der wichtigste Prädiktor kriminellen Verhaltes ist, sondern dass auch hohe SK zu Kriminalität führen kann, wenn ein Akteur deviante/kriminelle Normen internalisiert hat. Somit hängt der Effekt der SK von der (internalisierten) Norm ab. Hier wird weiterer Forschungsbedarf offensichtlich, das ist auch der Kritik an der SAT zu entnehmen (siehe Schulz 2018; Kroneberg und Schulz 2018; Hirtenlehner 2015). An einigen Stellen in der SAT wird vermutet, dass Selbstkontrolle nur dann eine Rolle spielen kann, wenn die Moral niedrig ist und sich der Akteur deswegen in der Deliberation über alle Handlungsalternativen (System 2) befindet. Dann hilft die Selbstkontrolle dabei, eine kriminelle Handlung zu verhindern, da die Akteure mit hoher Selbstkontrolle auch die potenziellen langfristigen Kosten krimineller Handlungen in Betracht ziehen, die von Akteuren mit geringer Selbstkontrolle oftmals ignoriert oder diskontiert werden (Wikström und Svensson 2010; Hirtenlehner und Kunz 2016; Schoepfer und Piquero 2006). Nicht im Einklang mit der ursprünglichen SAT steht die Annahme, dass ein höheres Niveau der Selbstkontrolle die Wahrscheinlichkeit kriminellen Verhaltens sogar erhöhen kann, wenn die Personen eher deviante moralische Vorstellungen vertreten und die Selbstkontrolle den Akteuren dann hilft, sich gemäß ihrer Einstellungen zu verhalten (Kroneberg und Schulz 2018). Allerdings kann man auch fragen, ob bei Menschen mit hoher Selbstkontrolle Moral überhaupt noch eine Rolle spielt, da Menschen mit hoher Selbstkontrolle per se keine oder nur sehr geringe kriminellen Dispositionen haben (Gottfredson und Hirschi 1990; Hirtenlehner und Kunz 2016; Schoepfer und Piquero 2006; Antonaccio und Tittle 2008; Kroneberg und Schulz 2018; Gallupe und Baron 2014; Kroneberg und Schulz 2018; Eifler 2015; Hirtenlehner 2015). Oder anders ausgedrückt: Es ist fraglich, ob bei Akteuren mit hoher Selbstkontrolle die „rules of the setting" (Wikström et al. 2006) überhaupt greifen (Sattler et al. 2019).

3.4 Soziale Normen und Neutralisierungen

Oftmals glauben Akteure „gute Gründe" (Liebe 2007, S. 65) für einen Normbruch zu haben und ihn in einer konkreten Situation (vor sich selbst) rechtfertigen zu können. Deswegen muss sich jede Theorie abweichenden Verhaltens, die Moral/soziale Normen als Erklärungsfaktor betrachtet, auch mit Neutralisierungen befassen (Kroneberg et al. 2010a, S. 267).

Gemäß dem Konzept der Neutralisierung von Sykes und Matza (1957) lernen Akteure in sozialen Bezugsgruppen, dass Normbrüche unter bestimmten Bedingungen gerechtfertigt werden können. Neutralisierungen stehen als mentales Konstrukt bereits vor einem Normbruch zur Verfügung und werden durch situative Reize ausgelöst (Mehlkop 2011, S. 226). Rationalisierungen hingegen dienen dazu, einen bereits erfolgten Normbruch im Nachhinein umdeuten zu können, sodass die eigentliche Tat nicht mehr als „schlimm" bzw. illegal erscheint (Diekmann 1980; Hefendehl 2005; Kaptein und van Helvoort 2018). Rationalisierungen und Neutralisierungen dienen dazu, dass der Akteur trotz Normbruch mittels Selbsttäuschung (Heath 2008) ein positives Selbstbild aufrechterhalten bzw. die Verantwortung von sich schieben kann (Coleman 1985; Sykes 1978; Cressey

1971). Der übrigen Literatur (siehe Kaptein und van Helvoort 2018) folgend werde ich im Folgenden Neutralisierungen und Rationalisierungen nicht weiter unterscheiden. Grob vereinfacht lassen sich sieben Neutralisierungstechniken unterscheiden (siehe dazu Mehlkop 2011). Zum Beispiel schiebt der Akteur die Verantwortung für die Tat auf externalen Druck ab und stellt sich als „Spielball" äußerer Umstände dar oder er verzerrt die Fakten („Ich habe das Fahrrad nicht gestohlen, ich habe es mir nur ausgeliehen").

Dual Process Theorien, wie das MFS ziehen in Betracht, dass die Wirkung von Normen als Frame und damit als Auslöser von System 1 Handeln stark von den Merkmalen der Situation abhängt, in welcher die Handlung eingebettet ist. So ist es möglich, dass bestimmte Merkmale dieser Situation auch Neutralisierungen zum Bruch derselben anbieten. Eine solche Neutralisierung kann die Aktivierung der Norm schwächen oder verhindern und dadurch spontane Konformität im System 1 Handeln verhindern (Kroneberg et al. 2010a, S. 267). Der Akteur tritt in Folge der Neutralisierung der Norm in die deliberative Phase ein und Kriminalität wird als Handlungsalternative erkannt.

Zudem können Neutralisierungen im System 2 Handeln auch hinter der Hürde die Geltungsmacht der Norm weiter minimieren, sodass bei vollständiger Neutralisierung nur noch die tangiblen Anreize der Beute, der Strafe und der Eintretenswahrscheinlichkeiten sowie der Selbstkontrolle wirken können.

Es ist jedoch wichtig festzuhalten, dass eine Erklärung mithilfe von Neutralisierungstechniken nicht den (zynischen) Punkt enthalten darf, dass eigentlich jeder Akteur immer und überall eine Neutralisierung finden oder gar erfinden kann (Coleman 1985; Kroneberg et al. 2010a). Somit kann man Hypothesen über die Effekte der Neutralisierungen gleich an zwei Stellen im Erklärungsmodell ansiedeln. Kroneberg et al. (2010a) haben in ihrer Studie eine Hypothese über den Effekt von Neutralisierungen auf die Aktivierung eines Frames formuliert und getestet. Wie vermutet, funktioniert eine starke normative Einstellung als Frame nur für die Subgruppe der befragten Personen, die das Delikt (in diesem Falle Steuerbetrug) nicht neutralisieren können.

4 Rahmen, Filter und Hürden – ein Vorschlag zur empirischen Überprüfung von Dual Process Theorien des kriminellen Handelns

In diesem Beitrag sollte zunächst gezeigt werden, dass soziale Normen bzw. die Einstellung von Akteuren zu Normen anders als in der engen RCT durchaus eine bedeutsame Rolle bei der Erklärung kriminellen Handelns spielen und deswegen die weiten RCT-Ansätze der bessere Ansatzpunkt sind. Diese weite RCT darf aber nicht lediglich annehmen, dass Normen als zusätzliche Präferenzen bzw. internale Anreize additive Effekte ausüben, sondern im Sinne von Dual Process Theorien auch automatisches Handeln im System 2 auslösen können. Auf den ersten Blick spricht dies dafür, den Effekt der Norm als Frame oder Filter mittels (multiplikativer) Interaktionseffekte zu modellieren. Sodann wurde jedoch gezeigt, dass diese Modelle nicht die Komplexität der Effekte der Normen im Prozess der Entscheidung, insbesondere im System 2, abbilden können.

Kürzlich haben Sattler et al. (2019) vorgeschlagen, für die empirische Überprüfung von Dual Process Theorien sogenannte „double hurdle" Modelle zu verwenden, um eine „simultane Untersuchung von Kosten-Nutzen-Abwägungen, Moral und Selbstkontrolle" (Sattler et al. 2019) durchzuführen. In einer Zufallsstichprobe von rund 1700 Studierenden mehrerer deutscher Universitäten wurde dabei mittels eines faktoriellen Survey Designs experimentell die instrumentellen Anreize einer kriminellen Handlung (illegaler Verkauf verschreibungspflichtiger Medikamente zur kognitiven Leistungssteigerung) variiert: Höhe des zu erwartenden Verkaufsgewinns, Wahrscheinlichkeit, diesen Gewinn zu erzielen, Wahrscheinlichkeit der Entdeckung sowie Höhe der Bestrafung für den Verkäufer. Nach Präsentation der Vignette wurde als abhängige Variable die individuelle Bereitschaft der Befragten zum illegalen Verkauf des Medikaments auf einer Skala von 0 („auf keinen Fall") bis 9 („auf jeden Fall") erhoben. Zusätzlich sind mittels Item-Batterien die Internalisierung sozialer Normen gegen den illegalen Verkauf verschreibungspflichtiger Medikamente und das individuelle Niveau der Selbstkontrolle erhoben worden. Hat nun eine befragte Person den Wert Null für die abhängige Variable angegeben, so will diese Person keinesfalls ein Medikament illegal verkaufen. Im Sinne der Dual Process Theorien kann der Wert Null aber aufgrund zweier Mechanismen ausgewählt werden. Eine Person, welche Normen gegen den Verkauf sehr stark internalisiert hat, sollte gar nicht über die in der Vignette manipulierten instrumentellen Anreize deliberieren und im System 1 Kriminalität ablehnen, folglich den Wert Null angeben. Allerdings gibt es auch einen zweiten datengenerierenden Prozess, der dazu führt, dass eine Person den Wert Null angibt. Personen, welche mangels Internalisierung der Norm den illegalen Verkauf nicht per se ablehnen und deswegen im deliberativen System 2 operieren, können anhand der Abwägung der instrumentellen Anreize und aufgrund ihrer Selbstkontrolle zu dem Entschluss kommen, dass die Kosten den Nutzen überwiegen und deswegen keine Verkaufsintention aufweisen und ebenfalls den Wert Null angeben. Double Hurdle Modelle (Cragg 1971; Engel und Moffitt 2014; Garcia 2013) greifen dies auf und gehen von der Annahme aus, dass den beobachteten Null-Werten unterschiedliche Datengenerierungsprozesse zugrunde

Die Rolle sozialer Normen in einer weiten Rational Choice ... 37

liegen. Im Modell werden dafür in der sogenannten Participation Gleichung zunächst alle Werte größer Null als generelle Verkaufsbereitschaft betrachtet und dann anhand eines Probit-Modells die nunmehr binäre Variable Verkaufsbereitschaft (1 versus 0) geschätzt. Zudem schätzt das Modell in der sogenannten Quantity Gleichung den zweiten Generierungsprozess mit einer Tobitregression (vergl. Sattler et al. 2019). In der Quantity Gleichung treten dann Nullen auf, wenn entsprechend der theoretischen Vorhersagen im Deliberationsprozess auf Basis der Vignettenmerkmale sowie der Selbstkontrolle und der Norm (in der zweite Stufe des Entscheidungsprozesses interpretiert als psychische Kosten) eine Entscheidung gegen den Verkauf getroffen wird. Diese double hurdle Modelle bieten zwei entscheidende Vorteile: Erstens kann die Annahme berücksichtigt werden, dass Akteure in zwei unterschiedlichen Modi zu dem Entschluss kommen, die Handlung abzulehnen. Zweitens, lassen diese Modelle zu, dass eine Variable (hier die Normen) in der Participation Gleichung einen anderen Effekt ausüben kann als in der Quantity Gleichung.[8] Somit erscheint m. E. ein solches statistisches Verfahren der Logik von Dual Process Theorien angemessener als Verfahren, die nur eine Gleichung nutzen oder mehrere Geleichungen sukzessive schätzen (wie hierarchische Regressionen oder Subgruppenvergleiche). Die Ergebnisse von Sattler et al. (2019, Tab. 2) zeigen, dass die Stärke der Norminternalisierung tatsächlich in der Participation Gleichung ein hochsignifikanter Prädiktor dafür ist, dass die befragten Personen auf keinen Fall die Medikamente verkaufen wollen. Somit kann erklärt werden, warum die Mehrheit der Befragten ohne weitere Deliberation die kriminelle Handlungsalternative ablehnt. Doch der Internalisierungsgrad der Norm ist nicht nur für die Aktivierung des System 1 verantwortlich, er spielt auch dann eine Rolle, wenn wegen mangelnder Norminternalisierung die Hürde übersprungen wurde und die befragten Personen im deliberativen System 2 operieren (siehe die Quantity-Gleichung in Tab. 2, 2019). Somit schließen Sattler et al. (2019, S. 375): „Die Ergebnisse unserer zweistufigen Modellierung legen nahe, dass die meisten befragten StudentInnen aufgrund ihrer internalisierten Normen nicht bereit sind, PCE-Medikamente illegal

---

[8]Zur Veranschaulichung soll ein Beispiel aus Garcia (2013) dienen. Erklärt werden sollte der Zigarettenkonsum pro Zeiteinheit durch das individuelle Bildungsniveau. Dabei gilt es zu beachten, dass in den Stichproben kategorische Nichtraucher und Raucher enthalten sind, wobei der Konsum der Raucher variiert. Mithilfe eines double hurdle Modells fand Garcia (2013), dass Akademiker eine signifikant geringere Wahrscheinlichkeit aufweisen, zu der Gruppe der Raucher zu gehören (Participation Gleichung), jedoch Akademiker signifikant mehr Zigaretten konsumieren, *wenn* sie rauchen (Quantity Gleichung).

zu verkaufen. Dieser Befund passt zur theoretischen Vorhersage des MFS und der SAT, wonach kriminelle Handlungen bei einer starken Norminternalisierung in einem ersten Prozess nicht als wählbare Alternative in Betracht kommen. Wird der illegale Verkauf aber nicht grundsätzlich abgelehnt, beginnt ein komplexer Deliberationsprozess, der von den illegalen Gewinnen, der Selbstkontrolle, den internalisierten Normen (hier interpretiert als psychische Kosten) und der Strafhöhe beeinflusst wird."

5 Fazit

In diesem Beitrag sollte untersucht werden, welche Rolle soziale Normen bei der Erklärung kriminellen Handelns in der weiten RCT spielen. Nach der Durchsicht klassischer und aktueller Texte kann zunächst festgestellt werden, dass eine Reihe von Grundannahmen unstrittig sind. Dazu gehören die Annahmen des methodologischen Individualismus, der begrenzten Rationalität, der Einbeziehung sozialer bzw. nicht-instrumenteller Präferenzen und kontextualer Faktoren, das Zulassen dualer Prozess Theorien und damit der Möglichkeit spontan-automatischen Handelns sowie der subjektiven Nutzenmaximierung. Allerdings besteht keineswegs Einigkeit darüber, an welchen Stellen im Prozess der Entscheidung für oder gegen Kriminalität soziale Normen wirken und welche Effekte bestimmter Normen an diesen Stellen zu erwarten sind.

Die weite RCT fordert ausdrücklich die Einbeziehung sozialer Normen (Mehlkop und Becker 2004). Es ist jedoch umstritten, ob Normen als internaler Nutzen (gutes Gewissen) bzw. Kosten (schlechtes Gewissen) in einer weiten RCT *additiv* zu den instrumentellen Anreizen (wie etwa der „Beute" aus einem Eigentumsdelikt oder die Strafhöhe bei Entdeckung) hinzugefügt werden sollen oder ob dies die weite RCT nicht impliziere (siehe die Diskussionen in Kroneberg et al. 2010b; Opp 2017). Abgesehen von dieser Frage wird m. E. in der weiten RCT bislang nicht umfassend in Betracht gezogen, dass soziale Normen auf unterschiedliche Weise individuelle Entscheidungen und Handlungen beeinflussen können. So beziehen sich einige Arbeiten auf die Legitimität sozialer Normen (etwa Mehlkop 2011; Mehlkop und Graeff 2010). Dabei wird angenommen, dass die Anerkennung der Legitimität einer Norm qua Verfahren dazu führt, dass diese Norm unabhängig vom konkreten Inhalt befolgt wird und dieses Befolgen positive Gefühle generiert. Andere Ansätze erfassen hingegen den Grad der Internalisierung bzw. die Einstellung zu einer konkreten Norm über das Konzept der „oughtness" (Lindenberg 2011; Lindenberg et al. 2011; Opp 2017). Dieses Konzept beinhaltet jedoch die subjektiv bewertete Wichtigkeit der konkreten Norm, also deren Inhalt. Dies wiederum lässt Neutralisierungen eher zu. In beiden Ansätzen – Legitimität und „oughtness" – wird davon ausgegangen, dass der Nutzen aus der Normbefolgung in einem guten Gewissen besteht. Doch das Befolgen einer sozialen Norm kann auch andere Arten von Nutzen generieren. In diesem Zusammenhang sei auf das Konzept der deskriptiven und injunktiven Normen verwiesen (Cialdini 1988) deren handlungsleitenden Effekte auch empirisch untersucht worden sind (Goldstein et al. 2008). Diesen Normen wird aus meiner Sicht gefolgt, weil dies einen eher materiellen Nutzen verspricht (etwa soziale Anerkennung und soziales Kapital) und nicht unbedingt einen internalen Nutzen, wie ein gutes Gewissen. Besteht der Nutzen aus der Befolgung einer Norm in gutem Gewissen oder führt der Verstoß gegen die Norm zu schlechtem Gewissen, dann treten diese internalen Nutzen oder Kosten mit einer Wahrscheinlichkeit von Eins auf. Besteht der Nutzen aus dem Befolgen einer (injunktiven) Norm allerdings aus sozialer Anerkennung bzw. der Verstoß zu sozialer Ächtung, dann müssen diese Anreize mit einer entsprechenden Entdeckungswahrscheinlichkeit durch das soziale Umfeld gewichtet werden. Nicht zuletzt dieser Aspekt sollte beachtet werden, wenn unterschiedliche Typen sozialer Normen in eine Erklärung kriminellen Handelns im Sinne der weiten RCT einbezogen werden. Schließlich existieren m. W. keine empirischen Studien im Bereich des kriminellen Handelns, in welchen die potenziell unterschiedlichen Effekte der verschiedenen Normen vergleichend untersucht werden.

Die weite Version der RCT lässt neben überlegtem Handeln im Sinne einer Abwägung von Nutzen, Kosten und Wahrscheinlichkeiten verschiedener Handlungsalternativen auch spontanes Handeln ohne ausführliche Deliberation zu und steht damit im Einklang mit den Erkenntnissen der Verhaltensökonomie (Simon 1955; Kahnemann 2003; Stanovich und West 2000). Die Annahme zweier Handlunsgmodi wird insbesondere in den sogenannten Dual Process Theorien diskutiert. Aus verschiedenen Dual Process Theorien behandle ich im Rahmen dieses Beitrages das MFS und die SAT, da diese m. E. momentan besonders intensiv in der (empirischen) Forschung zu kriminellem Handeln diskutiert und empirisch überprüft werden. Andere Dual Process Theorien, wie „Motivation and Opportunity as Determinants" (MODE) von Russel Fazio (Fazio und Olson 2014) konnten aus Platzgründen nicht diskutiert werden. Wie Opp (2017) zeigt, gibt es auch zwischen den Dual Process Theorien divergierende Ansichten, zum Beispiel bezüglich der Frage nach einem Schwellenwert der Norm, ab dem spontanes Handeln im System 2 erfolgt (Opp 2017, S. 122). Eine für die vorliegende Diskussion wichtige Annahme des MFS und der SAT besteht darin, dass die Internalisierung der Norm im Sinne eines Frames bzw. eines Filters entscheidend ist, ob Akteure der Norm folgend automatisch-spontan konform oder deviant handeln (in System 1) oder aber, ob bei gering internalisierter Norm ein deliberativer Prozess im System 2 ausgelöst wird. Mir scheint, dass dieser Punkt in der Theorie-Diskussion und bei der empirischen Überprüfung sowohl des MFS wie auch der SAT zurzeit so in den Mittelpunkt gerückt worden ist, dass die möglichen Effekte der Normen in der deliberativen Phase im Vergleich dazu deutlich weniger Aufmerksamkeit erhalten. Dieser deliberative Prozess im System 2, in den nur Akteure mit geringer bzw. moderater Norminternalisierung gelangen, kann für sich betrachtet mit der weiten RCT erklärt werden. Damit können Normen zum einen Haupteffekte als (additive) psychische Nutzen- bzw. Kostenterme ausüben, zum anderen sind auch Interaktionen zwischen den Normen einerseits und Neutralisierungen sowie Selbstkontrolle anderseits zu erwarten. Die empirische Überprüfung des MFS und der SAT erfolgt bislang meist als Subgruppenvergleich oder mittels multiplikativer Interaktionseffekte zwischen Normen und instrumentellen Anreizen. Mit solchen Untersuchungsdesigns wird aber in erster Linie die Funktion der Norm als Frame bzw. Filter getestet. Aus meiner Sicht können so nicht explizit die Effekte der Norm über die Filterfunktion hinaus im deliberativen Prozess überprüft werden. Stattdessen schlage ich als vielversprechendes Verfahren ein Double Hurdle Modell vor (Garcia 2013; Engel und Moffat 2014). Durch die Schätzung zweier Gleichungen kann der Effekt der Norm sowohl auf die Wahrscheinlichkeit der Wahrnehmung der kriminellen Tat als Handlungsalternative (also den Frame bzw. den Filter) als auch auf die Tatbereitschaft im deliberativen Modus geschätzt werden. Ein solches Hurdle Modell steht im Einklang mit den Annahmen einer Dual Process Theorie und verspricht, den zweistufigen Prozess empirisch getreuer abzubilden als herkömmliche Modelle. Allerdings ist m. W. eine solche Modellierung erst ein einziges Mal im Kontext krimineller Handlungen zur Überprüfung von Dual Process Theorien angewendet worden und hat zudem teilweise unerwartete Effekte geliefert (Sattler et al. 2019). Ziel dieses Beitrages war es, unterschiedliche Annahmen und Thesen über die Effekte sozialer Normen im einer weiten RCT kriminellen Handelns herauszuarbeiten und damit verbunden die Hoffnung, auf weiteren Forschungsbedarf hinzuweisen und die Diskussion konstruktiv voranzubringen.

Literatur

Agnew, R. (1992). Foundation for a general strain theory of crime and delinquency. *Criminology, 30*, 47–87.

Agnew, R. (1995). Testing the leading crime theories: An alternative strategy focusing on motivational processes. *Journal of Research in Crime and Delinquency, 32*, 363–398.

Agnew, R., Brezina, T., Wright, J. P., & Cullen, F. T. (2002). Strain, personality traits, and delinquency: Extending general strain theory. *Criminology, 40*, 43–66.

Ajzen, I., & Fishbein, M. (Hrsg.). (1980). *Understanding attitudes and predicting social behavior.* Englewood Cliffs: Prentice Hall.

Akers, R. L. (1968). Problems in the sociology of deviance: Social definitions and behaviour. *Social Problems, 46*, 455–465.

Akers, R. L., & Sellers, C. S. (2013). *Criminological theories: Introduction, evaluation, and application.* New York: Oxford University Press.

Antonaccio, O., & Tittle, C. R. (2008). Morality, self-control, and crime. *Criminology, 46*, 479–510.

Ariely, D., & Loewenstein, G. (2006). The heat of the moment: The effect of sexual arousal on sexual decision making. *Journal of Behavioral Decision Making, 19*, 87–98.

Asch, S. E. (1956). Studies of independence and conformity: I. A minority of one against a unanimous majority. *Psychological Monographs: General and Applied, 70*, 1–70.

Bachman, R., Paternoster, R., & Ward, S. (1992). The rationality of sexual offending: Testing a deterrence/rational choice conception of sexual assault. *Law & Society Review, 26*, 343–372.

Bandura, A. (1977). *Social learning theory.* Englewood Cliffs: Prentice Hall.

Baumeister, R. F., Muraven, M., & Tice, D. M. (2000). Ego depletion: A resource model of volition, self-regulation, and controlled processing. *Social Cognition, 18*, 130–150.

Beccaria, C. (1998). Über Verbrechen und Strafen. Nach der Ausgabe von 1766 übersetzt und herausgegeben von Willhelm Alff. Frankfurt a. M.: Insel Verlag (Erstveröffentlichung 1764).

Becker, G. S. (1968). Crime and punishment: An economic approach. *Journal of Political Economy, 76*, 169–217.

Bentham, J. (1966). Principien der Gesetzgebung. Frankfurt a. M.: Bauer (Erstveröffentlichung 1789).

Best, H., & Kroneberg, C. (2012). Die low-cost-hypothese. *Kölner Zeitschrift für Soziologie und Sozialpsychologie, 64*, 535–561.

Bicchieri, C., & Xiao, E. (2009). Do the right thing, but only if others do so. *Journal of Behavioral Decision Making, 22*, 191–208.

Birkbeck, C., & LaFree, G. (1993). The situational analysis of crime and deviance. *Annual Review of Sociology, 19*, 113–137.

Blau, P. (1964). *Exchange and power in social life.* New York: Wiley.

Bodman, P. M., & Maultby, C. (1997). Crime, punishment and deterrence in Australia. *International Journal of Social Economics, 24*, 884–901.

Boudon, R. (2003). Beyond rational choice theory. *Annual Review of Sociology, 29*, 1–21.

Braun, N. (2008). Theorie in der Soziologie. *Soziale Welt, 59*, 373–395.

Burkett, S. R., & Ward, D. A. (1993). A note on perceptual deterrence, religiously based moral condemnation, and social control. *Criminology, 31*, 34–119.

Cason, T. N., & Mui, V. L. (1998). Social influence in the sequential dictator game. *Journal of Mathematical Psychology, 42*, 248–265.

Chaiken, S., & Trope, Y. (1999). *Dual-process theories in social psychology.* New York: Guilford.

Cialdini, R. B. (1988). *Influence: Science and practice* (2. Aufl.). Glenview: Scott, Foresman.

Cialdini, R. B., Reno, R. R., & Kallgren, C. A. (1990). A focus theory of normative conduct: recycling the concept of norms to reduce littering in public places. *Journal of Personality and Social Psychology, 58,* 1015–1026.

Cochran, J. C. (2015). Morality, rationality and academic dishonesty: A partial test of situational action theory. *International Journal of Criminology and Sociology, 4,* 192–199.

Cochran, J. K., Chamlin, M. B., Wood, P. B., & Sellers, C. S. (1999). Shame, embarrassment, and formal sanction threats: Extending the deterrence/rational choice model to academic dishonesty. *Sociological Inquiry, 69,* 91–105.

Cochran, J. K., Jones, S., Jones, A. M., & Sellers, C. S. (2016). Does criminal propensity moderate the effects of social learning theory variables on intimate partner violence? *Deviant Behavior, 37,* 965–976.

Coleman, J. W. (1985). *The criminal elite: The sociology of white collar crime.* New York: St. Martin's Press.

Coleman, J. S. (1990). *Foundations of social theory.* Belknap: Cambridge.

Cornish, D., & Clarke, R. V. (1986). Crime as a rational choice. In D. Cornish & R. V. Clarke (Hrsg.), *The reasoning criminal* (S. 1–16). New York: Springer.

Cragg, J. G. (1971). Some statistical models for limited dependent variables with application to the demand for durable goods. *Econometrica: Journal of the Econometric Society, 39,* 829–844.

Cressey, D. R. (1971). *Other people's money; A study in the social psychology of embezzlement.* Belmond: Wadsworth.

Cummings, R. G., Martinez-Vazquez, J., McKee, M., & Torgler, B. (2005). Effects of tax morale on tax compliance: Experimental and survey evidence. Center for research in economics, management, and the arts (CREMA) Working Paper, Oktober. http://www. crema-research.ch/papers/2005-29.pdf. Zugegriffen: 23. Dez. 2018.

Dahlbäck, O. (2003). *Analyzing rational crime – models and methods.* Dordrecht: Kluwer.

Danziger, S., & Wheeler, D. (1975). The economics of crime: Punishment or income distribution. *Review of Social Economy, 33,* 113–131.

Davidson, D. (1980). *Essays on action and events.* Oxford: Clarendon Press.

Decker, S. H., Wright, R., & Logie, R. (1993). Perceptual deterrence among active residential burglars – A research note. *Criminology, 31,* 47–135.

Diekhoff, G. M., et al. (1999). College cheating in Japan and the United States. *Research in Higher Education, 40,* 343–353.

Diekmann, A. (1980). *Die Befolgung von Gesetzen. Empirische Untersuchungen zu einer rechtssoziologischen Theorie.* Berlin: Duncker & Humblot.

Diekmann, A., & Opp, K. D. (1979). Anomie und Prozesse der Kriminalitätsentwicklung im sozialen Kontext. Vorschläge für die Weiterentwicklung und Formalisierung der Anomietheorie. *Zeitschrift für Soziologie, 8,* 330–343.

Diekmann, A., & Preisendörfer, P. (1998). Umweltbewusstsein und Umweltverhalten in low-und high-cost-situationen. *Zeitschrift für Soziologie, 27,* 438–453.

Eide, E. (1999). Economics of criminal behavior. Encyclopaedia of law and economics. https://reference.findlaw.com/lawandeconomics/8100-economics-of-criminal-behavior-incl-compliance.pdf. Zugegriffen: 23. Dez. 2018.

Eifler, S. (2015). Situation und Kontrolle: Eine Anwendung der Situational Action Theory auf Gelegenheiten zur Fundunterschlagung. *Monatsschrift für Kriminologie und Strafrechtsreform, 98,* 227–256.

Eifler, S., & Leitgöb, H. (2018). Handlungstheoretische Ansätze zur Erklärung von Kriminalität Eine Darstellung aus der Perspektive der analytischen Soziologie. In D. Hermann & A. Pöge (Hrsg.), *Kriminalsoziologie Handbuch für Wissenschaft und Praxis* (S. 9–36). Baden-Baden: Nomos.

Elffers, H., van der Heijden, P., & Hezemans, M. (2003). Explaining regulatory norm-compliance: A survey study of rule transgression for two dutch instrumental laws, applying the randomized response method. *Journal of Quantitaive Criminology, 19*, 409–493.

Elster, J. (1989a). *The cement of society*. Cambridge: Cambridge University Press.

Elster, J. (1989b). *Nuts and bolts for the social sciences*. Cambridge: Cambridge University Press.

Engel, C., & Moffatt, P. G. (2014). Dhreg, xtdhreg, and bootdhreg: Commands to implement double-hurdle regression. *The Stata Journal, 14*, 778–797.

Entorf, H., & Spengler, H. (2005). Die generalpräventive Wirkung erwarteter Strafe. Eine umfassende Auswertung kombinierter Kriminal- und Strafverfolgungsstatistiken im langfristigen Bundesländervergleich. *Monatsschrift für Kriminologie und Strafrechtsreform, 88*, 313–338.

Esser, H. (1991). *Alltagshandeln und Verstehen: zum Verhältnis von erklärender und verstehender Soziologie am Beispiel von Alfred Schütz und „rational choice"*. Tübingen: Mohr.

Esser, H. (1993a). The rationality of everyday behavior: A rational choice reconstruction of the theory of action by Alfred Schütz. *Rationality and Society, 5*, 7–31.

Esser, H. (1993b). *Soziologie: Allgemeine Grundlagen*. Frankfurt a. M.: Campus.

Esser, H. (2002). In guten wie in schlechten Tagen? Das Framing der Ehe und das Risiko zur Scheidung. Eine Anwendung und ein Test des Modells der Frame-Selektion. *Kölner Zeitschrift für Soziologie und Sozialpsychologie, 54*, 27–63.

Etzioni, A. (1988). *The moral dimension: Toward a new economics*. New York: Free Press.

Etzioni, A. (2000). Social norms: internalization, persuasion, and history. *Law & Society Review, 34*, 157–178.

Falk, Ar, Fehr, E., & Fischbacher, U. (2005). Driving forces behind informal sanctions. *Econometrica: Journal of the Econometric Society, 73*, 2017–2030.

Fazio, R. H., & Olson, M. A. (2014). The MODE model: Attitude-behavior processes as a function of motivation and opportunity. In J. W. S. Sherman, B. Gawronski, & Y. Trope (Hrsg.), *Dual-process theories of the social mind* (S. 155–171). New York: The Guilford Press.

Feld, L. P., & Frey, B. S. (2005). Tax compliance as the result of a psychological tax contract: The role of incentives and responsive regulation. Australian National University Centre for tax system integrity Working Paper, Juni. http://www.ctsi.org.au/publications/WP/76.pdf. Zugegriffen: 04. Jan. 2019.

Festinger, L. (1957). *A theory of cognitive dissonance*. Stanford: Stanford University Press.

Fetschenhauer, D. (1998). *Versicherungsbetrug. Eine theoretische und empirische Analyse betrügerischen Verhaltens gegenüber einem anonymen Geschädigtem*. Baden-Baden: Nomos.

Fishbein, M. (1967). Attitude and the prediction of behaviour. In M. Fishbein (Hrsg.), *Readings in attitude theory and measurement* (S. 477–492). New York: Wiley.

Fishbein, M., & Ajzen, I. (1975). *Belief, attitude, intention and behavior. An introduction to theory and research*. Reading: Addison-Wesley.

Fishbein, M., & Ajzen, I. (2010). *Predicting and changing behavior: The reasoned action approach*. New York: Psychology Press.

Gallupe, O., & Baron, S. W. (2014). Morality, self-control, deterrence, and drug use. Street youths and situational action theory. *Crime & Delinquency, 60,* 284–305.

García, B. (2013). Implementation of a double-hurdle model. *The Stata Journal, 13,* 776–794.

Garfinkel, H. (1967). *Studies in etnomethodology*. Englewood Cliffs: Prentice Hall.

Goldstein, N. J., Cialdini, R. B., & Griskevicius, V. (2008). A room with a viewpoint: Using social norms to motivate environmental conservation in hotels. *Journal of Consumer Research, 35,* 472–482.

Gottfredson, M. R., & Hirschi, T. (1990). *A general theory of crime*. Stanford: Stanford University Press.

Graeff, P. (2005). Why should one trust in corruption? The linkage between corruption, trust, norms, and social capital. In J. Lambsdorff, M. Graf, & M. Schramm (Hrsg.), *The new institutional economics of corruption* (S. 21–42). London: Routledge.

Graeff, P., & Svendsen, G. T. (2013). Trust and corruption: The influence of positive and negative social capital on the economic development in the European Union. *Quality & Quantity, 47,* 2829–2846.

Graeff, P., Sattler, S., Mehlkop, G., & Sauer, C. (2014). Incentives and inhibitors of abusing academic positions: Analysing university students´ decisions about bribing academic staff. *European Sociological Review, 30,* 230–241.

Grasmick, H. G., & Bryjak, G. J. (1980). The deterrent effect of perceived severity of punishment. *Social Forces, 59,* 471–491.

Grasmick, H. G., & Bursik, R. J., Jr. (1990). Conscience, significant others, and rational choice: Extending the deterrence model. *Law & Society Review, 24,* 837–862.

Grasmick, H. G., & Green, D. E. (1981). Deterrence and the morally committed. *The Sociological Quarterly, 22,* 1–14.

Grasmick, H. G., Bursik, R. J., Jr., & Arneklev, B. J. (1993). Reduction in drunk driving as a response to increased threats of shame, embarrassment, and legal sanctions. *Criminology, 31,* 41–67.

Green, D. P. (1991). Inhibition, motivation, and self-reported involvement in drinking and driving behavior. *Criminal Justice Review, 16,* 1–16.

Green, D. P., & Shapiro, I. (1999). *Rational Choice: Eine Kritik am Beispiel von Anwendungen in der Politischen Wissenschaft*. München: Oldenbourg.

Heath, J. (2008). Business ethics and moral motivation: A criminological perspective. *Journal of Business Ethics, 83,* 595–614.

Hechter, M., & Opp, K. D. (2001). What have we learned about the emergence of social norms? In M. Hechter & K. Opp (Hrsg.), *Social Norms* (S. 394–415). New York: Russell Sage.

Hefendehl, R. (2005). Neutralisierungstechniken bis in die Unternehmensspitze. Eine Fallstudie am Beispiel Ackermann. *Monatsschrift für Kriminologie und Strafrechtsreform, 88,* 444–458.

Heyneman, S. P., Anderson, K. H., & Nuraliyeva, N. (2008). The cost of corruption in higher education. *Comparative Education Review, 51,* 1–25.

Hirschi, T. (2004). Self-control and crime. In R. F. Baumeister & K. D. Vohs (Hrsg.), *Handbook of self-regulation: Research, theory and applications* (S. 537–552). New York: Guilford Press.

Hirtenlehner, H. (2015). „Gelegenheit macht Diebe!" oder „Wer raucht, der stiehlt!". Der Beitrag der Situational Action Theory zur Erklärung der Ladendiebstahlskriminalität junger Menschen. *Monatsschrift für Kriminologie und Strafrechtsreform, 98*, 257–279.

Hirtenlehner, H., & Kunz, F. (2016). The interaction between self-control and morality in crime causation among older adults. *European Journal of Criminology, 16*, 393–409.

Howe, E. S., & Loftus, T. C. (1996). Integration of certainty, severity, and celerity information in judged deterrence value: Further evidence and methodological equivalence. *Journal of Applied Social Psychology, 26*, 226–242.

Imhof, R. & Becker. R. (2008). Kriminalität als rationale Wahlhandlung: die Rolle der Bildung beim Begehen von Straftaten. In K. S. Rehberg (Hrsg.), Die Natur der Gesellschaft. Verhandlungen des 33. Kongresses der Deutschen Gesellschaft für Soziologie in Kassel 2006 (S. 236–2369). Frankfurt a. M.: Campus.

Johnson, E. J., & Goldstein, D. (2003). Do defaults save lives? *Science, 302*, 1338–1339.

Kahneman, D. (2003). A perspective on judgment and choice: Mapping bounded rationality. *American Psychologist, 58*, 697–720.

Kalter, F., & Kroneberg, C. (2014). Between mechanism talk and mechanism cult: New emphases in explanatory sociology and empirical research. *Kölner Zeitschrift für Soziologie und Sozialpsychologie, 66*, 91–115.

Kaptein, M., & van Helvoort, M. (2018). A model of neutralization techniques. *Deviant Behavior*. https://doi.org/10.1080/01639625.2018.1491696.

Klepper, S., & Nagin, D. S. (1989). The deterrent effect of perceived certainty and severity of punishment revisited. *Criminology, 27*, 721–746.

Krebs, D. L., & Miller, D. T. (1985). Altruism and aggression. Buchreihe. In: G. Lindzey & E. Aronson (Hrsg.), Handbook of Social Psychology :Bd. 3. New York: Random House.

Kroneberg, C. (2005). Die Definition der Situation und die variable Rationalität der Akteure. Ein allgemeines Modell des Handelns. *Zeitschrift für Soziologie, 34*, 344–363.

Kroneberg, C. (2007). Wertrationalität und das Modell der Frame-Selektion. *Kölner Zeitschrift für Soziologie und Sozialpsychologie, 59*, 215–239.

Kroneberg, C. (2009). Das Modell der Frame-Selektion – Grundlagen und soziologische Anwendung einer integrativen Handlungstheorie. Ub-madoc. https://ub-madoc.bib. uni-mannheim.de/2986/1/Kroneberg_1.pdf. Zugegriffen: 04. Jan. 2019.

Kroneberg, C. (2010). *Die Erklärung sozialen Handelns. Grundlagen und Anwendung einer integrativen Theorie*. Wiesbaden: Springer VS.

Kroneberg, C. (2014). Frames, scripts, and variable rationality: An integrative theory of action. In G. Manzo (Hrsg.), *Analytical sociology: Norms, actions, and networks* (S. 97–123). Hoboken: Wiley.

Kroneberg, C., & Schulz, S. (2018). Revisiting the role of self-control in situational action theory. *European Journal of Criminology, 15*, 56–76.

Kroneberg, C., Heintze, I., & Mehlkop, G. (2010a). The interplay of moral norms and instrumental incentives in crime causation. *Criminology, 48*, 259–294.

Kroneberg, C., Yaish, M., & Stocke, V. (2010b). Norms and rationality in electoral participation and in the rescue of jews in WWII: An application of the model of frame selection. *Rationality and Society, 22*, 3–36.

Lenski, G. (1988). Rethinking macrosociological theory. *American Sociological Review, 53*, 163–171.

Liebe, U. (2007). *Zahlungsbereitschaft für kollektive Umweltgüter. Soziologische und ökonomische Analysen*. Wiesbaden: Springer VS.

Lindenberg, S. (1990). Rationalität und Kultur. Die verhaltenstheoretische Basis des Einflusses von Kultur auf Transaktionen. In H. Haferkamp (Hrsg.), Sozialstruktur und Kultur (S. 249–287). Frankfurt: Suhrkamp.

Lindenberg, S. (2011). Intrinsic motivation in a new light. *Kyklos, 54,* 317–342.

Lindenberg, S., Joly, J. F., & Stapel, D. A. (2011). Retracted. The norm-activating power of celebrity: The dynamics of success and influence. *Social Psychology Quarterly, 74,* 98–120.

Luhmann, N. (1975). *Legitimation durch Verfahren* (2. erweiterte Aufl.). Neuwied: Luchterhand.

Matsueda, R. L., Kreager, D. A., & Huizinga, D. (2006). Deterring delinquents: A rational choice model of theft and violence. *American Sociological Review, 71,* 95–122.

McClelland, D. (1961). *The achieving society*. New York: Free Press.

McKenzie, R. B., & Tullock, G. (1978). *The new world of economics*. Homewood: Irwin.

Mehlkop, G. (2011). *Kriminalität als rationale Wahlhandlung*. Wiesbaden: Springer VS.

Mehlkop, G., & Becker, R. (2004). Soziale Schichtung Und Delinquenz. *Kölner Zeitschrift für Soziologie und Sozialpsychologie, 56,* 95–126.

Mehlkop, G., & Graeff, P. (2010). Modeling a rational choice theory of criminal action: Subjective expected utilities, norms, and interactions. *Rationality & Society, 22,* 189–222.

Merton, R. K. (1968). Sozialstruktur und Anomie. In F. Sack (Hrsg.), *Kriminalsoziologie* (S. 283–314). Frankfurt a. M.: Akademische Verlagsgesellschaft.

Milgram, S., Bickman, L., & Berkowitz, O. (1969). Note on the drawing power of crowds of different size. *Journal of Personality and Social Psychology, 13,* 79–82.

Mühlenfeld, H. U. (1999). Kriminalität als rationale Wahlhandlung. Eine empirische Überprüfung der Rational Choice-Theorie anhand des Schwarzfahrens. Stuttgart: Edition 451.

Nagel, S. S. (1986). Punishment and probability in crime reduction research needs for policy making. *Criminal Justice Policy Review, 1,* 123–139.

Nagin, D. S., & Paternoster, R. (1994). Personal capital and social control: the deterrence implications of a theory of individual difference in criminal offending. *Criminology, 32,* 581–606.

Nagin, D. S., & Pogarsky, G. (2001). Integrating celerity, impulsivity, and extralegal sanction threats into a model of general deterrence: Theory and evidence. *Criminology, 39,* 865–891.

Niggli, M. A. (1994). Rational choice theory and crime prevention. *Studies on Crime and Crime Prevention, 3,* 83–103.

Opp, K. D. (1974). *Abweichendes Verhalten und Gesellschaftsstruktur*. Darmstadt: Luchterhand.

Opp, K. D. (1999). Contending conceptions of the theory of rational choice. *Journal of Theoretical Politics, 11,* 171–202.

Opp, K. D. (2004). Die Theorie rationalen Handelns im Vergleich mit alternativen Theorien. In M. Gabriel (Hrsg.), *Paradigmen der akteurszentrierten Soziologie* (S. 43–68). Wiesbaden: Springer VS.

Opp, K. D. (2013a). Rational choice theory, the logic of explanation, middle-range theories and analytical sociology: A reply to Gianluca Manzo and Petri Ylikoski. *Social Science Information, 52,* 394–408.

Opp, K. D. (2013b). What is analytical sociology? strengths and weaknesses of a new sociological research program. *Social Science Information, 52,* 329–360.

Opp, K. D. (2013c). Norms and rationality. Is moral behavior a form of rational action? *Theory and Decision, 74,* 383–409.

Opp, K. D. (2017). When do People follow norms and when do they pursue their interests? Implications of dual-process models and rational choice theory, tested for protest participation. In B. Jann & B. Przepiorka (Hrsg.), *Social dilemmas, institutions and the evolution of cooperation* (S. 119–141). Oldenboug: DeGruyter.

Osman, M. (2004). An evaluation of the dual-process theories of reasoning. *Psychonomic Bulletin & Review, 11,* 988–1010.

Paternoster, R. (1989). Decisions to participate in and desist from four types of common delinquency: Deterrence and the rational choice perspective. *Law and Society, 23,* 7–40.

Paternoster, R., & Leeann, I. (1986). The deterrent effect of perceived severity: A reexamination. *Social Forces, 64,* 751–777.

Paternoster, R., & Simpson, S. (1996). Sanction threats and appeals to morality: Testing a rational choice model of corporate crime. *Law & Society Review, 30,* 549–583.

Pickett, J. T., Roche, S. P., & Pogarsky, G. (2018). Toward a bifurcated theory of emotional deterrence. *Criminology, 56,* 27–58.

Posner, R., & Rasmusen, E. (1999). Creating and enforcing norms, with special reference to sanctions. *International Review of Law and Economics, 19,* 369–382.

Pratt, T. C., Cullen, F. T., Blevins, K. R., Daigle, L. E., & Madensen, T. D. (2006). The empirical status of deterrence theory: a meta-analysis. In F. T. Cullen, J. P. Wright, & K. R. Blevins (Hrsg.), *Taking stock: The status of criminological theory* (S. 367–396). London: Routledge.

Ridley, M. (1996). *The origins of virtue.* London: Viking.

Rompf, S., Kroneberg, C., & Schlösser, T. (2017). Institutional trust and the provision of public goods: When do individual costs matter? The case of recycling. *Rationality and Society, 29,* 160–178.

Rössel, J. (2008). Vom rationalen Akteur zum ‚systemic dope'. Eine Auseinandersetzung mit der Sozialtheorie von Hartmut Esser. *Berliner Journal für Soziologie, 18,* 156–178.

Sattler, S. (2007). *Plagiate in Hausarbeiten. Erklärungsmodelle mit Hilfe der Rational Choice Theorie.* Hamburg: Kovač.

Sattler, S., Sauer, C., Mehlkop, G., & Graeff,.P. (2013a). The rationale for consuming cognitive enhancement drugs in university students and teachers. PLOS one. https://journals.plos.org/plosone/article?id=10.1371/journal.pone.0068821. Zugegriffen: 27. Dez. 2018.

Sattler, S., Forlini, C., Racine, É., & Sauer, C. (2013b). Impact of contextual factors and substance characteristics on perspectives toward cognitive enhancement. PLOS ONE. https://journals.plos.org/plosone/article/authors?id=10.1371/journal.pone.0071452. Zugegriffen: 02. Jan. 2019.

Sattler, S., Graeff, P., & Willen, S. (2013c). Explaining the decision to plagiarize: An empirical test of the interplay between rationality, norms, and opportunity. *Deviant Behavior, 34,* 444–463.

Sattler, S., Mehlkop, G., Graeff, P., & Sauer, C. (2014). Evaluating the drivers of and obstacles to the willingness to use cognitive enhancement drugs: The influence of drug characteristics, social environment, and personal characteristics. *Substance Abuse Treatment, Prevention, and Policy.* https://doi.org/10.1186/1747-597X-9-8.

Sattler, S., Graeff, P., Sauer, C., & Mehlkop, G. (2019). Der illegale Verkauf verschreibungspflichtiger Medikamente zur kognitiven Leistungssteigerung: Eine vignetten-basierte Studie rationaler und normativer Erklärungsgründe. *Monatsschrift für Kriminologie und Strafrechtsreform Special Issue, 101,* 352–379.

Schick, F. (1997). *Making choices. A recasting of decision theory.* Cambridge: Cambridge University Press.

Schoepfer, A., & Piquero, A. R. (2006). Self-control, moral beliefs, and criminal activity. *Deviant Behavior, 27,* 51–71.

Schulz, S. (2018). Selbstkontrolle und kriminelle Neigung in der modernen kriminologischen Theoriediskussion. In D. Hermann & A. Pöge (Hrsg.), *Handbuch Kriminalsoziologie* (S. 91–106). Baden-Baden: Nomos.

Scott, J. F. (1971). *Internalization of norms.* Englewood Cliffs: Prentice Hall.

Sherif, M. (1936). *The psychology of social norms.* Oxford: Harper.

Silberman, M. (1976). Toward a theory of criminal deterrence. *American Sociological Review, 41,* 442–461.

Simon, H. (1955). A behavioral model of rational choice. *Quarterly Journal of Economics, 69,* 99–118.

Stanovich, K. E., & West, R. F. (2000). Individual differences in reasoning: Implications for the rationality debate. *Behavioral and Brain Sciences, 23,* 645–665.

Sunstein, C. R. (2014). *Why nudge? The politics of libertarian paternalism.* New Haven: Yale University Press.

Sutherland, E. H., & Cressey, D. R. (1966). *Principles of criminology.* Philadelphia: Lippincott.

Sykes, G. M. (1978). *Criminology.* New York: Harcourt Brace Janovich.

Sykes, G. M., & Matza, D. (1957). Techniques of neutralization: A theory of delinquency. *American Sociological Review, 22,* 664–670.

Tittle, C. R., Antonaccio, O., Botchkovar, E., & Kranidioti, M. (2010). Expected utility, self-control, morality, and criminal probability. *Social Science Research, 39,* 1029–1046.

Tyler, T. R. (1990). *Why people obey the law.* New Haven: Yale University Press.

Tyler, T. R. (1997). Procedural fairness and compliance with the law. *Swiss Journal of Economics and Statistics, 133,* 219–240.

Valente, T. W., Gallaher, P., & Mouttapa, M. (2004). Using social network to understand and prevent substance use: A transdiciplinary perspective. *Substance Use and Misuse, 39,* 1685–1712.

Wenzel, M. (2004). The social side of sanctions: Personal and social norms as moderators of deterrence. *Law and Human Behavior, 28,* 547–567.

Wikström, P. O. (2006). Individuals, settings, and acts of crime: Situational mechanisms and the explanation of crimes. In P. O. Wikström & R. J. Sampson (Hrsg.), *The explanation of crime* (S. 61–107). Cambridge: Cambridge University Press.

Wikström, P. O. (2015). Situational action theory. *Monatsschrift für Kriminologie und Strafrechtsreform, 98,* 177–186.

Die Rolle sozialer Normen in einer weiten Rational Choice ...

Wikström, P. O., & Svensson, R. (2010). When does self-control matter? The interaction between morality and self-control in crime causation. *European Journal of Criminology, 7,* 395–410.

Wikström, P. O., & Treiber, K. (2007). The role of self-control in crime causation: Beyond Gottfredson and Hirschi's general theory of crime. *European Journal of Criminology, 4,* 237–264.

Wright, B. R. E., Caspi, A., Moffitt, T. E., & Paternoster, R. (2004). Does the perceived risk of punishment deter criminally Prone individuals? Rational choice, self-control, and crime. *Journal of Research in Crime and Delinquency, 41,* 180–213.

Yee, A. S. (1997). Thick rationality and the missing „brute fact": The limits of rationalist incorporations of norms and ideas. *The Journal of Politics, 59,* 1001–1039.

Mehlkop, Guido Prof. Dr., Staatswissenschaftliche Fakultät der Universität Erfurt, Nordhäuser Str. 63, 99089 Erfurt; guido.mehlkop@uni-erfurt.de; Forschungsschwerpunkte: Kriminelles und abweichendes Verhalten; Rational Choice Theorie; Quantitative Methoden.

Drogenkonsum als rationale Wahl – dynamische Modelle

Roger Berger und Thomas Gautschi

Zusammenfassung

Der Beitrag beginnt mit einer Darstellung der Grundlagen von Theorien der rationalen Wahl. Darauf aufbauend werden Modelle präsentiert die Drogenkonsum als rationale Wahl in einem dynamischen Entscheidungskalkül erklären. Dabei wird insbesondere zwischen verschiedenen Graden der Voraussicht von myopisch bis vollständig rational unterschieden. Anschließend wird der empirische Stand der Forschung zu diesen Modellen präsentiert. Es zeigt sich, u. a. dass Drogenkonsum durchaus rational im Sinne von anreizgeleitet und konsistent geschieht. Allerdings ist die Voraussicht von Drogenkonsumenten typischerweise gering. Der Beitrag schließt mit Implikationen für z. B. Drogenpolitik und -sozialarbeit, die sich aus den Theorien und der empirischen Evidenz ergeben.

Schlüsselwörter

Drogenkonsum · Theorie der rationalen Wahl · Dynamische Modelle des Drogenkonsums

---

Wir danken Guido Mehlkopp für hilfreiche Hinweise und Vorschläge.

R. Berger (✉)
Universität Leipzig, Leipzig, Deutschland
E-Mail: berger@sozio.uni-leipzig.de

T. Gautschi
Universität Mannheim, Mannheim, Deutschland
E-Mail: gautschi@sowi.uni-mannheim.de

© Springer Fachmedien Wiesbaden GmbH, ein Teil von Springer Nature 2020
I. Krumpal und R. Berger (Hrsg.), *Devianz und Subkulturen,* Kriminalität und Gesellschaft, https://doi.org/10.1007/978-3-658-27228-9_3

Keywords

Drug consumption · Rational choice theory · Dynamic models of drug consumption

1 Einleitung

Das Menschenbild des rationalen Akteurs, der zur Entscheidungsfindung erwartete Erträge und Kosten gegeneinander abwägt und die aus seiner Sicht beste Handlungsalternative auswählt, ist fester Bestandteil sozialwissenschaftlicher Theorien. Das Ziel dieser Rational Choice- (RC) Modelle bzw. Theorien rationaler Wahl ist die Formulierung einer interdisziplinär integrativen, allgemeinen Theorie menschlichen Verhaltens, die soziale Phänomene theoretisch erklären kann und empirische Gültigkeit besitzt (z. B. Becker 1990; Coleman 1990; Opp 1978).

Ausgangspunkt ist dabei üblicherweise das in der Neoklassik unterstellte Menschenbild des homo oeconomicus. Dieser verfolgt in seiner Reinform allein private materielle Interessen, verfügt über stabile, wohlgeordnete Präferenzen sowie vollständige Information und optimiert unter vollständiger Voraussicht seinen individuellen Nutzen. Wie Kittel (2015, S. 80) ausführt ist das skizzierte Akteursmodell jedoch mittlerweile ein „Zerrbild" größer Teile der aktuellen sozialwissenschaftlichen RC-Forschung. Praktische Abweichungen von der heuristischen Funktion sind vielfältig und betreffen u. a. die Nutzenfunktion, die Entscheidungsregel, die Informationslage, die Voraussicht und die Homogenität der Akteure. Deshalb werden je nach Erfordernis der Fragestellung und entsprechenden empirischen Befunden, Erkenntnisse aus verschiedenen Disziplinen, die sich mit menschlichem Handeln beschäftigen, in die Modelle einbezogen. Für den vorliegenden Beitrag sind dies etwa psychologische Erkenntnisse zu kognitiven Verarbeitungsgrenzen und Informationsbeschränkungen, soziologische Erkenntnisse zur Wirkung von sozialen Normen und institutionellen Einflüssen, wie auch medizinische Befunde und einige andere mehr. Entsprechend gibt es daher nicht die eine RC-Theorie, sondern eine Vielzahl theoretischer Erklärungsansätze, die sich unter diesem Oberbegriff versammelt (für aktuelle Überblicke siehe Braun und Gautschi 2011; Buskens 2015; Kroneberg und Kalter 2012; Wittek et al. 2013).

Der vorliegende Beitrag informiert vor diesem Hintergrund auf der Basis von Varianten, zentralen Annahmen und Vorhersagen von Theorien rationaler Wahl und deren empirische Bewährung über die Anwendung dieses grundlegenden Entscheidungsmodells auf den speziellen Fall des Drogenkonsums. Das Prinzip besteht dabei jeweils darin, das einfache Grundmodell mit möglichst sparsamen zusätzlichen Annahmen auszustatten um gleichzeitig möglichst präzise theoretische Vorhersagen mit hohem und empirisch zutreffenden Gehalt zu generieren. Der Beitrag ist dabei auf dynamische Modelle, die eine explizite Modellierung der Zeit aufweisen, beschränkt.

Der Beitrag ist wie folgt gegliedert: Im folgenden Kapitel werden die Annahmen und Implikationen des Grundmodells der rationalen Wahlhandlung skizziert. Im dritten Kapitel wird eine Übersicht über Modelle der rationalen Entscheidung zum Drogenkonsum gegeben. Dabei wird insbesondere zwischen statischen und dynamischen Modellen unterschieden. In Kap. 4 wird die empirische Evidenz zu diesen Modellen zusammengefasst. Kap. 5 enthält einige praktische Implikationen, die sich aus den empirisch bestätigten Modellen ergeben, – z. B. für die Arbeit mit Drogenkonsumenten oder für drogenpolitische Maßnahmen. Der Beitrag schließt mit einem Fazit.

2 Das Grundmodell der rationalen Wahlhandlung

In den Sozialwissenschaften scheint die Tatsache relativ unbestritten, dass Akteure in Situationen, in denen sie Entscheidungen zu treffen haben, die aus ihrer Sicht angemessenste und damit für sie günstigste Wahl treffen (z. B. Stark 2007). Die RC-Theorie setzt dieses „Rationalitätsprinzip" (Popper 1995) derart um, dass sie die logische Deduktion von Aussagen – d. h. empirisch testbare Hypothesen – im Rahmen formaler Modellierungen mit den Regeln der Mathematik erlaubt. Die Anwendung solcher Modelle auf inhaltliche Themen tangiert dabei nicht die zentralen Annahmen und Implikationen. Eine kurze Übersicht dieser zentralen Annahmen und Implikationen der RC-Theorie sowie einiger Kritikpunkte und Schwierigkeiten erscheint vor der konkreten Anwendung auf den Drogenkonsum daher sinnvoll.

Da jede Modellierung auf einer Vereinfachung der Wirklichkeit beruht, stellt sich vor der Darstellung des Grundmodells die Frage nach der Zumutbarkeit der Vernachlässigung relevanter sozialer Faktoren (z. B. Normen, soziale Kontrolle). Diese Abstraktion wird bei der RC-Modellierung dabei soweit gefordert, als dass auf alle Annahmen, Argumente und Mechanismen verzichtet werden kann, die für die Erklärung eines Sachverhaltes nicht notwendig sind (Ökonomie-Prinzip der Theoriebildung). Es gibt jedoch durchaus eine Kontroverse, wie weit die Verzerrung der Wirklichkeit, also der deskriptive Gehalt der Prämissen (d. h. der

Theoriekern, aus dem logisch deduziert die empirisch prüfbaren Hypothesen folgen) einer Theorie, gehen soll (z. B. Blaug 1980; Brinkmann 1997; Hollis 1994; Opp 1995; Rosenberg 1992; für einen Überblick Braun und Gautschi 2011, S. 30–35).

2.1 Vollständige Information und Voraussicht

Das Postulat der rationalen Wahl bezieht sich auf zielgerichtetes (d. h. vorausschauendes) und optimierendes (d. h. Nutzen maximierendes oder Kosten minimierendes) Entscheidungsverhalten unter bestmöglich gebildeten (d. h. rationalen) Erwartungen bei Verwendung der verfügbaren bzw. bestmöglich beschafften (d. h. im Rahmen einer optimierenden Suche erhaltenen) Informationen, das mit zeitkonsistenten (d. h. entscheidungskonformen oder plantreuen) Handlungen einhergeht und stabile wohlgeordnete (d. h. konsistente) Präferenzen sowie gegebene Restriktionen (z. B. Einkommen, Verhalten anderer Akteure, Zeit) reflektiert.

Die RC-Theorie unterstellt also, dass ein Entscheidungträger in seinen Handlungsmöglichkeiten beschränkt ist (z. B. begrenztes Einkommen, knappe Zeit) und aus der beschränkten Menge der verfügbaren Handlungsalternativen diejenige wählt, deren Folgen am besten seinen Interessen dienen. Mit dieser Annahme geht implizit auch einher, dass der Akteur über seine Handlungsmöglichkeiten und die mit ihnen einhergehenden Konsequenzen vollständig informiert ist. Die Annahme vollständiger Information bedeutet in der Regel nur, dass die Informationsbeschaffung für die gegebenen Ziele und Beschränkungen unter den vorliegenden Erwartungen jeweils das Resultat einer Optimierung ist. Kein Akteur muss daher alle Informationen beschaffen, sondern nur die relevanten. Die Restriktionen (z. B. Verhalten anderer Akteure, Normen, Zeit, finanzielle Ressourcen) strukturieren die Informationssammlung, in dem somit bestimmte Alternativen von vornherein ausgeschlossen werden können. Zudem werden Informationen nur solange gesucht, bis der erwartete Grenznutzen (d. h. der potenzielle zusätzliche Vorteil) mit den erwarteten Grenzkosten (d. h. den möglichen zusätzlichen Aufwendungen) der Suche übereinstimmt. Ebenso werden in Situationen unter Unsicherheit (siehe Abschn. 2.2) Erwartungen mit den verfügbaren Informationen stets vollkommen aufgenommen und verarbeitet, also optimal gebildet (Bayesschen Regel, dazu Abschn. 2.3).

In der RC-Theorie wird darüber hinaus betont, dass Informationen gesucht und Erfahrungen gesammelt werden. Unter der Annahme stabiler Präferenzen

Drogenkonsum als rationale Wahl – dynamische Modelle 55

(Stigler und Becker 1977) können damit Verhaltensänderungen aus Lernprozessen resultieren. Zudem verweisen sie auf die Tatsache, dass durchaus Unsicherheiten über die Handlungsmöglichkeiten bestehen können, sodass Risiken oder sogar Ungewissheit über die Konsequenzen von Handlungen vorliegen. Alternative Handlungsfolgen sind also nicht selten mit objektiven oder gar subjektiven Wahrscheinlichkeiten versehen, sodass lediglich die Maximierung des objektiven oder subjektiven Erwartungsnutzens möglich ist.

Vor allem Simon (1959, 1990) verdeutlichte hierzu, dass die Umwelt komplex ist und kognitive Kapazitätsgrenzen, also Mängel der Aufmerksamkeitslenkung sowie Probleme der Informationsverarbeitung das menschliche Entscheidungsverhalten charakterisieren. Daher sei lediglich begrenzte Rationalität im Sinne der Wahl einer befriedigenden, aber nicht unbedingt optimalen Handlungsalternative möglich (Satisficing, vgl. Abschn. 3.2), bei der gegebenenfalls vollständige Information aufgrund von Kapazitätsbeschränkungen unvollkommen verarbeitet wird.

Schließlich gilt es zu bemerken, dass die Annahme vollständiger Information nicht erfordert, dass beispielsweise Akteure in interdependenten Situationen zwingend alle den gleichen Informationsstand haben müssen. Es wird immer wieder Akteure geben, die sogenannte private, also den anderen Akteuren unbekannte Information besitzen. Derartige Situationen mit asymmetrischer Information führen zu interessanten Problemen, die in der Regel als Prinzipal-Agenten Probleme bekannt sind (z. B. Laffont und Martimort 2002; Rasmusen 2007, Kap. 7–11; Shapiro 2005).

Individuen sind in der RC-Theorie somit zukunftsorientiert, sie besitzen individuelle Präferenzen über die möglichen mehr oder weniger wahrscheinlichen Handlungsfolgen und entscheiden optimierend über ihre Handlungspläne. Sie tun dies unter bestimmten bindenden Möglichkeitsgrenzen oder Restriktionen, wobei sie zuvor Informationen sammeln, lernen und ihre Erwartungen bilden. Handlungen sind also nicht das Resultat eines Maximierers des eigenen Ertrags (oder Minimierers des eigenen Aufwands), sondern das Resultat eines unter Nebenbedingungen optimierenden, vorausschauenden Akteurs.

2.2 Präferenzen, Präferenzordnungen und Nutzenfunktionen

Setzt man Intentionalität von Handlungen im Sinne einer situationsgerechten Zweck-Mittel-Logik voraus und steckt auf diese Weise den konzeptionellen Rahmen für alle intentionalen Handlungen ab, so ist damit noch keine testbare Theorie formuliert. Aufgrund der Allgemeinheit der Konzeptionalisierung wird nichts ausgeschlossen. Um empirische Prüfbarkeit zu gewährleisten, sind weitere Voraussetzungen zu definieren, insbesondere bezüglich der Frage, wie die Vorlieben der Akteure beschaffen sind, wie sie zu ihren Überzeugungen gelangen und welche Beschränkungen ihre Möglichkeiten strukturieren.

Für die Existenz eines Optimums müssen die Handlungsalternativen bezüglich ihrer mehr oder weniger sicheren Konsequenzen in eine hinreichend eindeutige, logisch widerspruchsfreie und nicht nur momentan gültige Rangordnung gebracht werden, sodass eine klare Entscheidung für die beste verfügbare Handlungsoption erfolgen kann. Kurz gesagt, ein rationaler Akteur ist ein Individuum mit konsistenten Präferenzen. Bezüglich eines Vergleichs von a und b muss entweder a gegenüber b oder b gegenüber a vorgezogen werden (strikte Präferenz) oder aber es wird weder a noch b vorgezogen (Indifferenzbeziehung).

Unterstellt man nun vollständige (es gilt entweder $a \succ b$ oder $b \succ a$) und transitive Präferenzen (wenn für ein Tripel a, b und c gilt, dass $a \succ b$ und $b \succ c$, dann $a \succ c$), sind die zentralen Minimalanforderungen erfüllt und es existiert für den Akteur i eine numerische Repräsentation („Zahlen") seiner Präferenzen – die Nutzenfunktion – sodass $u_i(a) \succeq u_i(b)$ gilt, und zwar wenn und nur wenn $a \geq b$. Eine Nutzenfunktion bewertet somit die Entscheidungsalternativen eines Akteurs in der Reihenfolge seiner Präferenzen mit reellen Zahlen. Das Skalenniveau einer derartigen Nutzenfunktion ist ordinal. Unter Festlegung einer bestimmten mathematischen Formulierung der Nutzenfunktion (z. B. logarithmisch oder Cobb-Douglas) lassen sich nun entsprechende Untersuchungen durchführen.

Dies unterstellt erstens, dass man seine Vorlieben, die Handlungsalternativen und ihre wahrscheinlichen Folgen sowie etwaige Beschränkungen kennt (z. B. Elster 2007). Zweitens müssen für die Existenz eines Optimums die Handlungsalternativen bezüglich ihrer mehr oder weniger sicheren Konsequenzen in eine hinreichend eindeutige, logisch widerspruchsfreie und nicht nur momentan gültige Rangordnung gebracht werden. Ist dies nicht möglich, kann keine klare Entscheidung für die beste verfügbare Handlungsoption erfolgen, da keine Nutzenfunktion mit den erforderlichen Eigenschaften für ein Maximum existiert.

Die Rationalitätshypothese ist eine Zuspitzung der bereits idealisierenden Prämisse des situationsgerechten und daher vernünftigen menschlichen Handelns. Deshalb darf man diese keinesfalls als psychologisches Postulat über den Menschen interpretiert werden, sondern lediglich als idealisierten Referenzpunkt zur Generierung empirisch testbarer Hypothesen betrachten. Alternativannahmen, wie die nicht am situativen Kontext ausgerichtete Handlungswahl oder gar die Annahme von Irrationalität, würden dagegen nur vergleichsweise unklare oder gar keine Folgerungen erlauben. Und auch wenn die Liste der Widersprüchlichkeiten im menschlichen Verhalten und damit zum RC-Modell lang ist (z. B.

Verzerrungseffekte und Fehlschlüsse; für Überblicke Camerer 1995; Kahneman und Tversky 2000; Thaler 1994, 2015), existiert keine Alternativtheorie dazu, die vergleichbar empirisch relevant und hinreichend präzise ist. Die Rationalitätshypothese dürfte insbesondere dann im Durchschnitt zutreffende Verhaltensvorhersagen erlauben, wenn sich relativ erfahrene Akteure in hinreichend kostenträchtigen und transparenten Entscheidungssituationen befinden (z. B. Binmore 1998, 2007a).[1]

Handlungsentscheidungen gehen nicht selten mit Unsicherheit einher, unter der Handlungsalternativen mit riskanten (objektiven Eintrittswahrscheinlichkeiten) oder sogar unsicheren Handlungsaussichten (subjektive Wahrscheinlichkeiten) verknüpft sind. In ersterem Fall sind die Wahrscheinlichkeiten bekannt oder bestimmbar, in letzterem Fall sind sie zusätzlich bei mindestens einer Handlungsaussicht lediglich bestimmbar. Mit einschlägigen Zusatzannahmen (u. a. müssen Präferenzen stetig und monoton sein und das Unabhängigkeits- und Reduktionsaxiom erfüllen) kann auch diese Entscheidungssituation modelliert werden (Braun und Gautschi 2011, Abschn. 5.1.1 und 5.3.1; Anscombe und Aumann 1963; Harsanyi 1977; von Neumann und Morgenstern 1947; Savage 1954). Das Skalenniveau einer solchen Nutzenfunktion ist dann kardinal.

2.3 Theoretische Implikationen und Folgerungen des Rationalitätspostulates

Die Unterstellung rationaler Akteure im Sinne der vorangehenden Darstellung hat einige direkte Implikationen. Es ergeben sich einerseits Folgerungen für die kollektiven Konsequenzen individuellen Handels (Gleichgewichte, Wettbewerb, Anreizkompatibilitäten) und andererseits Folgerungen hinsichtlich Fragen zu der Art und Weise, wie Erwartungen gebildet und intertemporale Entscheidungen getroffen werden.

Im Mittelpunkt des sozialwissenschaftlichen Interesses steht dabei nicht die Handlung eines einzelnen Individuums, sondern das Verhalten von bestimmten Gruppen von Personen (z. B. das typische Konsummuster von Konsumenten einer bestimmten Droge). Diese sozialen Phänomene und Prozesse auf der Aggregatsebene werden als aggregiertes Resultat von individuellen Entscheidungen und

---

[1]Andere Autoren sprechen in dem Zusammenhang von „High-Cost"-Situationen (Diekmann und Preisendörfer 1998; Kirchgässner 1992) oder System 2-Entscheidungen (Stanovich und West 2000).

Handlungen erklärt (methodologischer Individualismus) indem sich aus den Handlungsfolgen ein Gleichgewicht im Sinne eines dauerhaften Zustandes ergibt. Ein derartiges Gleichgewicht muss dabei keineswegs einen sozial effizienten Zustand im Sinne von Pareto beschreiben (d. h. keiner der beteiligten Akteur kann sich besser stellen, ohne mindestens einen anderen Akteur schlechter zu stellen).

Die formale Untersuchung derartiger Gleichgewichte ist weitgehend problemlos. Komparativ-statische Analysen, also die Untersuchung, ob und inwieweit eine Änderung einer exogenen Modellgröße den gleichgewichtigen Pfad einer endogenen Modellvariable verändert, sind Standard. Es ist dagegen nicht immer so, dass ein theoretisches Modell mit lediglich einem Gleichgewichtszustand einhergeht. Vielfach gibt es mehrere Gleichgewichte und es ist oft unklar, welcher Ruhezustand nun eindeutig und zumindest lokal stabil ist. Es existiert eine breite Literatur (einführend Harsanyi und Selten 1988; generell z. B. Binmore 1990; Rasmusen 2007; van Damme 2002), die sich mit der Existenz, Eindeutigkeit und Stabilität von Gleichgewichten beschäftigt.

Eine wesentliche Rolle in RC-Analysen spielen dabei die Gegebenheiten in den jeweils betrachteten Sozialsystemen, d. h. ob eine parametrische Entscheidungssituation oder aber eine strategische Entscheidungssituation vorliegt. Eine besonders häufige Annahme bei Anwendungen der Nutzentheorie unter Sicherheit betrifft die Existenz von Märkten, welche als idealtypische Vorstellung zur Umschreibung der Möglichkeit irgendwelcher Austauschbeziehungen zwischen Entscheidungträgern herangezogen werden. Die Kräfte von Angebot und Nachfrage bewirken dabei theoretisch, dass sich das Tauschsystem auf einen Ruhezustand zubewegt. Dann hängt der Nutzen für den Akteur nur von seiner Entscheidung und den Marktparametern, wie z. B. dem Marktpreis ab. Ein entsprechendes Marktgleichgewicht ist aber keineswegs nur eine theoretische Implikation, sondern auch ein empirischer Fakt. So hat beispielsweise Vernon Smith (2008) mit experimentellen Untersuchungen gezeigt, dass unpersönlicher Markttausch bei wiederholten Interaktionen zum theoretisch vorhergesagten Wettbewerbsgleichgewicht konvergiert. Dieses Ergebnis zeigt sich auch unter schwächeren Randbedingungen, als sie in neoklassischen Analysen üblicherweise unterstellt werden.

Optimierendes Verhalten unter Nebenbedingungen in einem funktionierenden Wettbewerbsmarkt ist aber etwas anderes als in einer Umgebung, in der kaum Konkurrenz herrscht und die Handlungswahlen anderer Akteure die Aussichten eigener Entscheidungen beeinflussen können und umgekehrt. In derartigen strategischen Entscheidungssituationen nimmt jeder Akteur nicht nur seine Umgebung wahr, sondern berücksichtigt bei der Handlungswahl auch die Verflechtungen mit anderen Akteuren. Solche strategischen Entscheidungen lassen sich mithilfe der

Spieltheorie (z. B. Binmore 1992, 2007b, c; Diekmann 2009; Dixit und Skeath 2004; Holler und Illing 2006; Rasmusen 2007) analysieren und die betrachteten Ruhezustände sind in der Regel Nash-Gleichgewichte (Nash 1950, 1951) und ihre Verfeinerungen. In einem Nash-Gleichgewicht trifft jeder Akteur bei gegebenen Strategiewahlen seiner Mitspieler die jeweils für ihn günstigste Handlungswahl; niemand kann sich also durch einseitige Abweichung vom Gleichgewichtszustand verbessern.

Nutzentheoretische Untersuchungen sind keineswegs auf statische Entscheidungen begrenzt, sondern können sich auch auf verschiedene Zeitperioden beziehen (z. B. intertemporale Entscheidungen in der Nutzentheorie, wiederholte Spiele in der Spieltheorie). Gerade bei der Anwendung auf Drogenkonsum ist dieser Aspekt der Theorie entscheidend. In dem Fall gilt, dass für die Entscheidung bezüglich einer Handlungswahl die zukünftigen Erträge oder Verluste aus gegenwärtiger Sicht evaluiert und damit diskontiert werden, und dass auch die vergangenen Handlungswahlen die aktuelle beeinflussen. Die Annahme eines rationalen Akteurs zeichnet sich bei intertemporaler Betrachtungsweise in seiner Plantreue und Zeitkonsistenz auf Basis stabiler Nutzenfunktionen ab. Zukünftige Handlungen folgen damit den heute festgelegten Handlungsplänen. Formal bestehen dabei keine Freiheitsgrade, da dies nur durch eine exponentielle Diskontierung $\phi(t) = e^{-\sigma t}$ (mit der konstanten Zeitpräferenzrate $\sigma > 0$ und der Messung der Zeit t) zukünftiger Wohlfahrt erreicht wird. Empirische Befunde weisen jedoch darauf hin (z. B. Ainslie 1991; Loewenstein und Elster 1992; Prelec 1982), dass diese Beschreibung für Menschen – offenbar im Gegensatz zu Tauben und anderen Tieren – wahrscheinlich nicht zutreffend ist. Individuen sind manchmal myopisch und haben Selbstbindungsprobleme, sodass sie regelmäßig von den heute festgelegten Handlungsplänen abweichen. Solch zeitinkonsistentes Verhalten wird generell mit einer hyperbolischen Diskontierungsfunktion abgebildet.

Eine weitere Implikation bei (intertemporalen) Entscheidungsproblemen unter Risiko betrifft die Frage nach der Erwartungsbildung bezüglich der subjektiven Wahrscheinlichkeiten über die Handlungsausgänge. Die rationale Bildung von Erwartungen muss mit der Bayesschen Regel (Satz von Bayes) erfolgen (z. B. Braun und Gautschi 2011, Abschn. 5.3.2). Rationale Akteure lernen also in optimaler Weise und aktualisieren ihre Erwartungen bei Bekanntwerden neuer Informationen. Andere Arten der Erwartungsbildung sind nicht mit dem RC-Ansatz vereinbar. Dennoch bevorzugen viele einen behavioristisch-evolutionären Ansatz (z. B. Macy 1989; Macy und Flache 2009; Mueller 1992; Vanberg 1994), nach dem Menschen rückwärtsgewandt sind und das heutige Verhalten lediglich Verstärkungen früherer Handlungen in strukturell ähnlichen Situationen reflektiert (siehe Abschn. 3.3).

3 Modellierung von Drogenkonsum

In dem oben dargestellten Modell der rationalen (Konsum)entscheidung, stellt Drogenkonsum prinzipiell keine Ausnahme, sondern eine von vielen denkbaren Wahlhandlungen dar. Akteure entscheiden sich nach Maßgabe ihrer Präferenzen (z. B. für Rausch, Entspannung, Spaß, Linderung von Schmerz oder eines unangenehmen Zustands, etc.) und ihrer exogenen Restriktionen (relative Preise, Gesetze und erwartete Sanktionen, Opportunitäten, etc.)[2] für den Konsum bestimmter Drogen(mengen).

Die Substanzen selbst spielen dabei vorerst keine Rolle. Es muss auch nicht zwingend eine Substanz konsumiert werden. Das Modell ist anwendbar auf jegliche Wahlhandlung, die die beabsichtigten Folgen hat, z. B. Geldspielsucht, Medienkonsum (z. B. soziale Medien, etc.) Sport u. v. a. m. Die Darstellung wird im folgenden auf den Konsum von Drogen eingeschränkt.

An dieser Stelle könnte man die Analyse abschließen. Drogenkonsum wäre dann eine (Konsum)handlung wie jede andere auch, die gewissen normativen Zwängen (formeller oder informeller Art) unterworfen ist. Offenbar weist der Konsum von Drogen jedoch einige Eigenschaften auf, die ihn vom Konsum von Brot, Steuerbetrug oder dem Abschreiben in Prüfungen unterscheiden. So ist mit dem Begriff Drogen auch derjenige von Sucht oder zumindest Gewohnheit verbunden. Als nächstes werden deshalb die entsprechenden Begriffe geklärt und Definitionen festgelegt.

3.1 Begriffe: Drogen, Sucht und Gewohnheit

Im Folgenden werden die Begriffe „Droge", sowie „Sucht und Gewohnheit" im Lichte der RC-Modelle dargestellt.

Drogen sind hier psychoaktive Substanzen. Ihr Konsum hat eine bewusstseins- und wahrnehmungsverändernde Wirkung. Die Art und Intensität dieser psychoaktiven Wirkung wird von den Konsumenten durch die Wahl der Drogenart und -menge optimiert.

---

[2] Endogene negative Folgen des Drogenkonsums, wie z. B. ein „Kater" werden nicht als Restriktionen modelliert.

Als Drogen werden damit einerseits die klassischen – legalen und illegalen – Rauschmittel wie z. B. Alkohol und Nikotin, Heroin und Kokain, Ecstasy und LSD etc. bezeichnet. Dazu gehören aber auch Substanzen wie Kaffee und Tee, Medikamente, sowie Schokolade oder andere Nahrungs- und Genussmittel, die im deutschen Sprachgebrauch nicht automatisch mit dem Begriff Droge verbunden sind.

Sucht und Gewohnheit sind für die RC-Theorie des Drogenkonsums keine Begriffe von entscheidender Bedeutung. Deshalb sind diese auch nicht eindeutig voneinander getrennt. Sucht wird entlang von verschiedenen Definitionen von Gewohnheit getrennt, z. B. entlang

- der quantitativen Ausprägung: Umfangreicher Konsum wird als Sucht bezeichnet, geringer Konsum als Gewohnheit.
- der Folgen: Schädigender Konsum wird als Sucht bezeichnet, ein Konsum ohne schädliche Folgen als Gewohnheit. Die Schädigung kann dabei den Konsumenten selbst betreffen (z. B. physische oder psychische Gesundheitsprobleme). Die Schädigung kann aber auch das Umfeld betreffen (z. B. familiäre Zerrüttung, ökonomische Probleme, Unfälle).
- von spezifischen Eigenschaften des RC-Modells des Drogenkonsums. Z. B. wird manchmal von einer Sucht gesprochen, wenn Sättigungs- und/oder Toleranzeffekte (siehe unten) auftreten. Braun und Vanini (2003, siehe auch Berger 2003) sprechen von Suchtkonsum, wenn durch den Konsum selbst die Ungeduld erhöht, bzw. das Verlangen nach einer Drogen unkontrollierbar(er) wird (siehe unten).

Diese Begrifflichkeiten sind für das RC-Modell des Drogenkonsums allerdings nicht entscheidend. Insbesondere hängen die Vorhersagen des Modells nicht davon ab. Wichtig für die Vorhersagen ist jedoch die Annahme, dass die temporale Separabilität der Konsumentscheidungen aufgehoben wird.[3] Dies wird im nächsten Abschnitt dargestellt.

---

[3]Im Übrigen ist auch der Gegenbegriff zu Gewohnheit, nämlich Abwechslung, durch temporale Separabilität gekennzeichnet. Abwechslung bedeutet, dass auf eine Handlung in t als nächstes in $t+1$ eine Alternativhandlung gewählt wird.

Empirisch sind Gewohnheit und Abwechslung von den betrachteten Zeiträumen abhängig. Sehr kurzfristig (Minuten, Stunden, Tage) ist (fast) alles Abwechslung. Langfristig betrachtet (Tage, Wochen, Jahre) ist (fast) alles eine Gewohnheit (vgl. Berger 2003).

3.2 Zeitliche Abhängigkeit

Im eingangs dargestellten Modell der rationalen Wahlhandlung sind einzelne Entscheidungen temporal separabel. Die Entscheidung von gestern beeinflusst nicht die Entscheidung von heute und diese nicht die Entscheidung von morgen. Beim Drogenkonsum spielt die Zeit nun eine entscheidende Rolle, wie alleine die empirische Beobachtung zeigt. Die Modellierung der Zeit kann dynamisch oder statisch geschehen. Die Klasse der dynamischen Modelle von Drogenkonsum ist dabei umfangreicher als diejenige der statischen und enthält eine explizite Modellierung der Zeit. Der Beitrag ist auf diese Modelle beschränkt.

Die Modellklasse der statischen Modelle ist heterogener. Sie umfassen Ansätze, die eher metatheoretische Überlegungen entsprechen, wie auch allgemeine Handlungsmodelle und konkrete Modelle des Drogenkonsums. Einen theoretischen Einstieg in sog. „Satisficing" Modelle bieten z. B. Arrow (1963), Eisenhauer (1996) und Heiner (1983). Vertreter von „Framing" Modellen sind z. B. Esser (1990), Lindenberg (1993), Kroneberg (2005) und Riker und Ordeshook (1973). Empirische Tests solcher Modelle am Beispiel des Drogenkonsum bieten z. B. Sattler et al. (2013) und Sattler et al. (2014).

3.3 Dynamische Modelle und Drogenkonsum

Die Grundannahme aller dynamischen Modelle rationalen Drogenkonsums besteht darin, dass der aktuelle Drogenkonsum vom vergangenen, und vom geplanten zukünftigen Drogenkonsum abhängt. Die konkrete zeitliche Einbettung des Drogenkonsums wird über drei explizit formulierte Beziehungen modelliert, die auf empirischen Beobachtungen fußen.

Für den Konsum c der Droge zum Zeitpunkt t, wird von den folgenden Annahmen ausgegangen: Der Drogenkonsum erhöht sich in der Gegenwart ceteris paribus umso mehr, je häufiger und länger die Droge in der Vergangenheit schon konsumiert wurde. In der Literatur wird dies als Reinforcement- oder Verstärkungseffekt bezeichnet. Dieser Effekt kann unterschiedlich begründet werden. Neben der reinen empirischen Beobachtung sind dies lerntheoretische Mechanismen, wie z. B. das empirisch gut belegte psychologische „Matching Law"[4], und – auf einer

---

[4]In seiner einfachsten Form sagt das „Matching Law", dass die relativen Antwortraten A_x auf unterschiedliche Stimuli S_x den relativen Stimuli entsprechen, also: $\frac{A_1}{A_1+A_2} = \frac{S_1}{S_1+S_2}$.

Drogenkonsum als rationale Wahl – dynamische Modelle 63

tieferen Ebene – neurophysiologische Belohnungsmechanismen (z. B. Gardner und David 1999).[5]

Der *Verstärkungseffekt* wird wie folgt formalisiert.

$$\frac{\partial c}{\partial S_t} > 0$$

Der Konsumkapitalstock S_t bezeichnet dabei die Summe des vergangenen gleichartigen Drogenkonsum.

Weiterhin wird die plausible Annahme gemacht, dass der Konsum, der lange zurückliegt, nicht denselben konsumsteigernden Effekt hat, wie derjenige, der erst kürzlich ergriffen wurde. Dies wird modelliert indem der Konsumkapitalstock S_t mit einer gewissen Abschreibungsrate σ in der Zeit abgebaut wird.

$$S_t = \int_{n=1}^{T} (S_{t-n}\sigma^n)dt$$

Je umfangreicher und je häufiger der Konsum in der Vergangenheit war, desto größer ist der Konsum in der Gegenwart.

In der Literatur werden mit Drogenkonsum häufig zwei weitere Effekte verbunden: Toleranzeffekte und Entzugserscheinungen. Beide Effekte sind einerseits typischerweise mit Drogenkonsum korreliert. Toleranzeffekte und insbesondere Entzugserscheinungen können andererseits auch auf physiologische Prozesse zurückgeführt werden.

Toleranz meint hier, dass der Konsum einer bestimmten Drogenmenge mit fortschreitender Konsummenge – also dem Konsumkapitalstock S_t – einen sinkenden Nutzen aufweist.[6]

$$\frac{\partial u}{\partial S_t} < 0$$

Um also im Zeitablauf einen gleichbleibenden Nutzen aus dem Drogenkonsum zu erzielen, muss die Konsummenge gesteigert werden. Umgekehrt hat eine bestimmte Stoffmenge bei geringem Konsumkapitalstock einen stärkeren Effekt,

---

[5]Dies zeigt auch, dass das Modell keineswegs auf Drogenkonsum beschränkt ist, sondern auch auf andere Handlungen mit Belohnungsmechanismen anwendbar ist.

[6]Physiologisch kann dies dazu führen, dass durch langanhaltenden Konsum und der entsprechenden Toleranz, u. U. Stoffmengen konsumiert werden können, die die übliche letale Dosis eindeutig überschreiten.

als wenn dieser hoch ist. Gelegenheitsraucher kennen dies: Nach einer Rauchpause hat Nikotin eine viel stärkere Wirkung als bei den nachfolgenden Zigaretten.

Auch im allgemeinen Sprachgebrauch ist Drogenkonsum mit dem Begriff der *Entzugserscheinungen* verbunden. Hier ist damit Folgendes gemeint: Kommt es nach anhaltendem Drogenkonsum zu einer plötzlichen Unterbrechung desselben, so hat dies einen Nutzenverlust für den Akteur zur Folge. Typischerweise wird der Begriff der Entzugserscheinungen mit Drogensucht verbunden. Gemeint sind damit dann häufig insbesondere die physiologischen Folgen einer Unterbrechung des Konsums. Diese können von milderen Effekten, etwa bei Nikotin (Nervosität, Unkonzentriertheit) über schwerere bei z. B. bei Heroin (Durchfall, Fieber, Krämpfe) bis zum Tod reichen (delirium tremens bei starkem Alkoholismus).[7] Formal wird die Entzugssymptomatik wie folgt gefasst.

$$\frac{\partial u}{\partial c} > 0$$

Mit steigender Konsummenge steigt auch der Nutzen, bzw. eine sinkende Konsummenge hat einen Nutzenverlust zur Folge.

An dieser Stelle kann nun eine erste Nutzenfunktion des rationalen Drogenkonsums formuliert werden in dem der Konsumkapitalstock S_t in das eingangs beschriebene allgemeine Konsummodell (mit Relativpreisen und/oder zweitem Gut y) eingeführt wird.

$$u(t) = u(c, y, S_t). \tag{1}$$

Dabei werden zwischen Konsummenge, Konsumkapitalstock und Nutzen, die beschriebenen Beziehungen des Verstärkungseffekts ($\frac{\partial c}{\partial S_t} > 0$), der Toleranz ($\frac{\partial u}{\partial S_t} < 0$) und der Entzugserscheinungen ($\frac{\partial u}{\partial c} > 0$) unterstellt.

Dabei gilt für die Konsummenge zum Zeitpunkt t selbst:

$$c(t) = \alpha + \beta S(t) + \gamma_1 x_1(t) + \gamma_2 x_2(t) \ldots + \gamma_k x_k(t) \tag{2}$$

Dabei handelt es sich bei x_1, x_2,...x_k um exogene, nicht modellierte Einflussfaktoren, die $c(t)$ sowohl direkt als auch indirekt über $S(t)$, den Gewohnheitskapitalstock zum Zeitpunkt t, beeinflussen. Damit ist das Grundmodell aller dynamischen RC-basierten Ansätze des Drogenkonsums beschrieben.

---

[7]Entzugserscheinungen haben oft die entgegengesetzte Wirkung des Konsums. Kokain verschafft Allmachtsgefühle und Euphorie, der Entzug führt zu Depressionen; Heroin verursacht Verstopfung, Entzug führt zu Durchfall (vgl. Gardner und David 1999).

Der Modellakteur maximiert nun seinen Nutzen entlang dieses Modelles unter Berücksichtigung seiner Budgetbeschränkung – also seiner (monetären) Ressourcen. Der Nutzen wird dabei als Funktion des gegenwärtigen Drogenkonsums c, des gegenwärtigen Konsums anderer Güter y und des Gewohnheitskapitalstocks $S(t)$ ausgedrückt.)

Für den Verlauf dieser Funktion gilt Konkavität in c, y und S, d. h. ein höherer Konsum c impliziert ein höheres Nutzenniveau („mehr ist besser als weniger"), wobei der absolute Nutzenzuwachs einer zusätzlichen Konsumeinheit mit der Höhe des Konsums sinkt (abnehmender Grenznutzen); genauso verhält es sich für den Konsum anderer Güter y.

Weil die Sucht- bzw. Gewohnheitsbildung in der Zeit passiert, muss an dieser Stelle nun auch unterschieden werden, in welcher Weise die Akteure die Zukunft bei ihrer Entscheidung für den Gegenwartskonsum einbeziehen. Dazu existieren zwei grundlegende Modelle: Myopische Akteure berücksichtigen die Zukunft nicht. Ihre aktuelle Konsumentscheidungen werden über den Konsumkapitalstock vom vergangenen Konsum und den gegenwärtigen Restriktionen – z. B. den aktuellen Drogenpreisen – bestimmt. Vollständig rationale Akteuren berücksichtigen bei ihren gegenwärtigen Entscheidungen dagegen alle zukünftigen Konsequenzen ihrer Entscheidung und den Drogenkonsumpfad, der sich daraus ergibt.

Modelle myopischen Drogenkonsums Modelle myopischen Drogenkonsums entsprechen demjenigen wie es obenstehend dargestellt ist. Für die Drogenkonsumenten existiert keine Zukunft. Anders ausgedrückt sind sie maximal gegenwartsorientiert oder auch maximal ungeduldig. Sie sind nicht bereit aktuelle Konsumakte, zugunsten einer langfristigeren Nutzenmaximierung zurückzustellen – also heute weniger zu konsumieren, damit sie morgen und übermorgen auch noch konsumieren können. Für den Konsum ergeben sich daraus die folgenden zentralen Konsequenzen bzw. Hypothesen:

Myopisches Modell Hypothese 1
Der vergangene, abdiskontierte Drogenkonsum S_t beeinflusst den gegenwärtigen Konsum positiv. Unter Beachtung von Toleranz und Entzugseffekten ist die Konsummenge c in t umso größer, je größer S_t ist.

Myopisches Modell Hypothese 2
Je höher die aktuellen Kosten für den Drogenkonsum sind (festgelegt z. B. durch relative Preise und erwartete Sanktionen), in desto geringerem Umfang und/oder desto seltener wird konsumiert.

Myopisches Modell Hypothese 3
Je größer das aktuelle relative Einkommen eines Akteurs, desto mehr und/oder desto häufiger wird eine Droge konsumiert

Modelle rationalen Drogenkonsums Rationale Akteure schauen bei ihren Entscheidungen auch in die Zukunft. Sie antizipieren die zukünftigen Folgen ihres gegenwärtigen Drogenkonsums und optimieren ihren Drogenkonsumpfad derart, dass dadurch ihr Gesamtnutzen maximiert wird. Sie weisen eine gewisse Geduld auf, die es ihnen erlaubt Konsumhandlungen in die Zukunft zu verschieben. Entscheidend ist nun die Frage, wie die Zukunft in die gegenwärtige Konsumentscheidung einfließt – formal gesprochen wie die Abdiskontierung der Zukunft geschieht. Es werden hier vier Modellkategorien unterschieden:

1. Vollständig rationale Konsumenten mit exponentieller Zukunftsdiskontierung
2. Modelle mit endogener Modellierung der Zukunftsdiskontierung
3. Konsum mit hyperbolischer Modellierung der Zukunftsdiskontierung
4. Modelle für zyklischen Drogenkonsum

Das erste Modell entspricht am ehesten dem eingangs dargestellten Modell des rationale Akteurs und wird hier am eingehendsten dargestellt.

Vollständig rationale Konsumenten – exponentielle Diskontierung Ausgangspunkt des vollständig rationalen Gewohnheitsmodells ist das Modell für myopische Gewohnheitsbildung. Es gilt zum Zeitpunkt t:

$$u(t) = f(S_t)$$

Zu dem Nutzenterm S_t, der sich auf die Vergangenheit bezieht, kommt nun noch einer (Z_t) dazu, der sich auf die Zukunft bezieht.

$$u(x_t) = f(S_t, Z_t)$$

wobei gilt

$$Z_t = g(c_{t+1}, c_{t+2}, \ldots c_{t+l})$$

Weil zukünftiger Nutzen auf den Gegenwartswert abdiskontiert wird, gilt spezifisch für Z_t die folgende Bedingung (in diskreter Schreibweise mit dem Diskontfaktor α):

$$Z_t = \sum_{t=0}^{l} \alpha^t u(c)$$

Dies ist die Grundstruktur des Modells für vollständig rationale Gewohnheitsbildung. Analog zum myopischen Modell werden die beiden Nutzenterme in eine Nutzenfunktion eingefügt. Das heißt, dass neben dem bekannten Einfluss der Zukunft und der Vergangenheit auch der Preis der Droge p_c, die Konsummenge c und das jeweilige Einkommen y eine Rolle spielen. Es gilt also

$$u(t) = u(c, S_t, Z_t, p_c, y)$$

mit den bekannten Definitionen von S_t und Z_t. Außerdem gelten dieselben Bedingungen wie auch im myopischen Modell, also:

$$\frac{\partial u}{\partial c} > 0, \frac{dc}{dS_t} > 0, \frac{\partial c}{\partial p_c} < 0, \frac{\partial c}{\partial y} > 0$$

und zusätzlich

$$\frac{\partial u}{\partial Z_t} > 0$$

In Worten heißt dies: Der Nutzen des Drogenkonsum hängt damit von der Konsummenge c, allen vergangenen, abdiskontierten Konsummengen S_t, den Kosten (bzw. dem Preis) des Konsums p_c, dem Einkommen y der Konsumenten und dem auf den Gegenwartswert abdiskontierten zukünftigen Gesamtnutzen, der durch die Konsumkapitalstockbildung entsteht ab. Dabei gelten die Beziehungen: Je höher die Konsummenge c, desto höher der Nutzen („mehr ist immer besser als weniger"), je höher der Konsumkapitalstock S_t, desto höher ist der gegenwärtige Konsum, je höher die Kosten des Konsums p_c, desto geringer ist der Konsum, je höher das Einkommen y, desto höher ist der Konsum.

Drogenkonsumenten maximieren nun ihren Nutzen über diese Parameter und entscheiden sich entsprechend für Konsumhandlungen. Genauer ausgedrückt entscheiden sich die Akteure nicht nur für *eine* Konsumhandlung, sondern für eine ganze *Sequenz* von Handlungen. Denn da die Akteure vollständig rational sind, kennen sie nicht nur ihren nächsten Konsum, sondern haben im Prinzip eine Konsumplan bis an ihr Lebensende. Die vollständige Rationalität bewahrt die Akteure dabei davor, von dem einmal eingeschlagenen Konsumpfad abweichen zu müssen (z. B. mehr oder weniger als geplant zu konsumieren), weil dieser nicht mehr den Gesamtnutzen maximiert.

Dieser Konsumpfad weist weitere wichtige Eigenschaften auf. Er beschreibt den Weg in einen Gleichgewichtszustand – den „steady state" – in dem sich das Wachstum des Konsumkapitalstocks $\dot{S}(t)$ durch den Konsum c_t und die Reduktion des Stocks durch die Abdiskontierung δ in der Zeit gerade die Waage halten. Konsumkapitalstock und Konsumenge sind dann, wie auch der Grenznutzen, konstant (vgl. z. B. Braun 2002, S. 109 ff.). Solange keine exogenen Schocks, wie z. B. Preisänderungen, auftreten wird der steady state nicht mehr verlassen. Der steady state wird prinzipiell erst nach unendlich vielen Perioden der Anpassung erreicht.

Die Annäherung an den Gleichgewichtszustand erfolgt allerdings auf einem asymptotischen Pfad, sodass Akteure sich empirisch betrachtet relativ rasch in großer Nähe dazu befinden.

Dadurch, dass die Optimierung des Konsumpfades über die Abdiskontierung von zukünftigem Nutzen auf den Gegenwartsnutzen geschieht, ist diese Modellannahme auch nicht derart unrealistisch, wie man vermuten könnte. Nutzen, der in naher Zukunft anfängt (z. B. am nächsten Tag oder Wochenende) hat auf den Gegenwartsnutzen ein weit größeren Einfluss, als der Nutzen, der in einem Jahr oder sogar erst in Jahrzehnten anfallen wird. Damit wird eine exponentielle Diskontierung der Zukunft unterstellt (vergleichbar einer „umgekehrten" Zinseszins Kalkulation). Auch rein theoretisch betrachtet müssen die Akteure deshalb im Wesentlichen die *nahe* Zukunft antizipieren. Die ferne Zukunft hat auf den optimalen Konsumpfad nur einen geringen Einfluss.

Es existieren verschiedene Vorschläge für derartige Modelle vollständig rationalen Drogenkonsums (z. B. Constantinides 1990; Iannaconne 1986; Leonard 1989; Muellbauer 1988; Spinnewyn 1981). Aus Platzgründen wird hier nur auf das bekannteste Modell von Becker und Murphy (1988) eingegangen. In diesem Modell werden die dargestellten Annahmen in ein klassisches Konsummodell eingefügt. Insbesondere wird angenommen, dass der Diskontfaktor für den gegenwärtigen Nutzen zukünftiger Handlungen für jedes Individuum konstant und gleich ist und dem Marktzinssatz auf dem perfekten Kapitalmarkt entspricht. Aus diesem Modell können Hypothesen über Drogenkonsumverläufe abgeleitet und empirisch überprüft werden. Eine zentrale und womöglich auch kontraintuitive Hypothese lautet wie folgt:

Becker und Murphy (1988, BM) Hypothese 1
Es existieren genau zwei Gleichgewichtszustände. In einem von beiden befinden sich alle Konsumenten. Das eine Gleichgewicht besteht in Abstinenz vom Drogenkonsum. Ist es aber einmal zu einem Konsum gekommen, so wird unweigerlich ein asymptotischer Konsumpfad in den zweiten steady state folgen.[8]

---

[8]Dieser zweite Gleichgewichtszustand ist im übrigen – im Gegensatz zum Abstinenz-steady state – nicht für alle Individuen gleich. Vielmehr können alle Individuen auch theoretisch unterschiedliche positive steady states haben.

In diesen positive steady state strebt der Konsum also auch dann, wenn es nach einer Abstinenz wieder zum Drogenkonsum gekommen ist. Deshalb wird z. B. ein ehemaliger schwerer Raucher oder Alkoholiker nicht zu einem Gelegenheitsraucher oder -trinker werden können. Er hat nur die Wahl zwischen völliger Abstinenz oder der raschen Rückkehr in den alten steady state sobald der Konsum nach Abstinenz wieder aufgenommen wurde.

BM Hypothese 2

Der Weg in den Gleichgewichtszustand ist monoton steigend.

Es werden also z. B. immer mehr Zigaretten geraucht, sodass sich der Konsum asymptotisch dem steady state nähert. Zyklische oder sogar chaotische Konsumpfade sind nicht möglich.

BM Hypothese 3

Die Preis-Mengen-Beziehung ist linear.

Die Preiselastizität des gleichgewichtigen Drogenkonsums verläuft deshalb steigend im Preis. Preiserhöhungen führen also dazu, dass die Preiselastizität ebenfalls ansteigt und vice versa.[9] Je teurer ein Droge also wird, desto stärker fällt die entsprechende Mengenreaktion aus. Falls die Hypothese zutrifft, wird die Erhöhung von Drogenpreisen die konsumierte Drogenmenge also senken.

BM Hypothese 4

Die kurzfristige Preiselastizität von Drogen ist kleiner als die langfristige.

A priori würde man eher vermuten, dass z. B. der Zigarettenkonsum bei einer Erhöhung der Preise kurzfristig zurückgeht, aber auf Dauer (also langfristig) nicht. Die Hypothese prognostiziert jedoch das Gegenteil.

BM Hypothese 5

Langfristig betrachtet reagieren starke Konsumenten (solche mit einem hohen Konsumkapitalstock, „Süchtige") auf Preisänderungen *stärker* als Gelegenheitskonsumenten.

Der Konsumkapitalstock wirkt als Verstärker, der eine anfänglich schwache Reaktion (vgl. Hypothese 4) kontinuierlich verstärkt, bis der neue Gleichgewichtszustand erreicht ist. Das bedeutet auch, dass die langfristige Preiselastizität von starken Konsumenten größer ist als diejenige von Gelegenheitskonsumenten.

---

[9]Vgl. dazu z. B. Braun (2002, S. 109 ff.).

BM Hypothese 6

Eine weitere Hypothese scheint von rein modelltheoretischem Interesse zu sein. Sie hat jedoch auch reale Implikationen und eignet sich zum empirischen Test des Modells: Der Verstärkungseffekt des Stocks ist konstant und hängt insbesondere nicht von den relativen Kosten des Konsums (also Preisen und Einkommen) ab, sondern ist allein durch die individuellen Präferenzen bestimmt. Ein Interaktionseffekt mit dem Preis existiert nicht.

Kommt es also zu einer Änderung der Preise, so führt dies nicht zu einem veränderten Verstärkungseffekt. Beispielsweise wird der Umzug eines Konsumenten von einem Hoch- (bei Alkohol z. B. Skandinavien) in ein Niedrigpreisgebiet (z. B. nach Mitteleuropa) nicht zu einem sprunghaften Konsumanstieg infolge des Verstärkungseffekts führen, sondern nur nach Maßgabe der Preisreduktion.

BM Hypothese 7

Da Akteure vollständig rational handeln, führen *angekündigte, zukünftige* Preiserhöhung schon zu einer Nachfragereduktion in der Gegenwart. Rationale Akteure reduzieren dadurch ihren Konsumkapitalstock in optimaler Weise, um zu verhindern dass der Verstärkungseffekt in Zukunft, gemessen an den Preisen, zu einem Nutzenverlust führen wird.

Das Modell des vollständig rationalen Drogenkonsumenten stellt den Ausgangspunkt für die im folgenden präsentierten Modelle dar. Diese Modelle haben jeweils das Ziel, das RC-Grundmodell durch sparsame Zusatzannahmen zu erweitern, und die Modelle dadurch realistischer zu machen. Es existieren verschiedene solche Modelle von denen zwei dargestellt werden: Modelle, die von der Annahme vollständig rationaler Diskontierung der Zukunft abrücken und solche, die auch zyklische Konsumpfade zulassen.

Modelle mit nicht vollständig rationaler Zukunftsorientierung Ausgangspunkt dieser Modelle ist die empirische Beobachtung, dass insbesondere mit umfangreichem Drogenkonsum eine starke Gegenwartsorientierung einhergeht. Dies gemahnt an das Bild von Alkoholikern oder Heroinkonsumenten, die buchstäblich nur bis zum nächsten Konsum zu schauen scheinen und eine extreme Ungeduld an den Tag legen. Die kausale Richtung ist dabei nicht eindeutig. Einige Evidenz deutet darauf hin, dass eine starke Gegenwartsorientierung Auslöser für höheren Drogenkonsum sein kann (vgl. z. B. Gottfredson und Hirschi (1990) für eine allgemeine Theorie der Selbstkontrolle und abweichendem Verhalten, für Drogenkonsum z. B. Kirby et al. (1999) und Blonden et al. (2006)). Andererseits kann die Gegenwartsorientierung auch durch den Drogenkonsum

Drogenkonsum als rationale Wahl – dynamische Modelle 71

zunehmen (siehe unten Braun und Vanini 2003). In beiden Fällen folgt jedoch, dass solche Drogenkonsumenten dem zukünftigen Konsum zuwenig bzw. dem gegenwärtigen Konsum zuviel Nutzen beimessen.

Das oben dargestellte Modell des myopischen Konsums stellt diesbezüglich den Extremfall dar. Die Zukunft existiert überhaupt nicht und es wird ausschließlich die Gegenwart in das Maximierungskalkül einbezogen. Es existieren aber auch andere Modelle, die ein realistischeres Bild zeichen. Zwei werden hier kurz skizziert: Das Modell von Braun und Vanini (2003) mit endogener Rate der Zukunftsdiskontierung, sowie das Modell mit hyperbolischer Diskontierung der Zukunft.

Endogenisierte Zukunftspräferenzen – Braun und Vanini (2003) Braun und Vanini (BV) gehen davon aus, dass ein Drogenkonsument abhängig von seinem Konsumkapitalstock S unterschiedliche Zukunftsorientierungen haben kann.[10] Liegt S_t unterhalb eines bestimmten Schwellenwertes, so agiert der Konsument vollständig rational wie im obigen Modell beschrieben. BV sprechen davon, dass die Konsumenten sich dann im Gewohnheitsbereich befindet. Überschreitet S_t jedoch den Schwellenwert, hängt die Zukunftsorientierung von S selbst ab. Hier sprechen die Autoren dann von einer Sucht.[11] Formal gilt dann für die Zeitpräferenzrate $\rho = f(S_t)$ und zwar mit $\frac{\partial \rho}{\partial S_t} > 0$. D. h. mit S_t steigt auch die Ungeduld und desto kleiner wird der gegenwärtige Nutzen des zukünftigen Konsums.

Diese einfache und plausible Erweiterung führt zu folgenden geänderten Prognosen gegenüber dem BM-Modell:

BV Hypothese 1   Es gibt mehr als zwei Gleichgewichtszustände. Zusätzlich zu den Gleichgewichten S_{BM} und S_0 existieren zwei weitere stabile Gleichgewichtszustände (S^+ und S^-).
In jeder Population von Drogenkonsumenten kann deshalb, neben der abstinenten Teilpopulation, das Konsumniveau von bis zu drei weiteren Teilgruppen durch das Modell

---

[10]Die Idee der Endogenisierung der Zeitpräferenzrate findet sich auch schon bei Orphanides und Zervos (1995), wird dort jedoch anders – über die Einführung von Unsicherheit – modelliert.

[11]Wie eingangs erwähnt sagen solche Bezeichnungen über die Funktion der Zeitpräferenzrate hinaus a priori nichts über Charakteristika des Drogenkonsums aus. Ein Gewohnheitskonsument kann z. B. höhere Drogenmengen konsumieren, als ein süchtiger Konsument.

erklärt werden. Deren genaue Lage ist allerdings schwierig zu bestimmen, da das Modell in dem Fall keine analytische Lösung mehr aufweist.

BV Hypothese 2 Es existieren alle möglichen Arten von Konsumpfaden in den jeweiligen Gleichgewichtszustand. Diese können nicht nur wie bei BM monoton steigend sein, sondern auch zyklische oder völlig chaotische Formen annehmen.

BV Hypothese 3 Im Suchtbereich des BV-Modells ist die Preiselastizität keine steigende, sondern eine im Preis monoton fallende Funktion. Das heißt, Süchtige reagieren auf eine Preiserhöhung nicht im gleichen Maß wie Gewohnheitskonsumenten. Vielmehr *sinkt* das Ausmaß der Reaktion auf eine Preiserhöhung mit steigenden Preisen. Je *höher* die Preise sind, desto *geringer* ist die entsprechende Mengenreaktion darauf.

Das BV-Modell unterstellt für den Suchtbereich oberhalb des Schwellenwertes des Konsumkapitalstocks eine verringerte Geduld bzw. Zukunftsorientierung, unterhalb aber vollständig rationale Voraussicht. Dabei ist zu beachten, dass selbst süchtige Konsumenten insofern rational sind, als dass sie den einmal gewählten Konsumpfad nie verlassen, sondern konsistent daran festhalten. In dem Sinne handelt es sich bei den Drogenkonsumenten in allen Modellen rationalen Drogenkonsums um so genannte "happy addicts" (vgl. z. B. Vanini 1998), die ihre Konsumkarriere subjektiv nicht bereuen.

Es existieren auch Modelle, die die Annahme rationaler Zukunftsorientierung aufgeben und stattdessen eine andere Funktion zur Abdiskontierung von zukünftigem Nutzen unterstellen. Die zentrale Idee der hyperbolischen Diskontierung wird in dem folgenden Abschnitt dargestellt.

Hyperbolische Diskontierung der Zukunft Das Handlungsmodell unterstellt, dass die Abdiskontierung der Zukunft auf den Gegenwartsnutzen mittels einer hyperbolischen Diskontierung geschieht. Das Modell ist nicht spezifisch für Drogenkonsum formuliert. Vielmehr handelt es sich um ein allgemeines Handlungsmodell (Ainslie 1991). Ausgangspunkt ist das aus der Psychologie bekannte und empirisch gut belegte „Matching Law" (für eine Einführung Herrnstein 1997, für eine aktuelle Übersicht Zschache 2016). Aus dieser Verhaltensregelmäßigkeit kann abgeleitet werden, dass die Abdiskontierung von zukünftigem Nutzen auf die Gegenwart nach folgender Regel erfolgt (Prelec 1982):

$$u_t = \frac{u_0}{Z + \sigma(T - t)}$$

Drogenkonsum als rationale Wahl – dynamische Modelle 73

T ist dabei der Zeitpunkt, zu dem die geplante Handlung realisiert wird. t ist der Zeitpunkt der Entscheidung, also die jeweilige Gegenwart. $T - t$ ist also die Frist, die verstreicht, bis die getroffene Entscheidung umgesetzt wird und das nutzenstiftende Ereignis eintritt. Z ist eine empirische Konstante, die den maximalen Nutzen bei einer Frist von Null (also wenn das Ereignis eintritt) beschränkt. Normalerweise wird davon ausgegangen, dass gilt $Z = 1$. σ gibt einen individuellen Diskontierungswert an für die Frist, die noch verstreicht, bis das Ereignis eintritt.[12] u_0 ist der direkte Nutzen der Handlung, wenn es sich um keine intertemporale Entscheidung handelt.

Diese Bedingung hat nun die Implikation, dass es in Abhängigkeit der Frist, die noch verstreicht, bis das betrachtete Ereignis eintritt zu einer Präferenzumkehr kommen kann. Wenn also die Alternativen A und B zur Wahl stehen, so kann der Akteur einmal A vorziehen, aber nach einer gewissen Zeit zu B wechseln. Dies ist ein Phänomen, dass auch beim Drogenkonsum oft beobachtet wird. Herrnstein und Prelec (1992) haben darauf aufbauend eine Theorie des Suchtkonsums entwickelt. Der Kern dieses Modells besteht ebenfalls darin, dass in der Gegenwart kurzfristig und langfristig anfallende Nutzen und Kosten gegeneinander abgewogen werden und der Konsumpfad mit dem maximalen Nutzen gewählt wird. Entscheidend ist nun, dass sich im Zeitablauf diese Bewertung ändern, und es zu einer Präferenzumkehr kommen kann, wie einfach an einem Zahlenbeispiel gezeigt werden kann: Ein Raucher schätzt Anfang des Jahres J Kosten und Nutzen eines Rauchstopps ab dem Ende des folgenden Jahres ($J + 1$) ein. Dabei soll davon ausgegangen werden, dass die Kosten kurzfristig in Form von Entzugserscheinungen auftreten (z. B. im Januar) der Nutzen sich aber erst langfristig in Form einer besseren physischen Verfassung einstellt (z. B. ab März). Der langfristige Nutzen wird als doppelt so groß angenommen, wie die kurzfristigen Kosten. Im April unterscheiden sich nun die Fristen für die Kosten (acht Monate) und diejenigen für den Nutzen (elf Monate) wenig. Der zu erwartende Nutzen überwiegt deshalb die zu erwartenden Kosten noch ($\frac{1}{8} < \frac{2}{11}$).[13] Im Oktober des Jahres ist der Akteur dann indifferent. Die zu erwartenden Kosten

---

[12]Es handelt sich nicht um denselben empirischen Wert, wie der Diskontfaktor α bei der exponentiellen Diskontierung. Gemeint ist allerdings dasselbe: Ein Maß für die individuelle Ungeduld.

[13]Die beiden Parameter Z und σ sind individuell konstant und werden deshalb nicht in das Kalkül einbezogen.

und der Nutzen halten sich die Waage ($\frac{1}{3} = \frac{2}{6}$). Aber im November kommt es zu einer Präferenzumkehr. Dem Raucher erscheinen die zu erwartenden Kosten des Nikotinentzugs in $J+1$ nun höher als der zu erwartende Nutzen ($\frac{1}{2} > \frac{2}{5}$). Er wird deshalb beschließen, das Rauchen im kommenden Jahr doch nicht aufzugeben.

Weitere Modelle des Drogenkonsum Mit den beiden präsentierten Modellklassen sind die dynamischen Modelle von optimierendem Drogenkonsum nicht erschöpft. Es existiert eine Vielzahl von weiteren Ansätzen, die aus Platzgründen nicht aus- sondern nur aufgeführt werden können:

Zyklische Konsummuster Bereits in dem Modell von Braun und Vanini (2003) kann es unter bestimmten Umständen zu zyklischen Konsummustern kommen. Auch die Präferenzumkehr bei hyperbolischer Diskontierung kann als eine Art zyklischer Konsum interpretiert werden. Es existieren allerdings auch Ansätze, die wiederkehrende Konsummuster von Abstinenz bzw. geringem Konsum und höherem Konsum explizit modellieren. Dazu gehören insbesondere die Modelle von Dockner und Feichtinger (1993), Wirl und Feichtinger (1995) und Feichtinger et al. (1995). Die Modellierung geschieht über die Einführung von Sättigungseffekten oder einem weiteren Konsumkapitalstock, der in der Art eines Gesundheitskapitals interpretiert werden kann

Modelle mit Bedauern des Drogenkonsum Zyklische Konsummuster beinhalten bereits die Möglichkeit, dass Drogenkonsumenten ihre Konsumentscheidungen bedauern. Auch die Präferenzänderungen bei hyperbolischer Diskontierung kann als eine Art Bedauern interpretiert werden

Auch hierzu existieren allerdings Modelle, die Bedauern explizit modellieren. Eine prominente Modellklasse stammt von Orphanides und Zervos (1995, 1998). Die Grundidee besteht darin, Akteure zu modellieren die Fehler bei der Abschätzung der Folgen ihres Drogenkonsums machen. Das Prinzip der vollständigen Rationalität wird also nicht bei der Abdiskontierung der Folgen des Drogenkonsums, sondern direkt bei den Abschätzung der Folgen aufgehoben. Da dadurch der eigene Gesamtnutzen nicht mehr maximiert wird, können Drogenkonsumenten in diesen Modellen an bestimmten Punkten ihrer Drogenkonsumkarriere diese auch bedauern.

Eine weitere Modellklasse führt Bedauern ein, indem der Akteur mit einem multiplen Selbst ausgestattet wird (Ainslie 1991; Ainslie und Haendel 1983;

Ainslie und Haslam 1992; Frank 1995; Thaler und Shefrin 1981). Es existiert ein (rationales) Selbst („planner" Thaler und Shefrin 1981), dass einen nutzenmaximierenden Drogenkonsumplan entwirft. Derselbe Akteur verfügt aber auch über einen nicht vollständig rationalen, sondern myopischen (siehe oben) Teil („doer" Thaler und Shefrin 1981), der sowohl den Nutzen des Konsums generiert, als auch die Kosten trägt und diese mit dem planner teilt. Alternativ kann man sich auch vorstellen, dass der planner dem Akteur zum Zeitpunkt t entspricht, der doer dem Akteur zum Zeitpunkt t–1. Die Idee besteht in beiden Fällen darin, Willensschwäche zu modellieren. Die spieltheoretische (planner und doer interagieren strategisch, vgl. Abschn. 2.1) Analyse ergibt gemischte Nash-Gleichgewichte. Das bedeutet, dass es in Abhängigkeit der konkreten Auszahlungen (also: den Nutzenfunktionen) von planner und doer zu myopischem oder vollständig rationalem Drogenkonsum kommen kann.

Dies sind die theoretischen Ansätze, die eine dynamische Modellierung des Drogenkonsums mit einem mehr oder weniger stark rationalen Akteur verbinden. Die Einschränkung der Rationalität geschieht dabei nicht bei der Annahme der eigenorientierten Nutzenmaximierung (dem „Wollen"), sondern bei der mehr oder weniger ausgeprägten Fähigkeit die Zukunft korrekt zu antizipieren (dem „Können").

4 Empirische Evidenz zu dynamischen Modellen des Drogenkonsums

Modelle rationalen Verhaltens sind nicht psychologische Modelle, die Aussagen zu einzelnen Akteure machen. Vielmehr werden damit Aussagen über soziale Phänomene gemacht. Der empirische Test der Modelle geschieht deshalb nicht vorrangig an deren Annahmen zu individuellen Eigenschaften, sondern typischerweise an den resultierenden sozialen Prognosen. Modelle rationalen Drogenkonsums werden deswegen nicht in erster Linie durch z. B. Messungen der – subjektiven – Rationalität, Ungeduld, etc. von Drogenkonsumenten empirisch überprüft, sondern an den Vorhersagen zu Preiselastizitäten, Konsummustern, etc. wie sie für die obigen Modelle in Hypothesenform dargestellt sind. Die Ergebnisse dieser empirischen Überprüfungen werden hier zusammengefasst dargestellt.

Es existiert eine Vielzahl von empirischen Überprüfungen zu dynamischen Modellen des Drogenkonsums, die sich über alle dargestellten Modelle erstreckt. Die verwendeten Designs (ex-post-facto und experimentelle, Querschnitt-, Trend- und Panel-Designs), Messungen (Beobachtungen, Befragungen, Prozessdaten) und Stichproben (kleine, spezielle Stichproben bis hin zu langjährigen

Erhebungen von Teilen der allgemeinen Bevölkerung) aus der ganzen Welt, die sowohl zu Individual-, wie auch zu Aggregatdaten führen, werden mit komplexen statistischen Verfahren analysiert. Dabei muss beachtet werden, dass nicht jedes methodische Vorgehen gleich gut geeignet ist um die Modelle zu überprüfen. Auf eine explizite Darstellung der methodischen Kritik wird hier jedoch verzichtet. Diese Befunde fließen allerdings in die Bewertung der empirischen Evidenz ein.

Getestet wird der Konsum verschiedener Drogen. Da die Modelle – wie oben dargestellt – nicht a priori auf bestimmte Stoffe eingeschränkt sind, werden auch Konsumformen überprüft, die landläufig nicht als Drogen gelten, z. B. Erfrischungsgetränke (Liu und Lopez 2012). Hier wird allerdings ein etwas engere Definition herangezogen. Die Spannweite der berücksichtigten Konsumformen reicht deshalb vom oft untersuchte Koffein- bzw. Kaffeekonsum über Nikotin und Alkohol bis hin zu Kokain und Heroin.

Die Darstellung der Ergebnisse erfolgt aus Platzgründen kursorisch und ist am Aufbau des theoretischen Abschnitts orientiert. Die Mehrzahl der empirischen Überprüfungen beziehen sich auf simultane Tests von Modellen myopischen und mehr oder weniger stark ausgeprägtem vollständig rationalem Drogenkonsum.

4.1 Evidenz zu Modellen myopischen Drogenkonsums

Das myopische Modell des Drogenkonsums erfährt in allen Untersuchungen eine eindeutige Bestätigung. Empirisch ist unstrittig, dass der aktuelle Drogenkonsum positiv mit dem vergangenen korreliert ist (z. B. Goel und Morey (1995), aber auch die gesamte andere in diesem Abschnitt aufgeführte Literatur). Ebenso eindeutig zeigt sich auch, dass je größer die mit dem Konsum verbunden Kosten sind, desto geringer fällt die konsumierte Menge aus.

Am klarsten ist dies bei den Preisen für die Drogen. Dabei ist es keineswegs so, dass der Zusammenhang (präzise: die Preiselastizität) gering ausfällt bzw. mit dem Suchtpotenzial der Drogen abnimmt. D. h. Alkohol- (z. B. Baltagi und Griffin 2002; Bielinska-Kwapisz und Mielecka-Kubien 2011; Cook und Tauchen 1982; Grossman et al. 1998; Heeb et al. 2003; Koksal und Wohlgenant 2016; Skøg und Melberg 2006; Waters und Sloan 1995) und Nikotinkonsum (z. B. Baltagi und Levin 1986; Becker et al. 1994; Chaloupka 1991; Chaloupka und Warner 2000; Feng 2005; Gross und Groß 2008; Gruber und Köszegi 2000; Hidayat und Thabrany 2011; Iwasaki et al. 2006; Koksal und Wohlgenant 2016; Laporte 2006; Sung et al. 1994) gehen zurück, wenn der Preis dafür erhöht wird. Dies gilt auch für Kaffee (Koksal und Wohlgenant 2016). Ebenso geht der Konsum zurück wenn Konsumrestriktionen eingeführt werden (z. B. strengere Rauchregelungen,

Drogenkonsum als rationale Wahl – dynamische Modelle 77

vgl. Ho et al. 2016) bzw. nimmt zu, wenn sie aufgehoben werden (z. B. Überschreiten des Jugendschutzalters für Alkohol, vgl. Deza 1997). Auch der Ecstasy- (Ben Abdallah et al. 2007), Heroin- (z. B. Berger 2003; Bretteville-Jensen 2006) und Kokainkonsum (z. B. Berger 2003; Grossman und Chaloupka 1998) gehen in nicht unbeträchtlichem Maße zurück, wenn die Kosten bzw. spezifisch die Preise dafür steigen.

Die Evidenz für den Einfluss des Einkommens auf den Drogenkonsum sind etwas weniger klar. Theoretisch senken steigende Einkommen (und auch Vermögen) die Relativpreise für Drogen, sodass Einkommenserhöhungen den Drogenkonsum ceteris paribus erhöhen müssten. Allerdings ist ein höheres Einkommen auch mit anderen Variablen korreliert, die den Drogenkonsum beeinflussen können, z. B. mit der Bildung (siehe unten). Damit ist der theoretische Effekt einer Einkommenserhöhung, wie auch dessen empirische Schätzung nicht trivial bestimmbar. Die entsprechende Evidenz ist denn auch gemischt (z. B. Ben Abdallah et al. 2007; Gross und Groß 2008), weist aber tendenziell einen positiven Effekt des Einkommens auf den Drogenkonsum aus. D. h. reichere Personen konsumieren cetris paribus mehr als ärmere.

4.2 Evidenz zu Modellen rationalen Drogenkonsums

Modelle – mehr oder weniger – rationalen Drogenkonsums unterscheiden sich von den myopischen Modellen wesentlich dadurch, dass sie nicht nur einen Effekt der Vergangenheit und der Gegenwart auf den aktuellen Drogenkonsum unterstellen, sondern auch einen ebensolchen mit der Zukunft. Daraus ergeben sich einige Konsequenzen an denen diese Modelle getestet werden können (siehe oben).

Besonders informativ ist dabei die Untersuchung von kontraintuitiven Vorhersagen der Modelle, wie z. B. diejenigen zum Verhältnis der Preiselastizitäten (vgl. oben BM Hypothese 4 und 5). Die Evidenz ist hierzu gemischt. Das Modell wird eindeutig bestätigt für Heroin- und Kokain von Berger (2003, auch Bretteville-Jensen 2006), für Alkohol von Baltagi und Griffin (2002) und für Nikotin und Kaffee von Koksal und Wohlgenant (2016). Schwache Hinweise auf rationales Rauchverhalten finden Hidayat und Thabrany (2011), Iwasaki et al. (2006), Jones und Labeaga (1989), Laporte (2006) sowie Laporte et al. (2010). Keinen Beleg für rationalen Alkoholkonsum finden dagegen Bielinska-Kwapisz und Mielecka-Kubien (2011), Heeb et al. (2003), Koksal und Wohlgenant (2016) und Skøg und Melberg (2006). Im Zusammenhang mit der therapeutischen Abgabe von Heroin an Schwersüchtige finden Uchtenhagen et al. (1996) empirische

Hinweise auf die Existenz eines gleichgewichtigen Konsumpfades, der für rationalen Drogenkonsum typisch ist. Berger (2003) berichtet denselben Befund für Nikotinkonsum.

4.3 Zukunftsorientierung und rationaler Drogenkonsum

Für alle dargestellten Modelle des mehr oder weniger rationalen Drogenkonsums spielt die individuelle Zukunftsorientierung bzw. Geduld eine wichtige Rolle. Je geringer diese individuelle Eigenschaft ausgeprägt ist, desto eher wird es zu einem starken Konsum in der Gegenwart kommen, und desto weniger werden zukünftige Konsequenzen beachtet. Für die Prognose des Drogenkonsums sind deshalb wiederum die Determinanten der Zukunftsorientierung wichtig.

In den theoretischen Modellen wird dies zum einen über die Konsumgeschichte selbst (Braun und Vanini 2003), bzw. über die genaue Form wie die Zukunft einbezogen wird (Herrnstein und Prelec 1992) berücksichtigt. Allgemein lässt sich feststellen, dass Menschen – gemessen am Ideal vollständiger Rationalität – nicht ausreichend zukunftsorientiert sind (z. B. Gruber und Köszegi 2000). Kirby et al. (1999) und Blonden et al. (2006) messen bei ehemaligen Heroinkonsumenten zwar konsistente Entscheidungen, aber eine noch stärkere Gegenwartsorientierung als in einer Kontrollgruppe. Braun (2002) zeigt, dass eine konsumendogene Zukunftsorientierung bei Heroinkonsumenten wahrscheinlich ist. Auch Kan (2007) kommt für Raucher zu diesem Befund und stellt fest, dass die Vermutung hyperbolischer Zeitdiskontierung (z. B. Herrnstein und Prelec 1992) hier zutrifft.

Als exogene Faktoren der Zukunftsorientierung werden oft das Alter und Bildung herangezogen. Rogers (1994) prognostiziert aufgrund eines evolutionären Kalküls die geringste Zukunftsorientierung mit Mitte zwanzig und die höchste mit Anfang vierzig. Frauen erreichen diese Punkte jeweils etwas früher als Männer. Diese Feststellung deckt sich erstaunlich genau mit allgemeinen Mustern des Einstiegs in den Heroinkonsum mit Anfang zwanzig und dem nicht selten beobachteten spontanen und dauerhaften Ausstieg mit etwa vierzig Jahren (sogenanntes „maturing out", vgl. Sickles und Taubman 1991). Wiederum zeigt sich bei Frauen dieses Konsummuster jeweils etwas früher als bei Männern. Gross und Groß (2008) finden für Raucher die höchsten Ausstiegsraten mit etwa fünfzig Jahren. Der Einstieg in den Nikotinkonsum erfolgt allerdings typischerweise schon mit etwa sechzehn (Berger und Wimmer 2012). Marsh und Matheson (1983) geben für Raucher insgesamt ähnliche Ein- und Ausstiegsalter an. Auch Sickles und

Taubman (1991) finden insgesamt gesehen nur einen schwachen negativen Effekt des Alters auf den Drogenkonsum. Weiterhin existiert Evidenz, dass Einzelereignisse im Lebensverlauf die Zukunftsorientierung und entsprechend den Drogenkonsum abrupt ändern können. Ereignisse, die schlechte Zukunftsaussichten mit sich bringen, wie z. B. Krieg (Robins et al. 1975), oder – weniger dramatisch – Arbeitslosigkeit (Becker und Murphy 1988) scheinen Drogenkonsum zu erhöhen. Ereignisse, die dagegen die Zukunft in rosigerem Licht erscheinen lassen (z. B. Geburt eines Kindes, verbesserte Karriereaussichten, glückliche Rückkehr aus dem Krieg u. Ä.) befördern dagegen Drogenabstinenz (vgl. z. B. Robins et al. 1975; Kandel 1980; Waldorf und Biernacki 1979).

Für Bildung wird insgesamt ein moderater aber eindeutig negativer Effekt auf Drogenkonsum gefunden (z. B. Farrell und Fuchs 1982; Feng 2005; Maital und Maital 1977; Sickles und Taubman 1991). Möglicherweise ist der Einfluss der Bildung geringer, wenn man nur die Konsummenge betrachtet und nicht die Entscheidung zum Konsum. So findet Garcia (2013), dass mit steigender Bildung die Wahrscheinlichkeit zu Rauchen zurückgeht, die Konsummenge von Rauchern aber positiv mit Bildung zusammenhängt. Jones (2003) schätzt allerdings bei Rauchern einen negativen Effekt der Bildung auf die Konsumentscheidung und die Konsummenge. Dieser insgesamt konsumreduzierende Effekt von Bildung ist womöglich über die Zukunftsorientierung vermittelt (vgl. Fuchs 1992). Allerdings sind auch andere Mechanismen denkbar und wahrscheinlich (vgl. z. B. Berger 2003).

4.4   Fazit: Empirische Evidenz zu dynamischen Modellen des Drogenkonsums

Insgesamt zeigt sich, dass Drogenkonsumenten eindeutig und in beträchtlichem Ausmaß auf gegenwärtige Anreize zum Konsum, insbesondere auf Drogenpreise, reagieren. Dies gilt nicht nur für Personen mit einem geringen Konsum und/oder Drogen wie Nikotin. Gerade auch Personen die stark süchtigmachende Stoffe wie Heroin in hohen Mengen konsumieren reagieren auf z. B. eine Preiserhöhung mit einer Reduktion des Konsums. Allerdings ist diese Reaktion vermutlich eher kurzfristig (auf Monate oder wenige Jahre) ausgerichtet. Langfristig (über Jahre oder Jahrzehnte betrachtet) zeigen sich empirisch jedoch keine Muster des rationalen Konsums. Über diesen Zeithorizont betrachtet scheinen eher Ausweicheffekt (z. B. von einer teuren Droge hin zu einer billigeren, oder zu Beschaffungskriminalität) zum Tragen zu kommen. Insgesamt kann also festgehalten werden, dass sich gerade beim Drogenkonsum ein rationales, nutzenoptimierendes Verhalten zeigt, dass allerdings nicht sehr weit vorausschauend und damit nicht vollständig rational ist.

5 Implikationen

Durch ihre klare Formulierung mit eindeutigen kausalen Mechanismen und den empirischen Bestätigungen haben Modelle rationalen Drogenkonsums den Vorteil, dass sich daraus robuste Vorhersagen z. B. für drogenpolitische Eingriffe ableiten lassen. Die Zahl solcher Implikationen ist potenziell sehr groß. Hier werden Implikationen für einige häufige konkrete drogenpolitische Fragen bzw. Maßnahmen dargestellt:

Preise Wenn Drogen billiger werden, wird ceteris paribus mehr konsumiert. Eine Preiserhöhung senkt entsprechend den Konsum. Dies gilt sowohl für legale (z. B. Alkohol und Nikotin), wie auch illegale Drogen. Das oft beobachtete Scheitern einer Drogenpolitik über die Manipulation der Drogenpreise ist nicht auf die fehlende Anreizwirkung der Preise zurück zu führen, sondern auf die Schwierigkeit die Preise von illegalen Drogen langfristig zu erhöhen (vgl. z. B. Braun und Berger 2007; Weatherburn und Lind 1997). Der Konsum von legalen Drogen dagegen, kann über Preisanreize gut gesteuert werden.

Einkommen Einkommenssteigerungen führen ceteris paribus tendenziell zu einer Erhöhung des Drogenkonsums und Einkommensverluste zu einer Reduktion des Drogenkonsums. Aus den Modellen lässt sich nicht ableiten, dass starke allgemeine Einkommensverluste zu einer Erhöhung des Drogenkonsums führen. Insbesondere langfristig kann es allerdings zu Anpassungen des Konsums kommen, die mit den Modellvorhersagen insofern kompatibel sind, als der Nutzen (z. B. der Rausch) durch den Einsatz von kostengünstigeren Mitteln (z. B. billiger Schnaps statt Wein, sporadisches Besäufnis statt regelmäßiger Genusskonsum) optimiert wird.

Restriktionen/Prohibition Legale Restriktionen (z. B. Raucherregelungen, Altersgrenzen) senken ceteris paribus den Drogenkonsum, unter der Bedingung, dass sie die Kosten des Konsums (z. B. über die Verfügbarkeit, etc.) tatsächlich erhöhen. Dies gilt auch für Prohibitionssituationen. Sie senken den Gesamtkonsum, vorausgesetzt die Maßnahmen sind wirkungsvoll (siehe oben). Auch hier kann es allerdings langfristig zu modellkompatiblen Anpassungen des Konsums kommen, wie sie im vorhergehenden Absatz beschrieben sind.

Lebensphasen und Drogenkonsum In den Modellen rationalen Drogenkonsums ist die Zukunftsorientierung entscheidend für die Konsummenge. Starke Gegenwartsorientierung geht mit einer erhöhten Konsummenge einher. Da in der Adoleszenzphase die Zukunftsorientierung tendenziell abnimmt ist hier ceteris paribus eine ebensolche Zunahme des Drogenkonsums zu erwarten. In späteren Lebensphasen tritt der Effekt dann in umgekehrter Richtung auf und die Konsummengen reduzieren sich. Von Einzelereignissen, die die Zukunftsorientierung potenziell verstärken (z. B. Geburt eines Kindes), kann ebenfalls eine Konsumreduktion erwartet werden, bzw. vice versa eine Konsumerhöhung bei negativen Erlebnissen (z. B. Todesfall).

6 Zusammenfassung und Fazit

Der vorliegende Beitrag stellt theoretische Modelle und empirische Evidenz zu Drogenkonsum als rationale Wahlhandlung dar. Dazu wird nach der Einleitung eine kurze Darstellung des allgemeinen sozialwissenschaftlichen Modells der rationalen Wahlhandlung präsentiert. Dabei handelt es sich um ein mathematisches Entscheidungsmodell, das aufgrund von wenigen abstrahierten Annahmen über Eigenschaften von Individuen, die Ableitung und Vorhersage von kollektiven sozialen Tatbeständen erlaubt. Zentral sind hierbei die Annahme, dass Individuen ihren Nutzen optimieren und dazu konsistent einen Handlungsplan verfolgen.

Im zentralen dritten Kapitel wird dargestellt, wie dieses Ausgangsmodell möglichst sparsam um die Spezifika von Drogenkonsum erweitert werden kann um Drogenkonsum als rationale Wahlhandlung zu modellieren. Ausgangspunkt ist dabei die Annahme, dass Drogen beim Konsumenten einen Nutzen generieren, der ihn nach dem Konsum besser dastehen lässt als vorher. Das entscheidende theoretische Zusatzspezifikum ist dabei die – durch starke empirische Evidenz gestützte – Annahme, dass beim Drogenkonsum insbesondere die vergangene Konsumgeschichte die gegenwärtigen Konsumhandlungen beeinflusst. In der Klasse der hier präsentierten dynamischen Drogenkonsummodelle wird die Zeit explizit modelliert. Zentral für diese Modelle ist die Annahme, dass Drogenkonsum mit Verstärkungseffekten, sowie Toleranz- und Entzugserscheinungen verbunden ist. Diese Modelle können weiter unterteilt werden, je nachdem welche Voraussicht sie bei den Drogenkonsumenten unterstellen. Myopische Akteure weisen keinerlei Zukunftsorientierung auf, während vollständig rationale Akteure die Zukunft optimal antizipieren. Aus diesen Modellen lassen sich Hypothesen ableiten, die nicht triviale Vorhersagen über Drogenkonsum machen. So zeigt sich theoretisch etwa, dass auch starke Drogenkonsumenten auf Änderungen von

Preisen mit einer Änderung der Konsummenge reagieren – steigen die Preise so sinken theoretisch die Konsummengen.

In der im vierten Kapitel folgenden Darstellung der empirischen Evidenz zu den präsentierten Modellen bestätigt sich diese Vorhersage auch empirisch. Insgesamt zeigt sich dabei, dass auch Drogenkonsumenten ihren Nutzen rational maximieren und dabei auf Restriktionen wie etwa die Preise und rechtliche Einschränkungen reagieren. Allerdings schauen sie dabei weit weniger weit in die Zukunft als es optimal wäre. Dies gilt für eine ganze Reihe von Drogen von Nikotin und Alkohol, über Ecstasy bis hin zu Kokain und Heroin.

Die mathematisch präzise und kausal formulierten theoretischen Modelle können nun mit der robusten empirischen Evidenz kombiniert werden um Implikationen von z. B. drogenpolitischen Maßnahmen zu bewerten und vorherzusagen. Dies geschieht im fünften Kapitel.

Insgesamt zeigt sich, dass Modelle von Drogenkonsum als rationale Wahlhandlung hilfreiche Einsichten zum Drogenkonsum generieren, die sich teilweise auch empirisch bestätigen. Diese Evidenz bedeutet, dass Drogenkonsum – entgegen einer vielleicht vorschnellen Vermutung – durchaus auch eine rationale Wahlhandlung ist, und dass Drogenkonsumenten auf Maßnahmen, die auf dieser Annahme aufbauen entsprechend reagieren. Diese Modelle haben zudem den Vorteil, dass sie in ein allgemeines Handlungsmodell eingebettet sind und entsprechend breit angewendet werden können.

Literatur

Ainslie, G. (1991). Derivation of "Rational" economic behavior from hyperbolic discount curves. *The American Economic Review, 81*, 334–340.

Ainslie, G., & Haendel, V. (1983). The motives of the Will. In E. Gottheil, K. Druley, T. Skodola, & H. Waxman (Hrsg.), *Etiology aspects of alcohol and drug abuse.* Springfield: Charles C Thomas.

Ainslie, G., & Haslam, N. (1992). Self-control. In G. Loewenstein & J. Elster (Hrsg.), *Choice over time.* New York: Russel Sage.

Anscombe, F. J., & Aumann, R. J. (1963). A definition of subjective probability. *The Annals of Mathematical Statistics, 34*, 199–205.

Arrow, K. (1963). *Social choice and individual values.* New York: Wiley.

Baltagi, B. H., & Griffin, J. M. (2002). Rational addiction to alcohol: Panel data analysis of liquor consumption. *Health Economics, 11*, 485–491.

Baltagi, B. H., & Levin, D. (1986). Estimating dynamic demand for cigarettes using panel data: The effects of bootlegging, taxation and advertising reconsidered. *The Review of Economics and Statistics, 68*, 148–155.

Becker, G. S. (1990). *The economic approach to human behavior.* Chicago: University of Chicago Press.

Becker, G. S., & Murphy, K. M. (1988). A theory of rational addiction. *Journal of Political Economy, 96,* 675–700.

Becker, G. S., Grossman, M., & Murphy, K. M. (1994). An empirical analysis of cigarette addiction. *American Economic Review, 84,* 396–418.

Ben Abdallah, A., Scheier, L. M., Inciardi, J. A., Copeland, J., & Cottler, L. B. (2007). A psycho-economic model of ecstasy consumption and related consequences: A multi-site study with community samples. *Substance Use & Misuse, 42*(11), 1651–1684.

Berger, R. (2003). *Gewohnheit, Sucht und Tradition.* Lepizig: Leipziger Universitätsverlag.

Berger, R., & Wimmer, T. (2012). Sucht, Gewohnheit und Tradition. In N. Braun, M. Keuschnigg, & T. Wolbring (Hrsg.), *Wirtschaftssoziologie II: Anwendungen.* München: Oldenbourg.

Bielinska-Kwapisz, A. & Mielecka-Kubien, Z. (2011). Alcohol consumption and its adverse effects in poland in years 1950–2005. *Economics Research International 2011,* http://dx.doi.org/10.1155/2011/870714.

Binmore, K. G. (1990). Evolution and utilitarianism: Social contract III. *Constitutional Political Economy, 1,* 1–26.

Binmore, K. G. (1992). *Fun and games: A text on game theory.* Lexington: D.C. Heath and Company.

Binmore, K. G. (1998). *Game theory and the social contract: Just playing* (Bd. 2). Cambridge: MIT Press.

Binmore, K. G. (2007a). *Does game theory work? The bargaining challenge.* Cambridge: MIT Press.

Binmore, K. G. (2007b). *Game theory: A very short introduction.* Oxford: Oxford University Press.

Binmore, K. G. (2007c). *Playing for real: A text on game theory.* Oxford: Oxford University Press.

Blaug, M. (1980). *The methodology of economics or how economists explain.* Cambridge: Cambridge University Press.

Blonden, S., Lohéac, Y., & Rinaudo, S. (2006). Rationality and drug use: An experimental approach. *Journal of Health Economics, 26,* 643–658.

Braun, N. (2002). *Rationalität und Drogenproblematik.* München: Oldenbourg.

Braun, N., & Berger, R. (2007). Sozialkapital und illegale Märkte. *Kölner Zeitschrift für Soziologie und Sozialpsychologie, 47,* 343–366.

Braun, N., & Gautschi, T. (2011). *Rational-Choice-Theorie.* Weinheim: Juventa.

Braun, N., & Vanini, P. (2003). On habits and addictions. *Journal of Institutional and Theoretical Economics, 159,* 603–626.

Bretteville-Jensen, A. L. (2006). Drug demand – Initiation, continuation and quitting. *De Economist, 154,* 491–516.

Brinkmann, G. (1997). *Analytische Wissenschaftstheorie: Einführung sowie Anwendung auf einige Stücke der Volkswirtschaftslehre.* München: Oldenbourg.

Buskens, V. (2015). Rational choice theory in sociology. In J. D. Wright (Hrsg.), *International encyclopedia of the social & behavioral sciences* (2. Aufl.). Amsterdam: Elsevier.

Camerer, C. (1995). Individual decision making. In J. Kagel & A. Roth (Hrsg.), *The handbook of experimental economics.* Princeton, NJ: Princeton University Press.

Chaloupka, F. (1991). Rational addictive behavior and cigarette smoking. *Journal of Political Economy, 99,* 722–742.

Chaloupka, F., & Warner, K. (2000). The economics of smoking. In A. Culyer & J. Newhouse (Hrsg.), *Handbook of health economics* (Bd. 1). New York: Elsevier.

Coleman, J. S. (1990). *Foundations of social theory*. Cambridge: Belknap Press of Harvard University Press.

Constantinides, G. M. (1990). Habit formation: A resolution of the equity premium puzzle. *Journal of Political Economy, 98,* 519–543.

Cook, P. J., & Tauchen, G. (1982). The effect of liquor taxes on heavy drinking. *The Bell Journal of Economics, 13,* 379–390.

Deza, M. (1997). The effects of alcohol on the consumption of hard drugs: Regression discontinuity evidence from the national longitudinal study of youth. *Health Economics, 24,* 419–438.

Diekmann, A. (2009). *Spieltheorie: Einführung, Beispiele, Experimente.* Reinbek: Rowohlt Taschenbuch Verlag.

Diekmann, A., & Preisendörfer, P. (1998). Umweltbewusstsein und Umweltverhalten in Low- und High-Cost-Situationen. Eine empirische Überprüfung der Low-Cost-Hypothese. *Zeitschrift für Soziologie, 27,* 438–453.

Dixit, A., & Skeath, S. (2004). *Games of strategy.* New York: Norton.

Eisenhauer, J. G. (1996). The simple analytics of habit formation. *Studies in Economics and Finance, 16,* 3–21.

Elster, J. (2007). *Explaining social behavior: More nuts and bolts for the social sciences.* Cambridge: Cambridge University Press.

Esser, H. (1990). "Habits", "Frames" und "Rational Choice". Die Reichweite von Theorien der rationalen Wahl (am Beispiel der Erklärung des Befragtenverhaltens). *Zeitschrift für Soziologie, 19,* 231–247.

Farrell, P., & Fuchs, V. R. (1982). Schooling and health: The cigarette connection. *Journal of Health Economics, 1,* 217–230.

Feng, S. (2005). Rationality and self-control: The implications for smoking cessation. *The Journal of Socio-Economics, 34,* 211–222.

Frank, B. (1995). Ökonomische Ansätze zur Erklärung des Suchtverhaltens. In M. Erlei (Hrsg.), *Mit dem Markt gegen Drogen!? Lösungsansätze für das Drogenproblem aus ökonomischer Sicht.* Stuttgart: Schäffer-Poeschel.

Fuchs, V. S. (1992). Time preference and health: An explanatory study. In V. S. Fuchs (Hrsg.), *Economic aspects of health.* Chicago: University of Chicago Press.

Garcia, B. (2013). Implementation of a double-hurdle model. *The Stata Journal, 13,* 776–794.

Gardner, E. L., & David, J. (1999). The neurobiology of chemical addiction. In J. Elster & O.-J. Skog (Hrsg.), *Getting hooked: Rationality and addiction.* Cambridge: Cambridge University Press.

Goel, R. K., & Morey, M. J. (1995). The interdependence of cigarette and liquor demand. *Southern Economic Journal, 62,* 451–459.

Gottfredson, M. R., & Hirschi, T. (1990). *A general theory of crime.* Stanford: Stanford University Press.

Gross, C., & Groß, J. (2008). Rational-Choice-Erklärungen zum Rauchverhalten und ihre empirische Relevanz. *Soziale Welt, 59,* 247–268.

Grossman, M., & Chaloupka, F. J. (1998). The demand for cocaine by young adults: A rational addiction approach. *Journal of Health Economics, 17,* 427–474.

Grossman, M., Chaloupka, F. J., & Sirtalan, I. (1998). An empirical analysis of alcohol addiction: Results from the monitoring the future panels. *Economic Inquiry, 36,* 39–48.

Gruber, J., & Köszegi, B. (2000). *Is addiction "Rational"? Theory and evidence. National bureau of economic research.* Working Paper, 7507.

Harsanyi, J. C. (1977). *Rational behavior and bargaining equilibrium in games and social situations.* Cambridge: Cambridge University Press.

Harsanyi, J. C., & Selten, R. (1988). *A general theory of equilibrium selection in games.* Cambridge: MIT Press.

Heeb, J.-L., Gmel, G., Zurbrügg, C., Kuo, M., & Rehm, J. (2003). Changes in alcohol consumption following a reduction in the price of spirits: A natural experiment in Switzerland. *Addiction, 98,* 1433–1446.

Heiner, R. A. (1983). The origin of predictable behavior. *American Economic Review, 73,* 560–595.

Herrnstein, R. J. (1997). *The matching law: Papers in psychology and economics.* Cambridge, MA: Harvard University Press.

Herrnstein, R. J., & Prelec, D. (1992). A theory of addiction. In G. Loewenstein & J. Elster (Hrsg.), *Choice over time.* New York: Russel Sage.

Hidayat, B., & Thabrany, H. (2011). Are smokers rational addicts? Empirical evidence from the indonesian family life survey. *Harm Reduction Journal, 8,* 6.

Ho, V., Ross, J. S., Steiner, C. A., Mandawat, A., Short, M., Ku-Goto, M.-H., & Krumholz, H. M. (2016). A nationwide assessment of the association of smoking bans and cigarette taxes with hospitalizations for acute myocardial infarction, heart failure, and pneumonia. *Medical Care Research and Review,* Prepublished Sept. 2016. https://doi.org/10.1177/1077558716668646.

Holler, M. J., & Illing, G. (2006). *Einführung in die Spieltheorie.* Berlin: Springer.

Hollis, M. (1994). *The philosophy of social science: An introduction.* Cambridge: Cambridge University Press.

Iannaconne, L. R. (1986). Addiction and satiation. *Economic Letters, 21,* 95–99.

Iwasaki, N., Tremblay, C. H., & Tremblay, V. J. (2006). Advertising restrictions and cigarette smoking: Evidence from myopic and rational addiction models. *Contemporary Economic Policy, 24,* 370–381.

Jones, A. M. (2003). A double-hurdle model of cigarette consumption. *Journal of Applied Econometrics, 18,* 157–177.

Jones, A. M., & Labeaga, J. M. (1989). Individual heterogeneity and censoring in panel data estimates of tobacco expenditure. *Journal of Applied Econometrics, 4,* 23–39.

Kahneman, D., & Tversky, A. (2000). *Choices, values, and frames.* Cambridge: Cambridge University Press.

Kan, K. (2007). Cigarette smoking and self-control. *Journal of Health Economics, 26,* 61–81.

Kandel, D. B. (1980). Cigarette smoking and self-control. *Annual Review of Sociology, 6,* 235–285.

Kirby, K., Petry, N., & Bickel, W. (1999). Heroin addicts have higher discount rates for delayed rewards than non-drug-using controls. *Journal of Experimental Psychology, 128,* 78–87.

Kirchgässner, G. (1992). Towards a theory of low-cost decisions. *European Journal of Political Economy, 8,* 305–320.

Kittel, B. (2015). Experimente in der Wirtschaftssoziologie: Ein Widerspruch? In M. Keuschnigg & T. Wolbring (Hrsg.), *Experimente in den Sozialwissenschaften*. Baden-Baden: Nomos.

Koksal, A., & Wohlgenant, M. K. (2016). Pseudo panel data estimation technique and rational addiction model: An analysis of cigarette, alcohol and coffee demands. *Agricultural Economics, 47,* 375–386.

Kroneberg, C. (2005). Die Definition der Situation und die variable Rationalität der Akteure. Ein allgemeines Modell des Handelns. *Zeitschrift für Soziologie, 34,* 344–363.

Kroneberg, C., & Kalter, F. (2012). Rational choice theory and empirical research: Methodological and theoretical contributions in europe. *Annual Review of Sociology, 38,* 73–92.

Laffont, J., & Martimort, D. (2002). *The theory of incentives: The principal- agent model.* Princeton: Princeton University Press.

Laporte, A. (2006). Price responsiveness of demand for cigarettes: Does rationality matter? *Substance Use & Misuse, 41,* 511–531.

Laporte, A., Karimova, A., & Ferguson, B. (2010). Quantile regression analysis of the rational addiction model: Investigating heterogeneity in forward- looking behavior. *Health Economics, 19,* 1063–1074.

Leonard, D. (1989). Market behavior of rational addicts. *Journal of Economic Psychology, 10,* 117–144.

Lindenberg, S. (1993). Framing, empirical evidence, and applications. In P. Herder-Dornreich, K.-E. Schenk, & D. Schmidtchen (Hrsg.), *Neue Politische Ökonomie von Normen und Institutionen* (Bd. 12). Jahrbuch für Neue Politische Ökonomie. Tübingen: Mohr.

Liu, X., & Lopez, R. (2012). Evidence of rational addiction to carbonated soft drinks? *China Agricultural Economic Review, 4,* 300–317.

Loewenstein, G., & Elster, J. (1992). *Choice over time.* New York: Russell Sage.

Macy, M., & Flache, A. (2009). Social dynamics from the bottom up: Agent- based models of social interaction. In P. Hedström & P. Bearman (Hrsg.), *The oxford handbook of analytical sociology.* Oxford: Oxford University Press.

Macy, M. W. (1989). Walking out of social traps: A stochastic learning model for the prisoner's dilemma. *Rationality and Society, 1,* 197–219.

Maital, S., & Maital, S. (1977). Time preference, delay of gratification and the intergenerational. In O. C. Ashenfelter & W. Oates (Hrsg.), *Essays in labor market analysis.* New York: Wiley und Israel Universities Press.

Marsh, A., & Matheson, J. (1983). *Smoking attitudes and behaviour: An enquiry carried out on behalf of the department of health and social security.* London: HMSO.

Muellbauer, J. (1988). Habits, rationality and myopia in the life cycle consumption function. *Annales d'Economie et de Statistique, 9,* 42–72.

Mueller, D. C. (1992). On the foundations of social science research. *Analyse & Kritik, 14,* 195–220.

Nash, J. (1950). The bargaining problem. *Econometrica, 18,* 155–162.

Nash, J. (1951). Non-cooperative games. *Annals of Mathemetics, 54,* 286–295.

Opp, K.-D. (1978). Das „ökonomische" Programm in der Soziologie. *Soziale Welt, 29*(2), 129–154.

Opp, K.-D. (1995). *Methodologie der Sozialwissenschaften.* Opladen: Westdeutscher Verlag.

Orphanides, A., & Zervos, D. (1995). Rational addiction with learning and regret. *Journal of Political Economy, 103,* 739–758.

Orphanides, A., & Zervos, D. (1998). Myopia and addictive behaviour. *The Economic Journal, 108,* 75–91.

Popper, K. (1995). Das Rationalitätsprinzip. In D. Miller (Hrsg.), *Karl R. Popper Lesebuch.* Tübingen: Mohr. (Erstveröffentlichung1967).

Prelec, D. (1982). Matching, maximizing, and the hyperbolic reinforcement feedback function. *Psychological Review, 89,* 189.

Rasmusen, E. (2007). *Games and information: An introduction to game theory.* Malden: Blackwell.

Riker, W. H., & Ordeshook, P. C. (1973). *An introduction to positive political theory* (Bd. 387). Englewood Cliffs: Prentice-Hall.

Robins, L. N., Helzer, J. E., & Davis, D. H. (1975). Narcotic use in Southeast Asia and afterward. An interview study of 898 Vietnam returnees. *Archives of General Psychiatry, 32,* 955–961.

Rogers, A. R. (1994). Evolution of time preference by natural selection. *American Economic Review, 83,* 460–481.

Rosenberg, A. (1992). *Economics – Mathematical politics or science of diminishing returns?* Chicago: University of Chicago Press.

Sattler, S., Mehlkop, G., Graeff, P., & Sauer, C. (2014). Evaluating the drivers of and obstacles to the willingness to use cognitive enhancement drugs: The influence of drug characteristics, social environment, and personal characteristics. *Substance Abuse Treatment, Prevention, and Policy, 9,* 1–14.

Sattler, S., Sauer, C., Mehlkop, G., & Graeff, P. (2013). The rationale for consuming cognitive enhancement drugs in university students and teachers. *PlosOne, 8,* 1–10.

Savage, L. J. (1954). *The foundations of statistics.* New York: Wiley.

Shapiro, S. P. (2005). Agency theory. *Annual Review of Sociology, 31,* 263–284.

Sickles, R., & Taubman, P. (1991). Who uses illegal drugs? *The American Economic Review, 81,* 248–251.

Simon, H. A. (1959). Theories of decision-making in economics and behavioral science. *The American Economic Review, 49,* 253–283.

Simon, H. A. (1990). Bounded rationality. In J. Eatwell, M. Milgate, & P. Newman (Hrsg.), *The new palgrave: Utility and probability.* New York: Norton.

Skøg, O.-J., & Melberg, H. O. (2006). Becker's rational addiction theory: An empirical test with price elasticities for distilled spirits in Denmark 1911–1931. *Addiction, 101,* 1444–1450.

Smith, V. (2008). *Rationality in economics.* Cambridge: Cambridge University Press.

Spinnewyn, F. (1981). Rational habit formation. *European Economic Review, 15,* 91–109.

Stanovich, K. E., & West, R. F. (2000). Individual differences in reasoning: Implications for the rationality debate? *Behavioral and Brain Sciences, 23,* 645–726.

Stark, R. (2007). *Sociology.* Belmont: Wadsworth.

Stigler, G. J., & Becker, G. S. (1977). De Gustibus non est Disputandum. *The American Economic Review, 67,* 76–90.

Sung, H.-Y., Hu, T.-W., & Keeler, T. E. (1994). Cigarette taxation and demand: An empirical model. *Contemporary Economic Policy, 12,* 91–100.

Thaler, R. H. (1994). *The winner's curse: Paradoxes and anomalies in econmic life.* Washington, DC: American Enterprise Institute.

Thaler, R. H. (2015). *Misbehaving: The making of behavioral economics.* New York: Norton.

Thaler, R. H., & Shefrin, H. M. (1981). An economic theory of self-control. *Journal of Political Economy, 89*, 392–406.

Uchtenhagen, A., Dobler-Mikola, A., & Gutzwiler, F. (1996). Medically controlled prescription of narcotics: A swiss national project. *The International Journal of Drug Policy, 7*, 28–33.

van Damme, E. E. (2002). *Stability and perfection of nash equilibria* (2. erweiterte Ausgabe). New York: Springer.

Vanberg, V. J. (1994). *Rules and choice in economics*. New York: Routledge.

Vanini, P. (1998). *Economic models of addiction*. Universität Zürich.

von Neumann, J., & Morgenstern, O. (1947). *The theory of games and economic behavior*. Princeton: Princeton University Press.

Waldorf, D., & Biernacki, P. (1979). Natural recovery from heroin addiction: A review of the incidence literature. *Journal of Drug Issues, 9*, 281–289.

Waters, T. M., & Sloan, F. A. (1995). Why do people drink? Tests of the rational addiction model. *Applied Economics, 27*, 727–736.

Weatherburn, D., & Lind, B. (1997). The impact of law enforcement activity on a heroin market. *Addiction, 92*, 557–569.

Wittek, R., Snijders, T. A. B., & Nee, V. (2013). Introduction: Rational choice social research. In R. Wittek, T. A. B. Snijders, & V. Nee (Hrsg.), *Handbook of rational choice social research*. Stanford: Stanford University Press.

Zschache, J. (2016). *The matching law and melioration learning. from individual decision-making to social interactions*. Ph. D. thesis, Universität Leipzig.

Berger, Roger Prof. Dr., Universität Leipzig, Institut für Soziologie, Beethovenstr. 15, D-04107 Leipzig, berger@sozio.uni-leipzig.de; Forschungsschwerpunkte: Experimentelle Methoden in der Sozialwissenschaft; Spieltheoretisch fundierte Kooperationsforschung, insb. zu Fairness und Reziprozität.

Gautschi, Thomas Prof. Dr., Fakultät für Sozialwissenschaften, Universität Mannheim, A5, 6, D-68131 Mannheim; gautschi@sowi.uni-mannheim.de; Forschungsschwerpunkte: Methoden der empirischen Sozialforschung, ökonomische Soziologie, Netzwerktheorie sowie Spieltheorie, insb. zu Vertrauen und Tausch.

Heikle Fragen und Vertrauen: Erklärungen des Antwortverhaltens in Randomized Response Surveys

Ivar Krumpal und Thomas Voss

Zusammenfassung

Die „Randomized Response Technik" (RRT) ist eine indirekte Befragungsmethode, die mithilfe eines Zufallsmechanismus Anonymität bei der Beantwortung heikler Fragen in Surveys herstellt. Frühere Studien nahmen häufig implizit an, dass die Befragten der RRT vertrauen, den Instruktionen folgen und entsprechend geneigt sind, ehrliche Antworten zu geben. Allerdings zeigen Validierungsstudien, dass der Einsatz der RRT nicht immer zu ehrlicheren Antworten führt, sondern teils sogar schlechtere Ergebnisse liefert, als die direkte Befragung. Dieser Artikel untersucht deshalb auf einer theoretischen Ebene die Bedingungen, unter denen diese impliziten Annahmen mit dem rationalen Verhalten der Befragten konsistent sind: Erstens, da $P\ (A\ |\ Ja) > P\ (A\ |\ Nein)$ ist, haben beide Typen von Befragten A (mit heiklem Merkmal) und *Nicht-A* (ohne heikles Merkmal) einen Anreiz die RRT-Instruktionen zu missachten. Im Gegensatz dazu haben Befragte vom Typ *Nicht-A* in einer direkten Befragung keinen Anreiz, unehrliche Antworten zu geben. In einer RRT-Befragung ist entsprechend das Ausmaß der Verzerrung durch Effekte sozialer Erwünschtheit theoretisch höher, als in direkten Befragungen. Zweitens, ein einfacher spieltheoretischer Ansatz modelliert die Interviewsituation als soziale Interaktion zwischen Befragten und Interviewern in einem Kontext von Normen und wechselseitigen Erwartungen. Es wird argumentiert, dass die Entscheidung des

---

I. Krumpal (✉) · T. Voss
Universität Leipzig, Leipzig, Deutschland
E-Mail: krumpal@sozio.uni-leipzig.de

T. Voss
E-Mail: voss@uni-leipzig.de

© Springer Fachmedien Wiesbaden GmbH, ein Teil von Springer Nature 2020
I. Krumpal und R. Berger (Hrsg.), *Devianz und Subkulturen,* Kriminalität und
Gesellschaft, https://doi.org/10.1007/978-3-658-27228-9_4

Befragten ehrlich zu antworten abhängt von: 1) der subjektiven Wahrscheinlichkeit, dass der Interviewer Vertrauen honoriert und 2) der Relation des Nutzens aus der Befolgung einer „Ehrlichkeitsnorm" und den potenziellen Kosten einer ehrlichen Antwort. Schließlich zeigen wir unter Berücksichtigung bisheriger empirischer Evidenz unter welchen Bedingungen ein Erfolg bzw. Scheitern der RRT zu erwarten ist.

Schlüsselwörter

Survey Design · Randomized Response Technik · Heikle Fragen · Soziale Normen · Soziale Erwünschtheit · Spieltheorie

Keywords

Survey design · Randomized response technique · Sensitive questions · Social norms · Social desirability · Game theory

1   Einleitung

Umfragedaten über privates, illegales und unsoziales Verhalten oder extreme Einstellungen zu sammeln, ist ein häufiges Ziel soziologischer Forschung. So erhebt die Allgemeine Bevölkerungsumfrage der Sozialwissenschaften (ALLBUS) deviantes Verhalten wie Schwarzfahren, Trunkenheit am Steuer, Steuerhinterziehung und Ladendiebstahl. In den USA befragen der „National Survey on Drug Use and Health" (NSDUH) und der „General Social Survey" (GSS) Teilnehmerinnen und Teilnehmer zu heiklen Themen wie Drogenkonsum oder Sexualverhalten. Der GSS enthält außerdem Items mit sehr heiklen Inhalten wie zum Beispiel zu Prostitution („Thinking about the time since your 18th birthday, have you ever had sex with a person you paid or who paid you for sex?"). Andere Studien untersuchen die Verbreitung von sozial unerwünschten Einstellungen wie Xenophobie, Rassismus und Antisemitismus (Stocké 2007a; Ostapczuk et al. 2009; Krumpal 2012). Kumulierte Evidenzen der Forschungsliteratur zur Survey Methodologie zeigen allerdings, dass Selbstauskünfte zu heiklen Themenbereichen häufig nicht der Wahrheit entsprechen (Tourangeau und Yan 2007; Krumpal 2013; Jann et al. 2019). Das Beantworten von heiklen Fragen stellt für die Befragten ein Vertrauensproblem dar. Aus Angst vor negativen Konsequenzen sind Personen oft nicht bereit, deviantes und normverletzendes Verhalten offenzulegen. Falschangaben in Umfragen (z. B. systematisches Underreporting von sozial unerwünschtem Verhalten) sind so eine Folge der Vermeidung von unangenehmen Schamgefühlen in der unmittelbaren Interviewsituation oder Ausweichstrategien, um Sanktionen seitens Dritter zu umgehen (Rasinski et al. 1999). Solche systematischen Antwortverzerrungen aufgrund sozialer Erwünschtheit[1] gefährden schließlich die Validität der erhobenen Daten. Um diesen Problemen entgegenzuwirken und mit dem Ziel validere Selbstauskünfte auf heikle Fragen zu erhalten, wurden verschiedene Datenerhebungskonzepte entwickelt, die soziale Einflüsse im Erhebungsprozess minimieren und die Anonymität der Befragten gewährleisten sollen.

2 Die Randomized Response Technik (RRT)

Die Randomized Response Technik (RRT) ist eine Befragungsmethode, die bei der Erhebung heikler Themen in Umfragen zu ehrlicheren Selbstauskünften führen soll (Warner 1965). Warners ursprünglicher Ansatz basiert auf dem Einsatz von zwei Items, die beide jeweils das heikle Merkmal thematisieren (eine Aussage und eine Negierung dieser Aussage). Über einen Zufallsmechanismus (z. B. Würfelwurf) wird eine Aussage bestimmt, die beantwortet werden soll. Zum Beispiel:

1. Ich rauche manchmal Marihuana (mit der Auswahlwahrscheinlichkeit p)
2. Ich rauche nie Marihuana (mit der Auswahlwahrscheinlichkeit $1-p$)

Ohne dem Interviewer das Ergebnis des Zufallsexperiments mitzuteilen, antwortet der Befragte nun mit „Ja" oder „Nein". Da nur der Befragte das Ergebnis des Zufallsexperiments kennt, ist eine spezifische Antwort für den Interviewer immer uneindeutig. Das heißt, dass der Interviewer aus einer gegebenen Antwort keine klaren Rückschlüsse auf das Vorliegen des heiklen Merkmals ziehen kann. Zudem wird angenommen, dass die Befragten vollkommenes Vertrauen in die Anonymität der Befragungsmethode und ihren Datenschutz haben. Mittels einfacher wahrscheinlichkeitstheoretischer Überlegungen lässt sich ein unverzerrter Schätzer $\hat{\pi}$ der Prävalenz des heiklen Verhaltens herleiten. Der Erwartungswert φ einer „Ja"-Antwort ist $\varphi = p\pi + (1 - p)(1 - \pi)$, wobei π der unbekannte Anteil

---

[1]Neben dem Vertrauensproblem, sind auch andere Erklärungsfaktoren sozial erwünschten Antwortverhaltens denkbar, wie z. B. Selbsttäuschung, Rationalisierung oder auch die Tatsache, dass das Erinnern und Berichten unangenehmer Sachverhalte häufig inhärente subjektive Kosten für Befragte haben kann (siehe Tourangeau und Yan 2007; Krumpal und Näher 2012). Der Fokus dieses Beitrags liegt aber auf dem Vertrauensproblem.

des heiklen Verhaltens in der Population ist. Da der beobachtete Stichprobenanteil der „Ja"-Antworten $\hat{\varphi}$ ein Schätzer von φ ist und die Auswahlwahrscheinlichkeit p bekannt ist, kann die Populationsprävalenz π wie folgt geschätzt werden:

$$\hat{\pi}_{\text{Warner}} = \frac{(\hat{\varphi} + p - 1)}{(2p - 1)}$$

Die Stichprobenvarianz von $\hat{\pi}_{Warner}$ ergibt sich hier als:

$$Var(\hat{\pi}_{Warner}) = \frac{\hat{\pi}_{Warner}\left(1 - \hat{\pi}_{Warner}\right)}{n} + \frac{p(1 - p)}{n(2p - 1)^2}$$

Dabei repräsentiert der erste Summand die Standardformel der Stichprobenvarianz in einer direkten Befragung und der zweite Summand den zusätzlichen Zufallsfehler, der durch die RRT entsteht. Es gibt verschiedene Modifikationen von Warners ursprünglichem Ansatz (Übersichten über verschiedene RRT-Varianten finden sich bei Fox und Tracy 1986; Lensvelt-Mulders et al. 2005a; Blair et al. 2015; Krumpal et al. 2015). Die mit am häufigsten verwendete RRT-Variante ist das „Forced-Choice-Design" (Boruch 1971): Hier legt das Ergebnis eines Zufallsexperiments fest, ob der Befragte die heikle Frage beantworten soll (mit Wahrscheinlichkeit p) oder automatisch „Ja" (mit Wahrscheinlichkeit λ) oder „Nein" (mit Wahrscheinlichkeit $1 - p - \lambda$) antworten soll. Bevor also die heikle Frage beantwortet wird (z. B. „Rauchen Sie manchmal Marihuana?"), könnte der Befragte beispielsweise aufgefordert werden, drei Münzen zu werfen (wobei das Ergebnis des Münzwurfs privates Wissen des Befragten bleibt). Dem Zufallsexperiment liegt eine bekannte Wahrscheinlichkeitsverteilung zugrunde:

- Mit Wahrscheinlichkeit p wird die heikle Frage (ehrlich) beantwortet (Mischung aus Kopf und Zahl) $= 1 - 0{,}5^3 - 0{,}5^3 = 0{,}75$
- Mit Wahrscheinlichkeit λ wird automatisch „Ja" geantwortet (dreimal Kopf) $= 0{,}5^3 = 0{,}125$
- Mit Wahrscheinlichkeit $1 - p - \lambda$ wird automatisch „Nein" geantwortet (dreimal Zahl) $= 0{,}5^3 = 0{,}125$

Der Erwartungswert φ einer „Ja"-Antwort ist $\varphi = \lambda + p\pi$, wobei π die unbekannte Populationsprävalenz des heiklen Verhaltens ist. Da der beobachtete Anteil der „Ja"-Antworten $\hat{\varphi}$ in der Stichprobe ein Schätzer für φ ist und die Wahrscheinlichkeitsverteilung des Münzwürfs bekannt ist, kann der Populationsanteil π der „Ja"-Antworten auf die heikle Frage geschätzt werden:

$$\hat{\pi}_{FC} = \frac{\hat{\varphi} - \lambda}{p}$$

Die Stichprobenvarianz von $\hat{\pi}_{FC}$ lässt sich schätzen als:

$$Var(\hat{\pi}_{FC}) = \frac{\hat{\varphi}(1 - \hat{\varphi})}{np^2}$$

Alle RRT-Varianten teilen das gemeinsame Merkmal, eine probabilistische Beziehung zwischen einer gegebenen Antwort und der heiklen Frage herzustellen. Für den Interviewer ist die Antwort eines Befragten somit immer mehrdeutig und es kann nicht mit Sicherheit auf das Vorliegen bzw. Nichtvorliegen eines heiklen Merkmals geschlossen werden. Neben Vorteilen von zufallsverschlüsselten Antworten, wie der Anonymisierung potenziell kompromittierender Selbstauskünfte, gibt es auch Nachteile: Im Vergleich zu direkten Befragungen, bedeuten RRT-Interviews eine höhere kognitive Belastung für die Befragten. Landsheer et al. (1999) konnten empirisch zeigen, dass Befragte mit einem geringen Verständnis der RRT-Prozedur auch weniger häufig der Methode vertrauen, als Befragte mit einem besseren Verständnis. Zudem zeigen empirische Studien, dass ein nicht zu vernachlässigender Anteil der Befragten die RRT-Instruktionen missachtet und ausweichende „Nein"-Antworten gibt (Ostapczuk et al. 2009), selbst wenn das Ergebnis des Zufallsexperiments eine „Ja"-Antwort erfordert.[2] Eine Metaanalyse von Lensvelt-Mulders et al. (2005b) zeigt, dass deviantes Verhalten durch die RRT valider erfasst werden kann, als durch direkte Befragungen. Allerdings zeigen andere Übersichtsarbeiten schwerwiegende Probleme bei der Anwendung der RRT auf (z. B. ein höheres Ausmaß an Item Nonresponse; negative Prävalenzschätzungen und höhere Abbruchraten), was zu Zweifeln hinsichtlich der Überlegenheit des Verfahrens geführt hat (Stem und Steinhorst 1984; Weissman et al. 1986; Holbrook und Krosnick 2010; Coutts und Jann 2011; Coutts et al. 2011; Wolter und Preisendörfer 2013; Kirchner 2015; Höglinger et al. 2016; Höglinger und Jann 2018).[3]

---

[2]Es wurden statistische Modelle entwickelt, die einem solchen ausweichenden Antwortverhalten Rechnung tragen (Cruyff et al. 2007).

[3]John et al. (2018) geben einen nützlichen Überblick über bisherige Validierungsstudien zur RRT. Diese deuten auf gemischte Evidenzen bezüglich der Güte der RRT im Vergleich zu direkten Befragungen hin. Basierend auf Erkenntnissen der Kognitionspsychologie und experimentellen Evidenzen, vermuten die Autoren, dass die RRT häufig scheitert, weil die Befragten eine Fehlinterpretation ihrer Antworten befürchten. Besonders „unschuldige" Befragte hätten Zweifel den RRT-Anweisungen zu folgen (z. B. mit „Ja" zu antworten), da dies fälschlicherweise als Hinweis auf die Zugehörigkeit zur Gruppe mit dem heiklen Merkmal A interpretiert werden könnte. Wir argumentieren, dass selbst perfekt-rationale und eigennützige Akteure (rationale) Bedenken bezüglich einer solchen Falschinterpretation hätten.

Aus soziologischer Perspektive bleibt ein fundamentales Forschungsproblem bislang unbeantwortet: Warum geben Befragte ehrliche Antworten auf heikle Fragen? Esser (1986, 1990) argumentiert, dass das Befragtenverhalten im Datenerhebungsprozess (z. B. ehrliches vs. sozial erwünschtes Antwortverhalten) durch allgemeine Verhaltensregelmäßigkeiten, d. h. durch die Aktivierung von Heuristiken und Normen in sozialen Interaktionen, erklärt werden kann.

3 Befragtenverhalten als „Rational Choice"

Eine zentrale Annahme bisheriger Forschung ist, dass die RRT die Privatsphäre des Befragten vollständig schützt. Es wird erwartet, dass die Befragten ehrliche Selbstauskünfte auf heikle Fragen geben und die Verzerrungen von Prävalenzschätzungen aufgrund sozialer Erwünschtheit abnehmen. Diese Annahme ist allerdings problematisch, wie im Folgenden gezeigt wird. Über eine einfache spieltheoretische Modellierung analysieren wir die Interviewsituation als soziale Interaktion zwischen Interviewer und Befragten.

Da bislang keine konsistente und empirisch valide psychologische Theorie des Befragtenverhaltens für verschiedene Befragungssituationen vorliegt, arbeiten wir Bedingungen heraus, unter denen ehrliche Antworten zu erwarten sind. Ausgangpunkt unserer Analyse ist ein Modell rationalen Handelns. Bislang existieren nur vereinzelte Arbeiten, die im Rahmen von Rational-Choice-Analysen das Befragtenverhalten in verschiedenen Befragungssituationen untersuchen, z. B. mit Hilfe von mikroökonomischen Modellen (Ljungqvist 1993). Allerdings nehmen diese Arbeiten an, dass Befragte das Interview als parametrische (nicht-strategische) Situation unter Risiko und nicht als soziale Interaktion wahrnehmen.

3.1 Zentrale Verhaltensannahmen

Neben Konsistenzannahmen bezüglich der Präferenzen postuliert die Spieltheorie, dass die Erwartungen von Akteuren rational sind im Sinne von objektiven oder bayesschen (subjektiven) Wahrscheinlichkeiten. So ist es möglich, sowohl Spiele mit vollständiger als auch unvollständiger Information zu analysieren. Die Rationalitätsannahme liegt unserer Argumentation zugrunde. Diese Annahme bedeutet nicht, dass Akteure streng egoistisch handeln. Altruismus, Fairness, Neid oder andere Arten von sozialen Präferenzen können ebenso über konsistente Präferenzen in einem Rational Choice Modell abgebildet werden. Zunächst nehmen wir aber an, dass Akteure (Befragte) vollkommen eigennützig und im Einklang mit dem Modell des rationalen Egoismus („Homo oeconomicus") handeln. Diese Annahme wird dann in einem zweiten Schritt gelockert und es werden soziale Präferenzen eingeführt. Das bedeutet, dass das Verhalten von Akteuren nicht mehr ausschließlich durch ihre eigenen materiellen Auszahlungen, sondern ebenso durch soziale Motive wie Fairness, Reziprozität oder der Befolgung von Normen bestimmt ist.

3.2 Warum nehmen Befragte an Surveys teil?

Es liegen bereits einige nützliche Anwendung von Rational-Choice-Konzepten in der Literatur zur Survey Methodologie vor (Groves et al. 2000; Couper et al. 2008; Singer 2011). Diese Beiträge versuchen, die Entscheidung der Befragten an einer Umfrage teilzunehmen zu erklären. Die folgenden Ideen ergänzen diese Arbeiten:

Unsere Analyse des Befragtenverhaltens nimmt an, dass Befragte bereit sind an Umfragen teilzunehmen. Wir nehmen zudem an, dass die Umfrage Fragen zu heiklen Themen enthält. Jede Teilnahme an einer solchen Umfrage verursacht bei den Befragten Kosten, seien es Opportunitätskosten (d. h. Zeit die für alternative Aktivitäten fehlt), oder in diesem speziellen Fall die Kosten einer möglichen externen Sanktionierung. Falls das Risiko besteht ein heikles Merkmal A aufzudecken, und der Interviewer (oder die Organisation, die die Umfrage administriert) nicht vertrauenswürdig bezüglich des Datenschutzes ist, können diese Kosten erheblich sein. Als Beispiele können hier etwa eine Umfrage zu Doping unter Leistungssportlern oder Drogenkonsum unter Gefängnisinsassen, die von einer Dopingkontrollbehörde oder einer Gefängnisverwaltung durchgeführt werden, angeführt werden. In beiden Fällen können die wahrgenommenen Kosten der Befragten, die eintreten, wenn ihr Fehlverhalten ans Licht kommt, beträchtlich sein.

Gegeben diese Risiken und Kosten kann man fragen, warum ein rationaler Egoist überhaupt an einer solchen Umfrage teilnehmen sollte. Zunächst können auch vollkommen eigennützige Akteure Nutzen aus einer Teilnahme ziehen: In einigen institutionellen Kontexten kann ein Teilnahmezwang existieren oder eine Teilnahmeverweigerung als ein negatives Signal interpretiert werden, dass die betreffende Person das heikle Merkmal A trägt. Als eine andere Art von Anreiz bieten akademische oder kommerzielle Umfrageinstitute potenziellen Befragten häufig eine Aussicht auf materielle Gewinne (z. B. Geld, Teilnahme an einer Lotterie, Gutscheine) für ihre Teilnahme an. Schließlich kann der Nutzen einer Teilnahme auch darin bestehen, dass der Befragte „Spaß" daran hat bzw. das

Thema der Befragung interessant ist. Es sind also Bedingungen denkbar (der Nutzen übersteigt die erwarteten Kosten), unter denen auch rationale Egoisten an Umfragen teilnehmen. Nimmt man zusätzlich an, dass der Akteur soziale Präferenzen hat, dann begründet dies weitere Nutzen- bzw. Kostenargumente einer Teilnahme. Auf der Kostenseite können erwartete informelle Sanktionen und psychische Kosten (z. B. Peinlichkeitsgefühle) genannt werden, wenn ein heikles Merkmal A offengelegt wird. Auf der positiven Nutzenseite können motivierende Faktoren für eine Teilnahme an einer Umfrage genannt werden: Dazu zählen etwa altruistische Motivationen (im Sinn eines „warm-glow"-Altruismus nach Andreoni 1990) oder ein moralisches Pflichtbewusstsein bzw. internalisierte Normen der Kooperation. Schließlich kann, insbesondere in persönlichen Interviews, eine Teilnahme auch auf der Basis von „positiver Reziprozität" (Gouldner 1960; Fehr und Gächter 2000) erfolgen, wenn der Befragte die Freundlichkeit des Interviewers erwidern möchte.

Unsere Argumentation basiert auf bestimmten Annahmen, die in jedem der folgenden Abschnitte eingeführt und schrittweise modifiziert werden.

3.3 Analyse des Befragtenverhaltens in der direkten Befragung (rationaler Egoismus)

- *Annahme 1:* Der Befragte nimmt am Interview teil.
- *Annahme 2:* Ob der Befragte das heikle Merkmal A besitzt, ist dessen privates Wissen.
- *Annahme 3:* Befragte mit dem Merkmal A müssen Kosten $C > 0$ tragen, falls ihre Daten nicht geschützt werden. Befragte des Typs *Nicht-A* tragen dagegen Kosten $C = 0$.
- *Annahme 4:* Der Interviewer (oder die Organisation, die den Interviewer beschäftigt) ist daran interessiert zu erfahren, ob der Befragte das Merkmal A trägt.
- *Annahme 5:* Der Interviewer scheut Aufwand oder hat kein Interesse daran die Daten des Befragten zu schützen. So beträgt die Auszahlung des Interviewers R, wenn er die Daten schützt, und T, wenn er die Daten nicht schützt, wobei wir annehmen, dass $T > R$.

Es ist zu beachten, dass sich diese Annahmen auf die subjektiven Überzeugungen des Befragten über die Interviewsituation beziehen. Es ist nicht notwendig anzunehmen, dass sie die „wahren" Präferenzen des Interviewers abbilden. Die Annahmen 4 und 5 stellen dabei sehr pessimistische Überzeugungen des Befragten bezüglich des Typs des Interviewers dar (diese Annahmen werden in Abschn. 3.6 gelockert). Wir schlagen vor, die Interviewsituation als ein Vertrauensproblem darzustellen. Einflussreich in der Soziologie sind die Analysen von Coleman (1990, Kap. 5), der die Investition von Vertrauen als rationale Entscheidung unter Risiko modelliert hat. Colemans Ansatz war aber Gegenstand von Kritik, weil er den strategischen Charakter der Vertrauensvergabe unberücksichtigt lässt. Beide Akteure, Interviewer und Befragter, sollten als rational handelnd modelliert, das heißt also spieltheoretisch analysiert werden. Die elementarste spieltheoretische Form einer Interviewsituation ist im Spielbaum in Abb. 1 dargestellt. Die soziale Interaktion zwischen einem Interviewer und einem Befragten mit heiklem Merkmal A kann als ein Spiel dargestellt werden, das dem klassischen Vertrauensspiel stark ähnelt (siehe z. B. Voss 1998; Buskens und Raub 2002; Tutic und Voss 2020). Obwohl unser modifiziertes Vertrauensspiel leicht von der klassischen Variante abweicht, nennen wir es im Folgenden der Einfachheit halber „Vertrauensspiel". In diesem Spiel, wie auch im klassischen Vertrauensspiel, besteht das eindeutige teilspielperfekte Nash-Gleichgewicht in der

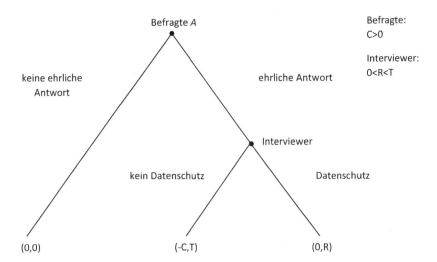

Abb. 1 Befragte Typ A in der direkten Befragung (einfaches Vertrauensspiel). (Quelle: Eigene Darstellung)

Kombination „keine ehrliche Antwort" und „kein Datenschutz".[4] Entsprechend sagt das Modell voraus, dass Befragte des Typs A (mit heiklem Merkmal) in der direkten Befragung nicht ehrlich antworten werden. Hingegen haben Befragte des Typs *Nicht-A* (ohne heikles Merkmal) offensichtlich (aus der Annahme $C = 0$ folgend) keinen Anreiz in der direkten Befragung zu lügen (in Abb. 1 nicht abgebildet). Vielmehr sind Befragte dieses Typs indifferent zwischen einer ehrlichen und einer unehrlichen Antwort, solange die unehrliche Antwort dem Interviewer nicht das Vorliegen des heiklen Merkmals A signalisiert oder als ein solches Signal interpretiert werden kann. Trifft letzteres zu, dann hat der Befragte einen positiven Anreiz ehrlich zu antworten.

Proposition 1: In der direkten Befragung antworten Befragte mit dem heiklen Merkmal A nicht ehrlich.

3.4 Grad des Datenschutzes der RRT

Um das Befragtenverhalten in RRT-Interviews zu analysieren, wird zunächst ein Maß für den Grad des Datenschutzes für diese Art der Befragung spezifiziert. Die RRT wurde entwickelt, um die Privatsphäre der Befragten zu schützen. Wenn der Befragte von seinem Datenschutz vollständig überzeugt ist, dann hat er keinen positiven Anreiz zu lügen.

Der Einfachheit halber betrachten wir nur dichotome Items, mit den möglichen Antworten „Ja" oder „Nein", in einem typischen „forced-choice"-RRT Design (siehe Abschn. 2): Der Grad des Datenschutzes ist abhängig von der Differenz der bedingten Wahrscheinlichkeiten zur heiklen Kategorie A zugehörig wahrgenommen zu werden, gegeben eine spezifische Antwort. Entsprechend wird die Differenz $P(A|Ja) - P(A|Nein)$ als „Grad des Datenschutzes" der RRT interpretiert. Da $P(A|Ja) > P(A|Nein)$ ist (Beweis siehe Anhang), besitzen beide Typen von Befragten A (mit heiklem Merkmal) und *Nicht-A* (ohne heikles Merkmal)

---

[4]Eine Einführung in elementare spieltheoretische Konzepte findet sich bei Dixit et al. (2009). So kann ein Nash Gleichgewicht definiert werden als „a set of strategies such that each player has correct beliefs about the others' strategies and strategies are best for each player given beliefs about the other's strategies" (Dixit et al. 2009, S. 120). Zudem reduziert die Eigenschaft der Teilspielperfektheit die Anzahl potentieller Gleichgewichte, indem das Kriterium der Glaubwürdigkeit eingeführt wird und somit Spieler auffordert „to use strategies that constiute a Nash equilibrium in every subgame of the larger game" (Dixit et al. 2009, S. 198).

einen Anreiz, gegen die Regeln der RRT-Methode zu verstoßen. Im Gegensatz dazu haben Befragte des Typs *Nicht-A* keinen Anreiz in der direkten Befragung zu lügen. Entsprechend ist in einer RRT-Befragung das Ausmaß der Verzerrung durch Effekte sozialer Erwünschtheit theoretisch höher, als in direkten Befragungen.

Im nächsten Abschnitt präsentieren wir einige elementare spieltheoretische Analysen und spezifizieren Bedingungen, unter denen Befragte geneigt sind ehrlich zu antworten und/oder den Regeln der RRT zu folgen.

3.5 Analyse des Befragtenverhaltens mit der RRT (rationaler Egoismus)

- *Annahme 1:* Der Befragte nimmt am Interview teil.
- *Annahme 2:* Ob der Befragte das heikle Merkmal A besitzt, ist dessen privates Wissen.
- *Annahme 3':* Ehrliche Antworten eines Befragten mit heiklem Merkmal A, decken Merkmal A mit $P(A|Ja) > P(A|Nein)$ auf. Falls Merkmal A aufgedeckt wird, tragen Befragte Kosten von $C > 0$. Da das RRT-Design allerdings impliziert, dass die Aufdeckung von A nicht deterministisch sondern probabilistischer Natur ist und vom Grad der Datenschutzes $P(A|Ja) - P(A|Nein)$ abhängt, betragen die erwarteten Kosten einer ehrlichen Antwort $C' := [P(A|Ja) - P(A|Nein)]C$. Entsprechend tragen Befragte mit dem Merkmal A die Kosten $C \gg C' > 0$, falls ihre Daten nicht geschützt werden.
- *Annahme 4:* Der Interviewer (oder die Organisation, die den Interviewer beschäftigt) ist daran interessiert zu erfahren, ob der Befragte das Merkmal A trägt.
- *Annahme 5:* Der Interviewer scheut Aufwand oder hat kein Interesse daran die Daten des Befragten zu schützen. So beträgt die Auszahlung des Interviewers R, wenn er die Daten schützt, und T, wenn er die Daten nicht schützt, wobei wir annehmen, dass $T > R$.

Die Interviewsituation bei der Beantwortung einer heiklen Frage mit der RRT kann durch ein einfaches Vertrauensspiel dargestellt werden (siehe Abb. 2). Betrachten wir zunächst einen Befragten des Typs A. Weil $0 > -C'$ ist, besteht die eindeutige Gleichgewichtsstrategie des Befragten in der Nichtbefolgung der RRT-Regeln.

Zudem könnten auch rationale Befragte des Typs *Nicht-A* (ohne heikles Merkmal) wenig gewillt sein, den RRT-Regeln zu folgen. Stattdessen könnten sie versucht sein, ausweichende Antworten zu geben (z. B. „Nein" zu antworten, selbst wenn das Ergebnis des Zufallsexperiments ein „Ja" erfordert). Dies ist der Fall,

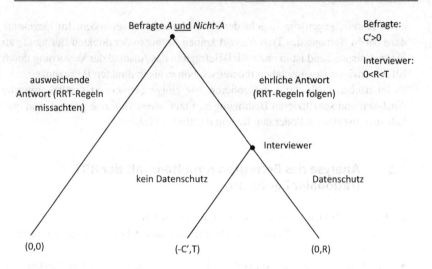

Abb. 2 Befragte Typ A und Nicht-A mit der RRT (einfaches Vertrauensspiel). (Quelle: Eigene Darstellung)

weil ausschließlich die Angabe der nicht-heiklen Antwortkategorie vor dem Verdacht bewahrt, das heikle Merkmal A zu besitzen. Anders ausgedrückt besitzen also *beide* Typen von Befragten A's und Nicht-A's jeweils Anreize, zu lügen bzw. entgegen der RRT-Regeln zu antworten. Unter der Rationalitätsannahme, erkennen beide Typen von Befragten, dass „Ja"-Antworten (die in der direkten Befragung selbst-stigmatisierend wären) das heikle Merkmal A mit Wahrscheinlichkeit $P(A|Ja) > P(A|Nein)$ aufdecken würden.

Zu beachten ist, dass die modifizierte Struktur des Vertrauensspiels in Abb. 2 vorhersagt, dass sogar Befragte vom Typ *Nicht-A* Anreize haben, die RRT-Regeln zu missachten und ausweichende „Nein"-Antworten selbst dann zu geben, wenn das Ergebnis des Zufallsexperiments ein „Ja" erfordert. Dies ist auf einer Linie mit qualitativen Befunden aus einer unserer Studien. Einige beispielhafte Aussagen von Befragten waren hier: ‚Ich habe nur ‚Ja' geantwortet, weil ich dreimal Kopf geworfen habe' oder ‚Was ich geworfen habe ist nicht meine wahre Meinung'. Besonders bei Fragen zu Xenophobie und Antisemitismus waren Befragte abgeneigt, unabhängig von ihrer eigenen persönlichen Meinung, eine „Ja"-Antwort zu geben (Krumpal 2010). Das eindeutige Nash Gleichgewicht besteht in der Kombination keine ehrliche Antwort zu geben (bzw. die RRT-Regeln zu missachten) und die Daten nicht zu schützen. Da beide Typen von Befragten einen Anreiz haben die RRT-Regeln zu missachten, ist das Potenzial für Verzerrungen durch Effekte sozialer Erwünschtheit in einer RRT-Befragung höher als in direkten Befragungen. Befindet sich also unter den Befragten ein bedeutsamer Anteil rationaler Egoisten, dann sind viele falsch negative Antworten oder sogar negative Prävalenzschätzungen zu erwarten (Coutts und Jann 2011). Im Gegensatz dazu werden Verzerrung durch Effekte sozialer Erwünschtheit in direkten Befragungen ausschließlich durch Befragte des Typs A verursacht.

Proposition 2: Mit der RRT haben beide Typen von Befragten, A's und Nicht-A's, keine positiven Anreize ehrlich zu antworten bzw. den RRT-Regeln zu folgen.

Zusammenfassend sagt die spieltheoretische Analyse voraus, dass rationale und eigennützige Akteure (unter „Homo oeconomicus" Rationalitätsannahmen) im Allgemeinen nicht an Umfragen zu heiklen Themen teilnehmen werden, und (falls doch) keine ehrlichen Antworten zu erwarten sind. Um Bedingungen zu spezifizieren, unter denen Befragte bereit sind, in Umfragen zu heiklen Themen ehrlich zu antworten (bzw. den RRT-Regeln zu folgen), werden im folgenden andere Verhaltensannahmen in das Modell eingeführt.

3.6 Optimistischere Annahmen über die Vertrauenswürdigkeit des Interviewers: Das Spiel unter unvollständiger Information

Unsere bisherigen Vorhersagen zum Befragtenverhalten in direkten und RRT-Interviews hängen entscheidend von den sehr pessimistischen subjektiven Überzeugungen der Befragten über den Typ des Interviewers ab. Jedoch ist es plausibel anzunehmen, dass Befragte optimistischer sind, indem sie wissen (in spieltheoretischer Terminologie: eine a-priori Wahrscheinlichkeitseinschätzung haben), dass ein Anteil μ (mit $0 < \mu < 1$) der Interviewer vertrauenswürdig ist. Vor diesem Hintergrund sind die modifizierten verhaltenstheoretischen Annahmen für die direkte Befragung wie folgt:

- *Annahme 1:* Der Befragte nimmt am Interview teil.
- *Annahme 2:* Ob der Befragte das heikle Merkmal A besitzt, ist dessen privates Wissen.
- *Annahme 3:* Befragte mit dem Merkmal A müssen Kosten $C > 0$ tragen, falls ihre Daten nicht geschützt werden. Befragte des Typs *Nicht-A* tragen dagegen Kosten von $C = 0$.
- *Annahme 4:* Der Interviewer (oder die Organisation, die den Interviewer beschäftigt) ist daran interessiert zu erfahren, ob der Befragte das Merkmal A trägt.

- *Annahme 5':* Es gibt zwei Typen von Interviewern: Der eine Typ ist vertrauenswürdig und bereit, die Daten der Befragten zu schützen. Die Auszahlungen betragen R^*, falls die Daten geschützt werden, und T^*, falls der Datenschutz verletzt wird, wobei $R^* > T^*$ ist. Der andere Typ verhält sich opportunistisch, scheut Aufwand oder hat kein Interesse daran die Daten des Befragten zu schützen. Die Auszahlungen betragen hier R, wenn die Daten geschützt, und T, wenn die Daten nicht geschützt werden, wobei wir annehmen, dass $T > R$.
- *Annahme 6:* Befragte (und Interviewer) haben eine gemeinsame a-priori Wahrscheinlichkeitseinschätzung bezüglich der Verteilung beider Typen von Interviewern, sodass ein Anteil vertrauenswürdiger Interviewer μ und ein Anteil opportunistischer Interviewer $(1 - \mu)$ angenommen wird.
- *Annahme 7:* Interviewer kennen ihren eigenen Typ, aber Befragte kennen den Typ des ihnen zugeteilten Interviewers in einer speziellen Interviewsituation nicht. Befragte kennen nur den Parameter μ.

Die Plausibilität der Annahmen 5' und 6 liegt darin, dass ein gewisser Anteil der Interviewer und der Organisationen, die Umfragen durchführen, intrinsisch motiviert sind, sich vertrauenswürdig zu verhalten. Jedoch sind Befragte Annahme 7 folgend nicht in der Lage, die Vertrauenswürdigkeit einzelner Interviewer zu beurteilen.

Abb. 3 stellt die grundlegende Struktur des Spiels unter unvollständiger Information in direkten Befragungen dar.

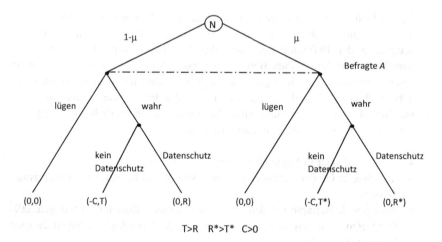

Abb. 3 Unvollständige Information in der direkten Befragung für Befragte Typ A (erweitertes Vertrauensspiel). (Quelle: Eigene Darstellung)

Es ist offensichtlich, dass die schwach dominante Strategie darin besteht zu lügen, falls (wie angenommen) $\mu < 1$ ist. Unabhängig von der Höhe von μ hat der Befragte keinen Anreiz ehrlich zu antworten. Für $\mu = 1$ ist das Spiel hingegen äquivalent zu einer Situation mit vollständiger Information und einem Interviewer, der für uneingeschränkt vertrauenswürdig gehalten wird.

Proposition 3: Befragte des Typs A werden in der direkten Befragung nur dann ehrlich antworten, wenn $\mu = 1$ ist, das heißt wenn sie den Interviewer mit vollkommener Sicherheit für vertrauenswürdig halten.

Ein Befragter des Typs *Nicht-A* (ohne heikles Merkmal) hat offensichtlich (aus $C = 0$ folgend) keinen Anreiz, in der direkten Befragung zu lügen (nicht in Abb. 3 gezeigt). Unsere Analyse des Spiels unter unvollständiger Information lässt sich leicht auch auf RRT-Interviews erweitern. In diesem Fall werden alle Annahmen außer Annahme 3 wie folgt beibehalten:

- *Annahme 1:* Der Befragte nimmt am Interview teil.
- *Annahme 2:* Ob der Befragte das heikle Merkmal A besitzt, ist dessen privates Wissen.
- *Annahme 3':* Ehrliche Antworten eines Befragten mit heiklem Merkmal A, decken Merkmal A mit $P(A|Ja) > P(A|Nein)$ auf. Falls Merkmal A aufgedeckt wird, tragen Befragte Kosten von $C > 0$. Da das RRT-Design allerdings impliziert, dass die Aufdeckung von A nicht deterministisch sondern probabilistischer Natur ist und vom Grad der Datenschutzes $P(A|Ja) - P(A|Nein)$ abhängt, betragen die erwarteten Kosten einer ehrlichen Antwort $C' := [P(A|Ja) - P(A|Nein)]C$. Entsprechend tragen Befragte mit dem Merkmal A die Kosten $C \gg C' > 0$, falls ihre Daten nicht geschützt werden.
- *Annahme 4:* Der Interviewer (oder die Organisation, die den Interviewer beschäftigt) ist daran interessiert zu erfahren, ob der Befragte das Merkmal A trägt.
- *Annahme 5':* Es gibt zwei Typen von Interviewern: Der eine Typ ist vertrauenswürdig und bereit, die Daten der Befragten zu schützen. Die Auszahlungen betragen R^*, falls die Daten geschützt werden, und T^*, falls der Datenschutz verletzt wird, wobei $R^* > T^*$ ist. Der andere Typ verhält sich opportunistisch, scheut Aufwand oder hat kein Interesse daran die Daten des Befragten zu schützen. Die Auszahlungen betragen hier R, wenn die Daten geschützt, und T, wenn die Daten nicht geschützt werden, wobei wir annehmen, dass $T > R$.
- *Annahme 6:* Befragte (und Interviewer) haben eine gemeinsame a-priori Wahrscheinlichkeitseinschätzung bezüglich der Verteilung beider Typen von Interviewern, sodass ein Anteil vertrauenswürdiger Interviewer μ und ein Anteil opportunistischer Interviewer $(1 - \mu)$ angenommen wird.

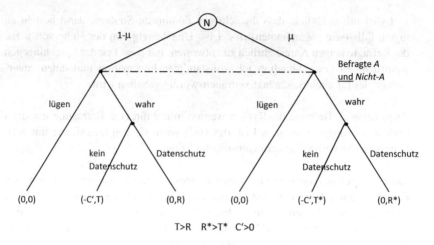

Abb. 4 Unvollständige Information mit der RRT für Befragte Typ A und Nicht-A (erweitertes Vertrauensspiel). (Quelle: Eigene Darstellung)

- *Annahme 7:* Interviewer kennen ihren eigenen Typ, aber Befragte kennen den Typ des ihnen zugeteilten Interviewers in einer speziellen Interviewsituation nicht. Befragte kennen nur den Parameter μ.

Abb. 4 zeigt das Spiel unter unvollständiger Information mit der RRT-Methode. Da dieses Spiel mit dem in Abb. 3 strukturell identisch ist, gelten analoge Vorhersagen.

Proposition 4: Im Allgemeinen werden rationale Egoisten in RRT-Interviews nicht ehrlich antworten (oder die RRT-Regeln befolgen). Dies gilt auch für optimistische Überzeugungen $0 < \mu < 1$ und unabhängig von der Höhe der Kosten C'. Die gilt für beide Typen von Befragten *A's* und *Nicht-A's*.

3.7 Einführung von sozialen Präferenzen und Normen in das Modell

Es gibt eine umfassende Literatur zur sogenannten „Behavioral Game Theory", die Effekte von sozialen Präferenzen und Normen auf kooperatives Verhalten belegt (siehe z. B. Camerer 2003; Diekmann 2004). In der Literatur zur Survey Methodologie wird häufig angenommen, dass die Teilnahmebereitschaft an Befragungen von Belohnungen (wie Anerkennung durch den Interviewer) abhängt, sodass ein Motiv der positiven Reziprozität beim Befragten entsteht oder aktiviert wird. Teilweise wird diese Art der Reziprozität mit einer „Ehrlichkeitsnorm" (Esser 1990) in Verbindung gebracht, die ein ehrliches und kooperatives Verhalten in sozialen Interaktionen (z. B. in Umfragesituationen) vorschreibt. Diese Norm kann allerdings einer anderen in dieser Situation relevanten Norm widersprechen, namentlich der „Norm sozialer Erwünschtheit", die die negative gesellschaftliche Bewertung bestimmter Verhaltensweisen spezifiziert.[5] Gegeben diese Norm, erleiden Befragte vom Typ A Kosten, wie Peinlichkeit und Scham, wenn sie in der direkten Befragung ehrlich antworten oder wenn in der RRT Befragung eine positive Wahrscheinlichkeit vorliegt, dass das heikle Merkmal dem Interviewer offengelegt wird. Dies gilt insbesondere für Face-to-Face Befragungssituationen.

Es gibt diverse Möglichkeiten, soziale Präferenzen und internalisierte Normen in einem spieltheoretischen Modell abzubilden. Da wir uns in diesem Beitrag lediglich auf elementare Modellierungsmethoden konzentrieren möchten, repräsentieren wir diese Konzepte (zunächst für die direkte Befragung) wie folgt:

- *Annahme 1:* Der Befragte nimmt am Interview teil.
- *Annahme 2:* Ob der Befragte das heikle Merkmal A besitzt, ist dessen privates Wissen.
- *Annahme 3a:* Befragte mit dem Merkmal A müssen Kosten $C > 0$ tragen, falls ihre Daten nicht geschützt werden. Befragte des Typs *Nicht-A* tragen dagegen Kosten von $C = 0$. Diese Kosten können (zusätzlich zu materiellen Sanktionen) auch aus Verstößen gegen die „Norm sozialer Erwünschtheit" entstehen.
- *Annahme 3b:* Befragte, die ehrlich antworten (und so entsprechend der „Ehrlichkeitsnorm" konform handeln), erhalten einen Nutzen $U > 0$.
- *Annahme 4:* Der Interviewer (oder die Organisation, die den Interviewer beschäftigt) ist daran interessiert zu erfahren, ob der Befragte das Merkmal A trägt.

---

[5]„Soziale Erwünschtheit" ist ein Urteil darüber, wie ein bestimmtes Merkmal von der Gesellschaft bewertet wird (Groves 1989). Einige Verhaltensweisen werden positiv (z. B. Blutspenden), andere dagegen negativ bewertet (z. B. illegaler Drogenkonsum). Soziale Normen sind dabei die Basis von normativen Bewertungen bzw. Erwünschtheitswahrnehmungen (der sog. „Trait Desirability"; für eine Diskussion siehe Stocké 2007b; Krumpal und Näher 2012). In Umfragen sind Befragte häufig nicht bereit, solche Merkmale offenzulegen, von denen sie glauben, dass diese als sozial unerwünscht bewerten werden, weil sie gegen soziale Normen verstoßen. Im Folgenden verwenden wir den Begriff „Norm sozialer Erwünschtheit" um soziale Normen zu bezeichnen, die spezifizieren welche Merkmale in der Gesellschaft als erwünscht gelten.

- **Annahme 5:** Der Interviewer scheut Aufwand oder hat kein Interesse daran die Daten des Befragten zu schützen. So beträgt die Auszahlung des Interviewers R, wenn er die Daten schützt, und T, wenn er die Daten nicht schützt, wobei wir annehmen, dass $T > R$.

Betrachten wir zunächst die direkte Befragung unter vollständiger Information und unter Berücksichtigung sozialer Normen in Abb. 5. Die Abbildung unterscheidet zwischen zwei Typen von Befragten: Entweder ist $U - C > 0$ oder $U - C < 0$. Es ist offensichtlich, dass eine starke internalisierte Ehrlichkeitsnorm (d. h. eine Verpflichtung in Umfragen ehrlich zu antworten) oder eine nur schwache Norm sozialer Erwünschtheit (d. h. im Fall $U - C > 0$) als Anreiz ehrlich zu antworten notwendig ist, sogar unter pessimistischen Annahmen über die Vertrauenswürdigkeit des Interviewers. Für $U - C > 0$ besteht das eindeutige teilspielperfekte Nash-Gleichgewicht darin, ehrlich zu antworten und die Daten nicht zu schützen.

Proposition 5: Rationale Befragte mit internalisierten Normen der Ehrlichkeit oder sozialer Erwünschtheit antworten in der direkten Befragung genau dann ehrlich, wenn $U - C > 0$ ist.

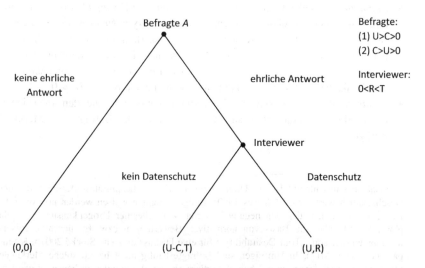

Abb. 5 Befragte Typ A in der direkten Befragung (einfaches Vertrauensspiel mit sozialen Normen). (Quelle: Eigene Darstellung)

Die Einführung von optimistischeren Annahmen in der direkten Befragung führt zu unserem nächsten Ergebnis. Wie oben ausgeführt, nehmen wir an, dass die Wahrscheinlichkeit auf einen vertrauenswürdigen Interviewer zu treffen ungleich null ist:

- *Annahme 1:* Der Befragte nimmt am Interview teil.
- *Annahme 2:* Ob der Befragte das heikle Merkmal A besitzt, ist dessen privates Wissen.
- *Annahme 3a:* Befragte mit dem Merkmal A müssen Kosten $C > 0$ tragen, falls ihre Daten nicht geschützt werden. Befragte des Typs *Nicht-A* tragen dagegen Kosten von $C = 0$. Diese Kosten können (zusätzlich zu materiellen Sanktionen) auch aus Verstößen gegen die „Norm sozialer Erwünschtheit" entstehen.
- *Annahme 3b:* Befragte, die ehrlich antworten (und so entsprechend der „Ehrlichkeitsnorm" konform handeln), erhalten einen Nutzen $U > 0$.
- *Annahme 4:* Der Interviewer (oder die Organisation, die den Interviewer beschäftigt) ist daran interessiert zu erfahren, ob der Befragte das Merkmal A trägt.
- *Annahme 5':* Es gibt zwei Typen von Interviewern: Der eine Typ ist vertrauenswürdig und bereit, die Daten der Befragten zu schützen. Die Auszahlungen betragen R^*, falls die Daten geschützt werden, und T^*, falls der Datenschutz verletzt wird, wobei $R^* > T^*$ ist. Der andere Typ verhält sich opportunistisch, scheut Aufwand oder hat kein Interesse daran die Daten des Befragten zu schützen. Die Auszahlungen betragen hier R, wenn die Daten geschützt, und T, wenn die Daten nicht geschützt werden, wobei wir annehmen, dass $T > R$.
- *Annahme 6:* Befragte (und Interviewer) haben eine gemeinsame a-priori Wahrscheinlichkeitseinschätzung bezüglich der Verteilung beider Typen von Interviewern, sodass ein Anteil vertrauenswürdiger Interviewer μ und ein Anteil opportunistischer Interviewer $(1 - \mu)$ angenommen wird.
- *Annahme 7:* Interviewer kennen ihren eigenen Typ, aber Befragte kennen den Typ des ihnen zugeteilten Interviewers in einer speziellen Interviewsituation nicht. Befragte kennen nur den Parameter μ.

Das Spiel in der direkten Befragung unter unvollständiger Information und unter Berücksichtigung sozialer Normen ist in Abb. 6 dargestellt:

Für einen Befragten vom Typ A können in einer direkten Befragungssituation die folgenden Vorhersagen getroffen werden: Falls die Wahrscheinlichkeit μ den kritischen Wert $\mu^* := 1 - (U/C)$ übersteigt, wird der Befragte eine ehrliche „Ja"-Antwort geben.

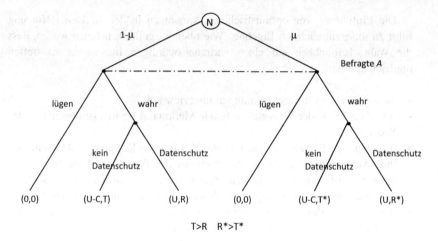

Abb. 6 Unvollständige Informationen in der direkten Befragung für Befragte Typ A (erweitertes Vertrauensspiel mit sozialen Normen). (Quelle: Eigene Darstellung)

Proposition 6: Befragte des Typs A geben in der direkten Befragung genau dann ehrliche Antworten, wenn die Wahrscheinlichkeit der Vertrauenswürdigkeit des Interviewers μ größer als der kritische Wert $\mu^* := 1 - (U/C)$ ist.

Dieses Ergebnis kann wiederum auf die zwei Typen von Befragten bezogen werden: Entweder ist $U - C > 0$ oder $U - C < 0$. Falls $U - C > 0$ wird der Befragte immer ehrlich antworten. Falls $U - C < 0$ ist, dann fällt die Vorhersage des Befragtenverhaltens differenzierter aus (siehe unten).

Wenn wir annehmen, dass C eine monoton steigende Funktion des Sensitivitätsgrades eines Items ist (d. h. der Stärke der zugrunde liegenden Norm sozialer Erwünschtheit) und U unabhängig von diesem Sensitivitätsgrad ist (wir nehmen an, dass U eine Eigenschaft des Befragten ist), dann ergibt sich folgende Hypothese: *Je stärker die intrinsische Motivation ehrlich zu antworten U, und je geringer der Sensitivitätsgrad des Items C ist (d. h. je schwächer die zugrunde liegenden Norm sozialer Erwünschtheit ist), desto höher ist die Wahrscheinlichkeit einer ehrlichen Antwort.* In der direkten Befragung kann die Konformität mit der Ehrlichkeitsnorm durch den Interviewer sofort erkannt werden, falls der Befragte eine selbststigmatisierende „Ja"-Antwort gibt. Entsprechend kann eine „Ja"-Antwort in der direkten Befragung auch als ein starkes Signal an den Interviewer interpretiert werden, dass der Befragte die Ehrlichkeitsnorm hoch bewertet (also stark internalisiert hat). Im Gegensatz dazu wird ein Befragter vom Typ *Nicht-A* in einer direkten Befragung immer eine ehrliche „Nein"-Antwort geben. Abschließend können wir nun über die Einführung von optimistischeren Annahmen über den Typ des Interviewers und dem Vorliegen sozialer Normen die RRT-Situation untersuchen. Hierzu nehmen wir folgendes an:

- *Annahme 1:* Der Befragte nimmt am Interview teil.
- *Annahme 2:* Ob der Befragte das heikle Merkmal A besitzt, ist dessen privates Wissen.
- *Annahme 3a':* Ehrliche Antworten eines Befragten mit heiklem Merkmal A, decken Merkmal A mit $P(A|Ja) > P(A|Nein)$ auf. Falls Merkmal A aufgedeckt wird, tragen Befragte Kosten von $C > 0$. Da das RRT-Design allerdings impliziert, dass die Aufdeckung von A nicht deterministisch sondern probabilistischer Natur ist und vom Grad der Datenschutzes $P(A|Ja) - P(A|Nein)$ abhängt, betragen die erwarteten Kosten einer ehrlichen Antwort $C' := [P(A|Ja) - P(A|Nein)]C$. Entsprechend tragen Befragte mit dem Merkmal A die Kosten $C \gg C' > 0$, falls ihre Daten nicht geschützt werden. Diese Kosten können (zusätzlich zu materiellen Sanktionen) auch aus Verstößen gegen die „Norm sozialer Erwünschtheit" entstehen.
- *Annahme 3b:* Befragte, die ehrlich antworten (und so entsprechend der „Ehrlichkeitsnorm" konform handeln), erhalten einen Nutzen $U > 0$.
- *Annahme 4:* Der Interviewer (oder die Organisation, die den Interviewer beschäftigt) ist daran interessiert zu erfahren, ob der Befragte das Merkmal A trägt.
- *Annahme 5':* Es gibt zwei Typen von Interviewern: Der eine Typ ist vertrauenswürdig und bereit, die Daten der Befragten zu schützen. Die Auszahlungen betragen R^*, falls die Daten geschützt werden, und T^*, falls der Datenschutz verletzt wird, wobei $R^* > T^*$ ist. Der andere Typ verhält sich opportunistisch, scheut Aufwand oder hat kein Interesse daran die Daten des Befragten zu schützen. Die Auszahlungen betragen hier R, wenn die Daten geschützt, und T, wenn die Daten nicht geschützt werden, wobei wir annehmen, dass $T > R$.
- *Annahme 6:* Befragte (und Interviewer) haben eine gemeinsame a-priori Wahrscheinlichkeitseinschätzung bezüglich der Verteilung beider Typen von Interviewern, sodass ein Anteil vertrauenswürdiger Interviewer μ und ein Anteil opportunistischer Interviewer $(1 - \mu)$ angenommen wird.
- *Annahme 7:* Interviewer kennen ihren eigenen Typ, aber Befragte kennen den Typ des ihnen zugeteilten Interviewers in einer speziellen Interviewsituation nicht. Befragte kennen nur den Parameter μ.

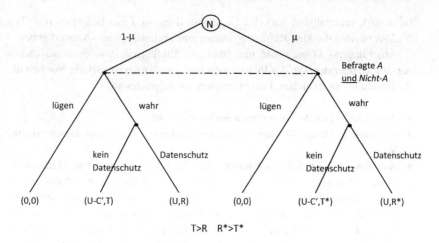

Abb. 7 Unvollständige Informationen mit der RRT für Befragte Typ A und Nicht-A (erweitertes Vertrauensspiel mit sozialen Normen). (Quelle: Eigene Darstellung)

Das Spiel mit der RRT unter unvollständiger Information und unter Berücksichtigung sozialer Normen ist in Abb. 7 dargestellt:

Mit Blick auf die RRT lassen sich für *beide* Typen von Befragten A und *Nicht-A* die folgenden Vorhersagen treffen: Falls die Wahrscheinlichkeit μ den kritischen Wert $\mu^{**} := 1 - (U/C')$ mit $C' := [P(A|Ja) - P(A|Nein)]C$ und $\mu^* > \mu^{**}$ (Annahme: U und C sind konstant über die beiden Befragungsmethoden, direkte Befragung und RRT) übersteigt, werden beide Typen von Befragten die Regeln der RRT befolgen und selbststigmatisierende „Ja"-Antworten geben.

Im Falle von „Ja"-Antworten ist in einer RRT Befragung die Konformität mit der Ehrlichkeitsnorm für den Interviewer nicht direkt erkennbar. Im Vergleich zur direkten Befragung, ist eine ehrliche Antwort für Befragte des Typs A im Sinne subjektiver Sanktionsrisiken und -erwartungen weniger kostspielig (falls der Interviewer opportunistisch ist). Eine „Ja"-Antwort in der RRT Befragung kann außerdem vom Interviewer als ein schwaches Signal interpretiert werden, dass der Befragte die Ehrlichkeitsnorm hoch bewertet.

Proposition 7: Mit der RRT antworten *beide* Typen von Befragten (mit internalisierten Normen) A und *Nicht-A* ehrlich und folgen den RRT-Regeln genau dann, wenn die Wahrscheinlichkeit der Vertrauenswürdigkeit des Interviewers μ größer als der kritische Wert $\mu^{**} := 1 - (U/C')$ ist.

Die Propositionen 6 und 7 führen zu folgender Vorhersage bezüglich der Wahrscheinlichkeit ehrlichen Antwortens: *Die Wahrscheinlichkeit, dass Befragte des Typs A ehrlich antworten, ist (bei konstanten U und C über die beiden Befragungsmethoden) mit der RRT-Methode höher als in der direkten Befragung. Im Gegensatz dazu ist (bei konstanten U und C über die beiden Befragungsmethoden) die Wahrscheinlichkeit, dass Befragte des Typs Nicht-A ehrlich antworten (bzw. den RRT-Regeln folgen) mit der RRT-Methode geringer oder gleich der entsprechenden Wahrscheinlichkeit in der direkten Befragung (abhängig von den Präferenzen des Befragten, d. h. entweder $U - C < 0$ oder $U - C > 0$).*

3.8 Zusammenfassung

Tab. 1 gibt einen zusammenfassenden Überblick über die Bedingungen für ehrliches Antworten unter unvollständiger Information nach Befragtentyp und Befragungsmethode.

Unser Ansatz zeigt, dass rationale Egoisten sogar in RRT-Befragungen nicht ehrlich antworten werden (wenn eine positive Wahrscheinlichkeit vorliegt, dass die Daten nicht geschützt werden, d. h. wenn der Interviewer als nicht vollkommen vertrauenswürdig wahrgenommen wird: $(1 - \mu) > 0$).

Die Einführung von sozialen Präferenzen und Normen in das Modell ist notwendig, um ehrliches Antwortverhalten in Umfragen mit heiklem Inhalt zu erklären. Für Befragte des Typs A mit normativer Orientierung ist die Wahrscheinlichkeit ehrlicher Antworten mit der RRT höher, als in der direkten

Tab. 1 Bedingungen für ehrliche Antworten unter unvollständiger Information nach Befragtentyp und Befragungsmethode

Rationale Befragte mit egoistischer Orientierung	Direkte Befragung	RRT
Befragte Typ A	$\mu = 1$	$\mu = 1$
Befragte Typ *Nicht-A*	Antwortet ehrlich	$\mu = 1$
Rationale Befragte mit normativer Orientierung		
Befragte Typ A	$\mu^* = 1 - (U/C)$	$\mu^{**} = 1 - (U/C')$
Befragte Typ *Nicht-A*	Antwortet ehrlich	$\mu^{**} = 1 - (U/C')$

μ, μ^* und μ^{**} bezeichnen die kritischen Anteilswerte vertrauenswürdiger Interviewer, wobei $\mu^* > \mu^{**}$ ist

Befragung, weil $\mu^{**} = 1 - (U/C') < \mu^* = 1 - (U/C)$ ist. Bei Befragten des Typs *Nicht-A* mit normativer Orientierung ist dagegen die Wahrscheinlichkeit kooperativen Verhaltens (d. h. ehrlich zu antworten bzw. den RRT-Regeln zu folgen) mit der RRT niedriger, als in der direkten Befragung, oder sie ist unter beiden Befragungsmethoden gleich (abhängig von den Präferenzen des Befragten, d. h. entweder $U - C < 0$ oder $U - C > 0$).

4 Diskussion

Im Folgenden sollen einige weiterführende Ideen skizziert werden: Eine mögliche Modellerweiterung könnte darin bestehen nicht mehr anzunehmen, dass U und C über die beiden Befragungsmethoden konstant sind. Stattdessen könnte man annehmen, dass die „Ehrlichkeitsnorm" im RRT-Interview weniger relevant ist als in der direkten Befragung (U und C würden also über die Befragungsmethoden variieren). Da eine spezifische „Ja"- oder „Nein"- Antwort im RRT-Interview keine definitiven Schlüsse über den wahren Status der Befragten erlaubt, ist auch die Konformität mit der Ehrlichkeitsnorm für den Interviewer nicht eindeutig erkennbar (so kann eine „Ja"-Antwort in der RRT Befragung nicht als starkes Signal interpretiert werden, dass der Befragte die Ehrlichkeitsnorm hoch bewertet).

Deshalb sind „Crowding-Out"-Effekte der Ehrlichkeitsnorm im RRT-Interview denkbar. Solche „Crowding-Out"-Effekte könnten durch die ungewöhnliche und komplexe RRT-Prozedur ausgelöst werden; eine Aktivierung von Heuristiken und Normen in sozialen Interaktionen wäre dann nicht mehr zu erwarten. Spezifischer könnte eine anonyme RRT-Interviewsituation (verglichen mit der direkten Befragung) die intrinsische Motivation des Befragten reduzieren ehrlich zu antworten. In diesem Fall könnte man vermuten, dass der kritische Anteilswert $\mu^* = 1 - (U/C)$ nicht mehr notwendigerweise größer als $\mu^{**} = 1 - (U/C')$ ist.

Eine Rational-Choice-Analyse der sozialen Interaktionen in Umfragen mit heiklen Inhalten zeigt, dass die Modellierung normativer Orientierungen notwendig ist, um das Auftreten selbststigmatisierender Antworten zu erklären. Eine komplexere Modellierung könnte sinnvoll sein, um im RRT Interview die relativen Stärken (a) des „Crowding-Out"-Effekts der Ehrlichkeitsnorm und (b) des gegenläufigen Effekts reduzierter Kosten bei Missachtung des Datenschutzes $C - C'$ zu studieren. Dies könnte weitere Klarheit darüber geben, ob man unter RRT-Bedingungen erwarten kann, dass Befragte vom Typ A eine höhere Neigung haben ehrlich zu antworten. Bisherige Validierungsstudien mit Individualdaten zu Befragten des Typs A zeigen, dass die RRT validere Prävalenzschätzungen des heiklen

Merkmals produziert als eine direkte Befragung (Lensvelt-Mulders et al. 2005b). Vor diesem Hintergrund ließe sich für Befragte vom Typ A mutmaßen, dass der Effekt reduzierter Kosten einer Missachtung des Datenschutzes insgesamt relativ stärker ist, als der angenommene „Crowding-Out"-Effekt der Ehrlichkeitsnorm (d. h. dass weiterhin $\mu^* = 1 - (U/C)$>$\mu^{**} = 1 - (U/C')$ gelten würde).

Zudem könnten zukünftige Studien noch stärker ihren Fokus darauf legen, wie sich das RRT-Design auf das Antwortverhalten von Befragten des Typs *Nicht-A* auswirkt und Bedingungen herausarbeiten, unter denen diese den RRT-Regeln folgen. Während für Befragte des Typs *A* die RRT einen Nutzen haben kann, muss dies für Befragte des Typs *Nicht-A* nicht der Fall sein: In unserer Besprechung des bisherigen Forschungsstandes zur RRT wurden Studien angeführt, die Probleme bei der Anwendung der RRT dokumentieren (z. B. die Nichtbefolgung der RRT-Regeln; ausweichende „Nein"-Antworten und negative Prävalenzschätzungen; vgl. Holbrook und Krosnick 2010; Coutts und Jann 2011). Es ist plausibel anzunehmen, dass diese Probleme insbesondere durch Befragte des Typs *Nicht-A* verursacht werden. Dies entspricht auch den Vorhersagen unserer spieltheoretischen Modelle, wonach Befragte des Typs *Nicht-A* mit der RRT Methode eine geringere bzw. gleich hohe (abhängig von den Präferenzen des Befragten, d. h. entweder $U - C < 0$ oder $U - C > 0$, siehe Abschn. 3.7) Wahrscheinlichkeit haben ehrlich zu antworten (bzw. den RRT-Regeln zu folgen) als in der direkten Befragung.

Mit Blick auf die Prävalenzschätzung auf der Grundlage verschiedener Befragungsmethoden vermuten wir, dass bei einer Schätzung von niedrigprävalenten heiklen Merkmalen (z. B. Heroinkonsum) Probleme mit der RRT mit einer höheren Wahrscheinlichkeit auftreten, als bei einer Schätzung von hochprävalenten Merkmalen (z. B. Alkoholkonsum). Dies ist vor allem darauf zurückzuführen, dass im ersteren Fall ein höherer Anteil von Befragten des Typs *Nicht-A* vorliegt, für die ein Einsatz der RRT im Lichte unseres theoretischen Modells weniger von Nutzen ist. In zukünftigen empirischen Studien, die mehrere heikle Merkmale mit unterschiedlich hohen Prävalenzraten untersuchen, könnte diese Hypothese leicht überprüft werden.

Schließlich könnten Nutzen und Möglichkeiten der spieltheoretischen Analyse von Datenerhebungssituationen und Antwortverhalten in Surveys weiter ergründet werden. Der vorliegende Artikel expliziert und diskutiert die theoretischen Grundlagen der Forschung zu sozialer Erwünschtheit im Kontext einer allgemeinen Theorie sozialer Interaktionen. Indem sie den interaktiven Charakter der Interviewsituation explizit berücksichtigt, entwickelt unsere Arbeit bisherige theoretische Erklärungsansätze zum Befragtenverhalten weiter (z. B. parametrischer Modelle des Entscheidungsverhaltens; siehe Esser 1986; Stocké 2007a), die die

Antwortwahl bislang als parametrische Situation unter Risiko und nicht als soziale Interaktion modellierten. Wir denken, dass unser spieltheoretisches Modell zu einem besseren Verständnis der psychologischen Prozesse und sozialen Interaktionen der in den Datenerhebungsprozess involvierten Akteure (Befragte, Interviewer, Survey-Institute) beitragen kann. Schließlich können Survey-Designer unsere Erkenntnisse nutzen, um ihr Umfragedesign zu optimieren, mit dem Ziel qualitativ hochwertige Daten zu generieren.

Anhang: Beweis, dass $P(A|Ja) > P(A|Nein)$

Es gibt zwei Typen von Befragten A (mit heiklem Merkmal) und *Nicht-A* (ohne heikles Merkmal). Der Einfachheit halber werden nur dichotome Items mit den Antwortmöglichkeiten „Ja" oder „Nein" berücksichtigt. Zunächst werden die Bedingungen identifiziert, unter denen $P(A|Ja) > P(A|Nein)$ bzw. $P(NichtA|Nein) > P(NichtA|Ja)$ gilt. Aus dem RRT-Design ergeben sich die folgenden Design–Wahrscheinlichkeiten:

$$P(Ja|A) = 1 - P(Nein|A)$$

und

$$P(Ja|NichtA) = 1 - P(Nein|NichtA)$$

Unter der Annahme, dass alle Befragten den RRT-Regeln folgen, lassen sich mit dem Bayes-Theorem die bedingten Wahrscheinlichkeiten bestimmen, dass gegeben eine bestimmte Antwort, ein Befragter Mitglied der stigmatisierten Gruppe A ist:

$$P(A|Antwort) = \frac{P(A) \cdot P(Antwort|A)}{P(A) \cdot P(Antwort|A) + P(NichtA) \cdot P(Antwort|NichtA)}$$

Hierbei ist $P(A)$ gleich dem unbekannten Populationsanteil π_A mit dem heiklen Merkmal A. Setzt man nun eine spezifische Antwort ein, dann ergibt sich:

$$P(A|Ja) = \frac{P(A) \cdot P(Ja|A)}{P(A) \cdot P(Ja|A) + P(NichtA) \cdot P(Ja|NichtA)}$$

und

$$P(A|Nein) = \frac{P(A) \cdot P(Nein|A)}{P(A) \cdot P(Nein|A) + P(NichtA) \cdot P(Nein|NichtA)}$$

Heikle Fragen und Vertrauen: Erklärungen des ...

Nun muss die Bedingung gefunden werden, unter der $\frac{P(A|Ja)}{P(A|Nein)} \overset{!}{>} 1$ ist: $\frac{P(A|Ja)}{P(A|Nein)} =$

$$= \frac{P(A) \cdot P(Ja|A)}{P(A) \cdot P(Ja|A) + P(NichtA) \cdot P(Ja|NichtA)} \cdot \frac{P(A) \cdot P(Nein|A) + P(NichtA) \cdot P(Nein|NichtA)}{P(A) \cdot P(Nein|A)}$$

$$= \frac{P(A) \cdot P(Ja|A) \cdot P(Nein|A) + P(NichtA) \cdot P(Ja|A) \cdot P(Nein|NichtA)}{P(A) \cdot P(Ja|A) \cdot P(Nein|A) + P(NichtA) \cdot P(Ja|NichtA) \cdot P(Nein|A)} \overset{!}{>} 1 \Leftrightarrow$$

$$\frac{a + P(NichtA) \cdot P(Ja|A) \cdot P(Nein|NichtA)}{a + P(NichtA) \cdot P(Ja|NichtA) \cdot P(Nein|A)} \overset{!}{>} 1 \Leftrightarrow$$

$$P(NichtA) \cdot P(Ja|A) \cdot P(Nein|NichtA) > P(NichtA) \cdot P(Ja|NichtA) \cdot P(Nein|A) \Leftrightarrow$$

$$P(Ja|A) \cdot P(Nein|NichtA) > P(Ja|NichtA) \cdot P(Nein|A)$$

Aus $P(Nein|NichtA) = 1 - P(Ja|NichtA)$ folgt:

$$P(Ja|A) \cdot (1 - P(Ja|NichtA)) > P(Ja|NichtA) \cdot P(Nein|A) \Leftrightarrow$$

$$P(Ja|A) - P(Ja|A) \cdot P(Ja|NichtA) > P(Ja|NichtA) \cdot P(Nein|A) \Leftrightarrow$$

$$P(Ja|A) > P(Ja|NichtA) \cdot P(Nein|A) + P(Ja|A) \cdot P(Ja|NichtA) \Leftrightarrow$$

$$P(Ja|A) > P(Ja|NichtA) \cdot (P(Nein|A) + P(Ja|A))$$

Weil $P(Nein|A) + P(Ja|A) = 1$ ist, ist die folgende Bedingung für $P(A|Ja) > P(A|Nein)$ bzw. $P(NichtA|Nein) > P(NichtA|Ja)$ wahr:

$$P(Ja|A) > P(Ja|NichtA) \text{ und } P(Nein|NichtA) > P(Nein|A)$$

Im RRT-Design enthalten automatische „Ja"- oder „Nein"-Antworten keine Informationen über den Befragten und sind unabhängig von dessen wahren Status bezüglich des heiklen Merkmals.

Sei eine ehrliche Antwort auf eine heikle Frage als Q und eine automatische Antwort als Q' bezeichnet. Zudem nehmen wir an, dass alle Befragten die RRT-Regeln befolgen. Für den Fall, dass das Zufallsexperiment eine automatische Antwort festlegt (mit Wahrscheinlichkeit $1 - p$), ergibt sich:

$$P(Ja|A \cap Q') = P(Ja|NichtA \cap Q') \text{ und } P(Nein|NichtA \cap Q') = P(Nein|A \cap Q').$$

Im Gegensatz dazu, erhalten wir für den Fall, dass das Zufallsexperiment als Ergebnis eine ehrliche Antwort erfordert (mit Wahrscheinlichkeit p):

$$P(Ja|A \cap Q) = P(Nein|NichtA \cap Q) = 1 \text{ und}$$
$$P(Nein|A \cap Q) = P(Ja|NichtA \cap Q) = 0.$$

Somit ist es offensichtlich, dass für jede Auswahlwahrscheinlichkeit $p > 0$ die Bedingungen $P(Ja|A) > P(Ja|NichtA)$ und $P(Nein|NichtA) > P(Nein|A)$ wahr sind.
Folglich sind auch die vorgeschlagenen bayesschen Ungleichungen $P(A|Ja) > P(A|Nein)$ und $P(NichtA|Nein) > P(NichtA|Ja)$ für jede Auswahlwahrscheinlichkeit der heiklen Frage von $p > 0$ (und $0 < P(A) = \pi_A < 1$) wahr. Im RRT-Design lässt sich die Differenz $P(A|Ja) - P(A|Nein)$ als „Grad des Datenschutzes" der RRT interpretieren. Hierbei kann der Grad des Datenschutzes maximiert werden, indem $P(A|Ja)$ und $P(A|Nein)$ möglichst nah beieinander liegend konzipiert werden (siehe auch Ljungqvist 1993 für ähnliche Vorschläge).

Danksagung Die Autorenreihenfolge ist alphabetisch. Wir danken Roger Berger und Max Otto für hilfreiche Hinweise und Vorschläge.

Literatur

Andreoni, J. (1990). Impure altruism and donations to public goods. *The Economic Journal, 100,* 447–464.

Blair, G., Imai, K., & Zhou, Y.-Y. (2015). Design and analysis of the randomized response technique. *Journal of the American Statistical Association, 110,* 1304–1319.

Boruch, R. F. (1971). Assuring confidentiality of responses in social research. A systematic analysis. *The American Psychologist, 26,* 413–430.

Buskens, V., & Raub, W. (2002). Embedded trust. Control and learning. In E. J. Lawler & S. R. Thye (Hrsg.), *Advances in Group Processes* (S. 167–202). Bingley: Emerald Group Publishing Limited.

Camerer, C. F. (2003). *Behavioral game theory. Experiments in strategic interaction.* New York: Russell Sage Foundation.

Coleman, J. S. (1990). *Foundations of social theory.* Cambridge: The Belknap Press of Harvard University Press.

Couper, M. P., Singer, E., Conrad, F., & Groves, R. (2008). Risk of disclosure, perceptions of risk, and concerns about privacy and confidentiality as factors in survey participation. *Journal of Official Statistics, 24,* 255–275.

Coutts, E., & Jann, B. (2011). Sensitive questions in online surveys. Experimental results for the randomized response technique (rrt) and the unmatched count technique (UCT). *Sociological Methods and Research, 40,* 169–193.

Coutts, E., Jann, B., Krumpal, I., & Näher, A. F. (2011). Plagiarism in student papers. Prevalence estimates using special techniques for sensitive questions. *Jahrbücher für Nationalökonomie und Statistik, 231,* 749–760.

Cryuff, M., van den Hout, A., van der Heijden, P. G., & Böckenholt, U. (2007). Log-linear randomized-response models taking self-protective response behavior into account. *Sociological Methods and Research, 36,* 266–282.

Diekmann, A. (2004). The power of reciprocity. *The Journal of Conflict Resolution, 48,* 487–505.

Dixit, A., Skeath, S., & Reiley, D., Jr. (2009). *Games of strategy* (3. Aufl.). New York: W.W. Norton & Company.

Esser, H. (1986). Können Befragte lügen? Zum Konzept des „wahren Wertes" im Rahmen der handlungstheoretischen Erklärung von Situationseinflüssen bei der Befragung. *Kölner Zeitschrift für Soziologie und Sozialpsychologie, 38,* 314–336.

Esser, H. (1990). „Habits", „Frames" und „Rational Choice". Die Reichweite von Theorien der rationalen Wahl (am Beispiel der Erklärung des Befragtenverhaltens). *Zeitschrift für Soziologie, 19,* 231–247.

Fehr, E., & Gächter, S. (2000). Fairness and retaliation. *Journal of Economic Perspectives, 14,* 159–181.

Fox, J. A., & Tracy, P. E. (1986). *Randomized response. A method for sensitive surveys.* Beverly Hills: Sage.

Gouldner, A. W. (1960). The norm of reciprocity. *A Preliminary Statement. American Sociological Review, 25,* 161–178.

Groves, R. M. (1989). *Survey errors and survey costs.* New York: Wiley.

Groves, R. M., Singer, E., & Corning, A. (2000). Leverage-saliency theory of survey participation. Description and an illustration. *Public Opinion Quarterly, 64,* 299–308.

Höglinger, M., & Jann, B. (2018). More is not always better. An experimental individual-level validation of the randomized response technique and the crosswise model. *PLoS ONE, 13,* 1–22.

Höglinger, M., Jann, B., & Diekmann, A. (2016). Sensitive questions in online surveys: An experimental evaluation of different implementations of the randomized response technique and the crosswise model. *Survey Research Methods, 10,* 171–187.

Holbrook, A. L., & Krosnick, J. A. (2010). Measuring voter turnout by using the randomized response technique. Evidence calling into question the method's validity. *Public Opinion Quarterly, 74,* 161–178.

Jann, B., Krumpal, I., & Wolter, F. (Hrsg.). (2019). *Social desirability bias in surveys. Collecting and analyzing sensitive data. Special issue of methods, data, analyses (MDA).* Mannheim: GESIS.

John, L. K., Loewenstein, G. F., Acquisti, A., & Vosgerau, J. (2018). When and why randomized response techniques (fail to) elicit the truth. *Organizational Behavior and Human Decision Processes, 148,* 101–123.

Kirchner, A. (2015). Validating sensitive questions. A comparison of survey and register data. *Journal of Official Statistics, 31,* 31–59.

Krumpal, I. (2010). Sensitive questions and measurement error. Using the randomized response technique to reduce social desirability bias in CATI surveys. Dissertation: Universität Leipzig.

Krumpal, I. (2012). Estimating the prevalence of xenophobia and anti-semitism in Germany. *Social Science Research, 41,* 1387–1403.

Krumpal, I. (2013). Determinants of social desirability bias in sensitive surveys. *Quality & Quantity, 47,* 2025–2047.

Krumpal, I., & Näher, A.-F. (2012). Entstehungsbedingungen sozial erwünschten Antwortverhaltens. Eine experimentelle Studie zum Einfluss des Wordings und des Kontexts bei unangenehmen Fragen. *Soziale Welt, 63,* 65–89.

Krumpal, I., Jann, B., Auspurg, K., & von Hermanni, H. (2015). Asking sensitive questions. A critical account of the randomized response technique and related methods. In U. Engel, B. Jann, P. Lynn, A. Scherpenzeel, & P. J. Sturgis (Hrsg.), *Improving survey methods* (S. 122–136). New York: Routledge, Taylor & Francis Group.

Landsheer, J. A., van der Heijden, P. G. M., & van Gils, G. (1999). Trust and understanding, two psychological aspects of randomized response. *Quality & Quantity, 33*, 1–12.

Lensvelt-Mulders, G. J., Hox, J. J., & van der Heijden, P. G. M. (2005a). How to improve the efficiency of randomized response designs. *Quality & Quantity, 39*, 253–265.

Lensvelt-Mulders, G. J., Hox, J. J., van der Heijden, P. G. M., & Mass, C. J. (2005b). Meta-analysis of randomized response research. Thirty-five years of validation. *Sociological Methods and Research, 33*, 319–348.

Ljungqvist, L. (1993). A unified approach to measures of privacy in randomized response models. A utilitarian perspective. *Journal of the American Statistical Association, 88*, 97–103.

Ostapczuk, M., Musch, J., & Moshagen, M. (2009). A randomized-response investigation of the education effect in attitudes towards foreigners. *European Journal of Social Psychology, 39*, 920–931.

Rasinski, K. A., Willis, G. B., Baldwin, A. K., Yeh, W. C., & Lee, L. (1999). Methods of data collection, perceptions of risks and losses, and motivation to give truthful answers to sensitive survey questions. *Applied Cognitive Psychology, 13*, 465–484.

Singer, E. (2011). Toward a benefit-cost theory of survey participation. Evidence, further tests, and implications. *Journal of Official Statistics, 27*, 379–392.

Stem, D. E., & Steinhorst, R. K. (1984). Telephone interview and mail questionnaire applications of the randomized response model. *Journal of the American Statistical Association, 79*, 555–564.

Stocké, V. (2007a). The interdependence of determinants for the strength and direction of social desirability bias in racial attitude surveys. *Journal of Official Statistics, 23*, 493–514.

Stocké, V. (2007b). Determinants and consequences of survey respondents' social desirability beliefs about racial attitudes. *Methodology, 3*, 125–138.

Tourangeau, R., & Yan, T. (2007). Sensitive questions in surveys. *Psychological Bulletin, 133*, 859–883.

Tutic, A., & Voss, T. (2020). Trust and game theory. Mimeo. In Simon, J. (Hrsg.), The routledge handbook on the philosophy of trust. New York: Taylor and Francis.

Voss, T. (1998). Vertrauen in modernen Gesellschaften. Eine spieltheoretische Analyse. In R. Metze & K. Mühler (Hrsg.), *Der Transformationsprozess* (S. 91–129). Leipzig: Universitätsverlag.

Warner, S. L. (1965). Randomized response. A survey technique for eliminating evasive answer bias. *Journal of the American Statistical Association, 60*, 63–66.

Weissman, A. N., Steer, R. A., & Lipton, D. S. (1986). Estimating illicit drug use through telephone interviews and the randomized response technique. *Drug and Alcohol Dependence, 18*, 225–233.

Wolter, F., & Preisendörfer, P. (2013). Asking sensitive questions. An evaluation of the randomized response technique versus direct questioning using individual validation data. *Sociological Methods and Research, 42*, 321–353.

Krumpal, Ivar PD Dr., Universität Leipzig, Institut für Soziologie, Beethovenstr. 15, D-04107 Leipzig, krumpal@sozio.uni-leipzig.de, Forschungsschwerpunkte: Survey Methodologie, Normen und soziale Erwünschtheit, Devianz und Kriminalität, Arbeitsmarkt- und Wirtschaftssoziologie.

Voss, Thomas Prof. Dr., Universität Leipzig, Institut für Soziologie, Beethovenstr. 15, D-04107 Leipzig, voss@rz.uni-leipzig.de, Forschungsschwerpunkte: Theoretische Soziologie und Theoriegeschichte.

Teil II
Methoden und Experimente

Let's Ask About Sex: Methodological Merits of the Sealed Envelope Technique in Face-to-Face Interviews

Felix Wolter and Peter Preisendörfer

> **Abstract**
>
> When it comes to deviant behavior and other sensitive topics, respondents in surveys tend either to refuse answering such sensitive questions or to tailor their answers in a socially desirable direction. This occurs by underreporting on negatively connoted behaviors or attitudes and by overreporting on positively connoted ones (be it deliberately or undeliberate). Thus, prevalence estimates of deviant traits are biased. Moreover, if the tendency to misreport is related to influencing factors of the deviant behavior or attitude under investigation, the correlations are biased as well.
>
> In order to tackle the problems of nonresponse and misreporting to sensitive questions, survey methodology has come up with several special questioning techniques which mostly aim at anonymizing the interview situation and in doing so, to impose less burden on respondents when answering sensitive questions. Among the oldest proposed techniques is the sealed envelope technique (SET) for face-to-face interviews: Respondents are asked to fill out the

---

This research was conducted within the projects "Asking Sensitive Questions: Possibilities and Limits of Randomized Response and Other Techniques in Different Survey Modes", and "Sensitive Questions and Social Desirability: Theory and Methods", both supported by the German Research Foundation DFG (Priority Program SPP 1292, Grant PR 237/6-1 and Grant WO 2242/1-1).

F. Wolter (✉) · P. Preisendörfer
Johannes Gutenberg-Universität Mainz, Mainz, Germany
E-Mail: felix.wolter@uni-mainz.de

P. Preisendörfer
E-Mail: preisendoerfer@uni-mainz.de

© Springer Fachmedien Wiesbaden GmbH, ein Teil von Springer Nature 2020
I. Krumpal und R. Berger (Hrsg.), *Devianz und Subkulturen*, Kriminalität und Gesellschaft, https://doi.org/10.1007/978-3-658-27228-9_5

"sensitive part" of the interview on a self-administered ballot and to seal it in a secret envelope that the interviewer does not open personally.

The aim of our paper is to investigate whether SET has methodological advantages as compared to classic direct questioning (DQ). The data stem from a "sensitive topic survey" among University students in the City of Mainz (Germany, n = 578). The sensitive questions selected for this evaluation pertain to sexual experiences and behavior.

Results show that—compared to direct questions—the sealed envelope technique has some advantages: It reduces misreporting of sensitive behavior; in particular, it helps certain subgroups (e.g. religious people) to overcome subjective barriers in answering sensitive questions accurately; it diminishes item nonresponse; and it lowers subjective feelings of uneasiness of interviewers and respondents when it comes to sensitive issues. The general conclusion is that the sealed envelope technique seems to be a helpful tool in gathering less biased data about sensitive behavior.

Keywords

Survey methodology · Sensitive questions · Social desirability · Response bias · Sealed envelope technique · Sexual behavior

Schlüsselwörter

Umfragemethoden · Heikle Fragen · Soziale Erwünschtheit · Antwortverzerrung · Sealed envelope technique · Technik des verschlossenen Kuverts · Sexualverhalten

1   Introduction

Research on deviant behaviors or attitudes with survey data often raises problems of measurement validity. Since deviant traits, to varying degrees, conflict with existing social norms and/or pertain to private issues, many respondents have reservations about disclosing personal information about them in survey interviews. Consequently, they tend either to refuse answering such sensitive questions at all or to tailor their answers in a socially desirable direction. This occurs by underreporting on negatively connoted behaviors or attitudes and by overreporting on positively connoted ones (be it deliberate or undeliberate). Thus, prevalence estimates of deviant traits are biased by the degree of response bias. Moreover, if the tendency to misreport is related to factors influencing the deviant behavior or attitude under investigation, the correlations between these influence factors and the sensitive items are biased as well.

Speaking more generally, sensitive questions in surveys pertain to personal, secret, socially frowned upon or illegal behavior, attitudes or personal characteristics. Obtaining valid answers to such questions is still a difficult endeavor, although numerous studies have explored possibilities of "Asking the Embarrassing Question" (Barton 1958) since the very beginning of survey research. Lee (1993, p. 3) notes that the difficulties generated by sensitive topics "tax the methodological ingenuity of social scientists" and "have produced a range of methodological innovations." Studies on how best to ask sensitive questions are therefore valuable for survey methodology in general in that they can stimulate creative approaches to other survey problems and provide evidence on the effectiveness of new survey techniques.

Looking at the literature about sensitive questions in surveys (Lee 1993; Barnett 1998; Tourangeau and Yan 2007; Krumpal 2013; Wolter 2012; Jann et al. 2019), we can see that the research agenda is characterized by two areas of discussion: (1) The first area deals with conceptual and theoretical issues of research about sensitive topics. Typical questions include: What are sensitive questions, how can we define them? Which attributes of questions and answers are responsible for the perception of sensitivity? Under what conditions and to what extent can we expect response biases? Are there changes over time in the degree of sensitivity of certain topics, and differences between (sub–) cultures? (2) A second line of research focuses on specific methods and techniques of how to obtain more accurate, less distorted answers to sensitive questions—compared to direct questioning. These techniques range from wording and framing techniques (e.g., Cantril 1940; Tourangeau and Smith 1996); sealed envelopes (Perry 1979) and vignettes (Auspurg and Hinz 2014) to randomized response (Fox and Tracy 1986) and item count techniques (Droitcour et al. 1991; Wolter and Laier 2014). Of course, these techniques can be used in different survey modes (face-to-face, telephone, mail, internet), resulting in mode effects.

Embedded in this broader field of research, the present article has a restricted scope. It is confined to one technique in one mode, namely the sealed envelope technique (SET) in face-to-face interviews. Far from being new, SET is a fairly traditional technique of collecting sensitive data (Barton 1958; Sudman and Bradburn 1974, 1982; Perry 1979; De Leeuw 2001; Krosnick et al. 2002). Nevertheless (and in contrast to other procedures such as wording/framing or randomized response), detailed methodological reports about experiences with this technique are surprisingly rare (see, however, Makkai and McAllister 1992; Becker and

Günther 2004; Becker 2006; Benson 1941; Aquilino 1998; Rasinski et al. 1999). Based on this deficit, it seems worthwhile to enlarge our knowledge about the possible merits of SET.

The usual procedure in applying SET is as follows: When it comes to one or more sensitive topics in the course of a face-to-face interview, the interviewer stops and begins to explain that based on the content of the questionnaire a particular problem of confidentiality may arise at this point. To guarantee anonymity, the questions will not be asked and answered orally but in writing. The respondents are given a separate sheet of paper or a separate short questionnaire, asked to fill it out by themselves, and then seal it in an envelope which only the final researcher is allowed to open, not the interviewer.

The general idea behind this procedure is to avoid invalid answers by the interviewee caused by the direct interaction with the interviewer. Based on a rational choice perspective of survey response behavior (see, e.g., Esser 1991; Tourangeau et al. 2000, pp. 281–284; Stocké 2007b, 2004; Wolter 2012), we can expect respondents to decide answering questions in a way that reduces potential costs, threats and risks to themselves. In the case of sensitive questions, such costs and threats encompass invasion of privacy, disclosure to third parties, and—probably most importantly—disapproval from the interviewer (Lee 1993, pp. 3–11; Tourangeau et al. 2000, pp. 257–259). Respondents are interested in making a good impression to the interviewer and in avoiding answers possibly inducing the image of being a "bad guy". Consequently, they do not lie "just for fun," but in a way and moving in a direction that can be predicted by subjective expected utility theory.[1] Assuming that answering survey questions is a goal-directed, instrumentally rational selection between response options, the overall prediction is that interviewees tend to underreport socially undesirable behaviors and to overreport socially expected ones. Not only the respondent, but also the interviewer is interested in a smooth interview relationship. Sensitive questions therefore present a similar threat to the interviewer. Empirical studies have shown that response distortions for sensitive questions often have more to do with the interviewer's discomfort or worries that asking the question will be problematic than with discomfort of the respondent (Bradburn and Sudman 1979, chap. 4; Schnell 1997, pp. 274–275; Hox and De Leeuw 2002; Biemer and Lyberg 2003, p. 180; Schnell

---

[1]With respect to social desirability bias, rational choice theory focuses on three determinants of this type of misreporting (Stocké 2007b): 1) respondents' social desirability (SD) beliefs, i.e. their perceptions of which answer is socially expected, 2) respondents' need for social approval, and 3) respondents' feeling of privacy in the interview situation.

and Kreuter 2005). The baseline assumption behind SET is that its application makes it easier both for the interviewer and the interviewee, because both parties do not have to speak about and openly interact about socially undesirable behavior. This results in the working hypothesis: The more threatening—for the total population or for certain subgroups of respondents—a question is, the more useful in comparison to direct questioning SET will be.

To examine this hypothesis, the present article refers to sexual behaviors such as coital frequency or masturbation, a classic field of sensitive topic research (Tourangeau et al. 1997; Tourangeau and Smith 1996). At least some of these behaviors can be judged as potentially deviant acts, e.g., a very high or low number of lifetime sexual partners, or sexual infidelity. Based on a survey with 578 students of the University of Mainz (Germany), SET answers will be compared to direct questioning (DQ) answers, i.e. answers given in response to conventional direct questions. The main criterion for the comparison and for the evaluation of SET is the presumed under- or overreporting bias. To what extent is SET successful in alleviating misreporting associated with direct questions? The response bias problem will be addressed using simple descriptive as well as multivariate analyses. In doing so, we rely on the "more (less) is better" assumption, meaning that for socially undesirable (desirable) behaviors, higher (lower) prevalence estimates are considered being more valid. Besides the under- or overreporting criterion, some additional and supplementary criteria will be used to evaluate the merits of SET, namely item-nonresponse rates, respondents' subjectively perceived uneasiness in answering the sex items, and—on a qualitative basis—the interviewers' discomfort when posing these questions.

Section 2 presents the study design and variables of the empirical analyses. Sect. 3 first presents the descriptive findings with respect to the prevalence of different sexual behaviors in a mode-comparing perspective (DQ vs. SET). Second and using multivariate regression analyses, we investigate whether factors influencing the sexual behaviors are different for the two question modes. Sect. 4 will address results regarding nonresponse and respondents' and interviewers' uneasiness. The article ends with a short conclusion in Sect. 5.

2 Study Design

The data used in this article stem from a teaching research project in a one-year seminar on social research methods. In October and November 2007, a group of 578 students of the University of Mainz were interviewed by 47 seminar participants. The interviews were face-to-face, and the average interview duration was about 30 minutes. The 578 interviews resulted from a random sample of 1,508 addresses drawn from the student registration office of the University of Mainz. About 34,000 students were registered at the University of Mainz in 2007. Not all students, however, had a chance of being included in the sample because we imposed two restrictions: The students selected by the registration office had to be "regular students" (not short-term guest students, doctoral students, etc.) and students living in the City of Mainz (not students from outside, i.e. from other towns and villages in the Rhine/Main metropolitan area).[2] Each of the 47 seminar participants received 30 addresses, and the instruction was that s/he should complete 15 interviews. The amount of work put in and the success of the student interviewers varied: some did not use all their addresses, others required additional addresses, and the majority completed less than the target number of 15 interviews. When we ignore unused addresses and other addresses not belonging to the target population (e.g. university dropouts), the overall response rate is 43%.

In the initial step, the students selected received a personal letter informing them about the study, asking them to participate, and announcing the visit of an interviewer (whose name, phone number and e-mail address were provided). This invitation letter introduced the survey under the heading "Campus and Beyond" and explained that student life on campus and in the City of Mainz will be the content of the interview. It also cautiously mentioned that the questionnaire will touch sensitive topics "which people often don't like to talk about." In fact, the interview could be categorized as a "sensitive topic survey", i.e. most question modules focused on sensitive topics. It is possible that this reference to sensitive questions induced some students to refuse to participate, and hence caused a self-selection bias. It can be assumed, however, that this bias is of restricted relevance, because students are a population group which is relatively open and tolerant with respect to discussing controversial topics, including sensitive ones.

There were two versions of the questionnaire: In the DQ version, all sensitive questions were asked directly. In the "indirect version", different techniques to ask several sensitive topics were applied. Besides wording/framing techniques

---

[2]A third restriction imposed by the registration office was that the students selected were born between May and October. The interviewers did not know about this restriction and asked for the month (and year) of birth in their interviews. This enabled a check of interviewer reliability. Only three interviewers reported birth months outside the May-October range. The field work of these three interviewers was checked thoroughly, but without confirmation of serious cheating.

Let's Ask About Sex: Methodological Merits ...   129

(used for questions about drug abuse and petty criminal behavior) and the randomized response technique (used to gather information about cheating in the university system), the indirect version used SET to investigate sexual experiences and behaviors of the respondents. As mentioned above, the SET results will be the subject of this paper.[3] The overall expectation was that for socially undesirable (desirable) traits, the indirect SET version would result in higher (lower) prevalence estimates than the DQ version. With the initial objective of having one third direct and two thirds indirect interviews, the interviewers were randomly assigned to conduct direct or indirect interviews. The final outcome was that 211 (37%) of all 578 interviews were direct interviews and 367 (63%) indirect ones.[4] Concerning response rates (unit nonresponse), no significant differences could be observed between direct and indirect interviews.

Even though most questions were sensitive, almost all respondents successfully finished the interview (only 4 break-offs). As in most surveys, the crucial barriers of participation were first that the addressees were not at home and could never be reached, and secondly that they refused to participate at all, i.e. did not even start the interview. With respect to the 578 final respondents, the interviewers had the impression that their willingness to cooperate was "high" in 90% of cases, "moderate" in 9% and "low" in 1% of cases. Furthermore, on a 5-digit scale (ranging from 1 = completely unreliable to 5 = completely reliable) the interviewers rated the answers of 89% of the respondents as "reliable" or "completely reliable."

The "sex module" of the questionnaire was located near the end of the interview (prior to the closing socio-demographic questions). It covered 20 questions, but only seven of them can be qualified as core sensitive questions. The other questions served as an introduction, were tailored to restricted subgroups, or had other special purposes in the interview process.[5] The interviewers of the SET

---

[3]Wording/framing techniques did not make much difference to direct questioning in general; the randomized response procedure used in our survey proved to deliver inconsistent and implausible results (for descriptive findings, see Preisendörfer 2008).

[4]Each of the 47 interviewers had an interviewer number. The randomization procedure used this number to determine which type of interview (direct/indirect) an interviewer had to conduct. This assignment of interviewers to questionnaire versions includes the risk to confound interviewer attributes and treatment (direct/indirect), but the randomization should control for this.

[5]For example, questions on whether respondents live in a regular partnership or what they consider important for living in a partnership ("love", "fun", "freedom", etc.).

application had an envelope marked "Confidential." Inside this envelope was a short questionnaire containing the questions on sexuality issues. The interviewers handed this envelope to the respondent and gave the following instructions: "May I ask you to take the separate short questionnaire out of this envelope, to fill out this questionnaire by yourself, and to put it back into the envelope. Then, you can close and seal the envelope. I am not allowed to open it; this can only be done by a research fellow at the sociology institute who doesn't know you. This arrangement guarantees your anonymity, i.e. all your answers will remain strictly confidential." Table 1 depicts the question wording of the seven sex questions and a question on respondents' uneasiness which was posed at the end of the interview. In the DQ and SET version the questions were identical in layout and wording.

Table 1 Question Wordings: Dependent Variables

Item	Wording
Sexual partners (lifetime)	"How many different sexual partners have you had in your lifetime so far? If you do not remember this exactly, please try to give an estimation."
Age of first sex	"At which age did you have sex for the first time?"
Coital frequency (last 4 weeks)	"In the last four weeks, how many times have you had sexual intercourse? If you do not remember this exactly, please try to give an estimation."
One-night stand (ever)	"Concerning your sexual experiences, have you ever had a one-night stand?" (with answers yes/no)
Sexual infidelity in current/last relationship (ever)	"In the time of your current (last) partnership, have you ever had an outside sexual affair? An outside sexual affair means that you had sex with a person other than your current (last) life partner" (with answers yes/no)
Homosexual contact (ever)	"Have you ever had a homosexual sexual contact?" (with answers yes/no)
Masturbation (often, very often)	"Although scientific studies show that more than 80 percent of all men and more than 60 percent of all women masturbate, most people don't like to talk about this. Nevertheless, we would like to know: How often do you masturbate?" (with answers very often, often, sometimes, seldom, never)
Respondent uneasiness	"How uneasy did you personally feel in answering our questions about sexual experiences and behavior?" (with a 10-digit scale from 1 = not uneasy at all to 10 = very uneasy)

In our multivariate analyses, effects of some relevant covariates on the sexual behaviors will be investigated. These independent variables and their distributions are given in Table 2. Gender, age, and partnership (whether the respondent currently has a regular life partner) have been selected as independent variables because they constitute indispensable basics of all research about sexual behavior (e.g., Jasso 1985; Tourangeau et al. 1997). Religious affiliation is intended to capture a conservative worldview. Because many religions address sexual issues and impose—to varying degrees—explicit and often strict norms regarding sexual behavior, a strong religious affiliation might both affect the true sexual behavior of people and raise reservations of telling about sexuality and/or reporting negatively connoted sexual behavior in survey interviews. The last indicator, partying habits, are seen as a mixed indicator of personal needs as well as situational opportunities for sexual experiences. The distributions by question format in Table 2 show some (marginally) significant differences for age, partnership, and religiousness. Hence, the randomization did not work perfectly well; the amount of the differences, however, is not very strong.

Table 2 Independent Variables

	DQ		SET		Diff: χ^2 or t	n
	Mean	SD	Mean	SD		
Gender (1 = female)	57.8		58.9		0.06	578
Age (years)	24.6	3.6	25.4	3.9	2.23*	575
Partnership (1 = yes)	53.6		61.0		3.04+	575
Religiousness [1...5]	2.3	1.2	2.5	1.2	1.69+	575
Party affinity [1...5]	2.6	0.9	2.5	1.0	0.99	576

Depicted are mean values and standard deviations for metric items and percent values for binary ones. Differences by question mode were tested for by using t-test for metric items and χ^2-tests for binary items. Question wording of (1) religiousness: "To which degree do you feel religious, that is, connected to religious ideas and religious bodies of thought?" with answers very strong, strong, partly, little, not at all (answers recoded into 1 = not at all to 5 = very strong). (2) Party affinity: "How often do you go to university parties?" with answers very often, often, sometimes, rarely, never (answers recoded into 1 = never to 5 = very often).
DQ = direct questioning, SET = sealed envelope technique.
*+: p<0.1; *: p<0.05*

3 Results 1: Prevalence Estimates and Determinants of Sexual Behaviors by Question Mode

Table 3 shows prevalence estimates and inference statistics for the seven sexual behavior items by question mode DQ versus SET. Concerning the number of sexual partners in their lifetime to date, no significant difference can be observed between DQ and SET with respect to the mean values. Nevertheless, an inspection of the frequency distributions (not documented) reveals two interesting details: (1) The slightly higher mean in the SET version is mainly caused by two outliers reporting 100 sexual partners. It may be that the anonymity of the sealed envelope prompted these two persons (one man and one woman) to have a joke, but it may also be that the SET made it easier to report such promiscuity.[6] (2) The above-mentioned finding stimulated the hypothesis that there is an inverted u-shaped relation between the number of sexual partners and social desirability (SD). Whereas a low and a high number of sexual partners are "sensitive answers," a moderate number fits social norms and expectations (for further empirical studies on such non-monotonic, inverted u-shaped patterns of social desirability beliefs, see Stocké and Hunkler 2007). This hypothesis is indirectly supported by comparing the DQ and SET distributions: Recoding the number of sexual partners pragmatically as low (0–2 partners), moderate (3–6 partners) and high (7 or more partners) yields a DQ distribution of 31%, 43%, and 26%, and a SET distribution of 35%, 34%, and 31% ($\chi^2 = 4.8$, $p = 0.091$). Hence, the moderate answer is clearly less pronounced in the SET version, and this allows the interpretation that SET seems to reduce the tendency to give answers in accordance with social desirability. This is furthermore confirmed if we generate a dummy variable indicating whether a very low (0–2) or high (>6) number of sexual partner was reported: This supposedly negatively connoted behavior is significantly more often reported in SET mode (see Table 3), with a difference of about nine percentage points.

The item "age of first sex" shows a significant difference between DQ and SET. In the latter group, respondents report having had their first sex at nearly one year later than in the DQ group. This finding is robust also if some outliers

---

[6]From further inspection of the two cases it is difficult to tell whether the reported 100 sex partners are plausible values, misreporting, or a coding error.

Let's Ask About Sex: Methodological Merits ... 133

Table 3 Prevalence Estimates of Sexual Behaviors by Question Mode

		DQ (n = 211)	SET (n = 367)	Diff.: t or χ^2
Sexual partners (lifetime)	Median:	4.0	4.0	
	Mean:	5.9	6.6	0.94
	Low or high:	56.9	66.2	4.78*
Age of first sex	Median:	17	17	
	Mean:	17.0	17.9	4.06***
	>17 years:	31.2	48.8	16.26***
Coital frequency (last 4 weeks)	Median:	3.0	3.0	
	Mean:	4.7	5.0	0.51
	Low or high:	57.2	54.6	0.36
One-night stand (ever)		53.8	49.3	1.09
Sexual infidelity in current/last relationship (ever)		12.5	10.5	0.49
Homosexual contact (ever)		14.8	18.5	1.25
Masturbation	Median:	3.0	3.0	
	Mean:	2.6	3.0	3.52***
	Often, very often:	14.6	29.4	15.38***
Global test: all items		34.4	39.8	3.44***

Depicted are median and mean values for metric items and percent values for binary ones. Differences by question mode were tested for by using t-test for metric items and χ^2-tests for binary items. See the main text body for an explanation of the global test. DQ direct questioning, SET sealed envelope technique.
*: $p < 0.05$; ***: $p < 0.001$

are deleted. If we compare the prevalence of students reporting having had no intercourse before the age of 18, the difference is even more striking: While in DQ mode, only 31% of the respondents say so, 49% report this in SET mode.

No significant differences between DQ and SET can be found in Table 3 for the four items "coital frequency in the last four weeks," "one-night stand," "sexual infidelity" in the current or, if there was no current partnership, in the last partnership and "homosexual contact." Although the two maxima of coital frequency (27 and 30) are reported in the SET version (one obviously wrong value of 300 reported intercourses within the last four weeks was deleted), the means are very similar. Furthermore, the additional finding (2) for the number of sexual partners does not hold for coital frequency. About one third of the students interviewed did not have any intercourse in the last four weeks, mainly because they did not live in a partnership.[7] Half of the students report one-night stands, over 10% confess sexual infidelity in partnerships, and around 15% can look back at homosexual experiences.

Finally, and significantly, DQ and SET yield percentages of masturbation which clearly differ. In DQ mode, 14.6% admit to masturbating often or very often, as compared to 29.4% in SET mode, i.e. the percentage value doubles. This can be qualified as an important advantage of SET, because prior empirical research on the degree of sensitivity of different behaviors shows that masturbation is a highly sensitive topic. In an often-quoted sensitivity "hitlist" by Bradburn and Sudman (1979, p. 17), for example, masturbation ranks first. The Bradburn/Sudman list refers to the US population and is rather old, but we are convinced that the top rank of masturbation also applies to our sample of German students. Indeed, for the other items in Table 3 (from sexual partners to homosexual contacts) it could be argued that their sensitivity is lower, nonlinear (as for the number of sexual partners) or even that these are not at all sensitive. Masturbation, however, is undoubtedly a sensitive issue (see again Bradburn and Sudman 1979; Tourangeau and Yan 2007 for more data supporting our claim).

We furthermore conducted a global test by testing all seven items at once for mode differences. For the variables "lifetime sexual partners", "age of first sex", and "coital frequency", the dummy variables (see Table 3) were used for this purpose. Hence, all variables were coded in a way that indicates the assumed socially undesirable answer (e.g., having had a very low or high number of sexual partners and coital frequency etc.). The global test was carried out by stacking the data into long format and adjusting the standard errors for the clustering by respondent (using the Stata routine suest). The test yields a mean DQ-SET difference of 5.4% points, which is significant. Hence, we conclude that the overall result is that SET is helpful in alleviating underreporting to sensitive questions on sexual behavior.

In a second step, we conducted multivariate regression models with the seven sexual behaviors as dependent variables and the above introduced respondent characteristics as independent variables. First, we saw from Table 2 that the randomization between experimental groups did not work perfectly well; hence, we are going to look at the SET effect after controlling for other variables. Second,

---

[7]Confined to those living in a partnership, the mean of coital frequency in the last four weeks goes up to 8, and this corresponds with values obtained from other studies of coital frequency in partnership relations (e.g., Jasso 1985).

these other determinants of the respective sexual behaviors may be of different strength in the SET and DQ settings. The underlying hypothesis is that SET may have special merits for certain subgroups of respondents. To report a specific sexual behavior can be more problematic for certain segments of the population, for example for women (Smith 1992) or religious people (see above); and hence SET could be particularly helpful for these people.[8]

Three regression models are estimated for each of the seven behaviors. An initial model is run for the whole sample including a dummy for question format (SET vs. DQ). This model yields the baseline effects of the covariates for the whole sample. Furthermore, this enables us to compare the bivariate treatment effect of SET (Table 3) with the one if other potential influence factors are held constant. Naturally, because of the experimental design, we would not expect any differences here; but because the experimental groups vary by some sociodemographic variables (Table 2), this might occur in our case. In a second step, separate models are run for the DQ and SET group. This will help to examine whether gender, age, partnership, etc. have different effects in the two question modes, i.e., whether there are interaction effects between question mode and the independent variables. The p–values of the corresponding significance tests for interactions are given in the last column of Tables 4, 5, 6, 7, 8, 9 and 10, which present the regression results. Tables 4, 5 and 6 and 10 report OLS-regressions, Tables 7, 8 and 9 binary logistic regressions. The two dependent variables "number of sexual partners in lifetime" and "coital frequency in the last four weeks" were transformed into logarithmic values because their distributions are heavily skewed.

Looking at the full models in Tables 4, 5, 6, 7, 8, 9 and 10, we find a confirmation of the bivariate result that SET makes a significant difference in response behavior in the case of age of first sex and masturbation. In SET mode, respondents report an older age of first sex and a higher masturbation frequency. No SET effect is found for the remaining sexual behaviors; this includes the number of lifetime sexual partners, for which no bivariate effect was found for the metric coding of the variable, but for the dummy coding only.

---

[8]Within research on social desirability, empirical studies have shown that often there is no consensus regarding which answer to a behavioral or attitudinal question is socially expected, i.e. corresponds to normative expectations (Stocké 2007a, b; Stocké and Hunkler 2007). Based on this finding of heterogeneous "SD beliefs," it is only a short step to the assumption that SET effects vary for different subgroups of the population.

Table 4 Determinants of the Number of Lifetime Sexual Partners (OLS Regressions)

	All	DQ	SET	P(Diff.)
SET (1 = yes)	0.02 (0.12)			
Female (1 = yes)	0.36* (2.18)	0.43 (1.61)	0.34 (1.63)	p = 0.78
Age (years)	0.12*** (5.40)	0.18*** (5.12)	0.08** (3.03)	p = 0.03*
Partnership (1 = yes)	0.63*** (3.81)	0.61* (2.26)	0.62** (2.99)	p = 0.96
Religiousness [1...5]	−0.29*** (4.17)	−0.45*** (3.80)	−0.21* (2.41)	p = 0.11
Party affinity [1...5]	0.52*** (5.92)	0.50*** (3.34)	0.52*** (4.84)	p = 0.92
Constant	−3.13*** (4.67)	−4.37*** (4.07)	−2.43** (2.84)	
Adj. R^2	0.13	0.20	0.10	
N	555	196	359	

Depicted are unstandardized regression coefficients and t-values in parentheses. The dependent variable has been transformed into logarithmic values.
DQ = direct questioning, SET = sealed envelope technique.
*: $p < 0.05$; **: $p < 0.01$; ***: $p < 0.001$

The second row of Tables 4, 5, 6, 7, 8, 9, and 10 shows the gender effects. Being female is associated with reporting more sexual partners in one's lifetime than being male.[9] No significant gender differences can be observed for the age of first sex, coital frequency, one-night stands, and sexual infidelity. Significantly more women than men say that they have had homosexual experiences. Finally,

---

[9]This finding clearly contradicts other empirical studies having found that men report more sexual partners than women (Smith 1992; Tourangeau et al. 1997; Liljeros et al. 2001). We may speculate that our special sample of German university students could be responsible for this result. A widespread hypothesis about sex reporting is that men have a tendency towards overreporting whereas women have a tendency towards underreporting (Tourangeau et al. 1997, p. 355; Krumpal et al. 2018). However, in a recent study, Krumpal et al. (2018) do not find a clear pattern of gender-specific over- and underreporting of lifetime sexual partners, too.

Let's Ask About Sex: Methodological Merits ... 137

Table 5 Determinants of Age of First Sex (OLS Regressions)

	All	DQ	SET	P(Diff.)
SET (1 = yes)	0.74**			
	(3.20)			
Female (1 = yes)	−0.18	−0.36	−0.10	p = 0.57
	(0.79)	(1.17)	(0.33)	
Age (years)	0.12***	0.09*	0.14***	p = 0.43
	(4.15)	(2.14)	(3.51)	
Partnership (1 = yes)	−0.99***	−0.84**	−1.07***	p = 0.64
	(4.40)	(2.68)	(3.48)	
Religiousness [1...5]	0.40***	0.43**	0.38**	p = 0.80
	(4.11)	(3.17)	(2.93)	
Party affinity [1...5]	−0.53***	−0.34+	−0.60***	p = 0.32
	(4.37)	(1.92)	(3.77)	
Constant	15.12***	15.41***	15.66***	
	(16.40)	(11.98)	(12.61)	
Adj. R^2	0.14	0.12	0.12	
N	557	198	359	

Depicted are unstandardized regression coefficients and t-values in parentheses.
DQ = direct questioning, SET = sealed envelope technique.
+: $p < 0.1$; *: $p < 0.05$; **: $p < 0.01$; ***: $p < 0.001$

masturbation is much more common for men than for women, and this pattern is significantly better revealed in SET mode. In DQ mode, 27%, 48%, and 25% of male students answer that they never/seldom, sometimes, often/very often masturbate; these percentages change to 15%, 35%, and 50% in SET mode. The corresponding distributions for women amount to 43%, 50%, and 7% (via DQ), and 46%, 40%, and 14% (via SET). Going from DQ to SET, changes for men are bigger than those for women, and thus we can conclude that SET is particularly helpful for men to communicate about masturbation.[10]

---

[10]We also checked for interaction effects between the respondent's and interviewer's gender. We did not find any significant interaction effects with the exception of masturbation: If the interviewer is female and in SET mode only, the negative effect for female respondents is less pronounced as compared to a male interviewer.

Table 6 Determinants of Coital Frequency in the Last Four Weeks (OLS Regressions)

	All	DQ	SET	P(Diff.)
SET (1 = yes)	−0.04 (0.16)			
Female (1 = yes)	−0.25 (0.95)	−0.05 (0.12)	−0.39 (1.14)	p = 0.53
Age (years)	−0.01 (0.29)	−0.02 (0.42)	−0.01 (0.07)	p = 0.79
Partnership (1 = yes)	5.67*** (21.59)	6.22*** (15.59)	5.34*** (15.49)	p = 0.11
Religiousness [1...5]	−0.21+ (1.90)	−0.28 (1.62)	−0.17 (1.16)	p = 0.63
Party affinity [1...5]	0.41** (2.94)	0.72** (3.20)	0.27 (1.49)	p = 0.13
Constant	−4.62*** (4.30)	−5.35*** (3.33)	−4.31** (3.04)	
Adj. R^2	0.46	0.57	0.40	
N	557	200	357	

Depicted are unstandardized regression coefficients and t-values in parentheses. The dependent variable has been transformed into logarithmic values.
DQ = direct questioning, SET = sealed envelope technique.
*+: $p < 0.1$; **: $p < 0.01$; ***: $p < 0.001$*

The third row of Tables 4, 5, 6, 7, 8, 9 and 10 informs us about the age effects. According to Table 4, older students report more lifetime sexual partners than younger ones, which is no surprising result. This pattern is clearly more pronounced in DQ than in SET mode. Hence, in the direct face-to-face situation older students seem to overreport the diversity of their sexual life. This interpretation is supported by looking at the probability of one-night stands. Again, older students report more of them, but only in the DQ version; the difference vis-à-vis SET is significant with $p = 0.05$. There is also a significant positive age effect with respect to the age of first sex. For coital frequency, sexual infidelity, homosexual contacts and masturbation, age effects are insignificant.

Regarding partnership, i.e. whether the respondent is currently living in a partnership or not, several results are interesting in Tables 4, 5, 6, 7, 8, 9 and 10. Those currently in a partnership can look back to more sexual partners in their life to date. This is of course just a descriptive result; the causal relationship is

Let's Ask About Sex: Methodological Merits ...   139

Table 7 Determinants of One-Night Stand (Binary Logistic Regressions)

	All	DQ	SET	P(Diff.)
SET (1 = yes)	−0.16 (0.89)			
Female (1 = yes)	0.12 (0.66)	0.24 (0.79)	0.05 (0.24)	p = 0.62
Age (years)	0.07** (2.92)	0.15** (3.02)	0.04 (1.25)	p = 0.05+
Partnership (1 = yes)	−0.14 (0.81)	−0.58+ (1.88)	0.09 (0.40)	p = 0.08+
Religiousness [1...5]	−0.26*** (3.36)	−0.37** (2.76)	−0.2*1 (2.21)	p = 0.33
Party affinity [1...5]	0.37*** (3.81)	0.42* (2.46)	0.33** (2.84)	p = 0.67
Constant	−1.95** (2.63)	−3.48* (2.52)	−1.37 (1.51)	
Adj. R^2	0.04	0.09	0.03	
N	568	207	361	

Depicted are unstandardized logit coefficients and z-values in parentheses.
DQ = direct questioning, SET = sealed envelope technique.
*+: $p < 0.1$; *: $p < 0.05$; **: $p < 0.01$; ***: $p < 0.001$*

probably the other way round, meaning that past sexual experience (which in turn may be influenced by variables like attractivity) positively affects the probability of living in a partnership today. Not surprisingly, they also have a higher coital frequency in the last four weeks. The partnership effect in Table 6 is overwhelmingly strong, and, based on this effect, the explained variance of these models is much better than in the other models. Although the difference is not significant (p = 0.11), the regression coefficient of partnership is higher in DQ than in SET format. It can be assumed that it is socially expected that partners have regular intercourse, and this norm probably triggers an overreporting of coital frequency by respondents with a regular life partner. Hence, the lower SET coefficient is probably a better estimate of the true value. There are also significant effects of a partnership for the age of first sex; respondents living in a regular partnership report having had their first sex being roughly one year younger than singles. For sexual infidelity, the partnership effects are not significant. Regarding one-night stands, homosexual contacts, and masturbation, there are significant differences

Table 8 Determinants of Sexual Infidelity in Current/Last Partnership (Binary Logistic Regressions)

	All	DQ	SET	P(Diff.)
SET (1 = yes)	−0.16 (0.56)			
Female (1 = yes)	−0.31 (1.13)	−0.27 (0.62)	−0.36 (0.99)	p = 0.88
Age (years)	0.01 (0.03)	−0.05 (0.77)	0.03 (0.65)	p = 0.32
Partnership (1 = yes)	−0.27 (0.97)	−0.35 (0.80)	−0.24 (0.66)	p = 0.84
Religiousness [1...5]	−0.06 (0.47)	−0.10 (0.47)	−0.04 (0.27)	p = 0.84
Party affinity [1...5]	0.18 (1.22)	0.22 (0.91)	0.17 (0.88)	p = 0.86
Constant	−2.01+ (1.74)	−0.71 (0.36)	−2.88* (1.97)	
Adj. R^2	0.01	0.02	0.01	
N	540	199	341	

Depicted are unstandardized logit coefficients and z-values in parentheses.
DQ = direct questioning, SET = sealed envelope technique.
*+: $p < 0.1$; *: $p < 0.05$*

between DQ and SET (although at 10% levels only). Here, the response pattern is such that the partnership effects in DQ mode reflect an underreporting of one-night stands, homosexual contact, and masturbation; all of which being supposedly socially undesirable for respondents living in a regular partnership (even if the behavior pertains to something that has happened before the actual partnership). We can draw the conclusion that SET is particularly helpful for those living in a partnership to give more valid answers to sensitive questions pertaining to sexual behavior.

Similarly, SET makes it easier for religious people to communicate honestly about their own sexual behavior. This can be seen in the fifth row of Tables 4, 5, 6, 7, 8, 9 and 10. For each behavioral item, the DQ effects of religiosity are negative (except age of first sex, where it is, as suspected, positive) and, hence, are in line with the supposed direction of social desirability for religious people (which consists in not or not too exceedingly perform the respective sexual behaviors). The SET effects do not change from minus to plus, but all SET effects

Let's Ask About Sex: Methodological Merits ... 141

Table 9 Determinants of Homosexual Contact (Binary Logistic Regressions)

	All	DQ	SET	P(Diff.)
SET (1 = yes)	0.27 (1.08)			
Female (1 = yes)	1.08*** (4.05)	1.39** (2.83)	0.97** (3.03)	p = 0.47
Age (years)	−0.02 (0.65)	−0.07 (0.93)	−0.01 (0.39)	p = 0.52
Partnership (1 = yes)	0.62* (2.49)	−0.06 (0.15)	0.97** (2.97)	p = 0.05+
Religiousness [1...5]	−0.15 (1.49)	−0.49* (2.40)	−0.04 (0.30)	p = 0.06+
Party affinity [1...5]	−0.09 (0.74)	−0.08 (0.34)	−0.11 (0.71)	p = 0.91
Constant	−1.75+ (1.74)	0.16 (0.08)	−2.07+ (1.76)	
Adj. R^2	0.06	0.09	0.07	
N	572	209	363	

Depicted are unstandardized logit coefficients and z-values in parentheses.
DQ = direct questioning, SET = sealed envelope technique.
*+: p < 0.1; *: p < 0.05; **: p < 0.01; ***: p < 0.001*

are lower in size than the DQ effects, and significantly so for homosexual contact and masturbation (on a 10% level). Thus, although the reduction in SET is not significant for the rest of the items, the consistency of the change pattern can be qualified as a finding in favor of SET. This is furthermore confirmed when a global test of the religiousness effects across all items is conducted. Similar to the procedure of the global test in Table 3, metric variables were coded into dummies (the dummy for "age of first sex" now indicating a young age, less than 18 years) and the data transformed into long format. Two logistic regression models using standard errors adjusted for clustering by respondent yield an overall DQ effect of religiousness of −0.15 (p = 0.001), and an overall SET effect of religiousness of −0.02 (p = 0.579, n.s.). The difference between the effects (difference-in-differences) is significant with z = 2.22 and p = 0.026.

Focusing on students who like to go to university parties, the sensitivity assumption of the sex questions may be more problematic than for those who do not go to parties. It could be argued that many party girls and boys hold values that are in favor of a liberal sexual lifestyle. Such a more liberal lifestyle shows up in Tables 4, 5, 6, 7, 8, 9 and 10 in the form that "party persons" report more

Table 10 Determinants of Masturbation Frequency (OLS Regressions)

	All	DQ	SET	P(Diff.)
SET (1 = yes)	0.34*** (4.06)			
Female (1 = yes)	−0.75*** (9.22)	−0.45*** (3.59)	−0.91*** (8.74)	p = 0.01**
Age (years)	0.01 (0.63)	0.02 (1.44)	−0.01 (0.35)	p = 0.19
Partnership (1 = yes)	−0.16+ (1.95)	−0.34** (2.71)	−0.06 (0.61)	p = 0.10+
Religiousness [1…5]	−0.11** (3.16)	−0.20*** (3.66)	−0.07 (1.56)	p = 0.07+
Party affinity [1…5]	0.05 (1.21)	0.10 (1.40)	0.02 (0.36)	p = 0.39
Constant	3.11*** (9.34)	2.70*** (5.27)	3.77*** (8.79)	
Adj. R^2	0.18	0.15	0.18	
N	553	198	355	

Depicted are unstandardized regression coefficients and t-values in parentheses. The dependent variable "masturbation frequency" is measured on a 5-digit scale from 1 = never to 5 = very often.
DQ = direct questioning, SET = sealed envelope technique.
*+: $p < 0.1$; **: $p < 0.01$; ***: $p < 0.001$*

sexual partners in their lifetime, a younger age of first sex, a higher intercourse frequency in the last four weeks, and more one-night stands. Comparing DQ and SET effects, the findings in Table 6 suggest that in the DQ setting party persons tend to declare more sex than they really have, but this speculation does not find further support in the light of the other behavioral items.

4   Results 2: Additional Findings

Besides the main evaluation criterion whether SET contributes to a reduction of the supposed underreporting bias of sensitive behavior in general and for special subgroups, this section will present results on three additional evaluation criteria: 1) the level of item nonresponse, 2) the level of respondent's uneasiness, and 3) the level of interviewer's uneasiness.

Let's Ask About Sex: Methodological Merits ... 143

A widespread assumption with respect to sensitive questions is that respondents refuse to answer such questions (e.g., Lensvelt-Mulders 2008). This results in missing values, and because these missings are not "at random", estimates of population prevalences are confronted with an additional difficulty. Previous research has shown, however, first, that for many sensitive topics, item nonresponse is surprisingly low (Wolter and Herold 2018; Preisendörfer and Wolter 2014; Wolter and Laier 2014), and, second, that the level of item nonresponse cannot be taken as a good indicator of the degree of sensitivity of a topic. Item nonresponse to the income question, for instance, is usually much higher than nonresponse to sex questions like the number of sexual partners in a person's lifetime or coital frequency in the last four weeks (Tourangeau et al. 2000, pp. 260–264). We will nevertheless explore whether item-nonresponse presents a problem regarding the sex questions, and, in case it does, whether SET is helpful in reducing it. Table 11 shows the results for the seven sex items under investigation.

In line with prior research, item nonresponse is generally low. The highest value is about 7% for the number of sexual partners in DQ mode. Based on their level of nonresponse, the seven items can be grouped into two clusters: number of sexual partners, age of first sex, coital frequency, and masturbation with above average nonresponse rates, and one-night stands, sexual infidelity, and

Table 11 Item-Nonresponse by Question Mode

	DQ (n = 211)	SET (n = 367)	Diff: χ^2 or t
Sexual partners (lifetime)	6.6	1.6	10.03**
Age of first sex	5.7	1.6	7.29**
Coital frequency (last 4 weeks)	4.7	2.2	2.91+
One-night stand (ever)	1.4	1.1	0.12
Sexual infidelity in current/last relationship (ever)	0.5	0.0	1.70
Homosexual contact (ever)	0.5	0.8	0,23
Masturbation	5.7	2.7	3.21+
Average number of missing values [0...7]	0.25	0.10	2.32*

Depicted are percent values and mean values in the last row. Differences by question mode were tested for by using χ^2-tests and t-tests (last row).
DQ = direct questioning, SET = sealed envelope technique.
*+: p < 0.1; *: p < 0.05; **: p < 0.01*

F. Wolter und P. Preisendörfer

Table 12 Respondents' Subjectively Perceived Uneasiness when Answering Sensitive Sex Questions

Level of uneasiness	DQ (n = 211)	SET (n = 367)
Low	52.6	67.6
Moderate	37.4	28.0
High	10.0	4.4
Diff: χ^2	15.0***	

Depicted are percent values.
DQ = direct questioning, SET = sealed envelope technique.
***: p < 0.001

homosexual contacts with below average rates.[11] The expectation that SET is associated with lower refusal rates is also confirmed. The DQ-SET differences are significant at least on a ten percent level for four of the items. The average number of missing values over the six items (empirical range 0–6) is 0.25 for DQ and 0.1 for SET, and this again is a significant difference. Hence, the overall result regarding nonresponse is again in favor of SET, which is in line with the findings of the previous section.

A further evaluation criterion of the virtues of SET are feelings of uneasiness on the part of the respondents when being asked about intimate topics like sexual behaviors. According to the theoretical remarks in Sect. 1, SET can be seen as a device that aims at reducing the level of respondents' uneasiness by allowing more privacy. At the end of our questionnaire, we attempted to ascertain whether SET was actually successful in reaching this aim. Using the above (Table 1) presented indicator of respondents' subjectively perceived degree of uneasiness when answering the sensitive questions, Table 12 presents the recoded frequency distributions for DQ and SET. The level of uneasiness is not exceedingly high in both question modes. Nevertheless, the difference between DQ and SET is highly significant in the predicted direction. The same holds if we do not recode the 10-digit scale and compare the mean values which amount to 3.8 in DQ and to

---

[11]Note that the questions concerning one-night stands, sexual infidelity and homosexual contacts are formulated with the frame "ever engaged in." Such a frame is normally less threatening than the frame "currently engaged in." Moreover, these questions are simple yes/no questions as opposed to the other questions which ask—in a more demanding manner—for numbers and frequencies.

Let's Ask About Sex: Methodological Merits ... 145

2.9 in SET mode, respectively (t = 4.79, p < 0.001). Therefore, in line with expectations, SET reduces the level of interviewee's feelings of discomfort.

With regard to the last criterion "level of interviewer's uneasiness," only selective qualitative findings can be described. These consist in impressions gained in group discussions within the seminar in which the study was carried out. Based on the finding of prior research that sensitive questions are sometimes more a problem for interviewers than for interviewees (see Sect. 1), the expectation was that interviewers prefer the SET to the DQ procedure. This expectation was already supported in the process of assigning interviewers to the two modes. Assignment was at random (see Sect. 2), and, given the results of the assignment procedure, none of the interviewers in the SET group but several interviewers in the DQ group began to articulate objections and suggested allowing voluntary group changes. This means that DQ interviewers anticipated more difficulties and inconveniences than SET interviewers. And indeed, these anticipations did find justification. In seminar discussions after the field work, more DQ than SET interviewers said that they did not feel good when it came to discussing sex, that they had to give additional explanations, excuses, allow rough estimates, and so on. Nevertheless, as mentioned already in Sect. 2, unit nonresponse did not significantly differ between DQ and SET.

5 Conclusion

On the basis of the findings presented in this study, we can conclude that SET seems to have some merits in face-to-face interviews as compared to conventional direct questions. It is helpful in alleviating misreporting, especially for highly sensitive topics (like masturbation); it is a special help for certain subgroups of respondents (like religious people or people living in a partnership); it reduces item-nonresponse; and it lowers the level of uneasiness on the side of the interviewer and the respondents.

Of course, this study has limitations. The three most evident are: First, it is confined to the area of sexual behavior and, thus, leaves out sensitive topics in other areas. We also did not elaborate how sexual issues relate to the more general field of deviant behavior. Second, our sample is restricted to university students in one single German city; hence, inference to any type of general population is not possible. Given the fact that most parts of our questionnaire touched sensitive topics ("sensitive topic survey"), it was surprising how unproblematic the field work of the survey was. It can be assumed that ordinary people will see sex questions (such as those used in our survey) more skeptically than students. This means that the average level of sensitivity of the same questions would be higher, and the prediction would be that SET would be even more advantageous than in our survey. Whether this prediction holds remains to be investigated in future work. Third, we based our argumentation on the "more-is-better" (or "less-is-better", depending on the direction of social desirability) assumption. This is because we are lacking true values of the sexual behaviors investigated in our study—which could have been provided by external individual validation data. Such data, however, are usually very difficult to acquire. Hence, even if our SET estimates point into the assumed direction as compared to their DQ counterparts, they might still miss the true values. All in all, the results of this study should be taken as evidence in favor of SET without claiming that SET is the all-time perfect and trouble-free device solving all problems related to sensitive questions.

One general objection against SET could be that its merits simply reflect the advantages of self-administered mail or web surveys (greater belief in anonymity and confidentiality, no interviewer effects).[12] This is partly true, but to switch completely to a self-administered mail or web surveys does not necessarily seem to be good advice for sensitive topics. A "sensitive topic survey" (like ours) via mail or web would probably have a low response rate, i.e. unit nonresponse would be high. Furthermore, via mail or web, control over the response situation would be lower (who answered the questions, how serious the answers are). SET makes sense for face-to-face surveys only. For this type of survey, it incorporates the merits of self-administration without losing the advantages of face-to-face interviews.

References

Aquilino, W. S. (1998). Effects of interview mode on measuring depression in younger adults. *Journal of Official Statistics, 14*(1), 15–29.
Auspurg, K., & Hinz, T. (2014). *Factorial survey experiments (quantitative applications in the social sciences 175)*. Thousand Oaks: Sage.
Barnett, J. (1998). Sensitive questions and response effects: An evaluation. *Journal of Managerial Psychology, 13*(1–2), 63–76.

---

[12]With respect to sex questions, Tourangeau et al. (1997), for example, have demonstrated that self-administered questions (SAQs) produce higher levels of reporting. See, for example, Tourangeau and Yan (2007); Wolter (2012, pp. 57–61) for literature reviews regarding the effects of self-administration (and other survey modes) on response behavior.

Let's Ask About Sex: Methodological Merits ...   147

Barton, A. H. (1958). Asking the embarrassing question. *Public Opinion Quarterly, 22*(1), 67–68.

Becker, R. (2006). Selective responses to questions on delinquency. *Quality & Quantity, 40*(4), 483–498.

Becker, R., & Günther, R. (2004). Selektives Antwortverhalten bei Fragen zum delinquenten Handeln. Eine empirische Studie über die Wirksamkeit der „sealed envelope technique" bei selbst berichteter Delinquenz mit Daten des ALLBUS 2000. *ZUMA-Nachrichten, 54,* 39–59.

Benson, L. E. (1941). Studies in secret-ballot technique. *Public Opinion Quarterly, 5*(1), 79–82.

Biemer, P. P., & Lyberg, L. E. (2003). *Introduction to survey quality.* Hoboken: Wiley-Interscience.

Bradburn, N. M., & Sudman, S. (1979). *Improving interview method and questionnaire design. Response effects to threatening questions in survey research.* San Francisco: Jossey-Bass.

Cantril, H. (1940). Experiments in the wording of questions. *Public Opinion Quarterly, 4*(2), 330–332.

De Leeuw, E. D., & Edith, D. (2001). Reducing missing data in surveys: An overview of methods. *Quality & Quantity, 35*(2), 147–160.

Droitcour, J., Caspar, R. A., Hubbard, M. L., Parsley, T. L., Visscher, W., & Ezzati, T. M. (1991). The item count technique as a method of indirect questioning: A review of its development and a case study application. In P. P. Biemer, R. M. Groves, L. E. Lyberg, N. A. Mathiowetz, & S. Sudman (Hrsg.), *Measurement errors in surveys* (S. 185–210). New York: Wiley.

Esser, H. (1991). Die Erklärung systematischer Fehler in Interviews: Befragtenverhalten als „rational choice". In R. Wittenberg (Hrsg.), *Person—Situation—Institution—Kultur. Günter Büschges zum 65. Geburtstag* (S. 59–78). Berlin: Duncker & Humblot.

Fox, J. A., & Tracy, P. E. (1986). *Randomized response. A method for sensitive surveys:* Vol. 07–058. *Sage university paper series on quantitative applications in the social sciences.* Newbury Park: Sage.

Hox, J. J., & Leeuw, E. D. D. (2002). The influence of interviewers' attitude and behavior on household survey nonresponse: An international comparison. In R. M. Groves, D. A. Dillman, J. L. Eltinge, & R. J. A. Little (Hrsg.), *Survey nonresponse* (S. 103–120). New York: Wiley.

Jann, B., I. Krumpal, & F. Wolter (Ed.). (2019). *Social desirability bias in surveys—collecting and analyzing sensitive data:* vol. 13. mda—Methods, Data, Analyses.

Jasso, G. (1985). Marital coital frequency and the passage of time: Estimating the separate effects of spouses' ages and marital duration, birth and marriage cohorts, and period influences. *American Sociological Review, 50*(2), 224–241.

Krosnick, J. A., Holbrook, A. L., Berendt, M. K., Carson, R. T., Michael Hanemann, W., Kopp, R. J., Mitchell, R. C., Presser, S., Ruud, P. A., Smith, V. K., Moody, W. R., Green, M. C., & Conaway, M. (2002). The impact of „no opinion" response options on data quality. Non-attitude reduction or an invitation to satisfice? *Public Opinion Quarterly, 66*(3), 371–403.

Krumpal, I. (2013). Determinants of social desirability bias in sensitive surveys: A literature review. *Quality & Quantity, 47*(4), 2025–2047.

Krumpal, I., Jann, B., Korndörfer, M., & Schmukle, S. C. (2018). Item sum double-list technique: An enhanced design for asking quantitative sensitive questions. *Survey Research Methods, 12*(2), 91–102.

Lee, R. M. (1993). *Doing research on sensitive topics*. Thousand Oaks: Sage.

Lensvelt-Mulders, G. J. L. M. (2008). Surveying sensitive topics. In E. D. de Leeuw, J. J. Hox, & D. A. Dillman (Hrsg.), *International handbook of survey methodology* (S. 461–478). New York: Lawrence Erlbaum.

Liljeros, F., Edling, C. R., Nunes, L. A., Eugene Amaral, H., & Aberg, Y. (2001). The web of human sexual contacts. *Nature, 411*, 907–908.

Makkai, T., & McAllister, I. (1992). Measuring social indicators in opinion surveys: A method to improve accuracy on sensitive questions. *Social Indicators Research, 27*(2), 169–186.

Perry, P. (1979). Certain problems in election survey methodology. *Public Opinion Quarterly, 43*(3), 312–325.

Preisendörfer, P. (2008). *Heikle Fragen in mündlichen Interviews: Ergebnisse einer Methodenstudie im studentischen Milieu* (unpublished manuscript). Mainz: Johannes Gutenberg-Universität Mainz.

Preisendörfer, P., & Wolter, F. (2014). Who is telling the truth? A validation study on determinants of response behavior in surveys. *Public Opinion Quarterly, 78*(1), 126–146.

Rasinski, K. A., Willis, G. B., Baldwin, A. K., Yeh, W., & Lee, L. (1999). Methods of data collection, perceptions of risks and losses, and motivation to give truthful answers to sensitive survey questions. *Applied Cognitive Psychology, 13*(5), 465–484.

Schnell, R. (1997). *Nonresponse in Bevölkerungsumfragen. Ausmaß, Entwicklung und Ursachen*. Opladen: Leske + Budrich.

Schnell, R., & Kreuter, F. (2005). Separating interviewer and sampling-point effects. *Journal of Official Statistics, 21*(3), 389–410.

Smith, T. W. (1992). Discrepancies between men and women in reporting number of sexual partners: A summary from four countries. *Social Biology, 39*(1–2), 203–211.

Stocké, V. (2004). Entstehungsbedingungen von Antwortverzerrungen durch soziale Erwünschtheit. Ein Vergleich der Rational-Choice Theorie und des Modells der Frame-Selektion. *Zeitschrift für Soziologie, 33*(4), 303–320.

Stocké, V. (2007a). Determinants and consequences of survey respondents' social desirability beliefs about racial attitudes. *Methodology, 3*(3), 125–138.

Stocké, V. (2007b). The interdependence of determinants for the strength and direction of social desirability bias in racial attitude surveys. *Journal of Official Statistics, 23*(4), 493–514.

Stocké, V., & Hunkler, C. (2007). Measures of desirability beliefs and their validity as indicators for socially desirable responding. *Field Methods, 19*(3), 313–336.

Sudman, S., & Bradburn, N. M. (1974). *Response effects in surveys: A review and synthesis*. Chicago: Aldine.

Sudman, S., & Bradburn, N. M. (1982). *Asking questions. A practical guide to questionnaire design*. San Francisco: Jossey-Bass.

Tourangeau, R., Rasinski, K., Jobe, J. B., Smith, T. W., & Pratt, W. F. (1997). Sources of error in a survey on sexual behavior. *Journal of Official Statistics, 13*(4), 341–365.

Tourangeau, R., Rips, L. J., & Rasinski, K. A. (2000). *The psychology of survey response*. Cambridge: Cambridge University Press.

Let's Ask About Sex: Methodological Merits … 149

Tourangeau, R., & Smith, T. W. (1996). Asking sensitive questions. The impact of data collection mode, question format, and question context. *Public Opinion Quarterly, 60*(2), 275–304.

Tourangeau, R., & Yan, T. (2007). Sensitive questions in surveys. *Psychological Bulletin, 133*(5), 859–883.

Wolter, F. (2012). *Heikle Fragen in Interviews. Eine Validierung der Randomized Response-Technik.* Wiesbaden: Springer VS.

Wolter, F., & Herold, L. (2018). Testing the item sum technique (ist) to tackle social desirability bias. *SAGE Research Methods Cases.* doi:http://dx.doi.org/10.4135/9781526441928.

Wolter, F., & Laier, B. (2014). The effectiveness of the item count technique in eliciting valid answers to sensitive questions. An evaluation in the context of self-reported delinquency. *Survey Research Methods, 8*(3), 153–168.

Wolter, Felix Dr., Institut für Soziologie, Johannes Gutenberg-Universität Mainz, Jakob-Welder-Weg 12, D-55128 Mainz, felix.wolter@uni-mainz.de. Forschungsschwerpunkte: Methoden der empirischen Sozialforschung, Sozialstruktur und soziale Ungleichheit, Kompetenzdiagnostik, Rational-Choice- und Spieltheorie.

Preisendörfer, Peter Prof. Dr., Institut für Soziologie, Johannes Gutenberg-Universität Mainz, Jakob-Welder-Weg 12, D-55128 Mainz, preisendoerfer@uni-mainz.de, Forschungsschwerpunkte: Organisations- und Arbeitsmarktforschung, Sozialwissenschaftliche Umweltforschung, Methoden der empirischen Sozialforschung.

Die Person Sum Technique: Ein neues Instrument zur Erhebung quantitativer heikler Items

Justus Junkermann

Zusammenfassung

Die Person Sum Technique (PST) ist ein neues Befragungsinstrument zur Erhebung quantitativer, sensitiver Fragen. Sie funktioniert analog zu anderen Instrumenten, wie der Person Count Technique (PCT) und der Item Sum Technique (IST). Die Befragten werden zufällig in zwei Gruppen aufgeteilt – die Short und die Long List. In der Short List wird ein quantitavier Wert von zwei Bekannten des Befragten erhoben. Der Befragte gibt als Antwort die addierten Werte. In der Long List werden die Werte von zwei Bekannten und dem Befragten selbst auf die gleiche Art erhoben. Somit kann aus der Antwort nicht auf den wahren Wert des Befragten geschlossen werden. Durch die Differenz des Durchschnitts der Long und Short List erhält man einen Schätzung für den Mittelwert der heiklen Frage.

Um dieses neue Instrument zu testen wurde in einem Online-Survey ein Sample (N = 252) aus Studenten der Uni Mainz und der Uni Leipzig genutzt. Die Ergebnisse zeigen, dass die PST keine höheren Schätzungen liefert als direktes Fragen.

Keywords

Person Sum Technique · Item Sum Technique · Item Count Technique · Sensitive Questions · Social Desirability

---

J. Junkermann (✉)
Johannes Gutenberg Universität Mainz, Mainz, Deutschland
E-Mail: j.junkermann@uni-mainz.de

© Springer Fachmedien Wiesbaden GmbH, ein Teil von Springer Nature 2020
I. Krumpal und R. Berger (Hrsg.), *Devianz und Subkulturen,* Kriminalität und Gesellschaft, https://doi.org/10.1007/978-3-658-27228-9_6

> **Schlüsselwörter**
> Heikle Fragen · Soziale Erwünschtheit

1 Das Problem sozialer Erwünschtheit

Das Problem der sozialen Erwünschtheit ist eine Verzerrung in Meinungsumfragen, bei dem die Befragten nicht ihre wahre, sondern eine editierte Antwort geben, die eine positive Reaktion von Dritten (beispielsweise eines Interviewers) hervorrufen soll. Die Befragten „lügen", anstatt die wahre, aber nicht sozial erwünschte Antwort zu geben. Insbesondere bei dem Thema Devianz kann es daher vorkommen, dass die Prävalenzen devianten Verhaltens systematisch unterschätzt werden. Soziale Erwünschtheit ist eines der größten Probleme in empirischen Erhebungen in den Sozialwissenschaften. Es lassen sich zwei Dimensionen unterscheiden. Die eine ist das Bedürfnis nach sozialer Anerkennung *(need for social approval)*. Diese ist eine stabile Charaktereigenschaft des Befragten. Die andere ist die Eigenschaft von Fragen, die sozial erwünschte Antworten haben – die sogenannte *trait desirability* (Phillips und Clancy 1972, S. 923). Seit den späten 1950er Jahren gibt es eine ausufernde Menge an Literatur zu sozialer Erwünschtheit und ihrer Messung. Prominente Instrumente für die Messung sozialer Erwünschtheit sind die Crown-Marlowe Skala (Crowne und Marlowe 1960) und ihre Weiterentwicklung in Form des *Balanced Inventory of Desirable Response* BIDR (Paulhus 1984, 1988, 2002).

Untersuchungen, die externe Daten zur Validierung der Antworten nutzten, konnten deutlich zeigen, dass Befragte bei heiklen Fragen oft nicht die Wahrheit sagen. So konnten zum Beispiel Kreuter et al. (2008) zeigen, dass viele Studenten in einer Befragung nicht zugeben wollten, eine schlechte Note erhalten zu haben. In einer Befragung gaben dies 46 % der Befragten zu. Aus Informationen einer universitären Organisation, die auch die Stichprobe lieferte, ging jedoch hervor, dass tatsächlich 61 % der Studenten eine schlechte Note erhalten hatten. Ein klassisches Beispiel ist auch die berichtete Wahlbeteiligung. Belli et al. (2001) konnten zeigen, dass Umfragewerte aus den USA eine Wahlbeteiligung von 62 % berichteten, während der wahre Wert bei 52 % lag. Je heikler die Themen werden, desto größer werden die Unterschiede zwischen den Schätzwerten aus Erhebungen und den wahren Werten. Colón et al. (2001) befragten Menschen in Puerto Rico nach ihrem Kokainkonsum. Dabei verglichen sie die Angaben der direkten Befragung mit Ergebnissen aus Haarproben. Die Haarproben zeigten, dass 12 % der Untersuchten schon einmal Kokain konsumiert hatten, während die Befragung nur eine Prävalenz von 4 % zeigte.

Um diese Verzerrungen zu verringern wurden verschiedene Techniken entwickelt, die die Befragung anonymer gestalten sollten. Die Sealed Envelope Technique (auch Sealead Ballot Technique genannt) (Benson 1941; Bishop und Fisher 1995; Levy 1983) nutzt dazu eine Urne, in welche die Befragten ihre Fragebögen werfen und dadurch anonym bleiben. Eine Anonymisierung kann jedoch auch durch eine Randomisierung der Antworten geschehen. Bei der Randomized Response Technique (RRT) sollen die Befragten mit einer bekannten Wahrscheinlichkeit mit „Ja" oder „Nein" antworten („forced response design") und mit einer bekannten Wahrscheinlichkeit ihre wahre Antwort nennen (Warner 1965; Lensvelt-Mulders et al. 2005; Krumpal 2009). Die RRT hat jedoch das Problem, dass ein Randomisierungsinstrument gebraucht wird. Weiterhin ist die RRT für die Befragten schwer zu verstehen. Zudem ist die Befundlage hinsichtlich der Wirksamkeit der Technik inkonsistent (Wolter und Preisendörfer 2013).

2 Die „Person Sum Technique" (PST)

Bei der PST handelt es sich um ein neues Instrument zur Erhebung von heiklen Fragen mit quantitativen Variablen. Die Entwicklung erfolgte aufbauend auf bereits existierenden Befragungstechniken für heikle Fragen aus der Familie der Item Count Technique (ICT, auch: Unmatched Count Technique oder List Experiment) (Droitcour et al. 1991; Kuklinski et al. 1997; Wolter und Laier 2014; Tsuchiya und Hirai 2010; Tsuchiya et al. 2007; Gilens et al. 1998; Rayburn et al. 2003; Rosenfeld et al. 2015; Holbrook und Krosnick 2010; LaBrie und Earleywine 2000), der Item Sum Technique (IST) (Wolter und Herold 2018; Trappmann et al. 2014; Krumpal et al. 2018) und der Person Count Technique (PCT) (Grant et al. 2012; Wolter 2018). Es handelt sich im Speziellen um eine Kombination von IST und PCT. Alle diese Fragetechniken basieren auf der gleichen Grundidee, welche zuerst in der ICT formuliert wurde. Bei der PST bestehen die Non-Key Items jedoch aus quantitativen Antworten über andere Personen. Um die *Person Sum Technique* zu erklären, werden zuerst die ICT, die PCT und die IST erklärt. Die PST basiert auf dem gleichen Prinzip wie diese Techniken. Die Befragten werden für die ICT zufällig in zwei Gruppen eingeteilt. Eine Gruppe bekommt eine Liste mit binären nicht heiklen Fragen – die Short List. Der Befragte beantwortet diese Fragen nicht einzeln, sondern zählt die „Ja" Antworten zusammen. Die andere Gruppe bekommt die selbe Liste mit nicht heiklen Fragen plus eine heikle Frage – die Long List. Auch hier werden die „Ja" Antworten zusammengezählt. Zieht man nun den Durchschnitt der Short List von dem Durchschnitt der Long List ab, erhält man eine Schätzung für die Prävalenz des heiklen Items. Diese Befragungstechnik ermöglicht dem Befragten 100 % Anonymität, da nicht einmal der Interviewer auf die wahre Antwort der heiklen Frage schließen kann. Die PCT basiert auf der gleichen Idee. Nur werden hier nicht mehrere Items abgefragt, sondern ein heikles Item über Bekannte des Befragten. Die Short List besteht aus zwei (oder mehr) Bekannten des Befragten. Der Befragte zählt wieder zusammen auf wie viele seiner Bekannten die Antwort „Ja" zutrifft. Die Long List besteht aus zwei (oder mehr) Bekannten des Befragten und dem Befragten selbst. Der Befragte zählt wieder zusammen, auf wie viele seiner Bekannten und ihn selbst die Antwort „Ja" zutrifft. Aus der Differenz kann eine Schätzung gewonnen werden. Der Vorteil der PCT gegenüber der ICT liegt darin, dass in der gleichen Zeit deutlich mehr Fragen gestellt werden können, da man immer wieder die gleichen Personen verwendet. Bei der ICT müssen für jede heikle Frage zwei (oder mehr) nicht heikle Fragen gestellt werden.

Die IST basiert auf dem gleichen Prinzip (Wolter und Herold 2018; Trappmann et al. 2014). Es werden in der Short List eine (oder mehr) quantitative, nicht heikle Fragen gestellt. In der Long List wird zusätzlich zu dieser nicht heiklen Frage eine quantitative heikle Frage gestellt. Der Befragte rechnet beide Antworten zusammen und gibt das Ergebnis der Addition als Antwort an den Interviewer. Aus der Differenz kann wieder eine Schätzung für den Wert der heiklen quantitativen Frage gewonnen werden.

Die Person Sum Technique verbindet nun PCT und IST. Die Short List besteht wie bei der PCT aus zwei (oder mehr) Bekannten des Befragten. Es wird in der Short List eine quantitative, heikle Frage gestellt. Der Befragte rechnet beide Antworten zusammen und gibt das Ergebnis der Addition als Antwort an den Interviewer. Die Long List besteht aus zwei (oder mehr) Bekannten des Befragten und dem Befragten selbst. Auch hier wird eine quantitative, heikle Frage gestellt. Der Befragte rechnet die Werte der einzelnen Personen zusammen und gibt das Ergebnis der Addition als Antwort an den Interviewer. Der Vorteil der PST gegenüber der IST liegt in der Zeitersparnis bei den Fragen. Der Schätzer $\hat{\mu}$ des heiklen Items wird wieder über die Differenz von den Durchschnitten von Long $(\bar{X}_{LL})$ und Short List $(\bar{X}_{SL})$ gebildet. Der Standardfehler $SE_{\hat{\mu}}$ von $\hat{\mu}$ errechnet sich aus der Wurzel der Summe der Varianzen $\hat{\sigma}^2$ von Long und Short List (Tourangeau und Yan 2007).

$$\hat{\mu} = \bar{X}_{LL} - \bar{X}_{SL} \tag{1}$$

$$\hat{\sigma}^2_{\hat{\mu}} = \hat{\sigma}^2_{\bar{X}_{LL}} + \hat{\sigma}^2_{\bar{X}_{SL}} \tag{2}$$

$$SE_{\hat{\mu}} = \sqrt{\hat{\sigma}^2_{\overline{X}_{LL}} + \hat{\sigma}^2_{\overline{X}_{SL}}} \qquad (3)$$

Das folgende Beispiel soll die Idee der PST illustrieren:

Short List
Denken Sie bitte an *zwei Bekannte von Ihnen*, die *möglichst unterschiedlich* sind. Die folgenden Fragen beziehen sich auf **diese zwei Bekannten.** An wie vielen Tagen machen Ihre zwei Bekannten pro Woche Sport? Bitte addieren Sie die Antworten und tragen die Summe als Antwort ein!

Long List
Denken Sie bitte an *zwei Bekannte von Ihnen*, die *möglichst unterschiedlich* sind. Die folgenden Fragen beziehen sich auf diese **zwei Bekannten und Sie selbst.** An wie vielen Tagen machen Sie und Ihre zwei Bekannten pro Woche Sport? Bitte addieren Sie die Antworten und tragen die Summe als Antwort ein!

Die Bekannten sollten möglichst unterschiedlich sein, um Floor und Ceiling Effekte zu vermeiden. Ein Floor Effekt bedeutet, dass der Befragte in der Long List auf alle Fragen mit „Ja" antwortet. Somit ist seine Antwort nicht mehr anonym. Ein Floor Effekt ist das Gegenteil. Wenn der Befragte in der Long List keine der Fragen mit „Ja" beantwortet, ist seine Antwort ebenfalls nicht mehr anonym. Bei der ICT ist daher darauf zu achten, dass die nicht heiklen Items nicht alle eine hohe oder niedrige Prävalenz haben. Bei der PCT und PST ist dieses Vorgehen nicht möglich, weil man die Personenwahl der Befragten nicht beeinflussen kann. Deshalb sollen die Befragten an möglichst unterschiedliche Bekannte denken.

3 Test der „Person Sum Technique" (PST)

Da es sich um eine völlig neue Fragetechnik handelt sollte in einem kleinen empirischen Test in Erfahrung gebracht werden ob,

a) Die Befragten die Fragestellung kognitiv verstehen
b) Die Befragten diese Technik als anonymer als direktes Fragen einschätzen
c) Die PST höhere Schätzer von heiklen Items erzielt als direktes Fragen

Für diesen Pilot-Test der PST wurde eine Befragung (CASI) von Studenten der Soziologie der Universität Mainz und Leipzig mit insgesamt 252 Teilnehmern

Tab. 1 Verständnis der Fragestellung

Anweisungen verstanden	DQ (%)	SL (%)	LL (%)	Total
1 trifft gar nicht zu	1,2	0	0	0,4 %
… 2	0	1,2	0	0,4 %
… 3	2,5	4,7	1,2	2,8 %
… 4	11,1	18,6	21,2	17 %
5 trifft voll zu	85,2	75,6	77,5	79,4 %
Total	100	100	100	100 %
$\chi^2\,(8)=8{,}838$				$p=0{,}3562$

durchgeführt. Die Befragung erfolgte in Statistik-Software Kursen. Die Studenten sitzen dabei an PCs. Sie wurden aufgefordert einen Link, der auf den Fragebogen führte, in den Browser einzugeben und selbigen dann zu beantworten.

Der Fragebogen enthielt ein experimentelles Design. Die Studenten wurden zufällig auf 3 Gruppen zugeteilt. Diese waren direktes Fragen („Direct Questioning" [DQ]), Short List (SL) und Long List (LL). In den LL und SL Gruppen wurden die Anweisungen detailliert mit einem Beispiel erläutert.

Um Frage a) zu untersuchen, wurde mit einer Likert-Skala gefragt, ob die Fragestellung verstanden wurde[1]. Die Befragten haben die neue und ihnen unbekannte Fragetechnik gut verstanden, wie in Tab. 1 ersichtlich ist. Das Verständnis für direktes Fragen ist, wie zu erwarten war, etwas höher als in der SL- und LL-Gruppe. Jedoch gab kein einziger Befragter an, die Fragen gar nicht verstanden zu haben und beinahe alle Befragten gaben ein Verständnis über dem Mittelpunkt der Likert Skala an.

Für Punkt b) wurden zwei Indikatoren benutzt. Es wurde mit einer Likert-Skala erhoben, ob die Befragten das Gefühl hatten, dass die Anonymität ihrer Angaben gewährleistet ist und ob die Fragen zu persönlich waren[2]. Die Ergebnisse in Tab. 2 zeigen, dass die Befragten sich nur leicht anonymer fühlten. Das Anonymitätsempfinden ist in der Short List am höchsten. Dies war zu erwarten, da in der

---

[1]Fragetext: Inwieweit trifft folgende Aussage auf Sie zu?
„Ich habe die Anweisungen verstanden".

[2]Fragetext: Inwieweit treffen folgende Aussage auf Sie zu?
„Ich hatte das Gefühl, dass die Anonymität meiner Angaben gewährleistet ist."
„Mir waren die Fragen allgemein zu persönlich und ich wollte sie nicht beantworten".

Die Person Sum Technique: Ein neues Instrument … 157

Tab. 2 Anonymitätsempfinden

Anonymität gewährleistet	DQ (%)	SL (%)	LL (%)	Total
1 trifft gar nicht zu	3,8	4,7	5,1	4,5 %
… 2	5	3,5	6,3	4,9 %
… 3	10	5,8	7,6	7,8 %
… 4	37,5	25,6	32,9	31,8 %
5 trifft voll zu	43,8	60,5	48,1	51 %
Total	100	100	100	100 %
$\chi^2(8) = 6{,}138$				$p = 0{,}6318$

Tab. 3 Fragen zu persönlich

Zu persönlich	DQ (%)	SL (%)	LL (%)	Total
1 trifft gar nicht zu	46,9	64	68,8	59,9 %
…2	35,8	29,1	23,7	29,6 %
…3	11,1	5,8	5,8	7,3 %
…4	4,9	1,2	2,5	2,8 %
5 trifft voll zu	1,2	0	0	0,4 %
Total	100	100	100	100 %
$\chi^2(8) = 12{,}2$				$p = 0{,}1425$

Short List keine die Befragten betreffenden heiklen Fragen gestellt wurden. Die Long List, welche die heikle Frage beinhaltet, wurde nur sehr leicht anonymer eingeschätzt, als direktes Fragen. Jedoch zeigt sich, dass die Befragten in der Long List die Fragen deutlich weniger als zu persönlich einschätzen als bei direktem Fragen (Tab. 3).

Jeder Gruppe wurde in dem entsprechendem Modus fünf heikle Fragen gestellt. Diese fünf Fragen waren, wie oft sie Sport pro Woche machen, an wie vielen Tagen pro Woche sie Alkohol trinken, wie viele Zigaretten sie pro Tag rauchen, wie viel Geld sie pro Monat für Alkohol ausgeben und schließlich wie viel Geld sie pro Monat für illegale Drogen ausgeben[3]. In Tab. 4 sind die Ergebnisse

---

[3]Die Fragetexte für DQ, LL und SL befinden sich im Anhang.

Tab. 4 Ergebnisse

	$\overline{DQ}$ (SE)	Schätzer $\hat{\mu}$ (SE)	$\overline{LL}$ (SE)	$\overline{SL}$ (SE)
N	82		86	88
Sport pro Woche	1,51(0,14)	1,49(0,29)	5,25 (0,30)	3,76 (0,28)
Alkohol pro Woche	1,89 (0,15)	0,24(0,35)	3,8 (0,39)	3,55 (0,31)
Zigaretten pro Tag	1,85 (0,39)	−1,05(1,19)	5,88 (1,37)	6,94 (1,02)
€/Monat Alkohol	22,84 (2,39)	4,6(6,32)	54,28 (7,09)	49,68 (5,52)
€/Monat Drogen	7,53 (2,16)	−2,58(9,36)	28,96 (9,81)	31,54 (8,92)

der direkten Fragen sowie die Differenzschätzer von LL zu SL aufgeführt. Es ist gut zu erkennen, dass die SL oft höhere Werte als die LL hat und die Technik somit negative Schätzer produziert. In keinem Fall liefert der Schätzer bessere Werte als der Durchschnitt der direkten Fragen. Bei der Frage nach sportlicher Betätigung ist der Schätzer gleich groß. Hier ist jedoch die Richtung der sozialen Erwünschtheit anders herum, da Sport als sozial erwünscht gilt. Die PST hat die Erwartung c) also eindeutig nicht erfüllt. Dies kann jedoch auch an der geringen Fallzahl liegen. Um zu prüfen, ob sich die Werte der PST von dem direkten Fragen unterscheiden wird ein abgewandelter z-Test (4) verwendet, der auch für die ICT verwendet wird (Wolter und Laier 2014, S. 161). Keine der PST-Schätzungen weicht signifikant von den Werten des direkten Fragens ab.

$$ z = \frac{\hat{\pi}_{ICT} - \hat{\pi}_{DQ}}{\sqrt{Var(\hat{\pi}_{ICT})} + \sqrt{Var(\hat{\pi}_{DQ})}} \tag{4} $$

4 Weitere Designvorschläge – Fixed Person Sum Technique und Fixed Person Count Technique

Die hier durchgeführte kleine Erhebung bringt einige Schwächen des angewandten Designs zum Vorschein. Die Frage nach zwei Bekannten des Befragten erhöht die Varianz der Antworten und ist eine größere kognitive Herausforderung für den Befragten. In zukünftigen Anwendungen der PST sollte deshalb nur nach *einem* Bekannten des Befragten gefragt werden. Dies sollte zu einer geringeren Standardabweichung führen und ist für den Befragten deutlich leichter zu beantworten. Ein weiteres Problem besteht in der Homophilie zwischen dem Befragten und seinen Bekannten. Homophilie bedeutet, dass Akteure eine Präferenz für andere Akteure haben, die ihnen ähnlich sind. Dies führt dazu, dass Befragte, die zum Beispiel rauchen, auch eher Bekannte haben, die rauchen. Um diese Problematik zu umgehen gibt es ein verbessertes Design, welches mehrere Vorteile bietet – das *Fixed Person Count* Design (FPCT) (Wolter 2018, S. 20). Anstatt als Short List Item einen Bekannten des Befragten zu nehmen, soll Beispielsweise ein Prominenter verwendet werden. Somit wird die Person, die als Short List Item fungiert, *fixiert* und ist nicht mehr variabel. Dadurch wird das Problem der Homophilie, welches bei der PST und PCT auftritt, vermieden. Die folgenden zwei Designvorschläge zeigen, wie FPCT und FPST umgesetzt werden könnten.

Fixed Person Count Technique

Short List:
Was schätzen Sie, wie viele der drei Prominenten Boris Becker, Angela Merkel und Till Schweiger haben Punkte in Flensburg?

Long List:
Was schätzen Sie, wie viele der drei Prominenten Boris Becker, Angela Merkel und Till Schweiger *plus Sie selbst* haben Punkte in Flensburg?

Fixed Person Sum Technique

Short List:
Was schätzen Sie, wie viele Punkte hat Boris Becker in Flensburg?

Long List:
Es folgen nun zwei Fragen. Beantworten Sie die Fragen bitte nicht einzeln, sondern merken und addieren Sie die Antworten. Geben Sie als Antwort bitte nur die Summe dieser Addition ein, so bleibt Ihre persönliche Antwort auf die Frage anonym.
Was schätzen Sie, wie viele Punkte hat Boris Becker in Flensburg?
Wie viele Punkte haben Sie in Flensburg?
Die Vorteile gegenüber der ICT und der IST bleiben hier erhalten, da man immer die gleichen prominenten Personen verwenden kann und somit in der gleichen Zeit deutlich mehr heikle Fragen stellen kann. Gleichzeitig erhält man

bei der FPCT eine größere Kontrolle über Floor und Ceiling Effekte. Floor und Ceiling Effekte sind ein Problem der ICT. Mit der *Fixed Person Count Technique* können Floor und Ceiling Effekte durch Auswahl der Prominenten deutlich besser kontrolliert werden.

5   Diskussion

Das Scheitern der PST kann mehrere Gründe haben. Der naheliegendste ist die fehlende statistische Power der Erhebung. Die Standardfehler sind deutlich zu groß. Für vergleichbare Techniken (PCT, ICT, IST) werden normalerweise Stichproben von mindestens ~500 Befragten gezogen. Auch die negativen Schätzer können über die fehlende statistische Power erklärt werden, da sich keine der Schätzungen weder von Null noch von den DQ Werten signifikant unterscheidet. Ausreißerwerte haben hier einen großen Einfluss auf die Mittelwerte. Auch die IST hat Probleme mit Ausreißerwerten (Krumpal et al. 2018, S. 96).

Eine andere Erklärung wäre ein Einfluss der Selbsteinschätzung auf die Fremdeinschätzung. In der Short List werden ausschließlich Werte von anderen Personen durch den Befragten geschätzt. In der Long List hingegen schätzt der Befragte jedoch aus eigener Erfahrung und kann auf Erinnerungen zurückgreifen, die eine genauere Schätzung seines eigenen Wertes ermöglichen. Es wäre durchaus möglich, dass der Befragte die Werte seiner Bekannten an seinem eigenen Wert orientiert.

Dies würde eine systematische Verzerrung zwischen Long List und Short List bedeuten und die Technik damit unbrauchbar machen. Der Einfluss, den eine heikle Frage auf die nicht heiklen Fragen hat, ist ein Problem, welches ICT, IST und PCT ebenso betrifft. Für die ICT besteht ein Test auf diese Effekte bereits (Blair und Imai 2012, S. 63). Dieser ist jedoch nicht ohne weiteres auf Variablen mit metrischem Skalenniveau übertragbar und wurde, meines Wissens, noch nicht für die PCT oder die IST angewendet.

Abgesehen von den Problemen der geringen Power konnte jedoch klar festgestellt werden, dass die Befragten die anspruchsvolle Fragetechnik gut verstanden haben. Es muss allerdings angemerkt werden, dass Studenten der Soziologie befragt wurden, welche einen hohen Bildungsstand haben, jung sind und sich gut mit Befragungen auskennen. Den Befragten waren natürlich sowohl die neue PST als auch die ICT vollkommen unbekannt. Die PST erzielte eine

Die Person Sum Technique: Ein neues Instrument ...

leicht gesteigerte subjektiv wahrgenommene Anonymität, konnte jedoch deutlich das Empfinden zu persönlicher Fragen deutlich verringern. Ein abschließendes Urteil über die Validität der *Person Sum Technique* kann hier noch nicht getroffen werden.

Anhang

Fragetexte für heikle Fragen mit Anweisungen und Erläuterungen:

LL:

Seite 1:

Um Ihnen weitere Anonymität zu gewährleisten verwenden wir eine spezielle Fragetechnik.   `Long List`

Dabei können wir aus Ihren Angaben nicht auf Ihre Antwort schließen, können jedoch mit speziellen statistischen Verfahren die Daten als Ganzes auswerten.

Denken Sie dazu bitte an zwei Bekannte von Ihnen, die möglichst unterschiedlich sind. Die folgenden Fragen beziehen sich auf diese zwei Bekannten und Sie selbst.

Denken Sie für die folgenden Fragen bitte immer an die selben 2 Bekannten.

Tragen Sie bitte unten nur die Anfangsbuchstaben der Namen Ihrer Bekannten ein. Dies ist nur eine Gedächtnisstütze. Sie können sich die Anfangsbuchstaben auch notieren oder merken.

Beantworten Sie diese Frage für sich und Ihre zwei Bekannten und zählen Sie dann die Werte zusammen.

Ein Beispiel:

An wie vielen Tagen machen Sie und Ihre zwei Bekannten zusammengezählt pro Woche Sport? Bitte addieren Sie die Antworten und tragen die Summe als Antwort ein!

	Peter	Karla	Sie Selbst
	P	K	Sie Selbst
Tage Sport die Woche	4	0	2
Ihre Antwort		4+0+2 = **6**	

1. Tragen Sie bitte hier nur die Anfangsbuchstaben der Namen Ihrer Bekannten ein. Dies ist nur eine Gedächtnisstütze. Sie   `BF04` können sich die Anfangsbuchstaben auch notieren oder merken.

Bekannte/r 1   ☐

Bekannte/r 2   ☐

2. Wenn Sie das Prinzip verstanden haben, beantworten Sie bitte testweise folgende Frage: `TE02`

Angenommen Peter isst 3 Kartoffeln pro Tag, Karla 2 Kartoffeln pro Tag und Sie selbst 2 Kartoffeln pro Tag. Bitte addieren Sie die Antworten und tragen die Summe als Antwort ein!

Wie viele Kartoffeln essen Sie und Ihre zwei Bekannten zusammengezählt pro Tag.   ☐

Seite 2:

3. Beantworten Sie diese Fragen für sich und Ihre zwei Bekannten und zählen Sie dann die Werte zusammen. `LL01`
Geben Sie bitte die Summe als Antwort ein.
Wenn Sie die genaue Angabe nicht wissen schätzen Sie einfach!

| An wie vielen Tagen machen Sie und Ihre zwei Bekannten zusammengezählt pro Woche Sport? | | ☐ Keine Angabe |

| An wie vielen Tagen trinken Sie und Ihre zwei Bekannten zusammengezählt pro Woche Alkohol? | | ☐ Keine Angabe |

| Wie viele Zigaretten rauchen Sie und Ihre zwei Bekannten zusammengezählt pro Tag? | | ☐ Keine Angabe |

| Wie viel Geld (in €) geben Sie und Ihre zwei Bekannten zusammengezählt pro Monat für Alkohol aus? | | ☐ Keine Angabe |

| Wie viel Geld (in €) geben Sie und Ihre zwei Bekannten zusammengezählt pro Monat für (illegale) Drogen aus? | | ☐ Keine Angabe |

SL:

Seite 1:

Um Ihnen weitere Anonymität zu gewährleisten verwenden wir eine spezielle Fragetechnik. `Short List`

Dabei stellen wir keine Fragen zu Ihnen, sondern zu zwei Ihrer Bekannten.

Denken Sie dazu bitte an zwei Bekannte von Ihnen, die möglichst unterschiedlich sind. Die folgenden Fragen beziehen sich auf diese zwei Bekannten.

Denken Sie für die folgenden Fragen bitte immer an die selben 2 Bekannten.

Tragen Sie bitte unten nur die Anfangsbuchstaben der Namen Ihrer Bekannten ein. Dies ist nur eine Gedächtnisstütze. Sie können sich die Anfangsbuchstaben auch notieren oder merken.

Beantworten Sie diese Frage für Ihre zwei Bekannten und zählen Sie dann die Werte zusammen.

Ein Beispiel:

An wie vielen Tagen machen Ihre zwei Bekannten zusammengezählt pro Woche Sport? Bitte addieren Sie die Antworten und tragen die Summe als Antwort ein!

	Peter	Karla
	P	K
Tage Sport die Woche	3	1
Ihre Antwort		3+1 = **4**

1. Tragen Sie bitte hier nur die Anfangsbuchstaben der Namen Ihrer Bekannten ein. Dies ist nur eine Gedächtnisstütze. Sie `BF04` **können sich die Anfangsbuchstaben auch notieren oder merken.**

| Bekannte/r 1 | ☐ |
| Bekannte/r 2 | ☐ |

2. Wenn Sie das Prinzip verstanden haben, beantworten Sie bitte testweise folgende Frage: `TE01`
Angenommen Peter isst 3 Kartoffeln pro Tag und Karla 2 Kartoffeln pro Tag.
Bitte addieren Sie die Antworten und tragen die Summe als Antwort ein!

| Wie viele Kartoffeln essen Ihre zwei Bekannten zusammengezählt pro Tag. | | ☐ |

Seite 2:

3. Beantworten Sie diese Fragen für Ihre zwei Bekannten und zählen Sie dann die Werte zusammen.   `SL01`
Geben Sie bitte die Summe als Antwort ein
Wenn Sie die genaue Angabe nicht Wissen schätzen Sie einfach!

An wie vielen Tagen machen Ihre zwei Bekannten zusammengezählt pro Woche Sport?		☐ Keine Angabe
An wie vielen Tagen trinken Ihre zwei Bekannten zusammengezählt pro Woche Alkohol?		☐ Keine Angabe
Wie viele Zigaretten rauchen Ihre zwei Bekannten zusammengezählt pro Tag?		☐ Keine Angabe
Wie viel Geld (in €) geben Ihre zwei Bekannten zusammengezählt pro Monat für Alkohol aus?		☐ Keine Angabe
Wie viel Geld (in €) geben Ihre zwei Bekannten zusammengezählt pro Monat für (illegale) Drogen aus?		☐ Keine Angabe

DQ:

`DQ01`

An wie vielen Tagen machen Sie pro Woche Sport?		☐ Keine Angabe
An wie vielen Tagen trinken Sie pro Woche Alkohol?		☐ Keine Angabe
Wie viele Zigaretten rauchen Sie pro Tag?		☐ Keine Angabe
Wie viel Geld geben Sie pro Monat für Alkohol aus?		☐ Keine Angabe
Wie viel Geld geben Sie pro Monat für (illegale) Drogen aus?		☐ Keine Angabe

Literatur

Belli, R. F., Traugott, M. W., & Beckmann, M. N. (2001). What leads to voting overreports? contrasts of overreporters to validated voters and admitted nonvoters in the american national election studies. *Journal of Official Statistics, 17*(4), 479–498.

Benson, L. E. (1941). Studies in secret-ballot technique. *Public Opinion Quarterly, 5*(1), 79–82.

Bishop, G. F., & Fisher, B. S. (1995). "secret ballots" and self-reports in an exit-poll experiment. *Public Opinion Quarterly, 59*(4), 568. https://doi.org/10.1086/269494.

Blair, G., & Imai, K. (2012). Statistical analysis of list experiments. *Political Analysis, 20*(1), 47–77.

Colón, H. M., Robles, R. R., & Sahai, H. (2001). The validity of drug use responses in a household survey in puerto rico: Comparison of survey responses of cocaine and heroin use with hair tests. *International Journal of Epidemiology, 30*(5), 1042–1049.

Crowne, D. P., & Marlowe, D. (1960). A new scale of social desirability independent of psychopathology. *Journal of Consulting Psychology, 24,* 349–354.

Droitcour, J., Caspar, R. A., Hubbard, M. L., Parsley, T. L., Visscher, W., & Ezzati, T. M. (1991). The item count technique as a method of indirect questioning: A review of its development and a case study application. In P. P. Biemer, R. M. Groves, LE Lyberg, N. A. Mathiowetz, & S. Sudman (Hrsg.), *Measurement errors in surveys* (S. 185–210). New York: Wiley.

Gilens, M., Sniderman, P. M., & Kuklinski, J. H. (1998). Affirmative action and the politics of realignment. *British Journal of Political Science, 28*(1), 159–183.

Grant, T., Moon, R. & Gleason, S. (2012). Asking many, many sensitive questions: „person-count" method for social desirability bias. Conference Presentation: http://www.mapor.org/confdocs/absandpaps/2012/2012_slides/2C4_Grant_slides.pdf.

Holbrook, A. L., & Krosnick, J. A. (2010). Social desirability bias in voter turnout reports: Tests using the item count technique. *Public Opinion Quarterly, 74*(1), 37–67. https://doi.org/10.1093/poq/nfp065.

Kreuter, F., Presser, S., & Tourangeau, R. (2008). Social desirability bias in cati, ivr, and web surveys. the effects of mode and question sensitivity. *Public Opinion Quarterly, 72*(5), 847–865.

Krumpal, I. (2009). *Sensitive questions and measurement error: Using the randomized response technique to reduce social desirability bias in cati surveys.* Leipzig: Universität Leipzig.

Krumpal, I., Jann, B., Korndörfer, M., & Schmukle, S. (2018). Item sum doublelist technique: An enhanced design for asking quantitative sensitive questions. *Survey Research Methods, 12*(2), 91–102. https://doi.org/10.18148/srm/2018.v12i2.7247.

Kuklinski, J. H., Cobb, M. D., & Gilens, M. (1997). Racial attitudes and the "new south". *Journal of Politics, 59*(2), 323–349.

LaBrie, J. W., & Earleywine, M. (2000). Sexual risk behaviors and alcohol: Higher base rates revealed using the unmatched-count technique. *Journal of Sex Research, 37*(4), 321–326.

Lensvelt-Mulders, Gerty, J. L. M., Hox, J. J., van der Heijden, Peter, G. M., & Maas, C. J. M. (2005). Meta-analysis of randomized response research. thirty-five years of validation. *Sociological Methods and Research, 33*(3), 319–348.

Levy, M. R. (1983). The methodology and performance of election day polls. *Public Opinion Quarterly, 47*(1), 54. https://doi.org/10.1086/268766.

Paulhus, D. L. (1984). Two-component models of socially desirable responding. *Journal of Personality and Social Psychology, 46*(3), 598–609. https://doi.org/10.1037/0022-3514.46.3.598.

Paulhus, D. L. (1988). Balanced inventory of desirable responding (bidr). *Acceptance and Commitment Therapy. Measures Package, 41,* 79586–79587.

Paulhus, D. L. (2002). Socially desirable responding: The evaluation of a construct. In H. I. Braun, D. N. Jackson, & D. E. Wiley (Hrsg.), *The role of constructs in psychological and educational measurement* (S. 49–69). Hillsdale: Lawrence Erlbaum.

Phillips, D. L., & Clancy, K. J. (1972). Some effects of „social desirability" in survey studies. *American Journal of Sociology, 77*(5), 921–940.

Rayburn, N. R., Earleywine, M., & Davison, G. C. (2003). An investigation of base rates of anti-gay hate crimes using the unmatched-count technique. *Journal of Aggression, Maltreatment & Trauma, 6*(2), 137–152.

Rosenfeld, B., Imai, K., & Shapiro, J. N. (2015). An empirical validation study of popular survey methodologies for sensitive questions. *American Journal of Political Science, 60*(3), 783–802.

Tourangeau, R., & Yan, T. (2007). Sensitive questions in surveys. *Psychological Bulletin, 133*(5), 859–883.

Trappmann, M., Krumpal, I., Kirchner, A., & Jann, B. (2014). Item sum – a new technique for asking quantitative sensitive questions. *Journal of Survey Statistics and Methodology, 2*(1), 58–77.

Tsuchiya, T., & Hirai, Y. (2010). Elaborate item count questioning: Why do people underreport in item count responses? *Survey Research Methods, 4*(3), 139–149.

Tsuchiya, T., Hirai, Y., & Ono, S. (2007). A study of the properties of the item count technique. *Public Opinion Quarterly, 71*(2), 253–272.

Warner, S. L. (1965). Randomized response: A survey technique for eliminating evasive answer bias. *Journal of the American Statistical Association, 60*(309), 63–69.

Wolter, F. (2018). A new version of the item count technique for asking sensitive questions: Testing the performance of the person count technique. *methods, data, analyses, 1–24.* (prepublished 10.10.2018) https://doi.org/10.12758/mda.2018.0x.

Wolter, F. & Herold, L. (2018). *Using the item sum technique to avoid nonresponse to the income question and underreporting of self-reported alcohol consumption.* Working Paper, University of Mainz.

Wolter, F., & Laier, B. (2014). The effectiveness of the item count technique in eliciting valid answers to sensitive questions. an evaluation in the context of self-reported delinquency. *Survey Research Methods, 8*(3), 153–168.

Wolter, F., & Preisendörfer, P. (2013). Asking sensitive questions: An evaluation of the randomized response technique versus direct questioning using individual validation data. *Sociological Methods and Research, 42*(3), 321–353.

Junkermann, Justus M.A., Johannes Gutenberg-Universität Mainz Jakob-Welder-Weg 12, 55128 Mainz, j.junkermann@uni-mainz.de; Forschungsschwerpunkte: Sensitive Questions, Agent based Modeling, Meta-Analysis.

Die Messung der Durchsetzung informeller Normen im Vignetten- und Feldexperiment

Knut Petzold und Stefanie Eifler

Zusammenfassung

Informelle soziale Normen regeln das alltägliche Zusammenleben in modernen Gesellschaften. Ihre Durchsetzung stellt aufgrund der damit verbundenen Kosten ein Kollektivgutproblem zweiter Ordnung dar, das häufig mithilfe von Labor- und Feldexperimenten untersucht wird. Zunehmend werden auch Vignettenexperimente eingesetzt, wobei jedoch nur Verhaltensabsichten gemessen werden können. Da keine realen Kosten mit der Normdurchsetzung verbunden sind, können die Antworten durch soziale Erwünschtheit verzerrt sein. Im Beitrag wird daher die Frage verfolgt, wie valide die Durchsetzung informeller Normen im Vignettenexperiment gemessen werden kann, wobei

---

Wir danken den Gutachtern für wertvolle Hinweise und den Herausgebern für die Aufnahme des Beitrags in diesen Sammelband. Die Studie ist Teil des Projekts „Normen und Sanktionen", das unter der Leitung von Stefanie Eifler und Knut Petzold am Lehrstuhl für Soziologie und empirische Sozialforschung der KU Eichstätt-Ingolstadt im WS 2013 und SoSe 2014 durchgeführt wurde (https://www.ku.de/ggf/soziologie/soziologie2/ueberblick/forschung/projekt-normen-und-sanktionen/). Wir danken Patricia Antal, Anja Bozowicki, Tobias Faltermeier, Tara Hartmann, Angela Christin Jenkins, Daniela Kittenbacher, Klemens Kraus, Simeon-Wolf Lagatz, Florian Maier, Lars Mojem, Amrei Pauli, Melanie Sänger und Kathrin Stangl für die tatkräftige Unterstützung bei der Datenerhebung.

K. Petzold (✉)
Ruhr-Universität Bochum, Bochum, Deutschland
E-Mail: knut.petzold@rub.de

S. Eifler
Katholische Universität Eichstätt-Ingolstadt, Eichstätt, Deutschland
E-Mail: stefanie.eifler@ku.de

© Springer Fachmedien Wiesbaden GmbH, ein Teil von Springer Nature 2020
I. Krumpal und R. Berger (Hrsg.), *Devianz und Subkulturen,* Kriminalität und Gesellschaft, https://doi.org/10.1007/978-3-658-27228-9_7

ein Feldexperiment die kontrafaktischen Vergleichsergebnisse liefert. In einer Abwandlung des bekannten Hup-Experiments missachtete eine Experimentalperson die informelle Norm „Links gehen, rechts stehen" auf Rolltreppen der U-Bahn in München, wobei die Statusmerkmale der Kleidung und des Geschlechts systematisch variiert wurden. Das Vignettenexperiment wurde als postalische Befragung in München realisiert. Als Outcomes wurde die tatsächliche Reaktion beobachtet bzw. die beabsichtigte Reaktion berichtet. Mithilfe eines Propensity Score Matchings werden nur möglichst ähnliche ‚Zwillinge' aus beiden Experimenten verglichen. Im Vignettenexperiment wurden im Vergleich zum Feldexperiment verbale Reaktionen häufiger und physische Reaktionen seltener berichtet. Während außerdem elegante Kleidung im Feldexperiment zu gesteigerten verbalen aber reduzierten körperlichen Reaktionen führt, finden sich im Vignettenexperiment positive Effekte des Kleidungstreatments nur auf die verbale Reaktion. Negative Effekte auf physische Reaktionen werden stark unterschätzt. Die Ergebnisse weisen erstens auf Verzerrungen durch soziale Erwünschtheit bei der Messung von Intentionen zur Durchsetzung sozialer Normen mittels Vignetten hin. Zweitens scheinen dann valide Schlüsse auf die Bedingungen einer echten Normdurchsetzung möglich, wenn sie auch in der Realität unproblematisch bzw. kostengünstig ist.

Schlüsselwörter

Soziale Normen · Normdurchsetzung · Feldexperiment · Vignettenexperiment · Validität

Keywords

Social norms · Norm enforcement · Field experiment · Vignette experiment · Validity

1 Problemstellung

Das alltägliche Zusammenleben in modernen, diversifizierten Gesellschaften wird zu einem nicht unerheblichen Teil durch informelle soziale Normen geregelt. Als Verhaltensanweisungen strukturieren sie soziale Interaktionen und tragen zur Lösung von Koordinations- und Kooperationsproblemen bei (Coleman 1990; Popitz 2006). Normen entstehen vor allem in sozialen Kontexten, in denen negative Externalitäten bestimmter Verhaltensweisen für eine hinreichend große Anzahl der Mitglieder einer Gesellschaft auftreten (Opp 1983, 2002). Insofern niemand von den vorteilhaften Effekten normkonformen Verhaltens ausgeschlossen werden kann, handelt es sich bei Normen um kollektive Güter (Olson 1965). Die Einhaltung einer sozialen Norm verursacht jedoch regelmäßig Kosten, sodass ein Kollektivgutproblem erster Ordnung entsteht. Sind Akteure nicht intrinsisch motiviert, ist normwidriges bzw. deviantes Verhalten wahrscheinlich, bei dem Abweichungen von informellen sozialen Normen auftreten.

Um deviantes Verhalten bei fehlender intrinsischer Motivation zu verhindern, muss die Normeinhaltung über die Androhung oder Realisierung von negativen Sanktionen durchgesetzt werden. Eine Sanktion kann als Reaktion auf deviantes Verhalten verstanden werden, das die Nichtakzeptanz des Normbuchs demonstriert (vgl. Spittler 1967). Die Sanktionierung deviant handelnder Akteure, die nichts zur Herstellung des Kollektivguts beitragen, ist jedoch ebenfalls mit Kosten verbunden, und die Frage, wer die Kosten der Normdurchsetzung zu tragen bereit ist, kann daher als Kollektivgutproblem zweiter Ordnung bezeichnet werden (vgl. Heckathorn 1989; Coleman 1990; Voss 2001). Tatsächlich konnten vorliegende Studien zeigen, dass die Durchsetzung sozialer Normen deutlich von den damit verbundenen Kostenerwartungen abhängt. Die Wahrscheinlichkeit der Normdurchsetzung ist beispielsweise bei einem hohen wahrgenommenen Sanktionspotenzial des deviant handelnden Akteurs niedriger (Wolbring et al. 2013). Auch werden Normdurchsetzungen trotz starker normativer Einstellungen umso seltener akzeptiert, je stärker Einschränkungen der persönlichen Freiheit zu erwarten sind (Rauhut und Krumpal 2008).

Bedingungen der Durchsetzung sozialer Normen stellen damit ein zentrales Erklärungsproblem der Soziologie dar, das häufig unter Rückgriff auf Laborexperimente (z. B. Fehr und Gächter 2002; Camerer 2003), Umfragedaten (z. B. Mühler 2000; Lüdemann 2008) oder Feldexperimente (z. B. Doob und Gross 1968; Diekmann et al. 1996) untersucht wird. Laborexperimente laufen jedoch Gefahr, reaktiv zu sein und werden häufig mit sehr homogenen Studierendenstichproben durchgeführt, was Zweifel an der Verallgemeinerbarkeit der Befunde nährt (vgl. Levitt und List 2007). Standardisierte Umfragedaten werden demgegenüber oft ohne konkretes Erkenntnisinteresse routinemäßig erhoben. Aus der schwachen Theorieorientierung kann das Problem der mangelnden Verfügbarkeit und Differenziertheit relevanter Merkmale resultieren, sodass Kontextdaten für die Prüfung mikrosoziologischer Annahmen verwendet werden. Ein empirischer Test handlungstheoretisch fundierter Erklärungen der Normdurchsetzung sollte demgegenüber auf das Erkenntnisinteresse abgestimmt werden (vgl. Goldthorpe 1996, 2001; Esser 1996). Hinzu kommt, dass in Umfragedaten grundsätzlich das Problem sozial erwünschten Antwortverhaltens auftreten kann (vgl. Paulhus 1984; Stocké 2004; Krumpal 2013), das gerade bei heiklen Themen wie der Durchsetzung sozialer Normen relevant werden dürfte. Befunde aus

Feldexperimenten können schließlich durch ein hohes Maß an externer Validität bei gleichzeitig geringerer interner Validität gekennzeichnet sein, da Probanden zwar in ihrer realweltlichen Umgebung untersucht werden, Störeinflüsse aber kaum kontrollierbar sind (z. B. Bredenkamp 1969; Berger und Wolbring 2015). Vor diesem Hintergrund werden regelmäßig Vignettenexperimente zur Untersuchung der Geltung und Durchsetzung sozialer Normen eingesetzt (z. B. Jasso und Opp 1997; Beck und Opp 2001; Jasso 2006), die flexibel auf zahlreiche Formen devianten Verhaltens anwendbar sind. Neben der Schätzbarkeit kausaler Effekte und dem generellen Potenzial zur Verallgemeinerbarkeit wird Vignettenexperimenten die Eigenschaft zugeschrieben, weniger anfällig für Verzerrungen durch soziale Erwünschtheit zu sein (z. B. Alexander und Becker 1978; Kerlinger 1986). Im Vergleich zu itembasierten Techniken der direkten Messung stellten Techniken der indirekten Messung weniger Bezug zum Selbstbild der Respondenten her und provozieren daher eine geringere Tendenz zur Selbstdarstellung. Die Komplexität der in Vignetten kontextualisierten Entscheidungsprobleme verdecke zudem einzelne, besonders normative Aspekte (Auspurg et al. 2015).

Bei der Anwendung auf heikle Entscheidungsprobleme wie der Durchsetzung sozialer Normen könnte dieser Vorteil von Vignetten jedoch möglicherweise ausgehebelt werden. Denn ein zentraler Nachteil in der Untersuchung der Geltung und Durchsetzung sozialer Normen mittels Vignettenexperimenten liegt in dem Umstand, dass nur selbstberichtete Verhaltensabsichten gemessen werden können (z. B. Eifler 2007, 2010). Anders als im Labor- oder Feldexperiment sind keine realen Kosten mit der Normdurchsetzung verbunden und es sind keine Konsequenzen der (ausbleibenden) Normdurchsetzung zu erwarten (vgl. Friedman und Cassar 2004). Aufgrund dieses „Hypothetical Bias" (Ajzen et al. 2004) und des per definitionem normativen Charakters des Forschungsproblems sind trotz der vermuteten Reduzierung weiterhin Verzerrungen durch sozial erwünschtes Antwortverhalten erwartbar. Mithin stellt sich die Frage, wie valide die Durchsetzung sozialer Normen mit Vignettenexperimenten gemessen werden kann. Bisherige Validierungsstudien liefern hierfür uneindeutige Befunde. Die Durchsetzung sozialer Normen wurde darüber hinaus bislang nicht speziell adressiert.

Hier setzt die vorliegende Studie an, indem die Bedingungen der Durchsetzung einer informellen Norm sowohl in einem Feldexperiment als auch in einem Vignettenexperiment analysiert und die Ergebnisse anschließend miteinander verglichen werden. Im Anschluss an den Ansatz zur kontrafaktischen Kausalanalyse liefern die Ergebnisse des Feldexperiments dabei die kontrafaktischen Vergleichswerte zu den berichteten Verhaltensintentionen aus dem Vignettenexperiment. Zu diesem Zweck wird auf ein Szenario zurückgegriffen, mit dem Statuseffekte bei der Normdurchsetzung im Alltag erfasst werden können. Dabei handelt es sich um eine Abwandlung des ursprünglich für Verhalten im Straßenverkehr konzipierten Hup-Experiments (Doob und Gross 1968), in dem die Bedingungen der Durchsetzung der informellen Norm „Links gehen, rechts stehen" auf Rolltreppen der Münchner U-Bahn variiert werden (Wolbring et al. 2013).

Der Beitrag ist wie folgt gegliedert: Im nächsten Abschnitt wird der Forschungsstand zur Verhaltensvalidität knapp dargelegt und das Forschungsproblem konzeptionell spezifiziert, bevor darauf aufbauend Hypothesen zur Messung der Normdurchsetzung im Vignettenexperiment abgeleitet werden. Im dritten Abschnitt werden methodologische Überlegungen zu den Anforderungen an die Validierung von Vignettenexperimenten angestellt und am Beispiel der Durchsetzung der informellen Norm an Rolltreppen angewendet. Hierfür wird das Entscheidungsproblem konkretisiert und die Datenerhebung sowie die Ergebnisse für das Vignetten- und das Feldexperiment separat beschrieben. Abschnitt vier ist dem systematischen Vergleich gewidmet, bevor abschließend theoretische und methodische Schlussfolgerungen diskutiert werden.

2 Verhaltensvalidität von Vignettenexperimenten

Beim Einsatz von Vignettenexperimenten zur Messung von Verhaltensabsichten, wie etwa der Absicht eine informelle Norm durchzusetzen, stellt sich demnach die Frage, inwieweit selbstberichtete Verhaltensintentionen mit tatsächlichem Verhalten in realen Situationen korrespondieren (z. B. Eifler 2007, 2010; Berger und Wolbring 2015). Zu dieser Fragestellung liegen nur verhältnismäßig wenige und zudem uneindeutige Befunde vor.

In einer Reihe von Studien korrespondieren die mittels Vignetten gemessenen Verhaltensabsichten und ihre Determinanten mit dem in Replikationsstudien erfassten realen Verhalten und dessen Determinanten (z. B. Vellinga et al. 2005; Nisic und Auspurg 2009; Hainmueller et al. 2015). Die untersuchten Entscheidungsprobleme scheinen hier weniger durch sozial erwünschte Antwortverzerrungen bedroht zu sein, da es sich nicht um heikle Themen handelt. Eine andere Gruppe von Studien berichtet demgegenüber große Unterschiede zwischen den in Vignetten berichteten Verhaltensabsichten und tatsächlich realisierten Handlungen (z. B. Pager und Quillian 2005; Eifler 2007; Findley et al. 2017). Dabei wurden vor allem heikle Themen untersucht, die eher anfällig für sozial erwünschtes Antwortverhalten sind. Schließlich gibt es Studien, in denen zwar nicht die Häufigkeiten der Verhaltensabsichten und des realen Verhaltens korrespondieren, die Richtung und relative Stärke der Treatmenteffekte aber eine substanzielle Ähnlichkeit aufweisen (z. B. Groß und Börensen 2009; Eifler

2010; Diehl et al. 2013). In den untersuchten Entscheidungsproblemen scheint sozial erwünschtes Antwortverhalten mit sozial wünschenswerten tatsächlichen Handlungen im Einklang zu stehen.

Bislang wurde die Frage, inwieweit mittels Vignetten gemessenen Verhaltensintentionen mit realem Verhalten korrespondieren, jedoch noch nicht speziell bezogen auf die Durchsetzung informeller Normen untersucht. Außerdem sind die Ergebnisse vorliegender Validierungsstudien oft nur bedingt belastbar, weil Unterschiede zwischen Vignetten- und Replikationsstudie alternativ auch über Unterschiede in den Studiendesigns, in den Operationalisierungen, in den Stichproben oder in den Schätzmethoden erklärt werden können. Erst in allerjüngster Zeit wurden methodologische Ansätze zur Validierung von Vignettenexperimenten entwickelt und erste empirische Anwendungen vorgelegt (Eifler und Petzold 2019; Petzold und Wolbring 2019a, b). An diese Forschungslinie knüpft auch die vorliegende Studie an.

2.1 Konzeptioneller Rahmen

Um sich dem Problem konzeptionell anzunähern, ist der Rückgriff auf das Modell des Antwortprozesses (Tourangeau et al. 2000) hilfreich. Demnach müssen Respondenten im Befragungsprozess eine Reihe kognitiver Aufgaben bewältigen, die in vier Hauptkategorien gegliedert werden können. Zunächst muss der Inhalt einer gestellten Frage korrekt verstanden und interpretiert (interpretation) und entsprechende Informationen aus dem Gedächtnis abgerufen werden (retrieval). Auf dieser Grundlage müssen ein Urteil gebildet (judgment) und die Antwort in ein vorgegebenes Antwortformat eingeordnet werden (response selection). Da bei jeder dieser kognitiven Aufgaben Fehlleistungen auftreten können, ist die Gefahr eines Messfehlers gegeben.

Insbesondere ist denkbar, dass eine Frage falsch verstanden und daher die falschen oder nicht alle notwendigen Informationen aus dem Gedächtnis abgerufen werden. Fragen können in der Folge sowohl auf der Grundlage vager, heuristischer Informationen, genereller Orientierung an Werten oder konkreter situativer Hinweisreize beantwortet werden (Tourangeau et al. 2000). Relevante Bezugsquellen können hier Primärerfahrungen, Sekundärerfahrungen oder Medienerfahrungen sein (vgl. Porst 2014). Das heißt, der Bezugsrahmen bei der Beantwortung von Fragen kann erheblich zwischen Befragungspersonen variieren, sodass im Befragungsprozess häufig unklar bleibt, ob Urteile überhaupt auf den jeweils interessierenden Bestimmungsfaktoren gründen. Vignetten können helfen, das Problem der Rahmung zu lösen, indem der Bezugsrahmen

Die Messung der Durchsetzung informeller Normen ... 173

einer Fragestellung theoretisch begründet so weit wie möglich standardisiert wird (vgl. Shamon 2014). Im Antwortprozess werden relevante Informationen unmittelbar und in gleicher Weise für alle Befragten bereitgestellt, sodass der gesamte Antwortprozess weniger störanfällig ist. Insgesamt sollten sich somit die Reliabilität und Aspekte der Validität der Messungen erhöhen lassen.

Diesen Überlegungen steht jedoch gegenüber, dass in Vignetten eine Entscheidungssituation nicht in ihrer gesamten Komplexität abgebildet werden kann (Hughes und Huby 2004), sodass gerade Informationen, die in realen Situationen verhaltensrelevant werden, in der Vignette nicht bereitgestellt oder nicht realitätsgetreu wahrgenommen werden könnten. Die Diskrepanz zwischen einer hypothetischen und einer realen Situation bezüglich der aktivierten handlungsrelevanten Kognitionen und Bewertungen kann sich in der Messung als „Hypothetical Bias" (Ajzen et al. 2004) ausdrücken. Werden Handlungsanreize und – restriktionen in hypothetischen Vignetten anders wahrgenommen als in äquivalenten realen Situationen (z. B. Collett und Childs 2011), werden sich auch die Ergebnisse der Entscheidungsprozesse und damit die gemessenen abhängigen Variablen bzw. Outcomes zwischen der hypothetischen und der realen Situation unterscheiden. Hinzu kommt, dass aufgrund der fehlenden Konsequenzen einer hypothetischen Verhaltensabsicht im Vergleich zu einer realen Handlung keine ausreichende Anreizkompatibilität für eine konsistente Messung vorliegen könnte (Friedman und Cassar 2004).

Als eine spezielle Ausprägung des „Hypothetical Bias" (Ajzen et al. 2004) kann die Tendenz zu sozial erwünschtem Antwortverhalten (Edwards 1957) gelten. Der „Social Desirability Bias" resultiert aus der Neigung der Befragten, sich der eigenen Person und anderen Personen gegenüber vorteilhaft darzustellen (Atteslander und Kneubühler 1975; Paulhus 1984; Krumpal 2013). Erwarten die Befragten, bezüglich einer hypothetischen Situation sei eine bestimme Handlungsabsicht durch Andere normativ erwünscht, weichen sie möglicherweise von ihrer „wahren" Meinung ab, um soziale Geringschätzung zu vermeiden (Stocké 2004). Negative Konsequenzen des Antwortverhaltens können von Befragten insbesondere bei heiklen Themen erwartet werden, die in hohem Maße mit normativen Erwartungshaltungen assoziiert werden. Daher kann gerade hier ein Social Desirability Bias auftreten (Tourangeau und Yan 2007). Dies trifft z. B. auch auf Fragen zur Durchsetzung sozialer Normen zu.

Im Sinne des für Vignettenexperimente adaptierten Modells des Antwortprozesses sind Verzerrungen durch sozial erwünschtes Antwortverhalten demnach dann zu erwarten, wenn die Korrespondenz zwischen aktivierten Normen in einer hypothetischen und einer realen Situation gering ist. Tatsächlich wird häufig argumentiert, dass gerade im Vergleich zu item-basierten direkten Methoden der

Messung die indirekte Form der Datenerhebung bei Vignetten eine große Realitätsnähe simuliert und somit Verzerrungen durch sozial erwünschtes Antwortverhalten abschwächt (z. B. Burstin et al. 1980; Armacost et al. 1991). Daher gelten Vignetten als besonders geeignet, heikle Themen zu untersuchen (z. B. Alexander und Becker 1978; Kerlinger 1986; Auspurg et al. 2015). Aufgrund der fehlenden Interaktion mit einem Experimentator sind die mit Vignetten erzielten Ergebnisse in diesem Fall weniger durch den Social Desirability Bias bedroht (Mutz 2011; Eifler und Petzold 2014).

Denkbar ist dagegen aber auch, dass es zu Einflüssen sozialer Erwünschtheit kommt, obwohl die subjektiven Normen in gleicher Weise in der realen Situation und der in einer Vignette beschriebenen hypothetischen Situation aktiviert sind. Dies kann etwa mit der in der Theorie geplanten Verhaltens (Ajzen 1991) angenommenen subjektiven Einschätzung der Kontrollierbarkeit eines Verhaltens begründet werden, die zwischen hypothetischer und realer Situation variieren kann. Mit Verweis auf die von Diekmann und Preisendörfer (1992, 1998, 2003) formulierte Low-Cost-Hypothese kann darüber hinaus angenommen werden, dass wahrgenommene normative Erwartungen umso stärker für die Realisierung normkonformen Verhaltens wirksam werden, je geringer die damit verbundenen Kosten sind. Werden trotz äquivalenter Normaktivierung starke Handlungsbeschränkungen in einer hypothetischen Situation nicht korrekt wahrgenommen, ist ein Social Desirability Bias wahrscheinlich und normkonforme Verhaltensabsichten werden überberichtet, während normkonformes Verhalten unter realen Bedingungen durch die Kosten gehemmt wird. Sind dagegen die Handlungsbeschränkungen auch in der realen Situation schwach, ist auch tatsächliches normkonformes Verhalten zu erwarten, weil die aktivierte Norm auch unter realen Bedingungen ihre Wirksamkeit entfalten kann.

2.2 Hypothesen

Die Durchsetzung sozialer Normen ist definitionsgemäß eine Form normrelevanten Verhaltens. Insofern mögliche Reaktionen des Normbrechenden unmittelbare Konsequenzen für den Sanktionierenden haben können, lässt sich die Durchsetzung sozialer Normen als heikel bezeichnen. Es ist daher anzunehmen, dass über die Vignettenpräsentation äquivalent zu einer entsprechenden realen Situation eine Norm zweiter Ordnung aktiviert wird, den Normbruch erster Ordnung zu sanktionieren. Zugleich sollten Normen der Höflichkeit aktiviert werden, wonach die Sanktion freundlich und gewaltlos erfolgen sollte. Da jedoch im Gegensatz zu einer realen Situation im Vignettenexperiment keine Konsequenzen

Die Messung der Durchsetzung informeller Normen ... 175

der Normdurchsetzung zu befürchten sind und Handlungsbeschränkungen nur hypothetisch sind, ist grundsätzlich mit sozial erwünschten Antwortverzerrungen zu rechnen. Im Vergleich zum Feldexperiment sollten demnach in der Situation einer Normverletzung die Absichten zur Normdurchsetzung systematisch über-berichtet werden (Hypothese 1a). Dies gilt insbesondere für sozial wünschens-werte verbale Sanktionen (Hypothese 1b), während sozial nicht erwünschte körperliche Sanktionen unterberichtet werden sollten (Hypothese 1c).

Sind stärkere negative Konsequenzen für den Akteur zu erwarten, etwa weil der normbrechenden Person ein hohes Sanktionspotenzial zugeschrieben wird, sollte dies sowohl in der realen wie der hypothetischen Situation die Norm-durchsetzung hemmen (Hypothese 2a). Mögliche negative Konsequenzen sind aber nur bei nicht wünschenswerten körperlichen Sanktionen zu erwarten, während dies bei wünschenswerten verbalen Sanktionen nicht der Fall ist. Das Sanktionspotenzial der normbrechenden Person sollte demnach bei der nor-mativ erwünschten verbalen Normdurchsetzung sowohl im Vignetten- als auch im Feldexperiment in ähnlicher Weise wirksam werden, weil die Handlungs-beschränkungen gering sind (Hypothese 2b). Demgegenüber sollte das Sanktions-potenzial der normbrechenden Person vor allem vor allem bei der sozial nicht erwünschten physischen Normdurchsetzung handlungsbeschränkend wirken. Da das Sanktionspotenzial der normbrechenden Person in einer hypothetischen Situation aber ohne echte Konsequenzen bleibt, sollte es im Gegensatz zur rea-len Situation auch keinen negativen Effekt auf die Absicht zur Normdurchsetzung aufweisen. Effekte des Sanktionspotenzials der normbrechenden Person auf normativ nicht erwünschte Formen der Normdurchsetzung sollten demnach im Vignettenexperiment nicht reproduzierbar sein (Hypothese 2c).

3 Verhaltensvalidierung von Vignettenexperimenten

Das Ziel dieser Studie liegt darin, zu prüfen, inwieweit es gelingt, handlungs-relevante Informationen, Normen und Bewertungen mithilfe von Vignetten so realitätsgetreu zu aktivieren, dass mit hoher Gültigkeit von gemessenen Absichten der Normdurchsetzung auf die tatsächliche Durchsetzung sozialer Normen in realen Situationen geschlussfolgert werden kann. Die Gültigkeit der Schluss-folgerungen kann anhand verschiedener Validitätskriterien beurteilt werden, die speziell für experimentelle Forschungsergebnisse entwickelt worden sind (Campbell 1957; Campbell und Stanley 1963; Cronbach 1982; Shadish et al. 2002, S. 38):

Dabei bezieht sich der Begriff der internen Validität auf *„inferences about whether observed covariation between A (the presumed treatment) and B (the presumed outcome) reflects a causal relationship from A to B as those variables were manipulated or measured."*

Der Begriff der Konstruktvalidität meint *„inferences about the higher order constructs that represent sampling particulars. "*

Der Begriff der externen Validität fokussiert demgegenüber auf *„inferences about whether the cause-effect relationship holds over variation in persons, settings, treatment variables, and measurement variables. "*

Obgleich Schlussfolgerungen, die auf Vignettenexperimenten basieren, idealerweise ein hohes Maß aller Validitätskriterien aufweisen, muss in konkreten Anwendungen oft eine Priorisierung vorgenommen werden. Die interne Validität wird dabei als Bedingung „sine qua non" (Campbell und Stanley 1963, S. 5) aufgefasst. Die Gültigkeit kausaler Schlüsse hat Priorität gegenüber der Verallgemeinerung der Befunde. Externe Validität bezieht sich unter der Voraussetzung interner Validität auf die Frage der Extrapolierung des identifizierten Kausaleffekts auf andere Elemente. Konstruktvalidität bezieht sich dagegen auf die Frage der Repräsentation der theoretischen Konstrukte durch die Elemente der Studie. Um eine sinnvolle Interpretation (interne Validität) und Extrapolierung (externe Validität) kausaler Effekte zu ermöglichen, sollte eine hohe Konstruktvalidität gegeben sein. Während in dieser Untersuchung die interne und externe Validität eines Vignettenexperiments explizit untersucht wird, muss die Konstruktvalidität notwendigerweise als gegeben vorausgesetzt werden.

Die *Verhaltensvalidität von Vignetten* kann somit als Spezialfrage der externen Validität aufgefasst werden (vgl. Eifler und Petzold 2019; Petzold und Wolbring 2019a, b): Inwiefern können Effekte hypothetischer Treatments bei Handlungsabsichten von Befragten auf Effekte realer Bedingungen bei tatsächlichen Handlungen von (anderen) Akteuren extrapoliert werden?

Die Generalisierbarkeit eines geschätzten kausalen Effekts kann prinzipiell von Wechselwirkungen mit der Befragtenstichprobe, den Treatments, dem Setting oder den gemessenen Outcomes abhängig sein (Shadish et al. 2002, S. 83–102). Um zu prüfen, inwieweit der Effekt eines hypothetischen Treatments in Vignetten auf eine berichtete Verhaltensabsicht auf reales Verhalten extrapoliert werden kann, müssen sämtliche dieser Wechselwirkungen mit den anderen Elementen einer Studie, mit Ausnahme des Outcomes, neutralisiert werden. Die *Validierung* der mittels Vignetten gemessenen Verhaltensintentionen fokussiert allein zwischen Vignettenexperiment und Replikationsstudie unterschiedlich gemessene Outcomes und erfordert dabei eine größtmögliche Ähnlichkeit der Stichproben, der Treatments und der Settings. Nur so können alternative Erklärungen für potenzielle Differenzen zwischen den Ergebnissen der Vignettenstudie und der Replikationsstudie ausgeschlossen werden (vgl. Eifler und Petzold 2019; Petzold und Wolbring 2019a, b).

Eine konzeptionelle Grundlage für methodische Maßnahmen zur Validierung von Vignettenexperimenten stellt der kontrafaktische Ansatz zur Kausalität dar (z. B. Pearl 2010; Morgan und Winship 2015). Eine Analyseeinheit i kann sich demnach in einem Zustand mit (D = 1) und einem Zustand ohne Treatmentbedingung (D = 0) befinden und entsprechende Outcomes aufweisen (y_i^1, y_i^0). Der kausale Effekt eines Zustandes D auf das Outcome y ist dann die Differenz in den Outcomes ($y_i^1 - y_i^0$) für jede Analyseeinheit i. Dies führt zum Fundamentalproblem kontrafaktischer Kausalität (Holland 1986), da sich die Outcomes ein- und derselben Analyseeinheit nicht gleichzeitig für zwei Bedingungen beobachten lassen. Die kontrafaktischen Outcomes müssen demnach auf Grundlage von Vergleichswerten geschätzt werden, was wiederum die Annahme voraussetzt, dass die Untersuchungs- und Vergleichsfälle prinzipiell identisch sind. Ist diese „conditional independence assumption" (CIA) erfüllt, kann ein Effekt kausal interpretiert werden.

Übertragen auf das Problem der Verhaltensvalidität von Vignettenexperimenten, weist ein Respondent theoretisch einen Wert der Verhaltensintention im Vignettenexperiment und einen Wert des Verhaltens in der Replikationsstudie auf. Die Differenz beider Werte entspricht dann dem individuellen kausalen Effekt des Vignettenexperiments im Vergleich zum Feldexperiment. Da ein- und derselbe Respondent aber nicht simultan in der Vignetten- und in der Replikationsstudie untersucht werden kann, müssen die kontrafaktischen Verhaltenswerte über Vergleichsfälle geschätzt werden. Zu diesem Zweck muss sichergestellt sein, dass die Respondenten der Vignettenstudie und die Vergleichsfälle der Replikationsstudie möglichst keine Unterschiede aufweisen.

Bevor methodische Maßnahmen vorgestellt werden, wie die Vergleichbarkeit des Vignetten- und Feldexperiments in dieser Validierungsstudie systematisch abgesichert wurde, sollen das generelle Setting und die Durchführung der beiden Experimente zunächst einzeln vorgestellt werden.

3.1 Das Setting: Die Durchsetzung informeller Normen im Alltag

In dieser Studie wurde die Durchsetzung einer informellen Norm in einer alltäglichen Situation untersucht, die sich sowohl im Vignettenexperiment als auch im Feldexperiment simulieren lässt. Es handelt sich um eine Abwandlung des von Doob und Gross (1968) entwickelten „Hup-Experiments", bei dem die Reaktion eines Probanden (Aggressor) auf die Blockade durch Experimentalfahrzeug (Frustrator) an einer Ampel untersucht wird. In zahlreichen Replikationen konnte gezeigt werden, dass die Reaktion des Aggressors von Merkmalen des Frustrators abhängt, wie etwa dessen Alter, Geschlecht, oder Nationalität (z. B. Deaux 1971; Diekmann et al. 1996; Ellison et al. 1995; Forgas 1976; Kenrick und MacFarlane 1986; Baxter et al. 1990; Yazawa 2004; Jann 2009).

In einem hierdurch inspirierten Experiment untersuchten Wolbring, Bozoyan und Langner (2013) die Durchsetzung der an Münchner S- und U-Bahnhöfen vorherrschenden informellen Norm „Links gehen, rechts stehen!" bei der Nutzung von Rolltreppen. Diese besagt, dass die linke Seite einer Rolltreppe der schnelleren Fortbewegung der Passanten dient, während die rechte Seite dem Stehen vorbehalten ist. Dabei war insbesondere von Interesse, inwieweit über verbale und physische Hinweise auf die Gültigkeit der informellen Norm hingewiesen wird und ob die Art der Sanktionierung vom Status des Frustrators beeinflusst wird.

Sozialer Status kann als zugeschriebene Eigenschaft einer Person verstanden werden, die aufgrund ihres positionalen Charakters und der sich daraus ergebenden Vorteile wie etwa dem erleichterten Zugang zu wünschenswerten Ressourcen als allgemein erstrebenswert aufgefasst wird (vgl. Wolbring 2012). Statushohen Personen wird häufig mit mehr Höflichkeit und Respekt begegnet, weil ihnen aufgrund des verbesserten Ressourcenzugangs auch eine größere Sanktionsmacht zugeschrieben wird. Insofern das potenzielle Sanktionsverhalten eines Interaktionspartners bei der Entscheidung zur Durchsetzung einer informellen Norm durch Akteure berücksichtigt wird, wird diese auch durch den sozialen Status des Normbrechers beeinflusst (vgl. Jann 2009).

Da sozialer Status häufig nicht direkt beobachtbar ist, greifen Akteure bei der Beurteilung einer Person auf leicht erkennbare Hinweisreize zurück. Sozialer Status wird demnach im Alltag unter Rückgriff auf Statussignale sozial interpretiert. Als Statussignale fungieren dabei vor allem gut sichtbare, visuelle Merkmale wie die Kleidung und das Geschlecht einer Person (vgl. Diekmann und Przepiorka 2010). Über die Signale wird nicht nur die Zugehörigkeit zu einer Statusgruppe identifiziert, sondern es werden auch Fähigkeiten zugeschrieben. Die Bedeutung von Statussignalen sollte starker Informationsasymmetrie, wie bei flüchtigen Kontakten auf einer Rolltreppe, noch zunehmen. Eine gehobene Kleidung ist kostenintensiv und setzte demnach den Zugriff auf entsprechende Ressourcen voraus. Ihr Besitz wird daher mit finanziellem Wohlstand, sozialem Status und starker Sanktionsmacht assoziiert (vgl. Jungbauer-Gans et al. 2005; Nelissen und Meijers 2011; Wolbring et al. 2013). Es wird entsprechend angenommen, dass im Vergleich zu einer legeren Kleidung die Wahrscheinlichkeit der Normdurchsetzung reduziert ist, wenn der Frustrator elegant gekleidet ist.

Auch das Geschlecht einer Person ist eine im Alltag stets bedeutsame soziale Kategorie, die tief verwurzelte Rollenerwartungen aktiviert und so verhaltenswirksam wird (vgl. Alfermann 1989). Wie etwa mithilfe des German Extended Personal Attributes Questionnaire gezeigt werden konnte, werden Männer oft mit instrumentalistischen Persönlichkeitsmerkmalen wie Aktivität, Durchsetzungsvermögen und Zielstrebigkeit assoziiert (Runge et al. 1981). Demgegenüber werden Frauen oft empathische Fähigkeiten wie Einfühlsamkeit, Freundlichkeit und Hilfsbereitschaft zugeschrieben (z. B. Jungbauer-Gans et al. 2005; Eckes 2010). Aus der sozial attribuierten asymmetrischen Machtverteilung zwischen Männern und Frauen ergeben sich Differenzen in der Durchsetzung informeller Normen. Einem blockierten Akteur dürfte die Durchsetzung einer Norm bei einem weiblichen Frustrator unproblematischer erscheinen als bei einem männlichen Frustrator. Daher kann angenommen werden, dass die Wahrscheinlichkeit der Normdurchsetzung bei männlichen Blockierern reduziert ist.[1]

In der vorliegenden Studie wurde das Rolltreppen-Experiment von Wolbring et al. (2013) einerseits als Feldexperiment und andererseits als Vignettenexperiment repliziert. Wie Tab. 1 zeigt, wurden sowohl im Vignetten- als auch im Feldexperiment das Geschlecht und der Kleidungsstil systematisch in einem 2×2-faktoriellen Design variiert. Beide Experimente wurden in München durchgeführt.

Tab. 1 Variation der Treatments im Vignetten- und Feldexperiment

Faktor 1: Status (Kleidung)	Faktor 2: Geschlecht	
	Frau	Mann
Niedriger Status	11	12
Hoher Status	21	22

[1]Möglicherweise gilt diese Annahme heute nicht mehr so strikt, da angesichts öffentlicher Debatten um Geschlechtergerechtigkeit auch die öffentliche Beschwerdemacht von Frauen deutlich zugenommen hat und durch öffentliche Präferenzen geschützt wird. Die Annahme könnte daher insbesondere in öffentlichen Situationen nur eingeschränkt gelten. Wie stark das Geschlecht des Frustrators demnach die Normdurchsetzung beeinflusst, ist eine empirisch offene Frage.

3.2 Datenerhebung im Feldexperiment

Das Feldexperiment wurde an den Werktagen des 24. und 25. Februar 2014 jeweils zwischen 11.00 Uhr und 17.00 Uhr am U-Bahnhof „Sendlinger Tor" in München durchgeführt (vgl. Wolbring et al. 2013). Es wurde eine Rolltreppe in einer unterirdischen Verbindung des Bahnsteigs mit einer Zwischenebene des Bahnhofskomplexes ausgewählt, die eine gute Einsehbarkeit aus verschiedenen Beobachtungspositionen gewährleistete und aufgrund häufig einfahrender Züge ausreichend stark frequentiert wurde. Vor der finalen Datenerhebung wurde ein eintägiger Pretest unter Realbedingungen durchgeführt, in dem die Abläufe trainiert wurden und der Anpassungen in den Kategorien der Beobachtungsprotokolle zur Folge hatte. Über die Anzahl der Beobachter und die standardisierten Beobachtungsprotokolle sollten die Beobachtungen im Hinblick auf ihre Objektivität, Reliabilität und Validität so gut wie möglich abgesichert werden. Abb. 1 illustriert, wie die Treatmentbedingungen Geschlecht und Status im Feldexperiment operationalisiert worden sind.

Insgesamt waren neben den jeweiligen Probanden und dem Frustrator fünf Personen als verdeckte teilnehmende Beobachter in das Experiment involviert, die ihre Beobachtungen in standardisierten Protokollen dokumentierten. Die Rolle des Frustrators wurde durch immer dieselbe weibliche oder männliche Person übernommen. Ein erster Beobachter befand sich rechts neben dem Frustrator auf der Rolltreppe. Diese Person hatte immer dasselbe Geschlecht und war selbst stets leger gekleidet, um den Statusstimulus des Frustrators nicht zu verzerren. Es sollte der Eindruck entstehen, als ob sich die blockierende Person und der Beobachter nicht kennen. Ein zweiter Beobachter stand hinter dem ersten

Abb. 1 Treatments im Feldexperiment. (Quelle: Eigene Darstellung)

Die Messung der Durchsetzung informeller Normen ... 181

Beobachter auf der Rolltreppe und befand sich damit ebenfalls in unmittelbarer Nähe zu Frustrator und Aggressor. Dies ermöglichte ihnen insbesondere verbale oder physische Reaktionen des Probanden zu erfassen. Ferner dokumentierten sie die visuell erkennbaren Merkmale des Probanden wie Alter, Geschlecht und Kleidung. Zwei weitere Beobachter wurden jeweils links und rechts auf der Zwischenebene oberhalb der Rolltreppen positioniert, um das Geschehen in größerem Abstand aus der Vogelperspektive zu verfolgen. Sie registrierten Merkmale der Gesamtsituation, wie etwa die die Anzahl der auf der Rolltreppe befindlichen Personen oder inwieweit der Aggressor in Eile war. Ein letzter Beobachter betrat die Rolltreppe hinter dem Aggressor, sodass er die gesamte Situation verfolgen konnte, ohne vom Aggressor wahrgenommen zu werden. Er erfasste ebenfalls Kontextmerkmale der Situation.

Während eines Durchlaufs befanden sich die Beobachter auf der Zwischenebene permanent auf ihrer Position, wogegen sich die anderen Beobachter sowie der Frustrator unter den wartenden Passanten verteilten. Ein Durchlauf begann, sobald der Frustrator die Rolltreppe betrat. Während des gesamten Vorgangs kommunizierten die Experimentatoren zu keinem Zeitpunkt, damit die Blockadesituation zufällig wirkte. Ein Durchlauf wurde nur als gültig gewertet, wenn die blockierte Person sich mindestens zwei Stufen nach dem Frustrator auf der linken Seite der Rolltreppe befand und somit auch eindeutig blockiert wurde. Das Beobachtungsprotokoll wurde immer direkt nach einem Durchlauf möglichst unauffällig von den Beobachtern ausgefüllt. Es wurden insgesamt 303 Durchläufe durchgeführt, von denen 208 gültig waren.

Tab. 2 zeigt die Verteilung der gültigen Durchläufe über die vier Experimentalbedingungen. Während die Ränder der Statuskategorien exakt gleich verteilt sind, weist die Randverteilung im Treatment Geschlecht auf eine gewisse Asymmetrie hin, die sich auf eine Überrepräsentation von 32,2 % der Experimentalbedingung eines statusniedrigen Mannes zurückführen lässt. Diese resultiert aus

Tab. 2 Realisierte Beobachtungen im Feldexperiment

	Faktor 2: Geschlecht		Total
Faktor 1: Status (Kleidung)	Frau	Mann	Mann
Niedriger Status	37 I 17,8 %	67 I 32,2 %	104 I 50,0 %
Hoher Status	53 I 25,5 %	51 I 24,5 %	104 I 50,0 %
Total	90 I 43,3 %	118 I 56,7 %	208 I 100,0 %

Beschränkungen während der Datenerhebung. Da aus praktischen Gründen die Anzahl möglicher Durchläufe im Feldexperiment insgesamt begrenzt ist, in der geringer besetzen Experimentalbedingung des weiblichen statusniedrigen Frustrators (17,8 %) aber mehr Leerläufe stattgefunden haben, muss die entstandene Verteilung in Kauf genommen werden. Die suboptimale Balance wird bei der Interpretation der Ergebnisse berücksichtigt.

3.3 Datenerhebung im Vignettenexperiment

Das Vignettenexperiment wurde im Rahmen einer postalischen, selbstadministrierten Befragung (PAPI) zum Thema „Verhalten auf Rolltreppen" in der Stadt München durchgeführt. Der Fragebogen enthielt Fragen zur Nutzung öffentlicher Verkehrsmittel in München, zur Wohnbiografie, zur Geschlechterrollenorientierung, zu den Persönlichkeitsmerkmalen und zum sozioökonomischen Hintergrund der Respondenten. In einem Pretest unter 50 Respondenten wurde die Verständlichkeit der Vignetten und Antwortkategorien getestet und eine mittlere Bearbeitungszeit von ca. elf Minuten ermittelt.

Das Modul mit den Vignetten zur hypothetischen Situation an der Rolltreppe wurde im zweiten Teil der Befragung platziert. Jeder Fragebogen enthielt nur eine Textvignette, um einerseits Reihenfolge- oder Lerneffekte zu vermeiden und andererseits den Aufwand für die Befragten so gering wie möglich zu halten. In der Einführung zum Vignettenmodul wurden die Respondenten gebeten, sich möglichst stark in die fiktive Situation hineinzuversetzen, bevor sie ihre mögliche Reaktion berichten. Abb. 2 zeigt den Vignettentext und die variierten Abschnitte zum Geschlecht und zur Kleidung.

Um eine Vergleichbarkeit zum Feldexperiment herzustellen, wurde als Auswahlgesamtheit die Bevölkerung der Stadt München definiert, die Rolltreppen nutzt. Es wurde eine Zufallsstichprobe (N = 2000) aus dem Telefonbuch der Stadt München gezogen. Unvollständige, fehlerhafte oder doppelte Einträge wurden gelöscht. Im April 2014 wurden 1984 Fragebögen versendet. Aus Kostengründen

---

Stellen Sie sich vor, Sie sind an einem Werktag vormittags mit der U-Bahn auf dem Weg zu einem Termin (z. B. Arbeit, Schule, Universität). Als Sie am Ziel nach oben fahren wollen, planen Sie, die Rolltreppe zusätzlich hinaufzusteigen, um Zeit zu sparen. Auf der rechten Seite steht eine Reihe von Personen, wohingegen die freie linke Seite nur von einem/r **gut | schlicht** gekleideten **Mann | Frau** blockiert wird.

Abb. 2 Treatments im Vignettenexperiment. (Quelle: Eigene Darstellung)

Die Messung der Durchsetzung informeller Normen ... 183

Tab. 3 Realisierte Messungen im Vignettenexperiment

Faktor 1: Status (Kleidung)	Faktor 2: Geschlecht		Total
	Frau	Mann	Mann
Niedriger Status	56 I 25,5 %	61 I 27,7 %	117 I 53,2 %
Hoher Status	56 I 25,5 %	47 I 21,4 %	103 I 46,8 %
Total	112 I 50,9 %	108 I 49,1 %	220 I 100,0 %

wurde auf einen Reminder verzichtet. 361 Fragebögen wurden vollständig oder teilweise ausgefüllt zurückgesendet, was einer maximalen Rücklaufquote von 18,2 % entspricht. Um die Güte der Antworten zu erhöhen, wurden von den Analysen diejenigen Respondenten ausgeschlossen, die angaben, niemals im Alltag eine Rolltreppe zu nutzen. Weiterhin führten fehlende Antworten zu einzelnen Fragen zu weiteren Ausfällen. Trotz kategorialer Antwortvorgabe wurden insbesondere fehlende Werte bei der Variable zum monatlichen Nettoeinkommen registriert.

Die in den Analysen berücksichtigte finale Stichprobe hatte dementsprechend einen Umfang von $N = 220$ Respondenten (11,1 %), die sich ausgewogen auf die Treatmentbedingung verteilen (Tab. 3). Lediglich die Bedingung des männlichen Blockierers in schlichter Kleidung ist ähnlich dem Feldexperiment mit 27,7 % gegenüber einem Mann in eleganter Kleidung (21,4 %) etwas überrepräsentiert.

3.4 Zusammensetzung der Stichproben im Feld- und Vignettenexperiment

Die Komposition der Stichproben des Vignetten- und Feldexperiments werden im Hinblick auf Alter, Geschlecht und sozialen Status verglichen. Das Alter und das Geschlecht wurden im Feldexperiment jeweils von allen fünf Beobachtenden in den genannten Kategorien geschätzt und bei interindividuellen Abweichungen ggf. nach der Mehrheitsmeinung angepasst. Im Vignettenexperiment wurden Alter und Geschlecht direkt abgefragt. Der Status der blockierten Person wurde im Feldexperiment ebenfalls anhand der Kleidung und Accessoires in den drei Kategorien „niedrig", „mittel" und „hoch" geschätzt. Um im Vignettenexperiment einen vergleichbaren Indikator zu gewinnen, wurde das selbstberichtete individuelle monatliche Nettoeinkommen in drei Kategorien zusammengefasst.

Tab. 4 Komposition der Stichproben in Vignetten- und Feldexperiment

	Total		Vignettenexperiment		Feldexperiment		Stadt München[*]	
Merkmale Aggressor	Absolut	Relativ %	Absolut	Relativ %	Absolut	Relativ %	Absolut	Relativ %
Alter (kategorisiert)[a]								
<20 Jahre	11	2,6	–	–	11	5,3	250,172	17,1
21–30 Jahre	71	16,6	5	2,3	66	31,7	245,975	16,8
31–40 Jahre	67	15,7	7	3,2	60	28,9	251,765	17,2
41–50 Jahre	82	19,2	33	15,0	49	23,6	I	I
51–60 Jahre	61	14,3	42	19,1	19	9,1	386,028	26,4
>60 Jahre	136	31,8	133	60,5	3	1,4	331,497	22,5
		$\chi^b = 241{,}245$, p $= 0{,}000$						
Geschlecht								
Weiblich	210	49,1	107	48,6	103	49,5	745,666	50,9
Männlich	218	50,9	113	51,4	105	50,5	719,295	49,1
		$\chi^b = 0{,}033$, p $= 0{,}855$						
Statusgruppe[b]								
Niedrig	31	7,2	21	9,6	10	4,8		
Mittel	345	80,6	172	78,2	173	83,2		
Hoch	52	12,2	27	12,3	25	12,0		
		$\chi^b = 3{,}649$, p $= 0.161$						
Total	428	100,0	220	100,0	208	100,0	1464.962	100,0

[*]Quelle: Statistisches Amt München, Werte für das Jahr 2013
[a]im Feldexperiment geschätzt; im Surveyexperiment entsprechend der Kategorien des Beobachtungsprotokolls rekodiert
[b]im Feldexperiment geschätzt; im Surveyexperiment aus dem Nettoeinkommen gebildet

Die Messung der Durchsetzung informeller Normen … 185

Personen mit einem monatlichen Nettoeinkommen unter 1000 EUR wurde ein niedriger sozialer Status zugewiesen. Monatliche Einkommen zwischen 1000 und 4500 EUR repräsentieren einen mittleren sozialen Status, während Einkommen darüber einen hohen sozialen Status ausdrücken.

Tab. 4 enthält die drei Merkmale für das Gesamtsample, für das Vignetten- und Feldexperiment, sowie das Alter und Geschlecht der Einwohnerschaft Münchens zum Vergleich. Es zeigen sich keine bemerkenswerten Unterschiede zwischen den Experimenten bezüglich des Geschlechts und des sozialen Status. Die beiden Geschlechtskategorien sind zudem annähernd gleich verteilt, wie auch in München insgesamt. Die Selektivität der Stichproben zeigt sich aber sehr deutlich im Alter. Während im Feldexperiment deutlich jüngere Personen im Vergleich zur Einwohnerschaft repräsentiert sind, zeigt die Stichprobe des Vignettenexperiments eindeutig einen Altersbias nach oben. Hier ist die jüngste Kategorie nicht einmal besetzt. Vor diesem Hintergrund ist erstens die Vergleichbarkeit zwischen den beiden Experimenten und zweitens die Generalisierbarkeit auf die Einwohner Münchens eingeschränkt. Die Übertragung der Ergebnisse auf die Zielgesamtheit steht hier jedoch nicht im Fokus und kann vernachlässigt werden. Die Vergleichbarkeit der Experimente ist dagegen zentral und wird in Abschn. 4 adressiert.

3.5 Ergebnisse der separaten Experimente

3.5.1 Outcomes

Feldexperiment

Die spezifischen individuellen Reaktionen wurden differenziert in den Beobachtungsprotokollen erfasst und nachträglich als ausbleibende, verbale oder physische Reaktion kategorisiert (vgl. Wolbring et al. 2013). Als physische Reaktion wurde gewertet, wenn die blockierte Person den Frustrator antippte oder anderweitig berührte, sowie bei wildem Gestikulieren oder Drängeln. Ein solches Verhalten wurde unabhängig von eventuellen zusätzlichen verbalen Äußerungen als physische Reaktion kategorisiert. Beugte sich die blockierte Person lediglich nach vorn, wurde dies nicht als Reaktion gewertet, es sei denn, es kam zu einer verbalen Reaktion. Die verbale Reaktion umfasst demnach ausschließlich sprachliche Sanktionen, die physische Reaktion umfasst auch sprachliche Sanktionen, sofern sie zusammen mit körperlichen Aktivitäten auftraten, sowie körperliche Reaktionen ohne jede verbale Äußerung.

Die Häufigkeiten der beobachteten Reaktionen sind in Tab. 5 abgebildet. Wie zu erkennen ist, zeigte eine Mehrheit von 43,3 % trotz eindeutiger Blockade keinerlei verbale oder physische Reaktion. Etwa ein Drittel sprach den Frustrator in irgendeiner Form an, ohne dies jedoch durch körperliche Aktivitäten zu unterstreichen. Knapp ein Viertel der Probanden versuchte die Norm darüber hinaus, oder ausschließlich, über körperliche Reaktionen durchzusetzen.

Vignettenexperiment
Nach der Präsentation der Vignette wurde gefragt, „Wie würden Sie auf sich aufmerksam machen?". Auf Grundlage der Erfahrungen möglicher Verhaltensreaktionen im Feldexperiment und nach der Überprüfung der Verständlichkeit und Umfänglichkeit der Antwortkategorien im Pretest wurden folgende vorgegebene Antwortkategorien als physische Reaktion kategorisiert: „Antippen und ansprechen", „Vorbei drängeln" und „Auf sich aufmerksam machen (räuspern, gestikulieren)". Demgegenüber wurden Antworten der Vorgabe „Ansprechen" als rein verbale Reaktion gewertet. Die Antwortkategorie „Gar nicht" wird als fehlende Intention zu einer Reaktion behandelt. Eine Residualkategorie „Sonstiges" wurde nur zweimal genutzt, wobei die Inhalte nachträglich als fehlende Reaktion kategorisiert wurden.

Tab. 6 zeigt die im Vignettenexperiment generierten Antworthäufigkeiten. Nur ein Zehntel der Befragten gab an, nicht auf die Blockade reagieren zu wollen. Die

Tab. 5 Beobachtete Reaktionen (Feldexperiment)

Reaktion	Absolut	Relativ (%)
Keine Reaktion	90	43,3
Verbale Reaktion	67	32,2
Physische Reaktion	51	24,5
Total	208	100,0

Tab. 6 Berichtete Intentionen zur Reaktion (Vignettenexperiment)

Reaktion	Absolut	Relativ (%)
Keine Reaktion	22	10,0
Verbale Reaktion	160	72,7
Physische Reaktion	38	17,3
Total	220	100,0

Die Messung der Durchsetzung informeller Normen … 187

große Mehrheit der Respondenten berichtet, den Frustrator anzusprechen, wohingegen nur eine Minderheit von weniger als einem Fünftel eine der genannten physischen Reaktionen zeigen würde.

Ein einfacher Vergleich der erzielten Messungen des tatsächlichen und beabsichtigten Verhaltens offenbart demnach, dass im Vignettenexperiment erstens deutlich seltener behauptet wurde, nicht zu reagieren, als fehlende Reaktionen im Feldexperiment tatsächlich beobachtet wurden. Zweitens werden verbale Reaktionen häufiger intendiert als beobachtet, wogegen drittens physische Reaktionen häufiger beobachtet als beabsichtigt wurden. Dieser erste Vergleich stützt demnach die Hypothesen 1a–c.

3.5.2 Schätzung der Treatmenteffekte

Obgleich die Schätzung der Treatmentbedingungen auf die beobachteten und intendierten Reaktionen aufgrund des experimentellen Designs auch bivariat erfolgen kann, sollen hier multivariate Regressionsmodelle zur Anwendung kommen, die vor dem Hintergrund der nicht perfekten Besetzung der Bedingungen ein strengeres Verfahren darstellen. Über die Kontrolle der in beiden Experimenten erhobenen Kovariaten können außerdem die Güte der Randomisierung und die Robustheit der Schätzungen geprüft werden. Die beobachteten oder intendierten Reaktionen auf die Blockadesituation wurden in jeweils drei Kategorien zusammengefasst, sodass multinomiale logistische Regressionen angemessen erscheinen (z. B. Long und Freese 2014). Vor dem Hintergrund des zweiten Schritts im systematischen Methodenvergleich (Propensity Score Matching) wurden jedoch aus den drei Kategorien drei Dummies gebildet und separate binäre logistische Regressionen geschätzt. Das heißt, die Schätzungen beziehen sich immer auf die beiden jeweils anderen Kategorien als Referenzkategorien. Da Logitkoeffizienten nur schwer zu interpretieren sind und außerdem keinen Modellvergleich erlauben, werden die durchschnittlichen Marginaleffekte (AMEs) berichtet, die als Wahrscheinlichkeitsveränderungen interpretiert werden können (vgl. Mood 2010; Auspurg und Hinz 2011). Die AMEs der binären logistischen Regression sind zudem identisch mit den AMEs zu den einzelnen Reaktionskategorien in der multinomialen logistischen Regression.

Feldexperiment
Tab. 7 enthält insgesamt sechs Regressionsmodelle. Für jede Reaktionsform wurde je ein Modell ohne und ein Modell mit den drei Kontrollvariablen Alter, Geschlecht und Status geschätzt. Da sich die Effekte der Treatments auf die beobachteten Reaktionen gar nicht oder kaum zwischen den beiden Modellspezifikationen verändern, kann davon ausgegangen werden, dass die Randomisierung

Tab. 7 Regressionsschätzungen zu den Treatmenteffekten (Feldexperiment)

	Keine Reaktion		Verbale Reaktion		Physische Reaktion	
	1	2	3	4	5	6
Status Frustrator						
Hoch	−0,001	−0,017	0,201**	0,201**	−0,200***	−0,214***
(Ref. niedrig)	(−0,02)	(−0,24)	(3,10)	(2,96)	(−3,41)	(−3,59)
Geschlecht Frustrator						
Männlich	0,116	0,114	−0,008	0,000	−0,110	−0,112
(Ref. weiblich)	(1,68)	(1,64)	(−0,12)	(0,01)	(−1,81)	(−1,85)
N	208	208	208	208	208	208
Pseudo R^2	0,010	0,026	0,038	0,048	0,056	0,075

Modelle 1, 3, 5: ohne Kovariate
Modelle 2, 4, 6: mit Kovariaten Alter (kategorisiert), Geschlecht, Status
*Logistische Regressionen, Average Marginal Effects, Z-Werte in Klammern, * $p<0,05$;*
*** $p<0,01$; *** $p<0,001$*

trotz imperfekter Balance der Experimentalbedingungen erfolgreich war und die Probandenmerkmale nicht mit den Treatments korrelieren.

Es wird deutlich, dass das Geschlecht insgesamt weniger bedeutsam für das Reaktionsverhalten als der Status des Frustrators ist. Ist die blockierende Person ein Mann, werden zwar die Wahrscheinlichkeiten zu einer Reaktion allgemein (Modelle 1 und 2) als auch zu einer physischen Reaktion speziell (Modelle 5 um 6) jeweils um ca. 11 % gesenkt, die Effekte sind allerdings zu gering, um auf dem 5 %-Niveau signifikant zu werden. Dagegen erhöht ein hoher Status die Wahrscheinlichkeit einer verbalen Reaktion um ca. 20 % (Modelle 3 und 4), während die Wahrscheinlichkeit einer physischen Reaktion um ca. 20 % reduziert ist (Modelle 5 und 6). Da sich beide Effekte gegenseitig aufheben, wird die Reaktionswahrscheinlichkeit insgesamt aber nicht beeinflusst (Modelle 1 und 2). Die Befunde replizieren weitestgehend die Ergebnisse des Experiments von Wolbring et al. (2013).

Vignettenexperiment
Die Ergebnisse der separaten Effektschätzungen auf die drei Antwortkategorien für das Vignettenexperiment sind in Tab. 8 abgebildet. Auch hier legen die subs-

Die Messung der Durchsetzung informeller Normen ...

Tab. 8 Regressionsschätzungen zu den Treatmenteffekten (Vignettenexperiment)

	Keine Reaktion		Verbale Reaktion		Physische Reaktion	
	1	2	3	4	5	6
Status Frustrator						
Hoch	−0,058	−0,068	0,125*	0,122*	−0,067	−0,057
(Ref. niedrig)	(−1,46)	(−1,64)	(2,11)	(2,12)	(−1,32)	(−1,14)
Geschlecht Frustrator						
Männlich	0,036	0,046	−0,075	−0,065	0,038	0,022
(Ref. weiblich)	(0,90)	(1,04)	(−1,25)	(−1,11)	(0,75)	(0,44)
N	220	220	220	220	220	220
Pseudo R²	0,022	0,043	0,024	0,066	0,012	0,072

Modelle 1, 3, 5: ohne Kovariate
Modelle 2, 4, 6: mit Kovariaten Alter (kategorisiert), Geschlecht, Status
*Logistische Regressionen, Average Marginal Effects, Z-Werte in Klammern, * $p < 0,05$*

tanziell stabilen Koeffizienten zwischen den Modellen mit und ohne Kovariate nahe, dass die Randomisierung erfolgreich war und die Merkmale der Respondenten zufällig über die Experimentalbedingungen verteilt sind.

Auch im Vignettenexperiment reagieren die Respondenten nicht nennenswert auf die Variation des Geschlechts, sodass die geringen Effekte nicht interpretiert werden. Dagegen sind wie im Feldexperiment Statuseffekte zu erkennen. Ein hoher Status führt durchschnittlich zu einer um etwa 12 % erhöhten Intention, die blockierende Person anzusprechen. Zugleich wird die Intention zu körperlichen Reaktionen um etwa 6 % gesenkt. Der Effekt auf die Intention zur physischen Reaktion ist ebenso wie der Effekt auf die Reaktionsabsicht insgesamt aber zu gering, um statistisch bedeutsam zu werden. Der geringe Effekt des sozialen Status auf physische Reaktionen resultiert auch aus der geringen Varianz dieser Kategorie im Vignettenexperiment. Gleichwohl ist bemerkenswert, dass die geschätzten Treatmenteffekte zumindest in ihrer Richtung mit denen des Feldexperiments korrespondieren, wodurch insbesondere die Hypothese 2b gestützt wird.

4 Systematischer Vergleich

Ein einfacher Vergleich der separaten Experimente impliziert eine Reihe von Annahmen, die die Belastbarkeit der Ergebnisse beeinflussen. Mit Groves et al. (2004) können Schlussfolgerungen auf der Grundlage von Befragungen in zweierlei Hinsicht fehlerhaft sein. Auf der einen Seite sind Stichprobenfehler möglich. Auf der anderen Seite können falsche Schlussfolgerungen auf Messfehlern basieren. Alternativerklärungen der Unterschiede zwischen den Experimenten, die auf diesen Fehlern basieren, müssen demnach möglichst ausgeschlossen werden. Notwendige Annahmen und methodische Maßnahmen, die die Vergleichbarkeit der Teilstudien im Hinblick auf diese beiden Fehlerquellen verbessern sollen, werden nachfolgend daher expliziert. Wie im Abschn. 3 diskutiert, betrifft dies die Konstruktion der Treatmentbedingungen und des situativen Settings, die Messung der Outcomes und Kovariaten sowie die Stichprobenkomposition.

4.1 Vergleich der Messungen

Für beide Experimente wird Messinvarianz in den Treatments, Outcomes und Kovariaten angenommen, das heißt die Messfehler sollten konstant und zufällig verteilt sind, sodass die Repräsentation der theoretischen Konstrukte über beide Experimente vergleichbar und somit die Konstruktvalidität hoch ist. Diese Annahme ist teilweise stark, soll aber über methodische Maßnahmen abgeschwächt werden.

Die Situation an der Rolltreppe ist eine alltägliche Situation, die vergleichsweise leicht in Vignetten darstellbar ist und durch die Respondenten sehr wahrscheinlich schon real erfahren wurde. Um die Plausibilität der Annahme ausreichender Konstruktvalidität zu erhöhen, wurden einerseits Respondenten aus der Analyse ausgeschlossen, die angaben, niemals Rolltreppe zu fahren. Andererseits wurde die Situationsbeschreibung in den Vignetten nicht nur hinsichtlich der Treatments und Outcomes, sondern auch bezogen auf das Handlungsobjekt, den Handlungskontext und die Handlungszeit spezifiziert. So wurden insbesondere Orts- und Zeitangaben („an einem Werktag vormittags mit der U-Bahn auf dem Weg zu einem Termin") in der Vignette mit dem Feldexperiment harmonisiert.

Die Vergleichbarkeit der Treatments ist durch einen unterschiedlichen Grad der Spezifität eingeschränkt. Im Vignettenexperiment wurden allgemeine Kategorisierungen (Kleidung und Geschlecht) variiert, während die Probanden im Feldexperiment mit stets spezifischen blockierenden Personen konfrontiert waren,

Die Messung der Durchsetzung informeller Normen … 191

die einzigartige Eigenschaften in Aussehen, Kleidung und Accessoires aufweisen. Auch wenn nicht ausgeschlossen werden kann, dass die Sanktionen im Feldexperiment auf diese Eigenarten zurückgehen, halten wir die Annahme der Konstruktvalidität für statthaft, weil Geschlecht und sozialer Status fundamentale soziale Kategorien sind, die bei der Begegnung mit einer Person unwillkürlich salient werden (vgl. Jungbauer-Gans et al. 2005).

Weiterhin nehmen wir an, dass die gemessenen Verhaltensabsichten und das beobachtete Verhalten die gleichen Konstrukte repräsentieren. Um diese Annahme abzusichern, wurde zunächst ein Pretest im Feldexperiment durchgeführt, in dem auftretende Verhaltensformen empirisch ermittelt wurden. Erst danach wurde die Antwortvorgabe im Vignettenexperiment unter Berücksichtigung genau dieser tatsächlich beobachteten Verhaltensformen konstruiert. Die nachträgliche Kategorisierung als verbale und physische Reaktion gleicht schließlich mögliche Abweichungen in der differenzierteren Messung aus.

Schließlich muss angenommen werden, dass auch die Kovariate Alter, Geschlecht und sozialer Status in beiden Experimenten eine hohe Konstruktvalidität aufweisen. Alle Merkmale wurden im Feldexperiment auf Grundlage erkennbarer Äußerlichkeiten geschätzt. Die Objektivität der Schätzung wurde durch fünf Beobachter erhöht. Falschangaben zu diesen Merkmalen sind in der Befragung darüber hinaus eher nicht zu erwarten. Die stärkste Annahme muss hier bezogen auf den sozialen Status des Aggressors gemacht werden, der im Feldexperiment über die Kleidung und im Vignettenexperiment über das kategorisierte Nettoeinkommen operationalisiert worden ist. Ein hohes Einkommen und elegante Kleidung müssen nicht zwingend korrelieren. Aufgrund der Distinktionsfunktion kann aber davon ausgegangen werden, dass zumindest diejenigen, die elegant gekleidet sind, auch ein hohes Einkommen haben (vgl. Nelissen et al. 2011). Für diejenigen mit hohem Einkommen aber legerer Kleidung ist die Signalisierung ihres sozialen Status weniger wichtig und daher vermutlich auch weniger im Sanktionsverhalten relevant.

4.2 Vergleich der Stichproben

Obwohl die Stichproben beider Experimente auf dieselbe Grundgesamtheit der Einwohner Münchens, die Rolltreppen nutzen, abzielen, unterscheiden sie sich aufgrund der fundamentalen Unterschiede in der Datenerhebung und daraus resultierendem Over- und Undercoverage substanziell. Im Feldexperiment wurden die Teilnehmer aufs Geratewohl ausgewählt (convenient sample). Zwar kommen die Probanden zufällig an der Rolltreppe vorbei, aufgrund einer systematischen

Selektion in die Nutzung des U-Bahnnetzes kann aber nicht plausibel angenommen werden, dass alle Elemente der Grundgesamtheit die gleiche Auswahlwahrscheinlichkeit aufweisen. Zudem ist Overcoverage derart zu erwarten, dass auch Personen in die Stichprobe gelangt sind, die nicht Einwohner Münchens sind, wie etwa Touristen oder Geschäftsreisende. Verzerrungen durch systematische Selbstselektion können jedoch ausgeschlossen werden, weil die Personen keine Kenntnis der Teilnahme am Experiment hatten. Umgekehrt hatten nur Personen die Chance, in die Stichprobe der postalischen Befragung zu gelangen, wenn ihre Adresse im Telefonbuch verzeichnet war. Im Vignettenexperiment wurde zumindest eine Zufallsauswahl (probability sample) getroffen. Zwar konnten die Respondenten die Antwort verweigern, der daraus resultierende Stichprobenfehler kann aber im Gegensatz zum Feldexperiment geschätzt werden (siehe Tab. 4).

Entscheidend für die vorliegende Fragestellung der Verhaltensvalidität von Vignettenexperimenten ist aber nicht die Generalisierbarkeit der Befunde auf eine definierte Grundgesamtheit (externe Validität), sondern vor allem die Harmonisierung der Stichproben beider Teilexperimente (interne Validität des Vergleichs). Das Design der Validierungsstudie entspricht einer „Observational Study" (Rosenbaum 2010). In einer Observational Studies haben die Forschenden keine Kontrolle über die Zuweisung der Beobachtungseinheiten zur Untersuchungs- oder Kontrollbedingung (Cochran 1968). Anders ausgedrückt erfolgte die Zuweisung der Respondenten zum Vignettenexperiment als Untersuchungsbedingung und der Probanden zum Feldexperiment als Kontrollbedingung weder zufällig noch kontrolliert. Wie aus Tab. 4 hervorgeht, unterscheidet sich die Zusammensetzung der Stichproben in der Konsequenz zwischen beiden Teilexperimenten erheblich. In der Folge muss eine Vergleichbarkeit erst hergestellt werden.

Zu diesem Zweck wurde das nichtparametrische Verfahren des Propensity Score Matching eingesetzt (Rosenbaum und Rubin 1983; Guo und Fraser 2010). Propensity Score Matching ist ein statistisches Verfahren, das die Analyse von Daten nichtexperimenteller Observational Studies erleichtern soll, bei denen die Vergleichsgruppen nicht äquivalent zusammengesetzt sind. Auf der Grundlage der in einem Set von Kovariaten beobachteten Heterogenität wird in einem ersten Schritt ein Wahrscheinlichkeitswert (Propensity Score) geschätzt, mit der eine einzelne Untersuchungseinheit in die Untersuchungs- oder Kontrollbedingung (hier Vignetten- oder Feldexperiment) selektiert wurde (Shadish et al. 2002, S. 162). Die geschätzten Wahrscheinlichkeitswerte dienen in einem zweiten Schritt als Kriterium für die Zuweisung möglichst ähnlicher Fälle.

In der vorliegenden Studie wurde der Propensity Score mithilfe eines logistischen Regressionsmodells geschätzt und dabei nach Kovariaten des kategorialen

Die Messung der Durchsetzung informeller Normen ... 193

Alters, des Geschlechts und des kategorialen sozialen Status des Aggressors konditioniert. Mithilfe des Propensity Scores wurde ein Eins-zu-Eins-Zwillingsmatching mit Zurücklegen durchgeführt, um möglichst viele Fälle in der Analyse zu behalten (siehe Morgan und Harding 2006). Respondenten des Vignettenexperiments wurde ein kontrafaktisches Outcome genau desjenigen Probanden des Feldexperiments zugewiesen, der den ähnlichsten Propensity Score aufwies. Entsprechend wurden nur Respondenten aus dem Vignettenexperiment in der Analyse berücksichtigt, für die auch Zwillinge mit einem ähnlichen Propensity Score im Feldexperiment identifiziert werden konnten. Insgesamt wurde 204 von 220 Befragten als kontrafaktische Schätzwerte die Outcomes von 138 Zwillingen zugewiesen. Für 16 Befragte des Vignettenexperiments fanden sich keine gleichen Zwillinge und 70 Probanden des Feldexperiments konnten nicht als Zwilling fungieren. Im Ergebnis wurde der standardisierte Bias über alle Kovariate um von 41,9 % auf 9,1 % reduziert.

Werden die getroffenen Annahmen zur Konstruktvalidität und die Annahme zur Conditional Independence auf Grundlage der drei Kovariate akzeptiert, kann das zugeordnete Outcome des Feldexperiments als potenzielles Outcome der Respondenten des Vignettenexperiments dienen, um die Verhaltensvalidität der Intentionen abzuschätzen.

4.3 Ergebnisse des systematischen Vergleichs

4.3.1 Outcomes

Tab. 9 enthält die absoluten und relativen Häufigkeiten der berichteten Intentionen zur Normdurchsetzung und der gematchten kontrafaktischen Werte nach dem Zwillingsmatching. Obwohl sich im Vergleich zu den Werten im deskriptiven Vergleich vor dem Matching die Differenzen verringert haben (vgl. Tab. 5 und 6), sind sie noch immer erkennbar.

Die durchschnittlichen individuellen Differenzen zwischen den im Vignettenexperiment berichteten Intentionen zur Normdurchsetzung und den aus dem Feldexperiment geschätzten kontrafaktischen Werten repräsentieren die durchschnittlichen kausalen Effekte der Teilnahme am Vignettenexperiment auf das ermittelte Outcome (ATT). Der durchschnittliche Effekt entspricht damit zugleich der Differenz zwischen den berichteten und den kontrafaktischen Werten in den relativen Häufigkeiten der Reaktionskategorien. Demnach senkt die Erhebung der Reaktion im Vignettenexperiment die Häufigkeit der Messung einer Reaktion um 23,5 %. Die Steigerung der Häufigkeit geht dabei zu 22,5 % auf die verbale Reaktion und nur zu 1,0 % auf die physische Reaktion zurück. Der Effekt der

Tab. 9 Berichtete Intentionen und beobachtete Reaktionen nach Matching

Reaktion	Beobachtete Werte (Vignettenexperiment)		Kontrafaktische Werte (aus Feldexperiment)		ATT in %	Test auf Gleichheit
	Absolut	Relativ %	Absolut	Relativ %		
Keine Reaktion	20	9,8	68	33,3	-23.5	p = 0,000
Verbale Reaktion	148	72,5	102	50,0	22.5	p = 0,000
Physische Reaktion	36	17,6	34	16,6	1.0	p = 0,893
Total	204	100,0	204	100,0		

Experimentalform auf die Messung einer physischen Reaktion ist im nichtparametrischen Test auf Gleichheit gematchter Paare im Gegensatz zu den anderen beiden Effekten auch nicht signifikant.

Die gleiche Häufigkeit der faktischen und kontrafaktischen Werte bei der physischen Reaktion ist jedoch trügerisch, da es sich nur um die aggregierten Werte handelt. Um detaillierte Einsichten in Abweichungen auf der individuellen Ebene zu erlangen, sind zusätzlich zu den durchschnittlichen Effekten der Teilnahme am Vignettenexperiment auf die Reaktionsmessungen (ATT) die individuellen Abweichungen ausgezählt werden. Das Resultat ist in Tab. 10 dargestellt. Das Vignettenexperiment lieferte eine korrekt positive oder korrekt negative Messung, wenn sowohl im Feld- als auch im Vignettenexperiment entweder eine Reaktion gemessen oder nicht registriert wurde. Wurde dagegen im Vignettenexperiment eine Reaktion erfasst, nicht aber im kontrafaktischen Wert aus dem Feldexperiment, spiegelt das ein Overreporting bzw. eine falsch positive Messung wider. Wurde umgekehrt im Vignettenexperiment keine Reaktion berichtet, im kontrafaktischen Wert aber beobachtet, zeigt das ein Underreporting bzw. eine falsch negative Messung.

Die detaillierte Analyse zeigt, dass etwa zwei Drittel der Reaktionen im Vignettenexperiment richtig positiv bzw. richtig negativ erfasst wurden. Für knapp die Hälfte der verbalen Reaktionen und fast drei Viertel der physischen Reaktionen wurden im Vignettenexperiment korrekte Werte erfasst. Ein Fehlen der Reaktion wurde nur sehr selten überberichtet, sondern meist unterberichtet. Ebenso haben etwa ein Drittel der verbalen Reaktionen kein kontrafaktisches Pendant, sind also überberichtet. Immerhin etwa 15 % sind aber auch unterberichtet. Physische Reaktionen werden zu etwa gleichen Teilen über- und

Die Messung der Durchsetzung informeller Normen ... 195

Tab. 10 Under- und Overreporting nach Matching

| | Vignettenexperiment | | | |
| | Berichtet | | Nicht berichtet | |
Feldexperiment	N	%	N	%
Beobachtet	Keine Reaktion: 8	3.92 %	Keine Reaktion: 60	29.41 %
	Verbale Reaktion: 71	34.80 %	Verbale Reaktion: 31	15.20 %
	Phys. Reaktion: 7	3.43 %	Phys. Reaktion: 27	13.24 %
			(Underreporting)	
Nicht beobachtet	Keine Reaktion: 12	5.88 %	Keine Reaktion: 124	60.78 %
	Verbale Reaktion: 77	37.75 %	Verbale Reaktion: 25	12.25 %
	Phys. Reaktion: 29	14.22 %	Phys. Reaktion: 141	69.12 %
	(Overreporting)			

unterberichtet, sodass der durchschnittliche Effekt der Abweichung (ATT) bei nur einem Prozent liegt. Insgesamt kann festgehalten werden, dass trotz starker Übereinstimmungen zwischen den Werten des Vignetten- und des Feldexperiments in allen drei Kategorien systematisches Under- und Overreporting identifiziert werden kann, wie in den Hypothesen 1a–c vermutet.

4.3.2 Schätzungen der Treatmenteffekte

Schließlich wurden die jeweiligen Regressionsmodelle 2, 4 und 6 aus den Tab. 7 (Feldexperiment) und 8 (Vignettenexperiment) noch einmal mit nur denjenigen Fällen repliziert, für die jeweils ein Zwilling identifiziert werden konnte oder die als Zwilling fungierten. Die Schätzungen basieren demnach auf dem Teil der Stichproben, der die größtmögliche Ähnlichkeit bezogen auf Alter, Geschlecht und sozialem Status aufweist.

Wie aus Tab. 11 hervorgeht, bestätigen diese Modelle im Wesentlichen die Ergebnisse der separaten Analysen, zeigen aber klarere Befunde. Obwohl gewisse Variationen in den Effekten des Geschlechts erkennbar sind, sind diese sowohl

Tab. 11 Regressionsschätzungen zu den Treatmenteffekten nach Matching

	Vignettenexperiment (nur gematchte Zwillinge)			Feldexperiment (nur gematchte Zwillinge)		
	Keine Reaktion	Verbale Reaktion	Physische Reaktion	Keine Reaktion	Verbale Reaktion	Physische Reaktion
Status Frustrator						
Hoch	−0,075	0,119*	−0,046	−0,075	0,297**	−0,214**
(Ref. niedrig)	(−1,71)	(1,97)	(−0,87)	(−0,84)	(−3,19)	(−2,94)
Geschlecht Frustrator						
Männlich	0,017	−0,048	0,032	0,014	0,083	−0,097
(Ref. weiblich)	(0,38)	(−0,80)	(0,68)	(0,16)	(1,02)	(−1,25)
N	204	204	204	138	138	138
Pseudo R²	0,048	0,075	0,076	0,041	0,068	0,092

Kovariate: Alter (kategorisiert), Geschlecht, Status
*Logistische Regressionen, Average Marginal Effects, Z-Werte in Klammern, * $p<0,05$; ** $p<0,01$; *** $p<0,001$*

im Vignetten- als auch im Feldexperiment zu schwach, um eine substanzielle Interpretation zu erlauben. Dagegen ist der Statuseffekt im Feldexperiment klar abgebildet. Ein hoher sozialer Status steigert die Wahrscheinlichkeit einer verbalen Reaktion um knapp 30 % und reduziert die Wahrscheinlichkeit einer physischen Reaktion um etwa 21 %. Auch im Vignettenexperiment hat ein hoher sozialer Status den stärksten Effekt auf die Intention zur verbalen Reaktion, die um etwa 12 % erhöht ist. Zugleich ist ebenfalls ein negativer Effekt auf die Intention zur physischen Reaktion festzustellen, der aber mit unter fünf Prozent sehr viel geringer als im Feldexperiment ausfällt und auch nicht statistisch signifikant wird. Insgesamt zeigt sich, dass die Effekte im Vignettenexperiment erstens in dieselbe Richtung weisen, wie die Effekte im Feldexperiment, dabei zweitens aber schwächer ausfallen. Der Statuseffekt bezogen auf verbales Verhalten führt würde zu einer ähnlichen Interpretation wie im Feldexperiment führen. Bezogen auf physisches Verhalten würde er aber klar unterschätzt und nicht interpretiert werden. Die Ergebnisse sprechen damit für die Gültigkeit der Hypothesen 2a–c.

5 Diskussion und Schlussfolgerungen

Soziale Normen strukturieren als standardisierte Verhaltensanweisungen das Zusammenleben in modernen Gesellschaften, indem sie helfen, Kooperations- und Koordinationsprobleme zu lösen. Da die Einhaltung sozialer Normen aber mit Kosten verbunden ist, sind regelmäßig Normbrüche in Form devianten Verhaltens zu erwarten. Daraus resultiert mit der Frage der ebenfalls kostenintensiven Durchsetzung einer Norm ein Kollektivgutproblem zweiter Ordnung, das einen zentralen Erkenntnisgegenstand der Soziologie darstellt.

Die Durchsetzung sozialer Normen wird aufgrund der Beschränkungen bei der Anwendung von Labor- und Feldexperimenten einerseits und standardmäßig erhobenen Umfragedaten andererseits zunehmend mithilfe hochflexibler Vignettenexperimente untersucht. Denn zum einen weist die Methode gleichermaßen Vorzüge des Experiments und der Umfrage auf, zum anderen werden geringere Verzerrungen durch sozial erwünschtes Antwortverhalten erwartet. In Vignettenexperimenten können allerdings nur Verhaltensabsichten und kein tatsächliches Verhalten untersucht werden, sodass der Respondent keine Konsequenzen seiner Reaktion befürchten muss. Fragen zur individuellen Neigung, soziale Normen durchzusetzen, könnten bei Befragten aber normative Erwartungshaltungen wecken, sodass sie negative Konsequenzen eines nicht-normkonformen Antwortverhaltens befürchten. Aus diesem Grund kann auch beim Einsatz von Vignetten mit einem Social Desirability Bias gerechnet werden. So stellt sich die Frage, inwiefern Vignettenexperimente überhaupt geeignet sind, die Bedingungen einer Normdurchsetzung zu untersuchen.

Die Frage der Verhaltensvalidität von Vignettenexperimenten bei der Anwendung im Kontext normativ geprägter Entscheidungsprozesse ist Gegenstand der vorliegenden Studie. Existierende Validierungsstudien zeichnen hier ein uneindeutiges Bild. Gerade bei heiklen Themen, bei denen der Respondent negative Konsequenzen einer nicht normgetreuen Antwort befürchten könnte, konnte tatsächliches Verhalten in Vignettenexperimenten nicht angemessen reproduziert werden. Andere Untersuchungen lassen vermuten, dass bei normativen Entscheidungsprozessen Vignettenexperimente valide Schätzungen erlauben, sofern das sozial erwünschte Antwortverhalten mit sozial wünschenswertem realen Verhalten korrespondiert. Es wurde argumentiert, dass im Anschluss an das Modell des Antwortprozesses und die Low-Cost-Hypothese ein Social Desirability Bias wahrscheinlich ist, wenn trotz äquivalenter Normaktivierung starke Handlungsbeschränkungen in einer hypothetischen Situation nicht korrekt wahrgenommen oder ignoriert werden, während normkonformes Verhalten unter realen Bedingungen durch höhere Kosten, etwa dem Sanktionspotenzial des Normbrechers, gehemmt wird. Sind dagegen die Handlungsbeschränkungen auch in der realen Situation schwach, korrespondieren die Effekte, weil die aktivierte Norm auch unter realen Bedingungen wirksam wird.

Um diese Überlegungen zu prüfen, wurden die Bedingungen der Durchsetzung einer informellen Norm sowohl in einem Feldexperiment als auch in einem Vignettenexperiment analysiert und die Ergebnisse anschließend miteinander verglichen. Hierfür wurde an den Ansatz zur kontrafaktischen Kausalanalyse angeknüpft, wonach die Ergebnisse des Feldexperiments die kontrafaktischen Schätzwerte zu den berichteten Verhaltensintentionen aus dem Vignettenexperiment bilden. Die Bedingungen der Durchsetzung wurden am Beispiel der informellen Norm „Links gehen, rechts stehen" auf Rolltreppen der Münchner U-Bahn untersucht. Handelt es sich bei den beiden Vergleichsstudien um echte Experimente, in denen aufgrund der Manipulation und der Randomisierung keine Verzerrungen durch unbeobachtete Heterogenität zu erwarten sind, muss ihre Vergleichbarkeit auf der übergeordneten Ebene erst hergestellt werden. Zu diesem Zweck wurden mithilfe der Methode des Propensity Score Matching nur möglichst ähnliche Zwillinge aus beiden Experimenten verglichen (vgl. Eifler und Petzold 2019), wobei nach Alter, Geschlecht und Status konditioniert wurde, die in beiden Teilexperimenten erfasst werden konnten.

Die Ergebnisse zeigen, dass im Vignettenexperiment verbale Reaktionen häufiger und physische Reaktionen seltener berichtet werden, als tatsächlich im Feldexperiment beobachtet werden konnten. Während außerdem elegante Kleidung im Feldexperiment zu gesteigerten verbalen aber reduzierten körperlichen Reaktionen führt, finden sich im Vignettenexperiment nur nennenswerte positive Effekte des Kleidungstreatments auf die verbale Reaktion, während negative Effekte auf physische Reaktionen stark unterschätzt werden. Zugleich ist beiden Experimenten gemein, dass das Geschlecht kaum eine Bedeutung hat. Die Effekte der Treatmentbedingungen im Vignettenexperiment konnten also unter der Bedingung reproduziert werden, dass auch in der realen Situation keine negativen Konsequenzen der Sanktion zu befürchten sind, und somit Handlungsbeschränkungen gering sind. Die Ergebnisse dieser Validierungsstudie gehen insgesamt mit den Resultaten vorangegangener Studien einher (Groß und Börensen 2009; Eifler 2010; Diehl et al. 2013; Eifler und Petzold 2019; Petzold und Wolbring 2019a, b), wonach nicht die absoluten Verteilungen der Outcomes abweichen, die nach Treatments relativen Differenzen in den Outcomes aber korrespondieren.

Die Studie lässt zwei zentrale Schlussfolgerungen zu. Erstens ist aufgrund des normativen Charakters der Entscheidungssituation bei der Messung von Intentionen zur Durchsetzung sozialer Normen mittels Vignetten stets von Verzerrungen durch sozial erwünschtes Antwortverhalten auszugehen. Dies führt zu systematischem Over- und Underreporting in den gemessenen Verhaltensabsichten. In der Konsequenz sollten diese nicht auf die Verteilung tatsächlicher Handlungen in realen Situationen extrapoliert, das heißt, nicht bezüglich der absoluten Werte, sondern nur bezüglich der relativen Änderungen der Werte über die Treatmentbedingungen interpretiert werden. Zweitens scheinen mittels Vignetten gemessene Bedingungen für Verhaltensabsichten bei heiklen Entscheidungen dann valide Schlüsse auf Bedingungen tatsächlichen Verhaltens zuzulassen, wenn die Realisierung normkonformen Verhaltens in der Realität unproblematisch bzw. kostengünstig ist. Diese Vermutung ist schon an anderer Stelle formuliert worden (Petzold und Wolbring 2019a). Mit der nun vorliegenden Validierungsstudie konnte aber erstmals eine empirische Evidenz für diese Annahme gefunden werden. Als methodische Konsequenz sollten Treatmenteffekte in Vignettenexperimenten immer unter Berücksichtigung möglicher Handlungskonsequenzen in der entsprechenden realen Situation interpretiert werden und ggf. nur für Low-Cost-Situationen interpretiert werden.

Die Reichweite der Schlussfolgerungen ist vor allem im Hinblick auf die zugrundeliegenden Stichproben beschränkt. Einerseits waren die Ergebnisse in München lokalisiert. Andererseits muss für den Vergleich die recht starke Conditional Independence Assumption akzeptiert werden, dass außer nach Alter, Geschlecht und sozialem Status keine Unterschiede zwischen den Vergleichsgruppen bestehen. Eine Replikation der Validierungsstudie in einer anderen Stadt oder einem anderen kulturellen Kontext wäre demnach ebenso wünschenswert, wie Konditionierung der Vergleichsgruppen nach anderen beobachteten Merkmalen oder sogar nach unbeobachteter Heterogenität (vgl. Petzold und Wolbring 2019a). Einschränkungen in der Interpretation ergeben sich aber auch aus den Unterschieden in den genutzten Treatments. Haben diese im Feld aus realen Individuen bestanden, wurden im Vignettenexperiment nur kategoriale Treatments verwendet. Künftig wäre eine Replikation mit stärker individualisierten Treatments, z. B. mithilfe von Fotovignetten, wünschenswert. Schließlich ist die betrachtete informelle Norm nur ein Beispiel unter vielen, sodass unklar ist, ob die Befunde auch für andere Normen gelten. Für entsprechende Replikationen in anderen Situationen der Durchsetzung informeller Normen sind der Kreativität der Forschenden keine Grenzen gesetzt.

Literatur

Ajzen, I. (1991). The theory of planned behavior. *Organizational Behavior and Human Decision Processes, 50,* 179–211.

Ajzen, I., Brown, T. C., & Carvajal, F. (2004). Explaining the discrepancy between intentions and actions. The case of hypothetical bias in contingent valuation. *Personality and Social Psychology Bulletin, 30,* 1108–1121.

Alexander, C. S., & Becker, H. J. (1978). The use of vignettes in survey research. *Public Opinion Quarterly, 42,* 94–104.

Alfermann, D. (1989). *Androgynie. Möglichkeiten und Grenzen der Geschlechterrollen.* Opladen: Westdeutscher Verlag.

Armacost, R. L., Hosseini, J. C., Morris, S. A., & Rehbein, K. A. (1991). An empirical comparison of direct questioning, scenario, and randomized response methods for obtaining sensitive business information. *Decision Sciences, 22,* 1073–1099.

Atteslander, P., & Kneubühler, H.-U. (1975). *Verzerrungen im Interview. Zu einer Fehlertheorie der Befragung.* Opladen: Westdeutscher Verlag.

Auspurg, K., & Hinz, T. (2011). Gruppenvergleiche bei Regressionen mit binären abhängigen Variablen– Probleme und Fehleinschätzungen am Beispiel von Bildungschancen im Kohortenverlauf. *Zeitschrift für Soziologie, 40,* 62–73.

Auspurg, K., Hinz, T., Liebig, S., & Sauer, C. (2015). The factorial survey as a method for measuring sensitive issues. In U. Engel, B. Jann, P. Lynn, A. Scherpenzeel, & P. Sturgis (Hrsg.), *Improving survey methods. Lessons from recent research* (S. 137–150). New York: Routledge.

Baxter, J. S., Manstead, A. S. R., Stradling, S. G., Campbell, K. A., Reason, J. T., & Parker, D. (1990). Social facilitation and driver behaviour. *British Journal of Psychology, 81,* 351–360.

Beck, M., & Opp, K.-D. (2001). Der faktorielle Survey und die Messung von Normen. *Kölner Zeitschrift für Soziologie und Sozialpsychologie, 53,* 283–306.

Berger, R., & Wolbring, T. (2015). Kontrafaktische Kausalität und eine Typologie sozialwissenschaftlicher Experimente. In M. Keuschnigg & T. Wolbring (Hrsg.), *Experimente in den Sozialwissenschaften: Bd. 22. Soziale Welt Sonderband* (S. 34–52). Baden-Baden: Nomos.

Bredenkamp, J. (1969). Experiment und Feldexperiment. In C. F. Graumann (Hrsg.), *Handbuch der Psychologie* (S. 332–374). Göttingen: Hogrefe.

Burstin, K., Doughtie, E., & Raphaeli, A. (1980). Contrastive vignette technique. An indirect methodology designed to address reactive social attitude measurement. *Journal of Applied Social Psychology, 10,* 147–165.

Camerer, C. F. (2003). *Behavioral game theory. Experiments in strategic interaction.* New York: Princeton University Press.

Campbell, D. T. (1957). Factors relevant to the validity of experiments in social settings. *Psychological Bulletin, 54,* 297–312.

Campbell, D. T., & Stanley, J. C. (1963). *Experimental and quasi-experimental designs for research.* Chicago: Rand-McNally.

Cochran, W. G. (1968). The effectiveness of adjustment by subclassification in removing bias in observational studies. *Biometrics, 24,* 295–313.

Coleman, J. S. (1990). *Foundations of social theory.* Cambridge: Harvard University Press.

Collett, J. L., & Childs, E. (2011). Minding the gap. Meaning, affect, and the potential shortcomings of vignettes. *Social Science Research, 40,* 513–522.

Cronbach, L. J. (1982). *Designing evaluations of educational and social programs.* San Francisco: Jossey-Bass.

Deaux, K. K. (1971). Honking at the intersection. A replication and extension. *Journal of Social Psychology, 84,* 159–160.

Diehl, C., Andorfer, V. A., Khoudja, Y., & Krause, K. (2013). Not in my kitchen? Ethnic discrimination and discrimination intentions in shared housing among University Students in Germany. *Journal of Ethnic and Migration Studies, 39,* 1679–1697.

Diekmann, A., Lorenz, S., Jungbauer-Gans, M., & Krassig, H. (1996). Social status and aggression. A field experiment about horn-honking responses analyzed by methods of survival analysis. *The Journal of Social Psychology, 136,* 761–768.

Diekmann, A., & Preisendörfer, P. (1992). Persönliches Umweltverhalten. Diskrepanzen zwischen Anspruch und Wirklichkeit. *Kölner Zeitschrift für Soziologie und Sozialpsychologie, 44,* 226–251.

Diekmann, A., & Preisendörfer, P. (1998). Umweltbewußtsein und Umweltverhalten in Low- und High-Cost-Situationen. Eine empirische Überprüfung der Low-Cost-Hypothese. *Zeitschrift für Soziologie, 27,* 438–453.

Diekmann, A., & Preisendörfer, P. (2003). Green and greenback. The behavioral effects of environmental attitudes in low-cost and high-cost situations. *Rationality and Society, 15,* 441–472.

Diekmann, A., & Przepiorka, W. (2010). Soziale Normen als Signale. Der Beitrag der Signaling-Theorie. In G. Albert & S. Sigmund (Hrsg.), *Soziologische Theorie kontrovers: Bd. 50. Kölner Zeitschrift für Soziologie und Sozialpsychologie. Sonderheft* (S. 220–237). Wiesbaden: VS Verlag.

Doob, A. N., & Gross, A. E. (1968). Status of frustrator as an inhibitor of horn-honking responses. *Journal of Social Psychology, 76,* 213–218.

Eckes, T. (2010). Geschlechterstereotype. Von Rollen, Identitäten und Vorurteilen. In R. Becker & B. Kortendiek (Hrsg.), *Handbuch Frauen- und Geschlechterforschung. Theorie, Methoden, Empirie* (S. 178–189). Wiesbaden: Springer VS.

Edwards, A. L. (1957). *The social desirability variable in personality assessment and research.* New York: Hold, Rinehart and Winston.

Eifler, S. (2007). Evaluating the validity of self-reported deviant behavior using vignette analyses. *Quality & Quantity, 41,* 303–318.

Eifler, S. (2010). Validity of a factorial survey approach to the analysis of criminal behavior. Methodology. *European Journal of Research Methods for the Behavioral and Social Sciences, 6,* 139–146.

Eifler, S., & Petzold, K. (2014). Der Einfluss der Ausführlichkeit von Vignetten auf die Erfassung prosozialer Einstellungen. *Ergebnisse zweier Split-Ballot Experimente. Soziale Welt, 65,* 247–270.

Eifler, S., & Petzold, K. (2019). Validity aspects of vignette experiments. Expected ,What-If' differences between reported and actual behavior. In P. J. Lavrakas, M. W. Traugott, C. Kennedy, A. L. Holbrook, E. D. de Leeuw & B. T. West (Hrsg.), *Experimental methods in survey research. Techniques that combine random sampling with random assignment* (S. 393–416). Hoboken: Wiley & Sons.

Ellison, P. A., Govern, J. M., Petri, H. L., & Figler, M. H. (1995). Anonymity and aggressive driving behavior. A field study. *Journal of Social Behavior and Personality, 10,* 265–272.

Esser, H. (1996). What is wrong with ‚variable sociology‘? *European Sociological Review, 12,* 159–166.

Fehr, E., & Gächter, S. (2002). Altruistic punishment in humans. *Nature, 415,* 137–140.

Findley, M. G., Laney, B., Nielson, D. L., & Sharman, J. C. (2017). External validity in parallel global field and survey experiments on anonymous incorporation. *The Journal of Politics, 79,* 856–872.

Forgas, J. P. (1976). An unobtrusive study of reactions to national stereotypes in four European countries. *Journal of Social Psychology, 99,* 37–42.

Friedman, D., & Cassar, A. (2004). *Economics lab. An intensive course in experimental economics.* London: Routledge.

Goldthorpe, J. H. (1996). The quantitative analysis of large-scale data-sets and rational action theory. For a sociological alliance. *European Sociological Review, 12,* 109–126.

Goldthorpe, J. H. (2001). Causation, statistics, and sociology. *European Sociological Review, 17,* 1–20.

Groß, J., & Börensen, C. (2009). Wie valide sind Verhaltensmessungen mittels Vignetten? Ein methodischer Vergleich von faktoriellem Survey und Verhaltensbeobachtung. In P. Kriwy & C. Gross (Hrsg.), *Klein aber fein! Quantitative Sozialforschung mit kleinen Fallzahlen. Forschung und Entwicklung in der Analytischen Soziologie* (S. 149–178). Wiesbaden: VS Verlag.

Groves, R. M., Fowler, F. J., Jr., Couper, M. P., Lepkowski, J. M., Singer, E., & Tourangeau, R. (2004). *Survey methodology.* Hoboken: Wiley & Sons.

Guo, S., & Fraser, M. W. (2010). *Propensity score analysis. Statistical methods and applications.* Los Angeles: Sage.

Hainmueller, J., Hangartner, D., & Yamamoto, T. (2015). Validating vignette and conjoint survey experiments against real-world behavior. *Proceedings of the National Academy of Sciences, 112,* 2395–2400.

Heckathorn, D. D. (1989). Collective action and the second-order free-rider problem. *Rationality and Society, 1,* 78–100.

Holland, P. W. (1986). Statistics and causal inference. *Journal of the American Statistical Association, 81,* 945–960.

Hughes, R., & Huby, M. (2004). The construction and interpretation of vignettes in social research. *Social Work & Social Sciences Review, 11,* 36–51.

Jann, B. (2009). Sozialer Status und Hup-Verhalten. Ein Feldexperiment zum Zusammenhang zwischen Status und Aggression im Strassenverkehr. In P. Kriwy & C. Gross (Hrsg.), *Klein aber fein! Quantitative Sozialforschung mit kleinen Fallzahlen. Forschung und Entwicklung in der Analytischen Soziologie* (S. 397–410). Wiesbaden: VS Verlag.

Jasso, G. (2006). Factorial survey methods for studying beliefs and judgements. *Sociological Methods and Research, 34,* 334–423.

Jasso, G., & Opp, K.-D. (1997). Probing the character of norms: A factorial survey analysis of the norms of political action. *American Sociological Review, 62*(6), 947–964.

J-G, M., Berger, R., & Kriwy, P. (2005). Machen Kleider Leute? Ergebnisse eines Feldexperiments zum Verkäuferverhalten. *Zeitschrift für Soziologie, 34,* 311–322.

Kenrick, D. T., & MacFarlane, S. W. (1986). Ambient temperature and horn honking. ‚A field study of the heat/aggression relationship‘. *Environment and Behavior, 18,* 179–191.

Kerlinger, F. N. (1986). *Foundations of behavioral research.* New York: Wadsworth Publishing.

Krumpal, I. (2013). Determinants of social desirability bias in sensitive surveys. A literature review. *Quality and Quantity, 47,* 2025–2047.

Levitt, S. D., & List, J. A. (2007). What do laboratory experiments measuring social preferences reveal about the real world? *The Journal of Economic Perspectives, 21,* 153–174.

Long, S. J., & Freese, J. (2014). *Regression models for categorical dependent variables using stata* (3. Aufl.). College Station: Stata Press.

Lüdemann, C. (2008). Zur Erklärung von Gesetzesübertretungen. Eine theoriegesteuerte Sekundäranalyse des ALLBUS 2000. In A. Diekmann, K. Eichner, P. Schmidt, & T. Voss (Hrsg.), *Rational Choice. Theoretische Analysen und empirische Resultate. Festschrift für Karl-Dieter Opp zum 70. Geburtstag* (S. 193–209). Wiesbaden: VS Verlag.

Mood, C. (2010). Logistic regression. Why we cannot do what we think we can do, and what we can do about it. *European Sociological Review, 26,* 67–82.

Morgan, S. L., & Harding, D. J. (2006). Matching estimators of causal effects. Prospects and pitfalls in theory and practice. *Sociological Methods and Research, 35,* 3–60.

Morgan, S. L., & Winship, C. (2015). *Counterfactuals and causal inference. Methods and principles for social research* (2. Aufl.). Cambridge: Cambridge University Press.

Mühler, K. (2000). Strafverlangen– Bedingungen für die Variation von Erwartungen an die Strafpraxis des Staats. In R. Metze, K. Mühler, & K. D. Opp (Hrsg.), *Normen und Institutionen. Entstehung und Wirkungen* (S. 205–233). Leipzig: Leipziger Universitätsverlag.

Mutz, D. C. (2011). *Population-based survey experiments.* Princeton: Princeton University Press.

Nelissen, R. M. A., & Meijers, M. H. C. (2011). Social benefits of luxury brands as costly signals of wealth and status. *Evolution and Human Behavior, 32,* 343–355.

Nisic, N., & Auspurg, K. (2009). Faktorieller Survey und klassische Bevölkerungsumfrage im Vergleich– Validität, Grenzen und Möglichkeiten beider Ansätze. In P. Kriwy & C. Gross (Hrsg.), *Klein aber fein! Quantitative Sozialforschung mit kleinen Fallzahlen. Forschung und Entwicklung in der Analytischen Soziologie* (S. 211–245). Wiesbaden: VS Verlag.

Olson, M. (1965). *The logic of collective action.* Cambridge: Schocken Books.

Opp, K.-D. (1983). *Die Entstehung sozialer Normen. Ein Integrationsversuch soziologischer, sozialpsychologischer und ökonomischer Erklärungen.* Tübingen: Mohr.

Opp, K.-D. (2002). When do norms emerge by human design and when by the unintended consequence of human action. *Rationality and Society, 14,* 131–158.

Pager, D., & Quillian, L. (2005). Walking the talk? What employers say versus what they do. *American Sociological Review, 70,* 355–380.

Paulhus, D. L. (1984). Two-component models of socially desirable responding. *Journal of Personality and Social Psychology, 46,* 598–609.

Pearl, J. (2010). The foundations of causal inference. *Sociological Methodology, 40,* 75–149.

Petzold, K., & Wolbring, T. (2019a). What can we learn from factorial surveys about human behavior? A validation study comparing field and survey experiments on discrimination. *Methodology, 15,* 19–30.

Petzold, K., & Wolbring, T. (2019b). Zur Verhaltensvalidität von Vignettenexperimenten: Theoretische Grundlagen, Forschungsstrategien und Befunde. In N. Menold & T. Wolbring (Hrsg.), *Qualitätssicherung sozialwissenschaftlicher Erhebungsinstrumente* (S. 307–338). Wiesbaden: Springer VS.

Popitz, H. (2006). *Soziale Normen.* Frankfurt a. M.: Suhrkamp.

Porst, R. (2014). *Fragebogen. Ein Arbeitsbuch.* Wiesbaden: Springer VS.

Rauhut, H., & Krumpal, I. (2008). Die Durchsetzung sozialer Normen in Low-Cost und High-Cost Situationen. *Zeitschrift für Soziologie, 37,* 380–402.

Rosenbaum, P. R. (2010). *The design of observational studies.* New York: Springer.

Rosenbaum, P. R., & Rubin, D. B. (1983). The central role of the propensity score in observational studies for causal effects. *Biometrika, 70,* 41–55.

Runge, T. E., Frey, D., Gollwitzer, P. M., Helmreich, R. L., & Spence, J. T. (1981). Masculine (instrumental) and feminine (expressive) traits. A comparison between students in the United States and West Germany. *Journal of Cross-Cultural Psychology, 12,* 142–162.

Shadish, W. R., Cook, T. D., & Campbell, D. T. (2002). *Experimental and quasi-experimental designs for generalized causal inference.* Boston: Houghton Mifflin Company.

Shamon, H. (2014). Der Einfluss des sozialen Kontexts auf Gerechtigkeitsurteile über das Einkommen– Eine Untersuchung des kausalen Effekts auf Grundlage von internetbasierten experimentellen Umfragedesigns. Universität zu Köln. Dissertation.

Spittler, G. (1967). *Norm und Sanktion.* Olten: Walter-Verlag.

Stocké, V. (2004). Entstehungsbedingungen von Antwortverzerrungen durch soziale Erwünschtheit. *Zeitschrift für Soziologie, 33,* 303–320.

Tourangeau, R., & Yan, T. (2007). Sensitive questions in surveys. *Psychological Bulletin, 133,* 859–883.

Tourangeau, R., Rips, L. J., & Rasinski, K. (2000). *The psychology of survey response.* Cambridge: Cambridge University Press.

Vellinga, A., Smit, J. H., Van Leeuwen, E., Van Tilburg, W., & Jonker, C. (2005). Decision-making capacity of elderly patients assessed through the vignette method. Imagination or reality? *Aging and Mental Health, 9,* 40–48.

Voss, T. (2001). Game theoretical perspectives on the emergence of social norms. In M. Hechter & K. D. Opp (Hrsg.), *Social norms* (S. 105–136). New York: Russel Sage.

Wolbring, T. (2012). Status, Positionswettbewerbe und Signale. In N. Braun, M. Keuschnigg, & T. Wolbring (Hrsg.), *Wirtschaftssoziologie II. Anwendungen* (S. 47–69). München: Oldenbourg.

Wolbring, T., Bozoyan, C., & Langner, D. (2013). „Links gehen, rechts stehen!" Ein Feldexperiment zur Durchsetzung informeller Normen auf Rolltreppen. *Zeitschrift für Soziologie, 42,* 239–258.

Yazawa, H. (2004). Effects of inferred social status and a beginning driver's sticker upon aggression of drivers in Japan. *Psychological Reports, 94,* 1215–1220.

Petzold, Knut PD Dr., Ruhr-Universität Bochum, Sektion Soziologie, knut.petzold@rub.de. Seine Forschungsschwerpunkte liegen im Bereich der Methoden der empirischen Sozialforschung, insbesondere der Validität surveyexperimenteller Designs, sowie in Anwendungen auf Fragen der Arbeitsmarkt-, Bildungs- und Migrationssoziologie.

Eifler, Stefanie Prof. Dr., Katholische Universität Eichstätt-Ingolstadt, Lehrstuhl für Soziologie und empirische Sozialforschung, stefanie.eifler@ku.de. Ihre Forschungsschwerpunkte beziehen sich auf die Methoden der empirischen Sozialforschung, insbesondere auf das Experiment in den Sozialwissenschaften sowie die Soziologie abweichenden Verhaltens und die Kriminalsoziologie.

Teil III
Empirische Anwendungen

Akademisches Fehlverhalten: Wie ehrlich berichten Studierende über Täuschungen?

Martina Kroher

Zusammenfassung

Bildungseinrichtungen auf der ganzen Welt sehen sich immer häufiger mit der Tatsache konfrontiert, dass Studierende ihre Leistungen auf unehrliche Weise erbringen. Die Möglichkeiten sind dabei vielfältig und steigen nicht zuletzt aufgrund der Technologisierung stetig an. Es existieren zahlreiche Studien, die sich auf unterschiedliche Weise mit dem Ausmaß und der Problemlage des akademischen Fehlverhaltens beschäftigt haben. Allerdings fehlen bislang umfassende Ergebnisse für Deutschland. Der vorliegende Beitrag untersucht auf Basis einer deutschlandweiten online-Umfrage das Ausmaß sowie die Beweggründe für akademisches Täuschen und zeigt, dass beinahe jeder zweite Studierende bereits mindestens einmal während seines Studiums auf irgendeine Art getäuscht hat. Die Ergebnisse verdeutlichen zudem, dass sowohl individuelle als auch situative Faktoren von Bedeutung sind, wobei Unterschiede zwischen den einzelnen Deliktarten festzustellen sind.

Schlüsselwörter

Studentisches Fehlverhalten · Plagiate · Spickzettel · Täuschungen · Devianz · Abweichendes Verhalten · Online-Umfrage

---

Für hilfreiche Anmerkungen und Unterstützung möchte ich mich bei Lea Goldan, dem Gutachter sowie den Herausgebern bedanken. Darüber hinaus danke ich allen Mediatoren, die es ermöglicht haben diese Studie umzusetzen.

M. Kroher (✉)
Leibniz Universität Hannover, Hannover, Deutschland
E-Mail: m.kroher@ish.uni-hannover.de

© Springer Fachmedien Wiesbaden GmbH, ein Teil von Springer Nature 2020   207
I. Krumpal und R. Berger (Hrsg.), *Devianz und Subkulturen*, Kriminalität und Gesellschaft, https://doi.org/10.1007/978-3-658-27228-9_8

Keywords

Academic misbehavior · Plagiarism · Cheat sheet · Deception · Deviance · Deviant behavior · Online surve

1 Einleitung

Die Basis menschlichen Zusammenlebens in Gruppen oder Gesellschaften stellen gemeinsame geteilte Werte und Normen dar, die das Miteinander der Individuen regeln. Diese Richtlinien und Gesetze sind für alle Personen verpflichtend und beschreiben, welches Verhalten in bestimmten Situationen erwünscht ist und welches unterlassen werden soll. Allerdings werden diese Regeln – gerade bei zunehmender Gruppengröße – oftmals missachtet, da deren Einhaltung bei steigender Personenzahl zunehmend schwieriger zu bewerkstelligen ist. Dies führt dazu, dass einige Individuen versuchen durch deviantes Verhalten einen persönlichen Vorteil zu erlangen. Häufig geschieht dies auf Kosten der übrigen Gruppenmitglieder.[1] Um ebendiese egoistisch motivierten Normbrüche zu vermeiden, sind die Gesetze und Regeln daher mit Sanktionen verbunden, die verhindern sollen, dass sich einzelne Gruppenmitglieder abweichend verhalten.

In unserem täglichen Leben lassen sich solche Gesetzesübertretungen und Normverstöße häufig beobachten. Die Bandbreite ist dabei weitreichend, angefangen bei kleinen Schwindeleien, der Vermüllung öffentlicher Plätze, über das Überqueren einer Straße bei rotem Lichtsignal, das (zu) laute Musikhören in öffentlichen Verkehrsmitteln, das Parken im Parkverbot oder die Nutzung des öffentlichen Personennahverkehrs ohne gültigen Fahrschein bis hin zu Täuschungen während der schulischen oder universitären Ausbildungszeit. All diesen Delikten ist gemein, dass sie zwar als Regelverstöße generell bekannt sind, sie aber nur teilweise entdeckt und nicht immer bestraft werden und unter Umständen – in manchen Subgruppen – als normal und nicht abweichend angesehen werden.

---

[1] Bereits Thomas Hobbes (1980 [1651]) und Adam Smith (1985 [1759]) haben sich intensiv mit der Frage beschäftigt, wie Gesellschaft möglich ist. Dabei schreiben beide den Regeln und Normen eine besondere Bedeutung zu, da nur so ein harmonisches Miteinander garantiert werden kann. Denn ohne Gesetze würden die Menschen ausschließlich eigeninteressiert handeln und es wäre keine Gemeinschaft möglich. Beide weisen somit auf die Problematik von Devianz hin.

Gerade im universitären Bereich sollte jedem Studierenden bekannt sein, welche Verhaltensweisen angemessen und welche zu unterlassen sind. An jeder Universität beschreiben Prüfungsordnungen, dass Täuschungen jeglicher Art – sei es in Klausuren, Hausarbeiten, Experimentreihen etc. – zu unterlassen sind. Ebenso wird dort angegeben, welche Folgen ein solches Fehlverhalten mit sich bringt. Täuschungen haben dabei insbesondere im (universitären) Ausbildungssystem schwerwiegende Konsequenzen. Zum einen wird das gesamte Bildungssystem in seiner Funktionsfähigkeit enorm beeinträchtigt, da Prüfungen und die daraus resultierenden Noten einen Indikator für die Leistungen der einzelnen Studierenden darstellen. Werden die Prüfungen allerdings mit unerlaubten Hilfsmitteln erbracht, verliert das Bewertungssystem seine Bedeutung und damit auch seine Signalwirkung auf dem Arbeitsmarkt. Ähnlich zum Doping im Sport können bei einer massiven Verbreitung studentischer Täuschungen keine Rückschlüsse mehr auf die individuellen Fähigkeiten gezogen werden. Insbesondere für das spätere Berufsleben hat dies weitreichende Konsequenzen, da Arbeitgeber nicht mehr sicher sein können, dass der Bewerber bzw. die Bewerberin auch über die bescheinigten Kenntnisse verfügt. Folglich können Arbeitnehmer unter Umständen nicht imstande sein die attestierte Leistung zu erbringen, da diese nur aufgrund von Täuschung bescheinigt wurde. Noten erscheinen hier nunmehr lediglich als Zahlen ohne Bedeutung. In diesem Zusammenhang haben Studien zudem gezeigt, dass Individuen, die während ihrer universitären Laufbahn getäuscht haben, dazu neigen dies auch im Berufsleben fortzusetzen (siehe beispielsweise Lawson 2004; Nonis und Swift 2001; Sims 1993; Smith et al. 2002; Teixeira und Rocha 2010a), was wiederum zu Problemen im Job führen kann.

Der vorliegende Beitrag versucht die Situation an deutschen Hochschulen und Universitäten hinsichtlich des Ausmaßes an studentischem Täuschungsverhalten zu beschreiben und genauer zu beleuchten, warum Studierende täuschen, obwohl sie wissen, dass es untersagt und mit negativen Konsequenzen verbunden ist. Dabei wird der Frage nachgegangen, ob es die bessere Alternative ist sich unehrlich zu verhalten und warum sich einige Studierende für diesen (vermeintlich) leichteren Weg entscheiden und versuchen, durch illegitime Mittel bzw. auf einfachere Weise ihre Ziele zu verwirklichen. Im Zuge dessen sollen Einflussfaktoren identifiziert werden, die das akademische Fehlverhalten positiv bzw. negativ bedingen. Dabei wird insbesondere auf die Resultate bereits durchgeführter Untersuchungen Bezug genommen, um das Ausmaß sowie die Determinanten in Deutschland auch mit anderen Ländern vergleichen zu können. Schließlich soll geprüft werden, ob es individuelle bzw. subjektive Faktoren (z. B. die Internalisierung der Ehrlichkeitsnorm) sind, welche das deviante Verhalten beeinflussen oder ob situative Effekte (beispielsweise das Verhalten Dritter, mögliche Strafen etc.) das Fehlverhalten stärker determinieren.

2 Akademisches Fehlverhalten

2.1 Problemlage

Täuschungen und unehrliches Verhalten während Prüfungsleistungen stellen nicht nur ein Problem für Universitäten, sondern für das gesamte Bildungssystem dar (Bretag 2013; Magnus et al. 2002; McCabe und Trevino 1997). Da sich der Erwerb von Humankapital an Bildungseinrichtungen in Noten und akademischen Abschlüssen ausdrückt, führen unrechtmäßig erworbene Leistungsbestätigungen zu einer Einbuße der Qualität und Effizienz des Bildungssystems (Bouville 2010; Miller, Ch. 2013; Teixeira und Rocha 2008; Witmer und Johansson 2015). Wenn die durch Noten und andere Zertifikate bestätigten Fähigkeiten nicht existieren, führt dies schließlich dazu, dass später darauf beruhende Aufgaben nicht adäquat bewältigt werden können (Murdock et al. 2001; Teixeira und Rocha 2010a).

Das zunehmende Gefühl der Studierenden gute Noten zu benötigen, um später einen besseren Job zu erlangen und damit auch mehr Geld zu verdienen (Diekhoff et al. 1996; McCabe et al. 2006; Wilkinson 2009) führt mitunter dazu, dass sie versuchen um jeden Preis diese erwünschten guten Noten und auch Abschlüsse zu erzielen (Whitherspoon et al. 2012). Jüngere Jahrgänge von Studierenden weisen zudem die Erwartungshaltung auf, dass ihnen definitiv eine gute Note zusteht, unabhängig davon wie viel sie für die Prüfungsleistung gelernt bzw. gearbeitet haben (Singleton-Jackson et al. 2010; Twenge et al. 2008). Dieser Anspruch auf gute Noten mündet meist ebenfalls in Täuschungen, wenn der Erfolg auf normalem Weg ausbleibt (Miller, B. 2013).

Des Weiteren wird der (ehrliche) Wettbewerb unter den Studierenden verzerrt, wenn einige von ihnen mit unlauteren Mitteln Prüfungsleistungen erbringen und bestehen (Magnus et al. 2002; McCabe et al. 2001; Srikanth und Asmatulu 2014). Gerade wenn Studierende das Gefühl haben, in diesem Wettbewerb nicht mehr mithalten zu können, greifen sie oftmals auf illegitime Mittel zurück, um vermeintliche Nachteile auszugleichen (Fass 1986; Lane und Schaupp 1989; Srikanth und Asmatulu 2014). Dabei werden gesetzestreue Studierende benachteiligt, wenn sie die Regeln einhalten und ohne Hilfsmittel gegebenenfalls eine schlechtere Note erzielen. Eine weitere Beeinträchtigung von normkonformen Studierenden kann auftreten, wenn Dozierende aufgrund der generellen guten Prüfungsleistungen strenger bewerten oder wenn Arbeitnehmer sich für den täuschenden Studierenden wegen seiner guten Noten entscheiden.

Insbesondere mit der fortschreitenden Digitalisierung und Technologisierung werden den Studierenden dabei neue Wege eröffnet, um auf unlautere Weise und mit wenig Zeitaufwand gute Noten zu erlangen (Anney und Mosha 2015; Dehn 2003; Smyth und Davis 2004; Underwood und Szabo 2003). Infolgedessen sind

Täuschungen und akademische Unehrlichkeit zunehmend besorgniserregend, weil sie die Integrität des Lernprozesses an sich untergraben (Witmer und Johansson 2015). Insgesamt zeigen Untersuchungen, dass Studierende – in ihrer Subgruppe – Täuschungen zunehmend als nicht besonders deviant, falsch oder verwerflich betrachten (Blankenship und Whitley 2000; Crown und Spiller 1998; Petress 2003; Roig und Ballew 1994). Vielmehr scheint es so als wäre akademisches Fehlverhalten an Universitäten inzwischen beinahe selbstverständlich und natürlich (Grimes 2004; Moffatt 1990).

2.2 Ausmaß

Weltweit kämpfen Bildungseinrichtungen mit der oben beschriebenen Entwicklung hinsichtlich der Bedrohung des gesamten Ausbildungssystems. Internationale Studien berichten seit fast 100 Jahren unabhängig von diesen Phänomenen und Problemen (siehe etwa Ahmadi 2012; Baird 1980; Bernardi et al. 2004; Bowers 1964; Campbell 1935; Chudzicka-Czupała et al. 2016; Diekhoff et al. 1999; Drake 1941; Hartshorne und May 1928; Kobayashi und Fukushima 2012; Ledesma und Obukhova 2012; Lin und Wen 2007; McCabe et al. 2001; Sattler 2007; Teixeira und Rocha 2010b).

Viele Studien weisen im Zuge dessen auf einen (drastischen) Anstieg von studentischen Täuschungsdelikten im Zeitverlauf hin (Crown und Spiller 1998; Davis et al. 1992; Whitley 1998) und sprechen sogar von einem epidemischen Ausmaß (Haines et al. 1986; Stiles et al. 2018). Die verschiedenen Untersuchungen zeigen dabei deutlich, dass ein hoher Grad an studentischem Fehlverhalten an Hochschulen existiert (siehe für Übersichten beispielsweise Stiles et al. 2018; Teixeira und Rocha 2010b oder Whitley 1998). Die genauen Anteile an Täuschern variieren jedoch je nach Studie[2], sodass die Beschreibungen von

---

[2]Dies hängt sehr stark mit den bestehenden Unterschieden der Untersuchungen zusammen. Diese betreffen vor allem die Stichprobenzusammensetzung (teilweise wurden nur Studierende bestimmter Fächer oder nur Anfänger oder Absolventen befragt, teilweise wurden nur sehr kleine Stichproben gezogen), die Frageformulierung und das Thema (einige Studien haben ausschließlich das Fehlverhalten in Klausuren, andere wiederum nur das Täuschen in Hausarbeiten, dritte beides zusammen untersucht, ebenso wird teilweise nach der Lebenszeitprävalenz, teilweise nach der sechs-Monats- oder ein-Jahres-Prävalenz gefragt) sowie das Erhebungsinstrument (einige Studien haben eine Art Vignettendesign verwendet, andere direkte Fragen). Darüber hinaus sind auch länderspezifische Unterschiede zu beachten. Trotz dieser enormen Variation können diese Ergebnisse helfen einen Überblick über das Ausmaß an Täuschungen im akademischen Bereich zu erhalten.

neun bis 95 % reichen, wobei Whitley (1998) in seinem Review berichtet, dass durchschnittlich 70,4 % der Studierenden mindestens einmal im Laufe ihrer universitären Karriere in irgendeiner Art getäuscht haben. Teixeira und Rocha (2010b) konstatieren in ihrem Literaturüberblick, dass im Mittel die Quote von täuschenden Studierenden bei 1/3 liegt. Stiles et al. (2018) konnten über 40 Jahre hinweg das Fehlverhalten von Studierenden einer Institution mit demselben Fragebogen erfassen und berichten für die verschiedenen Jahrzehnte (1984, 1994, 2004 und 2014) eine mittlere Täuscherquote von über 50 % (54,1 %; 61,2 %; 57,4 % respektive 46,8 %).

In Deutschland bzw. dem deutschsprachigen Raum existieren ebenso gemischte bzw. uneindeutige Befunde. Untersuchungen finden etwa 75 % an täuschenden Studierenden (Patrzek et al. 2015), in Hausarbeiten liegt die Quote von Plagiaten zwischen 12,0 % und 36,6 % (Coutts et al. 2011; Jann et al. 2012; Jerke und Krumpal 2013; Preisendörfer 2008; Sattler et al. 2013; Sattler 2007). Höglinger et al. (2016) berichten von 17,8 % an Studierenden, die während einer Klausur abschreiben und 9,1 %, die in einer Klausur einen Spickzettel verwenden. Im Vergleich dazu beschreibt Whitley (1998) in seinem Review einen durchschnittlichen Prävalenzwert für Täuschungen in Klausuren in Höhe von 43,1 % und 47 % für Plagiate in schriftlichen Hausarbeiten.

2.3 Einflussfaktoren

Ebenso groß wie die Bandbreite an Ergebnissen zum Ausmaß des Täuschens an Universitäten ist, so groß ist auch die Variation an Erklärungsvariablen für dieses Verhalten. Je nach Untersuchungsgegenstand (Klausuren oder Hausarbeiten) wurden dabei in den Studien unterschiedliche Faktoren identifiziert und deren Einfluss auf das studentische Fehlverhalten getestet. Die Mehrheit der Arbeiten beschäftigt sich dabei entweder mit individuellen Eigenschaften der Studierenden oder mit kontextuellen Faktoren, die das Täuschen bedingen. Darüber hinaus wird erforscht, welche Gründe für das deviante Verhalten sprechen und wie Institutionen dieses vorbeugen bzw. verhindern können. Hinsichtlich individueller Charakteristika bestätigen Forscher, dass ein Zusammenhang zwischen dem Notenschnitt eines Studierenden und seinem Fehlverhalten während des Studiums existiert (Antion und Michael 1983; Bowers 1964; Bunn et al. 1992). Je schlechter der Notenschnitt ist, desto größer ist dabei die Wahrscheinlichkeit, dass die betreffenden Individuen täuschen (Crown und Spiller 1998; Klein et al. 2007). Darüber hinaus verzeichnen zahlreiche Studien Korrelationen zwischen dem Geschlecht und delinquenten Handlungen, wobei männliche Studierende mit einer höheren Wahrscheinlichkeit täuschen als weibliche (Kobayashi und Fukushima 2012; McCabe et al. 2001; Tibbetts 1999; Whitley et al. 1999). Neben dem Geschlechtereffekt hat das Alter einen ebenso wichtigen Einfluss auf das unehrliche Verhalten von Studierenden. Jüngere Personen tendieren eher dazu irgendeine Form von akademischen Fehlverhalten zu zeigen als ältere (Ahmadi 2012; Genereux und McLeod 1995; Kisamore et al. 2007; Stiles et al. 2018). Schließlich gibt es Indizien dafür, dass Täuschungen mit dem Studienfach korreliert sind. In zahlreichen Studien weisen insbesondere Business-Studierende im Vergleich zu anderen Fächergruppen eine stärkere Neigung zur Verwendung unerlaubter Hilfsmittel bei der Erbringung von Prüfungsleistungen auf (Freire 2014; McCabe et al. 2006; Smyth und Davis 2004).[3]

Neben den individuellen Faktoren sind es aber auch kontextbezogene Einflüsse, die signifikante Effekte auf das deviante Verhalten von Studierenden ausüben. Hier ist insbesondere das Verhalten der Peers von Bedeutung (einen Überblick gibt beispielsweise das Review von Warr und Stafford 1991), wobei nicht nur das tatsächlich gezeigt Verhalten von Freunden und Kommilitonen relevant ist, sondern auch die subjektive Einschätzung über das Ausmaß von Täuschungen durch andere Personen (Hard et al. 2006). Je höher ein Individuum diese wahrnimmt – d. h. je mehr Studierende sich in seinen Augen unredlich verhalten – desto größer ist die Wahrscheinlichkeit des eigenen Täuschens (Carrell et al. 2008; Srikanth und Asmatulu 2014; Yu et al. 2017). Dabei kann sowohl ein Lernmechanismus zu vermehrten Fehlverhalten führen, als auch die Setzung eigener Normen unter den Studierenden. Wird das Fehlverhalten dabei als sozial erwünscht angesehen, bewirkt dies unter Umständen weitere Normbrüche (Blankenship und Whitley 2000). In diesem Zusammenhang nehmen die Studierenden das Fehlverhalten als ethisch nicht falsch wahr, sondern betrachten es vielmehr als akzeptiertes akademisches Verhalten (Grimes 2004).

Schließlich spielen die Folgen der devianten Handlung eine wichtige Rolle. Werden die Kosten im Vergleich zum Nutzen als nicht besonders gravierend angesehen, steigt die Wahrscheinlichkeit, dass die betreffende Person täuscht (Sattler et al. 2013; Tibbetts und Myers 1999). Damit einher geht auch die Wahrscheinlichkeit und Härte der möglichen Strafe. Wird beides als hoch eingeschätzt, so zeigen Studierende weniger abweichendes Verhalten in Prüfungssituationen (Diekhoff et al. 1999; Schuhmann et al. 2013).

---

[3]Die Zeitschrift Journal of Business Ethics veröffentlicht dabei häufig Beiträge, die sich ausschließlich mit dieser Thematik befassen.

Die bisherigen Ausführungen haben verdeutlicht, dass deviante Handlungen von Studierenden weit verbreitet sind und durch vielfältige Faktoren beeinflusst werden. Im US-amerikanischen Kontext scheint akademisches Fehlverhalten gut dokumentiert und untersucht zu sein, allerdings fehlt im deutschsprachigen Raum eine umfassende Beschreibung des Ausmaßes sowie der Bedingungsfaktoren dieses Phänomens. Untersuchungen hierzu haben sich bislang meist nur auf einige wenige Universitäten beschränkt (Coutts et al. 2011; Jann et al. 2012; Jerke und Krumpal 2013; Preisendörfer 2008; Sattler 2007), sodass ein umfassendes Bild für Deutschland bislang noch aussteht. Der aktuelle Beitrag soll diese Lücke schließen und eine Beschreibung des Ausmaßes an studentischen Täuschungen geben und darüber hinaus untersuchen, ob die bereits identifizierten Einflussfaktoren auch in Deutschland wirken. Zudem wird der Frage nachgegangen, warum sich Individuen entscheiden, in einer Prüfungssituation zu täuschen, obwohl sie wissen, dass es zu Sanktionen kommen kann.

3 Ausmaß der Täuschungen während des Studiums in Deutschland

Zur Bestimmung des Grades an verübten Täuschungsdelikten von Studierenden muss zunächst definiert werden, was genau unter akademischem Fehlverhalten zu verstehen ist. Grundsätzlich ist in jeder Prüfungsordnung festgehalten, dass Prüfungsleistungen selbstständig und ohne unerlaubte Hilfsmittel zu erbringen sind. Ein Regelverstoß bzw. Normbruch wird dabei mit Sanktionen geahndet, wobei diese nicht nur nach Hochschule und Studienfachrichtung, sondern auch von Dozierenden zu Dozierenden variieren können.

Die Bandbreite der Möglichkeiten zur Täuschung ist dabei weitreichend, wobei im Folgenden kurz eine Klassifikation nach Art der zu erbringenden Prüfungsleistung gegeben wird. Dabei können Täuschungen in Klausuren entweder durch das unerlaubte Abschreiben von einer anderen Person oder durch die zu Hilfenahme eines vorbereiteten Spickzettels (immer häufiger auch in elektronischer Form) stattfinden (für einen Überblick über die diversen Täuschungsarten siehe beispielsweise Srikanth und Asmatulu 2014). In Hausarbeiten besteht die Möglichkeit der Übernahme von Inhalten fremder Textquellen ohne Zitation, wobei hier zwischen der direkten Übernahme des gesamten Textabschnitts und der sinngemäßen Übernahme von Inhalten aus fremden Werken zu unterscheiden ist. Zudem muss noch eine dritte Form des Plagiats erwähnt werden, nämlich, dass die eigentlich selbstständig zu verfassende Arbeit durch eine dritte Person erstellt wurde oder aber eine Arbeit mehrfach eingereicht wird.

Akademisches Fehlverhalten: Wie ehrlich berichten ... 215

In den letzten Jahren haben sich im Internet vermehrt Plattformen etabliert, welche Dienstleistungen wie beispielsweise Ghostwriting anbieten. Darüber hinaus umfasst deviantes Verhalten von Studierenden auch die Manipulation von Daten bzw. Ergebnissen oder Versuchsreihen, wenn diese nicht signifikant bzw. aussagekräftig oder gegebenenfalls entgegen der entsprechenden Hypothese oder Erwartung sind. Schließlich kann auch die Einnahme leistungssteigernder Substanzen als akademisches Fehlverhalten klassifiziert werden.

Der aktuelle Beitrag befasst sich vornehmlich mit Täuschungen in Klausuren und Hausarbeiten während des Studiums, da diese Normbrüche am häufigsten anzutreffen sind und zudem Vergleichswerte aus zahlreichen anderen Publikationen vorliegen.

3.1 Die vorliegende Untersuchung

Um Faktoren zu identifizieren, die das unrechtmäßige Bestehen einer Prüfungsleistung begünstigen, wurde eine deutschlandweite online-Umfrage unter Studierenden durchgeführt. Aufgrund der speziellen Situation und der Tatsache, dass nur ein sehr geringer Prozentsatz an Täuschungen entdeckt werden, wurde für diese Studie auf die Erhebungsmethode der Befragung zurückgegriffen. Diese Wahl gründet auch darauf, dass sich akademisches Täuschen kaum experimentell erfassen lässt, ebenso stellt die Methode der Beobachtung keine Alternative dar, da es in der Praxis sehr schwer ist, Täuschungen bzw. Täuschungsversuche umfassend zu entdecken. Aus diesem Grund verbleibt die Befragung als einzig sinnvolle und realisierbare Erhebungsmethode, zumal Studierende selbst am Besten in der Lage sind, ihr eigenes Fehlverhalten zu berichten. Darüber hinaus stellen Studierende eine Population dar, die beinahe permanent online und zudem durch die an der Universität hinterlegten E-Mailadressen gut erreichbar ist.

Es muss jedoch angemerkt werden, dass Fragen nach devianten Handlungen generell und auch im vorliegenden Fall nach Täuschungen während der Studienzeit durchaus mit Problemen behaftet sind. Vor allem Verzerrungen durch sozial erwünschte Antworten führen zu verfälschten Ergebnissen, wenn die Befragten solche heiklen Fragen nicht wahrheitsgemäß beantworten und das eigene Fehlverhalten nicht ehrlich berichten, sondern vielmehr der sozialen Norm anpassen. Insbesondere in Anwesenheit von Interviewern oder wenn die Sorge besteht, dass die Daten auf die eigene Person zurückgeführt werden können, steigt die Wahrscheinlichkeit solcher „unehrlichen" Antworten an. Allerdings konnten Kreuter et al. (2008) im Zusammenhang mit Studierendenbefragungen zeigen, dass die mit online-Surveys erhobenen Daten mehr ehrliche Antworten erzielen, als dies beispielsweise mit computerunterstützten Telefoninterviews (CATI) der Fall ist. Dennoch bleibt zu berücksichtigen, dass auch in der vorliegenden Untersuchung wahrscheinlich nicht alle Befragte ehrlich geantwortet haben, sodass lediglich die Untergrenze des Ausmaßes akademischen Fehlverhaltens festgestellt werden kann. Weitere Verzerrungen beispielsweise hinsichtlich der Erinnerung der devianten Handlungen (recall bias) sind im vorliegenden Fall nur in geringem Maße zu erwarten, da sich die heiklen Fragen ausschließlich auf das allgemeine Täuschungsverhalten (ob die Person jemals getäuscht hat oder nicht) beziehen und maximal bis zur Schulzeit zurückreichen, was bei der Population von Studierenden einen relativ überschaubaren Zeitraum darstellt.

Insgesamt wurden von allen deutschen Hochschulen und Universitäten die jeweiligen Studienfächer und deren Studiendekane (alternativ Dekane, Fachstudienberater, Studiengangskoordinatoren oder Sekretariate) recherchiert und angefragt, ob es möglich wäre, dass sie als Mediator fungieren und ihren Studierenden eine vorformulierte E-Mail inklusive Link zur Befragung zusenden könnten. Bei einer positiven Rückmeldung wurde dann die E-Mail an die betreffenden verantwortlichen Personen verschickt. Insgesamt wurden 10.787 zuständige Studiendekane o. ä. angeschrieben, davon haben 84,1 % auch nach erneutem Anschreiben nicht geantwortet. Von den verbleibenden Personen haben 796 einer Weiterleitung zugestimmt, 920 verantwortliche Studiendekane haben aus verschiedenen Gründen einer Weiterleitung nicht zugestimmt. Die – an die Studierenden – weitergeleitete E-Mail enthielt dabei Informationen zur Studie sowie die Zusicherung vollkommener Anonymität und freiwilliger Teilnahme. Um die Bereitschaft der Teilnahme zu erhöhen und weil der Pretest eine durchschnittliche Bearbeitungszeit von 25 min ergab, wurde darauf hingewiesen, dass unter allen Teilnehmenden Amazon-Gutscheine in Wert von insgesamt 500 EUR verlost werden.[4] Um die Daten der Umfrage vollkommen von den Daten der Verlosung zu trennen, sollten die Teilnehmer nach Beendigung der Befragung eine formlose E-Mail an eine eigens eingerichtete Adresse schicken. Insgesamt haben 15.440 Studierende an der Befragung teilgenommen, wobei die Zahl der adressierten Personen aus Datenschutzgründen und dem damit einhergehenden Einsatz von Mediatoren nicht bekannt ist.

---

[4]Dabei handelt es sich um einen Gutschein in Höhe von 100 EUR und 40 Gutscheinen im Wert von jeweils 10 EUR.

Die vorliegende Stichprobe umfasst insgesamt mehr Frauen (65,2 %) als Männer (34,8 %), wobei sich diese ungleiche Verteilung auch in anderen Untersuchungen (beispielsweise bei Stiles et al. 2018; Yukhymenko-Lescroart 2014) findet. Durchschnittlich sind die Befragten 24 Jahre alt und befinden sich überwiegend im Bachelor-Studium (64,7 %). Master-Studierende sind zu 25,8 % in der Stichprobe vertreten und 7,4 % geben als angestrebten Abschluss das Staatsexamen an. Diese Abschlüsse versuchen Studierende in 58,9 % der Fälle an Universitäten und in 41,1 % an (Fach-) Hochschulen zu erlangen. Die Verteilung hinsichtlich der Bundesländer zeigt, dass trotz der Verweigerungsquote zahlreicher Mediatoren prozentual ähnlich viele Studierende teilgenommen haben wie sich in der offiziellen Statistik (vgl. Statistisches Bundesamt 2018) befinden.[5]

3.2 Relevante Variablen

3.2.1 Abhängige Variable

Als abhängige Variable dient allgemein das Täuschungsverhalten der Studierenden, wobei zwischen den einzelnen Formen (Fehlverhalten in Klausuren oder Hausarbeiten) unterschieden wird. Von Interesse sind hier insbesondere das Abschreiben von einer anderen Person während einer Klausur sowie die Verwendung eines angefertigten Spickzettels. In Hausarbeiten wird differenziert, ob Textpassagen oder Inhalte übernommen wurden, aber auch ob die Arbeit durch eine andere Person verfasst bzw. eine eigene Arbeit ein zweites Mal eingereicht wurde. Dabei wurde für jede einzelne Form des Täuschens erfragt, ob die Studierenden diese jemals während ihrer bisherigen Studienzeit begangen haben, wobei die möglichen Antwortalternativen ja und nein waren. In den späteren Analysen werden sowohl die Einzelvariablen analysiert, als auch aus diesen zwei Gesamtvariablen gebildet, die anzeigen, ob die betreffende Person bereits einmal in einer Klausur getäuscht hat, respektive ob sie bereits einmal in einer Hausarbeit unlautere Mittel verwendet hat.

---

[5]Kleine Abweichungen von bis zu maximal einem Prozentpunkt liegen in zehn Bundesländern vor. Etwas größere Unterschiede finden sich in Hamburg, Berlin, Hessen und Nordrhein-Westfalen, hier haben im Vergleich zur offiziellen Statistik anteilsmäßig weniger Studierende teilgenommen (in Prozentpunkten sind das: 2,2; 1,6; 3,5 bzw. 13,2). Höhere Teilnehmerquoten weisen die Bundesländer Niedersachsen und Sachsen-Anhalt auf (16,3 bzw. 3,7 Prozentpunkte mehr in der Stichprobe).

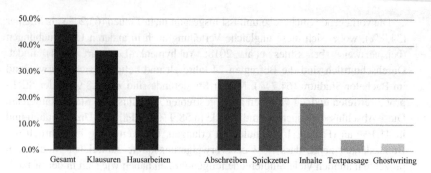

Abb. 1 Übersicht Täuschungsdelikte. (Quelle: Eigene Darstellung)

Wie in Abb. 1 erkennbar, haben insgesamt 47,8 % der Befragten zugegeben mindestens einmal während ihrer universitären Karriere entweder in einer Klausur oder einer Hausarbeit getäuscht zu haben. Dieser Wert liegt unter dem von Whitley (1998) berichteten internationalen Durchschnittswert von 70,4 % für generelles Täuschen. Aufgeteilt auf die beiden Prüfungsleistungsformen lässt sich eine Täuschungsquote für Klausuren von 38,0 % und für Hausarbeiten von 20,7 % erkennen. Auch hier liegen die Resultate unter jenen aus Whitleys Review (er berichtet durchschnittlich 43,1 % für Klausuren und 47 % für Hausarbeiten). Betrachtet man aber die Vergleichszahlen aus dem deutschsprachigen Raum, lassen sich recht ähnliche Quoten erkennen. Laut Patrzek und Kollegen (2015) täuschen 36,0 % der Studierenden in Klausuren, in Hausarbeiten sind es zwischen 12,0 % und 36,6 % (Coutts et al. 2011; Patrzek et al. 2015; Sattler et al. 2013; Sattler 2007).

Eine feingliedrigere Betrachtung offenbart allerdings Unterschiede in den einzelnen Deliktarten. Am häufigsten wird in Klausuren getäuscht, wobei etwas mehr Personen angeben bereits mindestens einmal abgeschrieben zu haben (27,3 %) im Vergleich zur Nutzung von Spickzetteln (22,9 %). Zu ähnlichen Ergebnissen kommen auch andere Untersuchungen, die ebenfalls höhere Werte für das Abschreiben (17,8 % bei Höglinger et al. 2016, 57,0 % bei Preisendörfer 2008) im Gegensatz zur Nutzung eines Spickzettels (9,1 % bei Höglinger et al. 2016, 21,7 % bei Preisendörfer 2008) berichten.

Bei der Analyse der Täuschungen in Hausarbeiten haben Studierende am häufigsten (18,1 %) sinngemäß Inhalte aus fremden Werken ohne Kennzeichnung übernommen. Ganze Textpassagen haben 4,3 % der Befragten ohne Verweis

Akademisches Fehlverhalten: Wie ehrlich berichten … 219

kopiert und knapp drei Prozent (2,9 %) der Befragten geben zu, dass sie eine schriftliche Arbeit nicht selbst geschrieben haben bzw. eine Arbeit mehrfach abgegeben haben. Auch diese Zahlen ähneln den Werten aus anderen Untersuchungen im deutschsprachigen Raum, die Teilplagiate im Bereich zwischen 7,3 % und 15,9 % sowie Vollplagiatsquoten bis zu 1,4 % dokumentieren (Coutts et al. 2011; Jann et al. 2012; Preissendörfer 2008).

3.2.2 Unabhängige Variablen

Um das Ausmaß des Täuschungsverhaltens von Studierenden in Deutschland sowie die Determinanten darauf im internationalen Kontext vergleichen zu können, werden auf Grundlage der bisherigen Studien die Effekte der oben genannten Einflussfaktoren auf das Fehlverhalten untersucht. Im Detail wird geprüft, ob der Notenschnitt (direkte Abfrage nach dem ungefähren aktuellen Notenschnitt), das Studienfach (direkte Texteingabe) oder das Täuschen während der Schulzeit („Wie häufig hast du bei Prüfungen während der Schulzeit Täuschungsversuche unternommen?") einen Einfluss auf das akademische Fehlverhalten haben. Da insbesondere immer wieder dokumentiert wurde, dass Business-Studierende in stärkerem Maße dazu neigen sich unehrlich während der Bearbeitung von Prüfungsleistungen zu verhalten, werden BWL-Studierende als Referenzkategorie in die Analysen aufgenommen, um feststellen zu können, ob Studierende anderer Fachrichtungen tatsächlich geringere Täuschungsraten aufweisen. Hierfür wurden aus der Variable Studienfach – die 47 Ausprägungen enthält – Fächer-Dummies gebildet, wobei BWL-Studierende jeweils als Referenzkategorie fungieren. Darüber hinaus konnte gezeigt werden, dass studentisches Fehlverhalten zu weiteren abweichenden Verhalten führt, beispielsweise im späteren Berufsleben. Da hier das Berufsleben nicht erfasst werden kann, soll stattdessen überprüft werden, ob tatsächlich eine Täuschungstendenz existiert, also ob das Fehlverhalten während der Schulzeit zu Devianz während des Studiums führt.

Die deskriptiven Statistiken für die eben genannten individuellen Einflussvariablen zeigen, dass sich in der Stichprobe Studierende aller Fachrichtungen befinden, es sind sowohl technische als auch geistes- sowie naturwissenschaftliche Studiengänge vertreten. Der Großteil der Befragten belegt als Hauptfach dabei Lehramt (7,9 %), Sozialwissenschaften (5,9 %) oder Informatik (5,7 %). Die Teilnehmenden an der Umfrage weisen im Mittel einen Notenschnitt von 2,1 auf und 76,4 % geben an gelegentlich oder sogar häufig während der Schulzeit getäuscht zu haben.

Neben den individuellen bzw. studienbezogenen Faktoren stellt aber auch der Einfluss sowie das Verhalten anderer Studierender einen bedeutenden Faktor dar, insbesondere da sich Kommilitonen untereinander austauschen und gegebenenfalls Informationen über erfolgreiche Täuschungsdelikte weitergeben können. Aus diesem Grund wird zum einen das deviante Verhalten der Freunde mittels einer fünf-stufigen Likertskala erfasst („Viele meiner Freunde täuschen bei Prüfungsleistungen"; stimme voll und ganz zu bis stimme überhaupt nicht zu), zum anderen wird aber auch die Einschätzung der Täuschung anderer Studierender erhoben, indem je nach Deliktart nach der subjektiven Einschätzung gefragt wurde, wie viele von 100 Studierende diese im letzten Semester durchgeführt haben. Es ist dabei anzunehmen, dass nicht nur das Fehlverhalten der Freunde, sondern auch das der Peers einen Einfluss auf die eigene Devianz ausüben. Gerade in Bezug auf die Wettbewerbssituation können sich Studierende benachteiligt fühlen, wenn sie das Ausmaß der Täuscher als hoch einschätzen und bei Normkonformität einen persönlichen Nachteil erwarten. 12,0 % der Befragten stimmen dabei zu, dass viele der eigenen Freunde täuschen. Die Einschätzung des Anteils täuschender Peers liegt hierbei etwas höher, bei Klausuren im Durschnitt bei 25 %, in Hausarbeiten bei über 15 %.

Ein gegensätzlicher – also devianzreduzierender Effekt – wird von anderen Studien generell den Sanktionen zugeschrieben. Potenzielle Strafen können eine abschreckende Wirkung auf Studierende haben. In den folgenden Analysen werden daher die wahrgenommenen potenziellen Kosten – in Form der Wahrscheinlichkeit einer Entdeckung sowie der Härte der Strafe – untersucht. Es wird dabei angenommen, dass das studentische Fehlverhalten ansteigt, wenn die Kosten geringer als der zu erwartende Nutzen der Täuschung eingeschätzt werden. Hier geben die Befragten pro Deliktart ihre individuelle Einschätzung der Wahrscheinlichkeit des Erwischtwerdens an. Ebenso wird erfasst, welche Sanktion die Studierenden als wahrscheinlich erachten, wenn das Fehlverhalten entdeckt wird, wobei hier aus einer Liste von keine Folgen bis hin zur Exmatrikulation auszuwählen war[6]. Für die späteren Analysen wurde eine Dummyvariable gebildet, die

---

[6]Die genauen zur Auswahl stehenden Folgen waren: Keine Folgen, Ermahnung durch Dozierenden, Notenabzug, Nichtbestehen der Leistung (Note 5), formaler Verweis mit Meldung an das Prüfungsamt, Ausschluss vom Studium/Exmatrikulation, Überarbeitung der eingereichten Arbeit bzw. Wiederholung der Klausur, stärkere Überwachung/ Beobachtung bei weiteren Klausuren bzw. schriftlichen Arbeiten.

zwischen leichten und schweren Folgen unterscheidet, wobei das Nichtbestehen, der formaler Verweis an das Prüfungsamt und die Exmatrikulation als schwere Folgen klassifiziert wurden. Insgesamt rechnet die Hälfte der Studierenden mit einer Entdeckung bei einem Verstoß gegen die Prüfungsordnung, wobei hinsichtlich der Härte der Sanktionen 71,1 % (Klausur) bzw. 71,3 % (Hausarbeit) diese als gravierend erachten.

Darüber hinaus können auch subjektive Faktoren das Fehlverhalten während des Studiums motivieren. Aus diesem Grund werden individuelle Eigenschaften und Einstellungen erfragt. Dabei handelt es sich zum einen um die Frage, ob sich die betreffende Person selbst als ehrlich einschätzt und ob man sich generell an Regeln halten sollte, auch wenn die eigenen Interessen dabei zu kurz kommen (fünf-stufige Likertskalen). Zum anderen sollten die Befragten anhand der selben Antwortmöglichkeiten angeben, wie schlimm sie es generell finden, wenn andere Studierende täuschen. Dies spiegelt dabei die subjektive Überzeugung bzw. den Glauben an das Normsystem wider. Insgesamt stufen sich die Befragten überwiegend als ehrlich ein (79,7 %) und vertreten die Meinung, dass man sich an Regeln halten sollte (71,1 % Zustimmung). Hinsichtlich der Beurteilung des Täuschungsverhaltens anderer stimmen nicht einmal die Hälfte der Befragten zu, dass sie dieses Verhalten als schlimm erachten (43,3 %).

Schließlich werden noch weitere (Kontroll-)Variablen für die Erklärung des studentischen Fehlverhaltens hinzugezogen. Neben den – in anderen Studien bewährten und erklärungskräftigen – soziodemografischen Variablen Geschlecht (Kodierung: 0 männlich, 1 weiblich) und Alter (offene Angabe) kann beispielsweise die Art der Hochschule (0 Fachhochschule, 1 Universität) einen Einfluss auf das Täuschungsverhalten ausüben. Wie bereits beschrieben sind die Befragten überwiegend weiblich (65,2 %), durchschnittlich 24 Jahre alt und studieren etwas häufiger an einer Universität (58,9 %).

Eine detaillierte Übersicht der deskriptiven Ergebnisse der relevanten Variablen ist Tab. 1 zu entnehmen, wobei unplausible Werte jeweils ausgeschlossen wurden, die Ergebnisse sind jedoch robust und weisen keine Unterschiede vor und nach dem Ausschluss auf.[7]

---

[7]Ausgeschlossen wurden Werte, welche größer als 200 (Anzahl geschriebener Hausarbeiten und Klausuren), 28 (Fachsemester) und 52 (Alter) waren.

Tab. 1 Deskriptive Statistiken

Unabhängige Variablen	Mittelwert	Std. Abw.	Min	Max
Notenschnitt	2,11	0,57	0,8	5,0
Viele meiner Freunde täuschen (1 Ablehnung, 5 Zustimmung)	2,30	0,99	1	5
Einschätzung Anzahl Täuscher: Spickzettel	24,56	22,16	0	100
Einschätzung Anzahl Täuscher: Abschreiben	25,54	21,59	0	100
Einschätzung Anzahl Täuscher: Klausur gesamt	25,04	19,77	0	100
Einschätzung Anzahl Täuscher: Textpassage kopiert	16,82	18,62	0	100
Einschätzung Anzahl Täuscher: Inhalte kopiert	23,49	22,49	0	100
Einschätzung Anzahl Täuscher: Ghostwriting	6,88	11,91	0	100
Einschätzung Anzahl Täuscher: Hausarbeit gesamt	15,73	14,90	0	100
Einschätzung: Konsequenz bei Täuschung in Klausur (0 leicht, 1 schwer)	0,71	0,45	0	1
Einschätzung: Konsequenz bei Täuschung in Hausarbeit (0 leicht, 1 schwer)	0,71	0,45	0	1
Täuschen anderer empfinde ich als schlimm (1 Ablehnung, 5 Zustimmung)	3,14	1,34	1	5
Ich bin immer ehrlich (1 Ablehnung, 5 Zustimmung)	3,90	0,66	1	5
Generell sollte man sich an Regeln halten (1 Ablehnung, 5 Zustimmung)	3,82	0,81	1	5
Wahrscheinlichkeit bei Täuschung in Klausur erwischt zu werden	49,73	23,42	0	100
Wahrscheinlichkeit bei Täuschung in Hausarbeit erwischt zu werden	50,90	28,50	0	100
Täuschen während Schulzeit (1 nie, 3 häufig)	1,89	0,60	1	3
Alter	24,06	4,35	15	52

3.3 Analysen und Ergebnisse

3.3.1 Statistische Analysen

Da das Fehlverhalten der Studierenden binär erhoben wurde, also ob während des Studiums jemals getäuscht wurde (ja oder nein), kann zur Auswertung keine lineare Regression herangezogen werden. Vielmehr werden im Folgenden logistische Regressionen berechnet. Die Verwendung nicht-linearer Modelle birgt

Akademisches Fehlverhalten: Wie ehrlich berichten … 223

allerdings einige Probleme hinsichtlich der Bestimmung der Stärke der einzelnen Effekt als auch bezüglich ihrer Vergleichbarkeit zwischen den Modellen (siehe hierzu Mood 2010). Aus diesem Grund werden in den Analysen die durchschnittlichen marginalen Effekte (average marginal effects; AME) berichtet, da sie die Möglichkeit bieten sowohl die Effektstärken zwischen den Modellen zu vergleichen als auch eine einfachere Interpretation der Ergebnisse – abseits von Odds-Ratios – ermöglichen.

Im Folgenden wird das studentische Fehlverhalten auf drei Ebenen analysiert, da sich die bereits veröffentlichten Studien – insbesondere in Deutschland – meist nur auf eine Form des Täuschens konzentriert bzw. jeweils unterschiedliche Arten des Täuschens untersucht haben. Folglich ist diese Differenzierung notwendig, da nur so eine angemessene Vergleichbarkeit und Einordnung der Resultate bewerkstelligt werden kann. Daher wird zum einen jede einzelne Deliktart (Abschreiben, Nutzung eines Spickzettels, Plagiate durch Übernahme von Inhalten, Textpassagen oder ganzer Arbeiten) erfasst, um festzustellen, ob Gemeinsamkeiten und Unterschiede in den einzelnen Vergehen existieren. Da bislang häufig das Täuschen in Klausuren oder das Plagiieren undifferenziert erfasst wurde, wird auch jeweils ein Modell für Hausarbeiten und Klausuren allgemein berechnet, wobei die Einflussfaktoren jeweils identisch sind. Schließlich wird noch ein übergreifendes Gesamtmodell berechnet, dessen abhängige Variable das Täuschen allgemein während der akademischen Laufbahn darstellt.

Für alle Modelle werden dabei sowohl studienrelevante Variablen, wie beispielsweise der Notenschnitt und das Studienfach, als auch individuelle Faktoren hinsichtlich des Täuschens, z. B. das Fehlverhalten anderer Studierender, die Einschätzung der Wahrscheinlichkeit und Härte einer Sanktion, die Einstellung zum Täuschen und vergangene deviante Handlungen während der Schulzeit berücksichtigt. Schließlich werden soziodemografische Angaben zum Alter und Geschlecht, aber auch die Selbsteinschätzung der eigenen Ehrlichkeit bzw. Normtreue als Einflussvariablen herangezogen.

3.3.2 Resultate: Klausuren

Betrachtet man zunächst Modell 1 in Tab. 2 mit der abhängigen Variable Abschreiben von einem Mitstudierenden während einer Klausur, zeigen sich positive signifikante Einflüsse des Fehlverhaltens anderer Personen sowie der eigenen Täuschervergangenheit bzw. -erfahrung aber auch des Alters und der Art der Hochschule. Insbesondere das eigene Täuschen während der Schulzeit ist ein guter Prädiktor dafür, dass Studierende abschreiben. Die Wahrscheinlichkeit des Abschreibens steigt dabei um 15,0 bzw. 21,5 Prozentpunkte im Durchschnitt an,

Tab. 2 Logistische Regressionen für Täuschen in Klausuren

Täuschungen in Klausuren	Modell 1: Abschreiben	Modell 2: Spickzettel	Modell 3: Gesamt
Note	0,004 (0,46)	0,008 (1,15)	0,010 (1,15)
Viele Freunde täuschen (1 „stimme überhaupt nicht zu" – 5 „stimme voll und ganz zu")	0,028*** (6,26)	0,032*** (7,40)	0,056*** (11,03)
Einschätzung: Anteil Täuschen andere Studierende	0,005***	0,004***	0,005***
Schwere Folge (Klausur) (0 „leichte Folge" – 1 „schwere Folge")	−0,063*** (−7,07)	0,018* (1,98)	−0,053*** (−5,38)
Einschätzung Wahrscheinlichkeit Entdeckung	−0,001*** (−4.73)	−0,001*** (−7,66)	−0,001*** (−7,11)
Täuschen empfinde ich als schlimm (1 „stimme überhaupt nicht zu" – 5 „stimme voll und ganz zu")	−0,053*** (−15,70)	−0,059*** (−17,64)	−0,075*** (−19,97)
Ich bin immer ehrlich (1 „stimme überhaupt nicht zu" – 5 „stimme voll und ganz zu")	−0,013* (−2,00)	−0,012 (−1,96)	−0,018* (−2,57)
Generell sollte man Regeln einhalten (1 „stimme überhaupt nicht zu" – 5 „stimme voll und ganz zu")	0,002 (0,46)	0,009 (1,72)	0,014* (2,36)
Täuschung in Schule: gelegentlich (Referenz: nie getäuscht)	0,150*** (12,94)	0,126*** (11,34)	0,200*** (15,82)
Täuschung in Schule: häufig (Referenz: nie getäuscht)	0,215*** (14,00)	0,216*** (14,29)	0,309*** (17,52)
Typ Hochschule (0 „Hochschule" – 1 „Universität")	0,056*** (5,08)	−0,033** (-3,17)	0,025* (2,14)
Alter	0,003** (2,61)	0,011*** (11,77)	0,007*** (6,73)
Geschlecht (0 „männlich" – 1 „weiblich")	0,001 (0,13)	−0,005 (−0,52)	0,018 (1,72)
N	8873	8873	8873
Adj. R^2 (Mc Fadden)	0,237	0,207	0,218

*$p < 0.05$, **$p < 0.01$, ***$p < 0.001$, Logistische Regressionen mit robusten Standardfehlern; es sind Average Marginal Effects (AME) abgetragen sowie die entsprechenden t-Werte in Klammern; in allen Modellen wurde auf das Studienfach kontrolliert.

wenn die betreffende Person bereits zu Schulzeiten getäuscht hat. Darüber hinaus steigert die Einschätzung, dass viele andere Individuen täuschen die Wahrscheinlichkeit des eigenen Fehlverhaltens, wobei der Effekt von (engen) Freunden das eigene Abschreiben etwas stärker beeinflusst als die Wahrnehmung des Täuschens anderer (fremder) Kommilitonen. Die enge Bindung an deviante Freunde erhöht dabei das eigene Täuschungsverhalten um 2,8 Prozentpunkte, wohingegen die generelle und eventuell abstraktere Einschätzung wie viele andere Studierende abschreiben, das eigene Fehlverhalten durchschnittlich um nur 0,5 Prozentpunkte ansteigen lässt. Weiterhin steigt die mittlere Wahrscheinlichkeit des Abschreibens ebenso mit zunehmendem Alter, wobei dieser Effekt sehr gering ausfällt. Darüber hinaus weisen Studierende einer Universität eine um 5,6 Prozentpunkte höhere mittlere Wahrscheinlichkeit auf in einer Klausur abzuschreiben verglichen mit Studierenden an Hochschulen.

Einen reduzierenden signifikanten Einfluss üben hingegen die Variablen zur Normtreue sowie potenzielle Sanktionen aus. Wird die Wahrscheinlichkeit einer Entdeckung hoch eingeschätzt und erwarten Studierende eine harte Strafe bei der Entdeckung ihres Abschreibens, sinkt die Wahrscheinlichkeit des Fehlverhaltens signifikant. Ebenso schreiben sich selbst als ehrlich einschätzende Befragte und Personen, die Täuschungen von anderen Studierenden als schlimm erachten, mit einer geringeren durchschnittlichen Wahrscheinlichkeit ab.

In diesem Modell haben der Notenschnitt, die Überzeugung, dass Regeln generell eingehalten werden sollten, sowie das Geschlecht keinen signifikanten Einfluss. Ebenfalls zeigen sich bezüglich des Studienfachs keine signifikanten Unterschiede zwischen BWL-Studierenden und Studierenden aus anderen Fächern.

Im Vergleich zu diesem ersten Modell werden in Modell 2 die Effekte der unabhängigen Variablen auf die Verwendung eines Spickzettels während einer Klausur betrachtet. Insgesamt sind die Einflüsse dabei annähernd identisch im Vergleich zum Modell des Abschreibens. Die Tatsache, dass sich die Befragten als ehrlich einstufen, ist hier allerdings nicht signifikant. Der größte Unterschied findet sich in der Art der Hochschule. Ist die Wahrscheinlichkeit abzuschreiben für Studierende an Universitäten signifikant höher im Vergleich zu Befragten an Hochschulen, weist dieselbe Gruppierung bei der Verwendung von Spickzetteln eine signifikant niedrigere mittlere Wahrscheinlichkeit auf. Darüber hinaus reduziert die Angst vor schweren Folgen das Abschreiben, während für die Verwendung eines Spickzettels die Wahrscheinlichkeit steigt. Hinsichtlich der Studienfächer täuschen signifikant mehr Studierende aus den Bereichen Kulturwissenschaften, Landschaftsarchitektur und -planung, Maschinenbau sowie Umweltwissenschaften verglichen mit der Referenz der BWL-Studierenden. Insgesamt scheinen es aber ähnliche Faktoren zu sein, welche sowohl das Abschreiben als auch das Anfertigen und Verwenden eines Spickzettels während einer Klausur bedingen.

Schließlich umfasst das letzte Modell (Modell 3) allgemein das Täuschen in Klausuren. Hierfür wurden die zwei abhängigen Einzelvariablen aus den ersten beiden Modellen zusammengefasst. Insgesamt sind auch hier beinahe alle Variablen bedeutsam, die auch einen Einfluss in den vorangegangenen Modellen hatten. Allerdings lässt sich eine Zunahme im Einfluss des abweichenden Verhaltens von Freunden erkennen. Durchschnittlich steigt die Wahrscheinlichkeit in einer Klausur auf irgendeine Art zu täuschen um 5,6 Prozentpunkte an, wenn viele der Freunde ebenfalls täuschen. Die Wahl des Studienfaches verdeutlicht, dass im Vergleich zu BWL-Studierenden die Fachrichtungen Landschaftsarchitektur und Umweltwissenschaften signifikant höhere Wahrscheinlichkeiten haben sich in einer Klausur deviant zu verhalten. Die eigene Erfahrung hinsichtlich unredlichem Verhalten während der Schulzeit erhöht die Wahrscheinlichkeit des Täuschens in Klausuren durchschnittlich um 20,0 bzw. 30,9 Prozentpunkte. Hingegen haben Personen, die das Fehlverhalten als schlimm erachten eine im Mittel um 7,5 Prozentpunkte geringeren Wahrscheinlichkeit selbst in einer Klausur zu täuschen. Einzig die Tatsache irritiert, dass Personen, die zustimmen, dass man sich generell an Regeln halten sollte, auch wenn die eigenen Interessen dabei zu kurz kommen, eine im Schnitt um 1,4 Prozentpunkte höhere Wahrscheinlichkeit haben in einer Klausur zu täuschen.

Insgesamt verdeutlichen die Analysen, dass die in anderen Studien berichteten Einflussfaktoren überwiegend auch das abweichende Verhalten in Klausuren von Studierenden in Deutschland bedingen. Dabei steigert das Fehlverhalten der Peers ebenso das Täuschen wie die eigene Delinquenzerfahrung während der Schulzeit. Zu beachten ist, dass der Einfluss der Freunde dabei durchweg stärker ist als der unbekannter Kommilitonen. Im Gegensatz zu bisherigen Untersuchungen tendieren Studierende in der vorliegenden Stichprobe mit steigendem Alter eher zu unehrlichem Verhalten in Klausuren. Die in anderen Arbeiten beschriebenen Abschreckungseffekte durch Sanktionen bestehen auch in Deutschland. Die Angst bei einer Täuschung entdeckt zu werden sowie die Härte der Strafe reduzieren das Abschreiben bzw. die Nutzung eines Spickzettels signifikant. Allerdings ist der Effekt der Entdeckungswahrscheinlichkeit in allen Modellen sehr niedrig. Darüber hinaus konnte allerdings kein Einfluss des Geschlechts oder der Note nachgewiesen werden. Die zusätzlich aufgenommenen Variablen zur Normtreue reduzieren die Wahrscheinlichkeit des studentischen Fehlverhaltens in Klausuren, auch wenn die Variable der Regeleinhaltung im dritten Modell signifikant in die entgegengesetzte Richtung weist. Hinsichtlich der Art der Hochschule gibt es Differenzen zwischen den einzelnen Deliktarten. Studierende an Universitäten tendieren dazu von Mitstudierenden abzuschreiben, während Studierende an Hochschule eher dazu neigen Spickzettel zu verwenden.

3.3.3 Resultate: Hausarbeiten

Die Analyse des Fehlverhaltens in Hausarbeiten startet in Modell 1 (siehe Tab. 3) mit der Übernahme von sinngemäßen Inhalten aus anderen Werken ohne diese als Quelle zu nennen. Die Resultate zeigen, dass Studierende mit schlechteren Noten eine signifikant höhere Wahrscheinlichkeit aufweisen, Inhalte aus fremden Werken als ihre eigenen auszugeben. Ein Anstieg im eigenen Plagiatsverhalten wird zudem durch die Einschätzung verursacht, dass viele andere Studierende täuschen. Darüber hinaus steigt die Wahrscheinlichkeit der Übernahme fremder Inhalte durchschnittlich an, wenn bereits zu Schulzeiten Täuschungsversuche unternommen wurden. Studierende, die Angst vor einer Entdeckung und gravierenden Folgen haben, fertigen hingegen mit einer geringeren Wahrscheinlichkeit inhaltliche Plagiate an. Einen weiteren reduzierenden Einfluss üben die Variablen zur Normtreue aus. Wird das Täuschen generell als schlimm erachtet und stuft sich die befragte Person selbst als ehrlich ein, sinkt die Wahrscheinlichkeit einer sinngemäßen Übernahme von Textpassagen im Durchschnitt um 1,2 bzw. 2,5 Prozentpunkte. Überdies zeigt sich, dass Universitätsstudierende, ältere Personen und Frauen eine niedrigere Wahrscheinlichkeit aufweisen sich deviant zu verhalten. Hinsichtlich des Studienfachs geben signifikant mehr Studierende der Chemie und der Umweltwissenschaften – im Vergleich zu BWL-Studierenden – ein inhaltliches Plagiat in einer Hausarbeit ab. Der Einfluss des Fehlverhaltens von Freunden sowie die Einstellung, dass man Regeln stets einzuhalten hat, spielen für die Wahrscheinlichkeit ein inhaltliches Plagiat abzugeben keine signifikante Rolle.

Das zweite Modell untersucht inwieweit die gewählten unabhängigen Variablen das Verfassen einer schriftlichen Arbeit mit Hilfe von direkt aus anderen Werken übernommenen Textpassagen ohne deren Kennzeichnung bedingen. In den Grundzügen ähneln die Effektrichtungen der Variablen für das Anfertigen eines Textplagiats denjenigen für Inhaltsplagiate. Im Mittel neigen Studierende mit schlechteren Noten mit höherer Wahrscheinlichkeit dazu eine Textpassage als die eigene auszugeben, ebenso wie Befragte, die bereits während ihrer Schulzeit Erfahrungen mit unehrlichem Verhalten in Prüfungssituationen gesammelt haben. In gleicher Weise führt das Wissen und die Einschätzung über das Täuschen von Freunden und Mitstudierenden dazu, dass die betreffende Person selbst plagiiert. Im Gegensatz zum Inhaltsplagiat spielt in diesem Modell das abweichende Verhalten der Freunde bei Textplagiaten eine signifikante Rolle. Täuschen viele Freunde, erhöht dies die Wahrscheinlichkeit des eigenen Normbruchs um sechs Prozentpunkte. Geben die Befragten an, ein Studium aus dem Bereich Technik zu absolvieren, haben sie eine um 3,7 Prozentpunkte höhere Wahrscheinlichkeit ein Textplagiat abzugeben im Vergleich zu Personen aus dem Studiengang BWL.

Tab. 3 Logistische Regressionen für Täuschen in Hausarbeiten

Täuschungen in Hausarbeiten	Modell 1: Inhalt	Modell 2: Text	Modell 3: Vollplagiat	Modell 4: Gesamt
Note	0,039*** (5,38)	0,023*** (6,05)	0,011*** (3,58)	0,041*** (5,38)
Viele Freunde täuschen (1 „stimme überhaupt nicht zu" – 5 „stimme voll und ganz zu")	0,006 (1,55)	0,007*** (3,37)	0,006** (3,15)	0,013** (2,99)
Einschätzung: Anteil Täuschen andere Studierende	0,005*** (21,19)	0,002*** (18,46)	0,001*** (11,68)	0,006*** (23,38)
Schwere Folge (Hausarbeit) (0 „leichte Folge" – 1 „schwere Folge")	−0,032*** (−3,95)	−0,015*** (−3,40)	0,001 (0,34)	−0,036*** (−4,11)
Einschätzung Wahrscheinlichkeit Entdeckung	−0,001*** (−8,13)	−0,0003*** (−3,61)	−0,0004*** (−4,87)	−0,001*** (−9,62)
Täuschen empfinde ich als schlimm (1 „stimme überhaupt nicht zu" – 5 „stimme voll und ganz zu")	−0,012*** (−3,69)	−0,004** (−2,47)	−0,006*** (−3,77)	−0,015*** (−4,28)
Ich bin immer ehrlich (1 „stimme überhaupt nicht zu" – 5 „stimme voll und ganz zu")	−0,025*** (−4,23)	−,005 (−1,69)	−0,005 (−1,79)	−0,031*** (−4,81)
Generell sollte man Regeln einhalten (1 „stimme überhaupt nicht zu" – 5 „stimme voll und ganz zu")	−0,002 (−0,36)	0,005 (1,63)	−0,002 (−1,03)	−0,003 (−0,64)
Täuschung in Schule: gelegentlich (Referenz: nie getäuscht)	0,064*** (6,26)	0,005 (0,91)	0,002 (0,38)	0,068*** (6,16)
Täuschung in Schule: häufig (Referenz: nie getäuscht)	0,116*** (8,17)	0,034*** (4,15)	0,017* (2,30)	0,147*** (9,40)
Typ Hochschule (0 „Hochschule" – 1 „Universität")	−0,031** (−3,05)	−0,019** (−3,32)	0,0001 (−0,08)	−0,034** (−3,13)
Alter	−0,004*** (−4,11)	−0,001 (−1,38)	0,0001 (0,35)	−0,005*** (−4,41)
Geschlecht (0 „männlich" – 1 „weiblich")	−0,041*** (−4,62)	−0,018*** (−3,58)	−0,001 (−0,24)	−0,034*** (−3,59)
N	7914	7914	7914	7914
Adj. R^2 (Mc Fadden)	0,218	0,243	0,161	0,173

*$p<0.05$, **$p<0.01$, ***$p<0.001$, Logistische Regressionen mit robusten Standardfehlern; es sind Average Marginal Effects (AME) abgetragen sowie die entsprechenden t-Werte in Klammern; in allen Modellen wurde auf das Studienfach kontrolliert.

Dem Kopieren von Textpassagen wirken die Faktoren einer möglichen Strafe sowie wenn das abweichende Verhalten negativ bewertet wird entgegen. Frauen und Universitätsstudierende weisen zudem eine geringere Wahrscheinlichkeit auf, Texte ohne Verweis auf die Quelle zu verfassen. Die Selbsteinstufung der eigenen Ehrlichkeit sowie das Alter und die Tatsache, dass man gelegentlich in der Schule getäuscht hat, haben in diesem Modell keinen signifikanten Einfluss.

In Modell 3 wird das Verfassen eines Vollplagiats, d. h. die Abgabe einer schriftlichen Arbeit, die entweder nicht selbst verfasst wurde oder ein zweites Mal eingereicht wurde, analysiert. Der Großteil der Variablen weist hier einen ähnlichen Effekt wie in Modell 2 auf. Da die meisten Effektstärken und Signifikanzen annähernd identisch sind, wird daher nur auf die Unterschiede eingegangen. Wie sich zeigt ist bei der Abgabe eines Vollplagiats zwar die Entdeckungswahrscheinlichkeit von Bedeutung – je höher diese eingeschätzt wird, desto geringer ist die Wahrscheinlichkeit ein Vollplagiat abzugeben – allerdings hat die Härte der Strafe keinen reduzierenden Effekt. Die Art der Hochschule ist ebenfalls nicht bedeutsam, wenn es sich um die Abgabe eines Vollplagiats handelt. Ebenso ergeben sich keine signifikanten Einflüsse, die darauf hinweisen, dass Studierende einer bestimmten Fachrichtung ein höheres Täuschungsverhalten aufweisen als BWL-Studierende.

Das letzte Modell (Modell 4) umfasst schließlich das Täuschen in Hausarbeiten allgemein. Hier wurden wie bereits bei den Klausuren, alle drei Deliktarten zusammengefasst und als abhängige Variable betrachtet. Die Wahrscheinlichkeit in einer schriftlichen Arbeit zu plagiieren bestätigt dabei die bisherigen Befunde aus anderen Untersuchungen. Schlechte Noten, Täuschungen von anderen Personen, sowohl von Freunden als auch von Mitstudierenden und das vergangene Fehlverhalten erhöhen im Mittel die Wahrscheinlichkeit einer Täuschung. Dem entgegen wirkt die Angst vor Sanktionen, da sowohl die Entdeckungswahrscheinlichkeit als auch die Härte der Strafe die Abgabe von Plagiaten vermindern. Darüber hinaus lassen sich auch die Effekte des Geschlechts und des Alters (Frauen und ältere Personen haben eine geringere Wahrscheinlichkeit ein Plagiat zu verfassen) für Deutschland bekräftigen. Des Weiteren reduziert die Ehrlichkeit einer Person sowie die Einstellung, dass Täuschen etwas Schlechtes ist, ebenfalls die Wahrscheinlichkeit eines Fehlverhaltens in schriftlichen Arbeiten. Das Studienfach betreffend sind es insbesondere der Fachbereich Chemie sowie die Umweltwissenschaften, deren Studierende im Vergleich zu BWL-Studierenden eine im Mittel zwischen 10,0 und 13,2 Prozentpunkten höhere Wahrscheinlichkeit für eine Täuschung in Hausarbeiten aufweisen.

Zusammenfassend zeigen die Analysen, dass es wichtig ist, das Fehlverhalten in Hausarbeiten deliktspezifisch zu untersuchen, da je nach Situation bzw.

Vergehen unterschiedliche Faktoren relevant sind. Natürlich existieren Variablen, etwa der Notendurchschnitt, das Verhalten anderer Studierender, die Einschätzung der Entdeckungswahrscheinlichkeit, die Täuschungserfahrung während der Schulzeit und die Einstellung, dass Täuschen schlecht ist, die in allen Modellen gleichermaßen wirken, dennoch gibt es wichtige Unterschiede zwischen den Plagiatsarten. Im Gesamtmodell (Modell 4) sind alle Variablen bis auf die Einhaltung von Regeln einflussreich. Für die Übernahme von Inhalten ist – im Vergleich zu den anderen Deliktarten – das Verhalten der Freunde nicht relevant. Das Kopieren ganzer Textstellen sowie die Abgabe von Vollplagiaten sind jeweils altersunabhängig und ehrliche Personen täuschen hier scheinbar ebenso auf diese Weise wie unehrliche. Darüber hinaus haben Sanktionen für Vollplagiate keine Bedeutung und werden sowohl an Universitäten als auch an Hochschulen verwendet.

3.3.4 Resultate: Gesamtmodell und Vergleich

Tab. 4 ist nicht nur das Gesamtmodell für generelles akademisches Fehlverhalten während des Studiums zu entnehmen, sondern zudem die beiden Gesamtmodelle des Täuschens in Klausuren und in Hausarbeiten, um einen Vergleich zwischen diesen drei Modellen ziehen zu können. Analysiert man zunächst das Gesamtmodell (Modell 1, bestehend aus den beiden anderen Modellen in Tab. 4), lässt sich erkennen, dass das Täuschungsverhalten an Hochschulen und Universitäten in Deutschland deutlich von den bereits bekannten Variablen anderer Studien determiniert wird. Devianzsteigernde Effekte weisen dabei ein schlechter Notenschnitt, das Fehlverhalten anderer Personen sowie die Täuschungserfahrung aus der Schulzeit auf. Hinsichtlich des Einflusses anderer Studierender wird deutlich, dass das Täuschen von Freunden im Vergleich zu dem Verhalten von Kommilitonen einen tendenziell stärkeren Effekt ausübt. Täuschen viele Freunde, so steigt die Wahrscheinlichkeit des eigenen Normbruchs durchschnittlich um fast sieben Prozentpunkte, hingegen erhöht die Einschätzung des Fehlverhaltens der Mitstudierenden die eigene Devianz im Mittel nur um 0,5 Prozentpunkte. Diese Ergebnisse ähneln den Resultaten bisheriger Untersuchungen genauso wie die Tatsache, dass sich abweichendes Verhalten auch in anderen Bereichen wiederfindet. Im Vergleich zu Individuen, die nie während der Schulzeit getäuscht haben, erhöht sich die Wahrscheinlichkeit des Weiterführens dieser Handlungen während des Studiums sowohl für Gelegenheitstäuscher als auch für diejenigen, die häufig getäuscht haben um durchschnittlich etwa 20 bis 35 Prozentpunkte.

Ebenso existieren Faktoren, die dem Fehlverhalten entgegenwirken, hier weisen die Sanktionsstärke und -wahrscheinlichkeit gleichermaßen signifikante Werte auf wie die Einstellungen zum Normbruch, gleichwohl der Effekt für die

Einschätzung der Wahrscheinlichkeit sehr gering ausfällt. Wie angenommen reduziert sich die Wahrscheinlichkeit für das Täuschen, wenn die Strafe als besonders hart und sicher angenommen wird. Zudem sinkt die Wahrscheinlichkeit eines Fehlverhaltens, wenn die Befragten sich selbst als besonders ehrlich einstufen und das Täuschen anderer Personen als schlimm erachten. Lediglich das Resultat der Variablen des Einhaltens von Regeln steht dem entgegen. Je mehr Personen zustimmen, dass man Regeln unbedingt einhalten sollte, desto größer ist deren Wahrscheinlichkeit zu Täuschen. Die Prüfung, ob BWL-Studierende tatsächlich eine stärkere Neigung haben sich abweichend zu verhalten, zeigt, dass es durchaus andere Fachrichtungen (Landschaftsarchitektur und Umweltwissenschaften) gibt, deren Studierende eine im Durchschnitt um 8,0 bzw. 9,1 Prozentpunkte höhere Wahrscheinlichkeit aufweisen während des Studiums zu täuschen.

Die hinzugezogenen Kontrollvariablen Alter, Geschlecht und Art der Hochschule weisen keine signifikanten Einflüsse auf. Insgesamt lassen sich bis auf die Effekte von Alter und Geschlecht, alle Einflüsse aus den oben geschilderten Studien auch in Deutschland bestätigen.

Da sich bereits in den einzelnen deliktspezifischen Modellen gezeigt hat, dass zum Teil deutliche Unterschiede zwischen den Täuschungsarten bestehen, soll kurz auf das Gesamtmodel im Vergleich mit jeweils dem Gesamtmodell für Klausuren und Hausarbeiten eingegangen werden. Der Einfluss schlechter Noten auf das Täuschungsverhalten besteht zwar für Hausarbeiten und das Täuschen allgemein, allerdings nicht für Klausuren. Möglicherweise erscheint ein Vergehen in Hausarbeiten vermeintlich einfacher, da man aus dem Internet und anderen Quellen ohne enormen Zeitdruck Inhalte und Textpassagen zusammentragen kann. Die Einhaltung von allgemeinen Regeln auch gegen die eigenen Interessen ist nicht für das Täuschen in Hausarbeiten relevant. Dieser Befund irritiert nicht nur aus diesem Grund, sondern auch, da sich offensichtlich normtreue Personen eher an Täuschungen beteiligen. Interessant ist überdies auch, dass der Effekt der Hochschulart in allen drei Modellen sehr unterschiedlich ausfällt. Weisen Studierende von Hochschulen und Universitäten im Gesamtmodell keinen signifikanten Einfluss auf das Fehlverhalten auf, so zeigt sich, dass an Universitäten die Wahrscheinlichkeit einer Täuschung in Klausuren im Mittel um 2,5 Prozentpunkte erhöht ist, während im Vergleich dazu das Plagiieren in Hausarbeiten mit durchschnittlich 3,1 Prozentpunkten stärker von Studierenden einer Hochschule gezeigt wird. Wie bereits beschrieben hat das Alter keinen signifikanten Einfluss auf das generelle Täuschen, sehr wohl jedoch auf das Fehlverhalten in Klausuren und in schriftlichen Arbeiten. Ältere Befragte fertigen häufiger Spickzettel an oder schreiben während einer Klausur von Kommilitonen ab, hingegen plagiieren jüngere Studierende häufiger. Einen Geschlechtereffekt wiederum findet man

Tab. 4 Logistische Regressionen für Täuschen allgemein

Täuschungen	Modell 1: Täuschen	Modell 2: Klausuren	Modell 3: Hausarbeiten
Note	0,035*** (3,68)	0,010 (1,15)	0,041*** (5,38)
Viele Freunde täuschen (1 „stimme überhaupt nicht zu" – 5 „stimme voll und ganz zu")	0,069*** (12,30)	0,056*** (11,03)	0,013** (2,99)
Einschätzung: Anteil Täuschen andere Studierende	0,005*** (11,92)	0,005*** (17,75)	0,006*** (23,38)
Schwere Folge (0 „leichte Folge" – 1 „schwere Folge")	−0,041*** (−4,15)	−0,053*** (−5,38)	−0,036*** (−4,11)
Einschätzung Wahrscheinlichkeit Entdeckung	−0,001*** (−4,10)	−0,001*** (−7,11)	−0,001*** (−9,62)
Täuschen empfinde ich als schlimm (1 „stimme überhaupt nicht zu" – 5 „stimme voll und ganz zu")	−0,071*** (−17,73)	−0,075*** (−19,97)	−0,015*** (−4,28)
Ich bin immer ehrlich (1 „stimme überhaupt nicht zu" – 5 „stimme voll und ganz zu")	−0,028*** (−3,58)	−0,018* (−2,57)	−0,031*** (−4,81)
Generell sollte man Regeln einhalten (1 „stimme überhaupt nicht zu" – 5 „stimme voll und ganz zu")	0,014* (2,23)	0,014* (2,36)	−0,003 (−0,64)
Täuschung in Schule: gelegentlich (Referenz: nie getäuscht)	0,203*** (14,64)	0,200*** (15,82)	0,068*** (6,16)
Täuschung in Schule: häufig (Referenz: nie getäuscht)	0,355*** (17,85)	0,309*** (17,52)	0,147*** (9,40)
Typ Hochschule (0 „Hochschule" – 1 „Universität")	0,019 (1,44)	0,025* (2,14)	−0,034** (−3,13)
Alter	0,002 (1,95)	0,007*** (6,73)	−0,005*** (−4,41
Geschlecht (0 „männlich" – 1 „weiblich")	0,012 (1,06)	0,018 (1,72)	−0,034*** (−3,59)
N	8294	8873	7914
Adj. R^2 (Mc Fadden)	0,163	0,218	0,173

*$p < 0.05$, **$p < 0.01$, ***$p < 0.001$, Logistische Regressionen mit robusten Standardfehlern; es sind Average Marginal Effects (AME) abgetragen sowie die entsprechenden t-Werte in Klammern; in allen Modellen wurde auf das Studienfach kontrolliert.

lediglich bei der Analyse des Fehlverhaltens in Hausarbeiten. Männer neigen im Vergleich zu Frauen durchschnittlich häufiger dazu in Hausarbeiten Texte oder Inhalte aus fremden Werken zu übernehmen und diese nicht als Zitat zu kennzeichnen.

4 Zusammenfassung und Ausblick

Zusammenfassend lässt sich festhalten, dass knapp die Hälfte aller Studierenden an deutschen Hochschulen (nämlich 47,8 %) angeben, mindestens einmal in ihrer akademischen Laufbahn in einer Prüfungsleistung getäuscht zu haben. Das Fehlverhalten kann dabei auf unterschiedliche Weise stattfinden, es wird tendenziell jedoch häufiger in Klausuren als in Hausarbeiten gezeigt. Eine feingliedrigere Aufteilung in die einzelnen Deliktarten ist dabei sinnvoll und auch notwendig, da nicht nur Unterschiede in den Devianzraten bestehen, sondern auch, weil je nach Art des Vergehens verschiedene Mechanismen wirken, welche das Verhalten fördern oder vermindern können. Dennoch stehen viele der erzielten Resultate im Einklang mit Ergebnissen aus anderen Studien, insbesondere aus dem deutschsprachigen Raum.

Der unter anderen von Warr und Stafford (1991) oder Yu et al. (2017) beschriebene Ansteckungs- bzw. Lerneffekt durch Freunde und Mitstudierende konnte mit Ausnahme des Inhaltsplagiats bei Freunden für alle Modelle durchgehend bestätigt werden. Delinquente Peers führen zu einem Anstieg des Täuschens bei allen Deliktarten. Hierbei ist es insbesondere die Einschätzung des Verhaltens anderer Studierender, die von Bedeutung ist. Die Effekte für das Fehlverhalten der Freunde finden sich in stärkerem Ausmaß in der Situation von Klausuren. Zu vermuten ist, dass Studierende sich untereinander austauschen, wie man am besten in welcher Situation täuschen kann. Andererseits wäre es auch denkbar, dass gerade aufgrund des Einflusses der Einschätzung des Verhaltens von Kommilitonen der Wettbewerbsgedanke in den Vordergrund rückt und aus Angst vor Benachteiligung ebenfalls getäuscht wird. Gerade der Effekt der Einschätzung des Täuschens anderer Personen verdeutlicht, dass Studierende nicht unbedingt konkret wissen müssen wie viele andere Personen täuschen, es hingegen bereits ausreichend ist, wenn man Annahmen darüber trifft. Auch das Ergebnis, dass die Täuschungsvergangenheit zu zukünftigen Fehlverhalten führt (vgl. Diekhoff et al. 1996 oder Wilkinson 2009) ließ sich mithilfe des Verhaltens während der Schulzeit bestätigen. Studierende, die bereits zu Schulzeiten auf unehrliche Weise Prüfungsleistungen erbracht haben, neigen im Studium dazu dieses Verhaltensmuster fortzuführen.

Weitere Faktoren konnten allerdings nicht uneingeschränkt für Deutschland bestätigt werden. Die Prüfung, ob auch Studierende in Deutschland bei einer drohenden Strafe und hohen Entdeckungswahrscheinlichkeit (siehe z. B. Sattler et al. 2013 oder Tibbetts und Myers 1999) weniger täuschen, zeigt, dass (mit Ausnahme des Vollplagiats) ein devianzreduzierender Effekt von der Strafhöhe sowie der Angst vor Entdeckung ausgeht. Unabhängig von der Art des Vergehens reduziert eine hohe Strafwahrscheinlichkeit signifikant das Fehlverhalten, auch wenn dieser Effekt durchweg schwach ist. Die möglichen negativen Folgen einer Täuschung reduzieren das Fehlverhalten, allerdings offenbart der Blick auf die einzelnen Deliktarten, dass dies nicht für Spickzettel oder Vollplagiate gilt. Ein weiterer Prädiktor stellt der Notendurchschnitt dar, schlechte Noten führen laut Antion und Michael (1983) oder Klein und Kollegen (2007) zu einem gesteigerten Täuschungsverhalten. Dieser Einfluss kann hier nur für Hausarbeiten bestätigt werden. In Klausuren findet sich kein Einfluss der Noten auf das studentische Fehlverhalten. Darüber hinaus bedarf die Analyse des Alterseffekts einer genaueren Betrachtung. Die Annahme, dass jüngere Studierende mehr bzw. häufiger täuschen (vgl. Genereux und McLeod 1995; Stiles et al. 2018) lässt sich nicht generell bestätigen. Im allgemeinen Täuschungsmodell weist das Alter keinen signifikanten Effekt auf, wohl aber für alle Formen des Fehlverhaltens in Klausuren. Hier steigt mit zunehmendem Alter die Wahrscheinlichkeit von Täuschungen an. Im Fall von Hausarbeiten geben jüngere Personen mit einer höheren Wahrscheinlichkeit Inhaltsplagiate ab. Da die vorliegende Studie nur die Lebenszeitprävalenz erfragt hat, müssen diese Ergebnisse mit Vorsicht interpretiert werden. Ältere Befragte studieren bereits länger und hatten dementsprechend mehr Zeit sich deviant zu verhalten. Bezüglich des Geschlechts wird in der allgemeinen Devianzforschung aber auch in der Forschung zu abweichendem Verhalten Studierender immer wieder gezeigt, dass Männer eine höhere Wahrscheinlichkeit aufweisen delinquent zu werden bzw. zu sein. Im vorliegenden Fall täuschen Männer nicht zwangsläufig häufiger oder mehr als Frauen. Insbesondere für Prüfungsleistungen, die als Klausur zu absolvieren sind, findet sich kein Geschlechtereffekt. Signifikante Unterschiede ergeben sich ausschließlich beim Verfassen von Hausarbeiten. Hier geben Männer mit einer höheren Wahrscheinlichkeit ein Plagiat ab. Schließlich konnte für Deutschland auch keine eindeutige Bestätigung gefunden werden, dass BWL-Studierende im Vergleich zu anderen Fächergruppen häufiger täuschen. Je nach Deliktart täuschen Studierende anderer Fachrichtungen signifikant mehr als BWL-Studierende.

Neben diesen bereits bekannten Einflussfaktoren wurden noch weitere getestet. Dabei ergibt sich ein gemischter Befund hinsichtlich der Art der Hochschule. Werden Plagiate ebenso wie Spickzettel tendenziell eher an (Fach-) Hochschulen angefertigt, sind es Universitätsstudierende, die dazu neigen abzuschreiben. Die Einstellung gegenüber dem Täuschungsverhalten hat bei allen Devianzarten einen signifikanten reduzierenden Einfluss. Hat man die Norm internalisiert, dass abweichendes Verhalten schlecht ist und vermieden werden sollte, sinkt die Wahrscheinlichkeit des eigenen Normbruchs.

Zusammenfassend zeigen die Ergebnisse, dass sowohl situative als auch individuelle Faktoren dafür verantwortlich sind, ob eine Person während des Studiums täuscht. Allerdings erscheint es für zukünftige Studien äußerst sinnvoll zu sein, genauer nach den Täuschungsarten zu differenzieren, da verschiedene Mechanismen je nach Delikt wirksam sein können. Gerade bei der zusammengefassten Betrachtung des Täuschens generell oder der Gesamtmodelle für Klausuren und Hausarbeiten hat sich gezeigt, dass hier deliktspezifische Unterschiede nicht mehr erkennbar sind und somit wichtige Informationen verloren gehen. Dies verdeutlicht auch die Tatsache, dass sich die Anteile der einzelnen Täuschungsarten unterscheiden. Scheinbar erfordert das Abschreiben keinen großen Aufwand und wird daher häufiger ausgeführt als die Nutzung eines Spickzettels, der natürlich vorbereitet sein muss.

Als Limitation der Studie kann die Erhebungsmethode aufgefasst werden. Trotz der vielen Vorteile einer online-Umfrage unter Studierenden handelt es sich bei Täuschungen um ein heikles Themengebiet, das immer auch unehrliche bzw. sozial erwünschte Antworten mit sich bringt. Es wurde versucht durch die Zusicherung vollständiger Anonymität, den Verzicht auf Interviewer sowie die Nutzung von Mediatoren ein vertrauenswürdiges Umfeld zu schaffen, um sozial erwünschte Antworten weitestgehend zu vermeiden. Allerdings kann nicht ausgeschlossen werden, dass die Befragten dennoch nicht vollständig ehrlich geantwortet haben. Eine Prüfung auf Item-Non-Response zeigt jedoch, dass von allen Befragten, welche die heiklen Fragen zum Täuschungsverhalten gesehen haben, zwischen 0,07 % und 0,35 % diese Frage nicht beantwortet haben. In weiteren Studien kann dieser Tatsache Rechnung getragen werden, indem spezielle Fragetechniken zur Erfassung heikler Fragen verwendet werden (beispielsweise die Randomized Response Technik von Warner 1965 oder das Crosswise Modell von Yu et al. 2017). Diese Fragetechniken erlauben die Zusicherung vollständiger Anonymität und lassen keine Rückschlüsse der Antworten auf den Probanden zu, da die Forscher selbst nicht wissen, wer welche Frage beantwortet hat bzw. wie. Darüber hinaus ist es möglich, dass die Daten aufgrund von Non-Response verzerrt sind. Vor allem durch die fehlende Rückmeldung vieler Studiengangskoordinatoren könnte es sein, dass bestimmte Studierendengruppen nicht in die Stichprobe gelangt sind. Allerdings weisen die Daten eine enorme Bandbreite hinsichtlich der Hochschulen, Orte, Bundesländer, Studienfächer etc. auf, sodass anzunehmen ist, dass keine systematischen Verzerrungen diesbezüglich vorliegen.

Literatur

Ahmadi, A. (2012). Cheating on exams in the Iranian EFL context. *Journal of Academic Ethics, 10*, 151–170.

Anney, V., & Mosha, M. (2015). Student's plagiarisms in higher learning institutions in the era of improved internet access: Case study of developing countries. *Journal of Education and Practice, 6*, 203–216.

Antion, D., & Michael, W. (1983). Short-term predictive validity of demographic, affective, personal, and cognitive variables in relation to two criterion measures of cheating behaviors. *Educational and Psychological Measurement, 43*, 467–482.

Baird, J Jr. (1980). Current trends in college cheating. *Psychology in the Schools, 17*, 515–522.

Bernardi, R., Metzger, R., Bruno, R., Hoogkamp, M., Reyes, L., & Barnaby, G. (2004). Examining the decision process of students' cheating behavior: An empirical study. *Journal of Business Ethics, 50*, 397–414.

Blankenship, K., & Whitley, B. (2000). Relation of general deviance to academic dishonesty. *Ethics and Behavior, 10*, 1–12.

Bouville, M. (2010). Why is cheating wrong? *Studies in Philosophical Education, 29*, 67–76.

Bowers, W. (1964). *Student dishonesty and its control in college*. New York: Columbia University.

Bretag, T. (2013). Challenges in addressing plagiarism in education. *PLoS Med, 10*, e1001574.

Bunn, D., Caudill, S., & Gropper, D. (1992). Crime in the classroom: An economic analysis of undergraduate student cheating behavior. *Journal of Economic Education, 23*, 197–207.

Campbell, W. (1935). *A comparative investigation of students under a honor system and a proctor system in the same university*. Los Angeles: University of Southern California Press.

Carrell, S., Malmstrom, F., & West, J. (2008). Peer effects in academic cheating. *The Journal of Human Resources, 43*, 173–207.

Chudzicka-Czupała, A., Grabowski, D., Mello, A., Kuntz, J., Zaharia, D., Hapon, N., Lupina-Wegener, A., & Börü, D. (2016). Application of the theory of planned behavior in academic cheating research–cross-cultural comparison. *Ethics and Behavior, 26*, 638–659.

Coutts, E., Jann, B., Krumpal, I., & Näher, A.-F. (2011). Plagiarism in student papers: Prevalence estimates using special techniques for sensitive questions. *Jahrbücher für Nationalökonomie und Statistik, 231*, 749–760.

Crown, D., & Spiller, S. (1998). Learning from the literature on collegiate cheating: A review of empirical research. *Journal of Business Ethics, 17*, 683–700.

Davis, S., Grover, C., Becker, A., & McGregor, L. (1992). Academic dishonesty: Prevalence, determinants, techniques, and punishments. *Teaching of Psychology, 19,* 16–20.

Dehn, R. (2003). Is technology contributing to academic dishonesty? *Journal of Physician Assistant Education, 14,* 190–192.

Diekhoff, G., LaBeff, E., Clark, R., Williams, L., Francis, B., & Haines, V. (1996). College cheating: Ten years later. *Research in Higher Education, 37,* 487–502.

Diekhoff, G., LaBeff, E., Shinohara, K., & Yasukawa, H. (1999). College cheating in japan and the United States. *Research in Higher Education, 40,* 343–353.

Drake, C. (1941). Why students cheat. *Journal of Higher Education, 12,* 418–420.

Fass, R. (1986). By honor bound: Encouraging academic honesty. *Educational Record, 67,* 32–36.

Freire, C. (2014). Academic misconduct among Portuguese economics and business undergraduate students- A comparative analysis with other major students. *Journal of Academic Ethics, 12,* 43–63.

Genereux, R., & McLeod, B. (1995). Circumstances surrounding cheating: A questionnaire study of college students. *Research in Higher Education, 36,* 687–704.

Grimes, P. (2004). Dishonesty in academics and business: A cross-cultural evaluation of student attitudes. *Journal of Business Ethics, 49,* 273–290.

Haines, V., Diekhoff, G., LaBeff, E., & Clark, R. (1986). College cheating: Immaturity, lack of commitment, and the neutralizing attitude. *Research in Higher Education, 24,* 342–354.

Hard, S., Conway, J., & Moran, A. (2006). Faculty and college student beliefs about the frequency of student academic misconduct. *The Journal of Higher Education, 77,* 1058–1080.

Hartshorne, H., & May, M. (1928). *Studies in deceit.* New York: MacMillan.

Hobbes, T. (1980). *Leviathan.* Stuttgart: Reclam.

Höglinger, M., Jann, B., & Diekmann, A. (2016). Sensitive questions in online surveys: An experimental evaluation of different implementations of the randomized response technique and the crosswise model. *Survey Research Methods, 10,* 171–187.

Jann, B., Jerke, J., & Krumpal, I. (2012). Asking sensitive questions using the crosswise model. An experimental survey measuring plagiarism. *Public Opinion Quarterly, 76,* 32–49.

Jerke, J., & Krumpal, I. (2013). Plagiate in studentischen Arbeiten: Eine empirische Untersuchung unter Anwendung des Triangular Modells. *Methoden, Daten, Analysen, 7,* 347–368.

Kisamore, J., Stone, T., & Jawahar, I. (2007). Academic integrity: The relationship between individual and situational factors on misconduct contemplations. *Journal of Business Ethics, 75,* 381–394.

Klein, H., Levenburg, N., McKendall, M., & Mothersell, W. (2007). Cheating during the college years: How do business students compare? *Journal of Business Ethics, 72,* 197–206.

Kobayashi, E., & Fukushima, M. (2012). Gender, social bond, and academic cheating in Japan. *Sociological Inquiry, 82,* 282–304.

Kreuter, F., Presser, S., & Tourangeau, R. (2008). Social desirability bias in CATI, IVR, and web surveys. The effects of mode and question sensitivity. *Public Opinion Quarterly, 72,* 847–865.

Lane, M., & Schaupp, D. (1989). Ethics in education: A comparative study. *Journal of Business Ethics, 8,* 943–949.

Lawson, R. (2004). Is classroom cheating related to business students' propensity to cheat in the „real world"? *Journal of Business Ethics, 49*, 189–199.

Ledesma, R., & Obukhova, N. (2012). Tolerance for cheating among undergraduate students in a Korean University. *Atlantic Economic Journal, 40*, 341–342.

Lin, C.-H., & Wen, L.-Y. (2007). Academic dishonesty in higher education – A nationwide study in Taiwan. *Higher Education, 54*, 85–97.

Magnus, J., Polterovich, V., Danilov, D., & Savvateev, A. (2002). Tolerance of cheating: An analysis across countries. *The Journal of Economic Education, 33*, 125–135.

McCabe, D., & Treviño, L. (1997). Individual and contextual influences on academic dishonesty: A multi-campus investigation. *Research in Higher Education, 38*, 379–396.

McCabe, D., Treviño, L., & Butterfield, K. (2001). Cheating in academic institutions: A decade of research. *Ethics and Behavior, 11*, 219–232.

McCabe, D., Butterfield, K., & Treviño, L. (2006). Academic dishonesty in graduate business programs: Prevalence, causes, and proposed action. *Academy of Management Learning & Education, 5*, 294–305.

Miller, B. (2013). Measurement of academic entitlement. *Psychological Reports, 113*, 654–674.

Miller, C. (2013). Honesty, cheating, and character in college. *Journal of College and Character, 14*, 213–222.

Moffatt, M. (1990). Undergraduate Cheating. Unpublished Manuscript, Department of Anthropology, Rutgers University. ERIC Document Reproduction Service No. ED 334 921.

Mood, C. (2010). Logistic regression. Why we cannot do what we think we can do, and what we can do about it. *European Sociological Review, 26*, 67–82.

Murdock, T., Hale, N., & Weber, M. (2001). Predictors of cheating among early adolescents: Academic and social motivations. *Contemporary Educational Psychology, 26*, 96–115.

Nonis, S., & Swift, C. (2001). An examination of the relationship between academic dishonesty and workplace dishonesty: A multicampus investigation. *The Journal of Education for Business, 77*, 69–77.

Patrzek, J., Sattler, S., van Veen, F., Grunschel, C., & Fries, S. (2015). Investigating the effect of academic procrastination on the frequency and variety of academic misconduct: A panel study. *Studies in Higher Education, 40*, 1014–1029.

Petress, K. (2003). Academic dishonesty: A plague on our profession. *Education, 123*, 624–628.

Preisendörfer, P. (2008). Heikle Fragen in mündlichen Interviews: Ergebnisse einer Methodenstudie im studentischen Milieu. ETH Zurich SociologyWorking Paper No. 6.

Roig, M., & Ballew, C. (1994). Attitudes toward cheating of self and others by college students and professors. *Psychological Record, 44*, 3–13.

Sattler, S. (2007). *Plagiate in Hausarbeiten. Erklärungsmodelle mit Hilfe der Rational Choice Theorie*. Hamburg: Dr. Kovac.

Sattler, S., Graeff, P., & Willen, S. (2013). Explaining the decision to plagiarize: An empirical test of the interplay between rationality, norms, and opportunity. *Deviant Behavior, 34*, 444–463.

Schuhmann, P., Burrus, R., Barber, P., Graham, E., & Elikai, F. (2013). Using the scenario method to analyze cheating behaviors. *Journal of Academic Ethics, 11*, 17–33.

Sims, R. (1993). The relationship between academic dishonesty and unethical business practices. *Journal of Education for Business, 68*, 207–211.

Singleton-Jackson, J., Jackson, D., & Reinhardt, J. (2010). Students as consumers of knowledge: Are they buying what we're selling? *Innovations in Higher Education, 35*, 343–358.

Smith, A. (1985). *Theorie der ethischen Gefühle*. Hamburg: Meiner.

Smith, K., Davy, J., Rosenberg, D., & Haight, T. (2002). A structural modeling investigation of the influence of demographic and attitudinal factors and in-class deterrents on cheating behavior among accounting majors. *Journal of Accounting Education, 20*, 45–65.

Smyth, L., & Davis, J. (2004). Perceptions of dishonesty among two-year college students: Academic versus business situations. *Journal of Business Ethics, 51*, 63–73.

Srikanth, M., & Asmatulu, R. (2014). Modern cheating techniques, their adverse effects on engineering education and preventions. *International Journal of Mechanical Engineering Education, 42*, 130–140.

Statistisches Bundesamt. (2018). Tabellen zu Hochschulen. Im Internet: https://www.destatis.de/DE/ZahlenFakten/GesellschaftStaat/BildungForschungKultur/Hochschulen/Tabellen/StudierendeInsgesamtBundeslaender.html. Zugegriffen: 10.11.2018.

Stiles, B., Wong, N., & LaBeff, E. (2018). College cheating thirty years later: The role of academic entitlement. *Deviant Behavior, 39*, 823–834.

Teixeira, A., & de Fátima Rocha, M. (2008). Academic cheating in Spain and Portugal: An empirical explanation. *International Journal of Iberian Studies, 21*, 3–22.

Teixeira, A., & de Fátima Rocha, M. (2010a). Academic misconduct in Portugal: Results from a large scale survey to university economics/business students. *Journal of Academic Ethics, 8*, 21–41.

Teixeira, A., & de Fátima Rocha, M. (2010b). Cheating by economics and business undergraduate students: An exploratory international assessment. *Higher Education, 59*, 663–701.

Tibbetts, S. (1999). Differences between women and men regarding decisions to commit test cheating. *Research in Higher Education, 40*, 323–342.

Tibbetts, S., & Myers, D. (1999). Low self-control, rational choice, and student test cheating. *American Journal of Criminal Justice, 23*, 179–200.

Twenge, J., Konrath, S., Foster, J., Campbell, K., & Bushman, B. (2008). Egos inflating over time: A cross-temporal meta-analysis of the narcissistic personality inventory. *Journal of Personality, 76*, 875–902.

Underwood, J., & Szabo, A. (2003). Academic offences and e-learning: Individual propensities in cheating. *British Journal of Educational Technology, 34*, 77–467.

Warr, M., & Stafford, M. (1991). The influence of delinquent peers: What they think or what they do? *Criminology, 29*, 851–866.

Whitley, B. (1998). Factors associated with cheating among college students: A review. *Research in Higher Education, 39*, 235–274.

Whitley, B., Nelson, A., & Jones, C. (1999). Gender differences in cheating attitudes and classroom cheating behavior: A meta-analysis. *Sex Roles, 41*, 657–680.

Wilkinson, J. (2009). Staff and student perceptions of plagiarism and cheating. *International Journal of Teaching and Learning in Higher Education, 20*, 98–105.

Witherspoon, M., Maldonado, N., & Lacey, C. (2012). Undergraduates and academic dishonesty. *International Journal of Business and Social Science, 3*, 76–86.

Witmer, H., & Johansson, J. (2015). Disciplinary action for academic dishonesty: Does the student's gender matter? *International Journal for Educational Integrity, 11*, 1–10.

Yu, H., Glanzer, P., Sriram, R., Johnson, B., & Moore, B. (2017). What contributes to college students' cheating? a study of individual factors. *Ethics and Behavior, 27*, 401–422.

Yukhymenko-Lescroart, M. (2014). Ethical beliefs toward academic dishonesty: A cross-cultural comparison of undergraduate students in Ukraine and the United States. *Journal of Academic Ethics, 12*, 29–41.

Kroher, Martina Dr., Leibniz Universität Hannover, Institut für Soziologie, Schneiderberg 50, 30167 Hannover, m.kroher@ish.uni-hannover.de; Forschungsschwerpunkte: Devianz, soziale Normen, Methoden der empirischen Sozialforschung.

Selbstbericht und Vignette als Instrumente zur empirischen Abbildung von Gewalt als Sanktionshandlung

Lena M. Verneuer

Zusammenfassung

Der vorliegende Beitrag hat zum Ziel, die in der Kriminalsoziologie bestehenden Operationalisierungen von Handlungsmessungen mittels Selbstberichten zur Lebensprävalenz kritisch zu hinterfragen und durch den Einsatz einer situationsbezogenen Messung von Handlungsabsichten zu erweitern. Der Fokus liegt dabei auf interpersonalen physischen Gewalthandlungen, welche im Rahmen der Erklärung von Gewalt als Sanktionshandlung anhand eines handlungstheoretisch fundierten Modells betrachtet werden. Die theoretisch ausgearbeiteten Schwerpunkte der Erklärung – *Situation* und *Sanktionsbezug* – dienen als Ausgangspunkt für den empirischen Transfer und die genaue Begutachtung der Selbstberichte. Der Einsatz eines Vignetten-Designs zur Erfassung hypothetischer Sanktionsreaktionen in einer Konfliktsituation wird als angemessene und gewinnbringende Ergänzung für die Übersetzung der theoretischen Annahmen in die empirische Modellierung ausgemacht und mithilfe von uni-, bi- und multivariaten Analysen untermauert. In den vorgestellten Strukturgleichungsmodellen kann (auch mittels eines multiplen Gruppenvergleiches) der Mehrwert einer situationsbezogenen Messung von Sanktionsabsichten mit den Querschnittsdaten des Jahres 2015 des DFG-Projektes *Kriminalität in der modernen Stadt* gezeigt werden.

Für hilfreiche Anmerkungen zu einer früheren Version des Beitrags danke ich Knut Petzold und Stefanie Eifler; mein Dank gilt außerdem den Leitern der DFG-geförderten Studie *Kriminalität in der modernen Stadt* Jost Reinecke und Klaus Boers.

L. M. Verneuer (✉)
RWTH Aachen, Aachen, Deutschland
E-Mail: lverneuer@soziologie.rwth-aachen.de

© Springer Fachmedien Wiesbaden GmbH, ein Teil von Springer Nature 2020
I. Krumpal und R. Berger (Hrsg.), *Devianz und Subkulturen,* Kriminalität und Gesellschaft, https://doi.org/10.1007/978-3-658-27228-9_9

Schlüsselwörter

Gewalthandlung · Self-reports · Vignetten-Design · Modell der Frame-Selektion · Sanktionsabsicht

1 Einleitung

Generell werden zur Analyse kriminalsoziologischer Erklärungszusammenhänge vor allem Dunkelfeldstudien herangezogen, die das Explanandum auf Basis von Selbstberichten erfassen. Vorteil dieser Datenquelle ist im Vergleich zu offiziellen Statistiken (Hellfeld) vor allem die Unabhängigkeit von formalen Selektionsmechanismen wie beispielsweise Anzeigesensibilität der Bevölkerung, statistische Erfassung und Einordnung von Tätermerkmalen (Kersting 2015). Die Erhebung jener Selbstberichte birgt jedoch gleichzeitig nicht nur das Risiko andersartiger Selektionsmechanismen (Soziale Erwünschtheit, Coverage-Probleme, etc.; Prätor 2015), sondern ermöglicht es ebenso wenig die Komplexität und situativen Beweggründe für kriminelles und abweichendes Verhalten in der Handlungsmessung zu berücksichtigen.

Der vorliegende Beitrag hinterfragt die bestehende Operationalisierung durch Selbstberichte kritisch und leistet einen Beitrag zur theoriegeleiteten quantitativen Übersetzung und Analyse im kriminalsoziologischen Forschungskontext. Der Untersuchungsgegenstand ist dabei nicht Kriminalität im Allgemeinen, sondern sind *interpersonale physische Gewalthandlungen,* die durch eine handlungstheoretische Modellierung als situationsbezogene Sanktionshandlung definiert werden und damit die quantitative Abbildung vor das Problem der Berücksichtigung ebendieses Situations- und Sanktionsbezuges stellen.

Ausgehend vom Modell der Frame-Selektion (MFS) nach Kroneberg (2011, 2014) wird die automatisch-spontane Definition der ungerechten Situation (Frame) und die sich daran anschließenden kaskadenartigen Selektionsschritte eines (gewalthaltigen) Sanktionsskriptes und der anschließenden Ausbildung der Intention, Gewalt als Sanktion anzuwenden beziehungsweise tatsächlich gewalttätig zu handeln, theoretisch modelliert.

Aufhänger für den adäquaten Transfer in die Empirie sind die situative Einbettung und der Sanktionsbezug der Gewalthandlung, die als Ausgangspunkt für die kritische Betrachtung der klassischen Messinstrumente (Selbstberichtsdaten), der Erweiterung der Operationalisierung durch ein Vignetten-Design sowie die empirische Analyse herhalten. Die berichteten Ergebnisse von zwei Strukturgleichungsmodellen auf Basis der 2015er Querschnittsdaten des DFG-Projektes

Selbstbericht und Vignette als Instrumente zur empirischen ...

Kriminalität in der modernen Stadt[1] unterstützen die Einbindung der Vignette zur inhaltlichen Differenzierung entlang der Sanktionsabsicht von Gewalthandlungen. Zunächst wird das theoretische Modell zur Erklärung von Gewalt als Sanktionshandlung dargelegt und die entscheidenden theoretischen Besonderheiten für den Transfer von der Theorie in die Empirie herausgearbeitet (Abschn. 2). Darauf folgend soll in Abschn. 3 die Operationalisierung der Handlungskomponenten ausführlich betrachtet werden: Hierzu wird zunächst das CrimoC-Projekt grundlegend vorgestellt (Abschn. 3.1). In Abschn. 3.2 wird ein kritischer Blick auf die Selbstberichte zu Gewalthandlungen im Projekt geworfen und darauffolgend (Abschn. 3.3) der Vorschlag einer situationsbezogenen Messung mittels eines Vignetten-Designs gemacht: Diese Form der indirekten Messung wird als Erweiterung der Selbstberichte begriffen und anhand ihrer methodologischen Grundlegung und Umsetzung in der Studie *Kriminalität in der modernden Stadt* vorgestellt. Abschn. 4 widmet sich schließlich der empirischen Analyse von Gewalt als Sanktionshandlung und umfasst erstens die Beschreibung des Forschungsmodells und des analytischen Vorgehens und zweitens die Operationalisierung und Deskription der Modellkomponenten. Drittens wird anhand des Querschnittdatensatzes 2015 mithilfe von Strukturgleichungsmodellen gezeigt, welchen Mehrwert die eingesetzte Vignette für den Transfer der theoretischen Idee in die empirische Analyse liefern kann. Abschließend wird der Beitrag kurz resümiert und ein knapper Ausblick gegeben (Abschn. 5).

2 Die theoretische Modellierung von Gewalt als Sanktionshandlung

Im Kontext kriminalsoziologischer Forschung erfährt das Thema Gewalt(-kriminalität) durch viele unterschiedliche theoretische Ansätze eine analytische Bearbeitung. Allgemein sind hierbei kontroll-, lern-, oder subkulturtheoretische Ansätze vorherrschend, welche jeweils unterschiedliche Schwerpunktsetzungen zur Erklärung des Phänomens wählen (vgl. u. a. Albrecht 2002).

Die folgend dargestellten theoretischen Annahmen stellen die Zusammenfassung eines interdisziplinären Ansatzes zur Erklärung von Gewalt als

---

[1]Das Projekt wird im Folgenden auch mit dem Akronym *CrimoC* abgekürzt, welches sich aus der englischen Übersetzung *Crime in the modern City* ergibt.

Sanktionshandlung (Verneuer 2020) dar. Weil der Fokus dieses Beitrages auf dem Transfer der theoretischen Annahmen in die Empirie liegt, soll an dieser Stelle keine umfassende Herleitung des Theoriemodells geschehen. Ziel dieses Abschnittes ist es demgegenüber, die Ankerpunkte für eine adäquate empirische Umsetzung herauszuarbeiten, um der Darlegung und Argumentation in den darauffolgenden Abschnitten eine theoretische Basis zu liefern.

Ausgangspunkt der meisten kriminalsoziologischen Ansätze sind defizitäre Sozialisationsbedingungen, welche die Anwendung von Gewalt begründen. Nimmt man einen genuin soziologischen Blickwinkel ein und setzt das Grundmodell soziologischer Erklärung (Coleman 1991; Esser 1999; Greve et al. 2008; Raub et al. 2011) als Bezugsrahmen voraus, weisen die Ansätze insofern Schwächen auf, als dass ihre Einordnung zwar partiell gelingt, das Gros der Ansätze jedoch keine umfassende Umsetzung der Logiken (Situation, Selektion und Aggregation) ermöglichen (siehe dazu aktuell Eifler und Schepers 2017). Der hier vorgestellte Ansatz zur Erklärung von Gewalt als Sanktionshandlung ist vor diesem Hintergrund entstanden und widmet sich der Synthese interdisziplinärer Annahmen und der integrierenden Modellierung in einem handlungstheoretischen Bezugsrahmen. Da Gewalt als soziales, d. h. sinnhaftes Handeln begriffen wird, steht das sinngebende und interpretierende Individuum *und* dessen Handlungsentscheidung im Zentrum der Erklärung.

Die Basis für die Modellierung bildet das *Modell der Frame-Selektion* (Kroneberg 2011, 2014)[2], welches durch die Betonung der Situationsdefinition und der Selektionslogik als grundlegender theoretischer Bezugsrahmen auch in der übergeordneten Struktur des Grundmodells soziologischer Erklärung geeignet ist. Entscheidend ist, dass sozialisationsbedingte und damit situationsübergreifende Interpretations- und Handlungsmuster direkt in die Modellierung zur situativen Ausbildung einer Handlung einbezogen werden können.

Die inhaltliche Ausrichtung des Modells der Frame-Selektion wird durch die Integration unterschiedlicher theoretischer und empirischer Befunde in die grundlegenden Modell-Annahmen vorgenommen: Dazu wird die automatisch-spontane Modus-Selektion sowie die Genese des mentalen Modells *Frame* durch das sozialpsychologische Konstrukt *Opfersensibilität,* die Genese des mentalen

---

[2]Ursprung des MFS ist die Frame-Selektionstheorie von Hartmut Esser (z. B.: Esser 2001). In diesem Beitrag wird jedoch ausschließlich auf die Arbeiten und Modellierung von Clemens Kroneberg rekurriert. Dass diese allerdings von beiden Autoren vertreten wird, zeigen (auch) gemeinsame Veröffentlichungen zum MFS (z. B. Esser und Kroneberg 2015). Für einen Überblick über die Theorieentwicklung siehe beispielsweise Pollich (2010).

Selbstbericht und Vignette als Instrumente zur empirischen … 245

Modells *Skript* durch die Befunde (gewalt-)soziologischer Forschung sowie die Annahmen zur Ausbildung einer *Sanktionsabsicht* als informelle Kontrolle spezifiziert.

Gewalt wird insgesamt als automatisch-spontane Reaktion auf eine wahrgenommene Verletzung einer Gerechtigkeitsnorm konzipiert und ist das Ergebnis eines handlungsgenerierenden Prozesses, in dem die Aktivierung eines Ungerechtigkeitsframes und eines gewalthaltigen Sanktionsskriptes zur Ausbildung einer gewalthaltigen Sanktionsabsicht beziehungsweise zur Anwendung von Gewalt als Sanktionshandlung führen können.

2.1 Grundannahmen des Modells der Frame-Selektion

Das Modell der Frame-Selektion verfolgt grundlegend die Idee „soziologisch interessante *Variationen* im Verhalten zu erklären" (Kroneberg 2011, S. 120, Herv.i.Orig.) und vereint das utilitaristische, interkationistische und normative Paradigma soziologischer Erklärungen in einem theoretischen Modell (u. a. Esser 2010; Kroneberg 2014).

Der handlungsgenerierende Prozess setzt sich im MFS durch drei Selektionsschritte zusammen, die unter der Annahme einer variablen Rationalität der Individuen entweder automatisch-spontan oder reflexiv-kalkulierend ablaufen. In einer Situation werden Situationsrahmung (Frame) und das Handlungsprogramm (Skript) aktiviert und daran anschließend eine Handlungsabsicht generiert. Dabei stellen Frames „mentale Modelle von ‚typischen' Situationen" (Schulz und Kroneberg 2018, S. 255) dar und Skripte „mentale Modelle des Handelns innerhalb definierter Situationen" (Kroneberg 2011, S. 121). Beide Typen mentaler Modelle bilden die grundlegende Idee der Situationsdefinition ab und betonen die „*soziale Vorstrukturierung*" (Kroneberg 2007, S. 217; Herv.i.Orig.) von Handlungen. Die nachgelagerte Selektion einer Handlung wird im MFS immer in Abhängigkeit zur Frame- und Skriptselektion gefasst: „Both precede the building of a behavioral intention, or *action selection [...]*" (Kroneberg 2014, S. 99; Herv.i.Orig.).

Die Annahme einer variablen Rationalität der Akteure ermöglicht es ferner, die jeweiligen Schritte dabei entweder als *automatisch-spontan* oder *reflexiv-kalkulierend* anzunehmen. Die Bedingungen für die Modus-Selektion werden im Modell der Frame-Selektion als eigenständiger Erklärungsgegenstand gefasst und als „Herzstück des MFS" (Schulz und Kroneberg 2018, S. 258) bezeichnet. Theoretisch können in jedem Selektionsschritt entweder as- oder rc-Entscheidungen getroffen werden, die dann bestimmen, ob eine Alternative „unhinterfragt oder unbedingt" oder aber unter „systematischer Berücksichtigung und Abwägung einzelner Informationen und zu erwartender Folgen" (Schulz und Kroneberg, 2018, S. 255) geschieht. Im Modell der Frame-Selektion wird angenommen, dass eine Selektion im as-modus erst dann durch die überlegte Selektion im rc-modus abgelöst wird, „if some unexpected event seriously questions the applicability of the unconciously used mental models" (Esser und Kroneberg 2015, S. 69). Entscheidungen im rc-Modus sind „time consuming and energy intensive" (Kroneberg 2014, S. 101) und stellen insofern Spezialfälle dar – hierfür müssen die Parameter *Motivation* und *Gelegenheit* zur und die *Kosten* einer Reflexion die *Aktivierungsgewichte* von Frame, Skript und Handlung überschreiten.[3] Wichtig ist außerdem, dass die Annahme eines *flows* der Selektionsschritte, d. h. der Beginn in einem Modus und die kaskadenartige Abfolge im selben Modus, als realistisch betrachtet wird (Esser 2005; Eifler 2009; Pollich 2010).

2.2 Opfersensibilität, gewaltaffine Interpretationsregime und Sanktionsabsicht

Das sozialpsychologische Konstrukt *Opfersensibilität*[4] (Schmitt et al. 2009; Baumert und Schmitt 2016) verdichtet die Idee, dass Individuen durch frühe (und kritische) Viktimisierungserlebnisse auf der Basis onthogenetischer und aktualgenetischer Stabilisierungsprozesse (u. a. Gollwitzer et al. 2015) eine individuelle Disposition ausbilden, die zu einer verstärkten und häufigeren Wahrnehmung von Ungerechtigkeit führt (Baumert et al. 2011, 2012). Den Forschungsarbeiten zufolge schließen sich dadurch stärkere emotionale, kognitive und behaviorale Reaktionen an, als es bei nicht-opfersensiblen Personen der Fall ist. Durch Zeichen von Ungerechtigkeit *(contextual cues)* in einer Situation wird bei

---

[3]An dieser Stelle wird von den Begründern des MFS eine Schwellenwert-Konzeption vorgenommen. Aus Platzgründen kann hier die genaue Beschreibung nicht dargestellt werden. Es sei aber auf Kroneberg (2011, S. 145 ff.) verwiesen.

[4]Opfersensibilität ist eine Facette des übergeordneten Konstruktes *Ungerechtigkeitssensibilität* (Schmitt et al. 2009; Baumert und Schmitt 2016), welches insgesamt vier verschiedene Perspektiven der Ungerechtigkeitswahrnehmung abbildet: Ungerechtigkeit kann als Täter, Opfer, Beobachter oder Nutznießer wahrgenommen werden – je nach Perspektive werden dabei unterschiedliche emotionale, kognitive und behaviorale Reaktionen wahrscheinlich. Siehe zur Abgrenzung und den theoretischen sowie empirischen Interdependenzen weiterführend u. a. Schmitt et al. (2005); Gollwitzer et al. (2005); Schmitt et al. (2010).

opfersensiblen Personen ein *suspicious mindset* aktiv, dessen Folge eine feindselige Interpretation *(hostile interpretation)*, eine abwehrenden innere Haltung *(avoidance motivation)* und sogar die Legitimation von unethischen Handlungen zum Selbstschutz sein können (ausformuliert im Sensitivity-to-Mean-Intentions-Modell; siehe dazu u. a. Gollwitzer et al. 2013). Bisherige Befunde der kognitionspsychologischen Forschung weisen auf unterschiedliche Konsequenzen auf der Verhaltens- und Handlungsebene hin: Beispielsweise konnte der Zusammenhang zu unkooperativem und allgemein antisozialem (Gollwitzer et al. 2005, 2013), aggressivem (Bondü und Krahé 2015; Bondü und Richter 2016) und abweichendem (Beierlein et al. 2013) Verhalten in unterschiedlichen Studien gezeigt werden. Vor allem die Befunde zur aggressiven Reaktion können als Ansatzpunkt für die Sinnhaftigkeit der Verknüpfung von Opfersensibilität und den hier fokussierten Gewalthandlungen verstanden werden.

Durch die Forschungsarbeit zu Gewaltkarrieren von jugendlichen Intensivttätern von Ferdinand Sutterlüty (2003) können Befunde einer situativ geprägten Gewaltanalyse mit in die Modellierung aufgenommen werden, die wichtige Anhaltspunkte für die Übertragung von früh(er)en Ohnmachts- und Missachtungserfahrungen in die konkrete Situation liefern. Zentral ist dabei das Konzept der *gewaltaffinen Interpretationsregimes:* In diesem Konzept vereint Sutterlüty die Bedeutung ebendieser biografischen Merkmale für die Entwicklung einer situativen Sensibilität und der Bereitschaft, selbst Gewalt einzusetzen. Der Begriff *Interpretationsregime* verdichtet dabei die Idee der unhinterfragten (und verzerrten) Deutung einer Situation, die zusätzliche *Gewaltaffinität* inkorporiert dabei zusätzlich die Handlungsebene und verweist auf die direkte Verknüpfung von Deutung und der (potenziellen) Anwendung von Gewalt. Gleichzeitig umfasst dieser Begriff aber nicht nur die tatsächliche Gewaltbereitschaft, sondern schließt ebenso die Möglichkeit der (vorgelagerten) Intentionsbildung *(Affinität)* ein, die nicht zwangsläufig in eine Handlung münden muss (vgl.: Sutterlüty 2003, S. 278).

Die grundlegende Idee, Gewalt als *sanktionierende Reaktion* zu definieren kann schließlich mithilfe der *Theory of Social Control* nach Allan V. Horwitz (1990) systematisiert werden. Horwitz betont in seiner Arbeit insgesamt die Bedeutung individueller Definitionen von Normverletzungen in Konfliktsituationen und ermöglicht es durch die *Forms of Social Control* unterschiedliche, informelle Reaktionsweisen auf einen individuell definierten Normburch entlang ihrer Sanktionsabsicht zu systematisieren (siehe Tab. 10 im Anhang). Neben drei Formen der Untätigkeit, fasst Horwitz ebenso den Einsatz einer autorisierten Partei (trilaterale soziale Kontrolle), die Aushandlung (bilaterale soziale Kontrolle), aber eben auch die gewaltsame Reaktion (unilaterale soziale Kontrolle) in seine Erklärung mit ein. Vor allem die unilaterale Form wird in der theoretischen Modellierung bedacht, da sie nicht nur einen direkten Gewaltbezug darstellt, sondern ebenso der sanktionierende Charakter dieser Reaktion betont wird.

2.3 Gewalt als sanktionierende Reaktion

Die vorgenommene inhaltliche Ausrichtung zur Erklärung von Gewalt als sanktionierender Reaktion bezieht sich zunächst auf die – argumentativ begründete – Ausklammerung einer Kernannahme im MFS: Im Gegensatz zu traditionellen Ansätzen innerhalb handlungstheoretischer Traditionen bezieht das MFS explizit spontanes und unhinterfragtes Handeln neben dem klassischerweise angenommenen rationalen und abwägenden Handeln in die Modellierung ein. Die Berücksichtigung der zwei unterschiedlichen Modi ermöglicht es, die unterschiedlichen *Bedingungen* individueller Handlungen zu modellieren. Im Zentrum unterschiedlicher Anwendungen des MFS zur Erklärung von Gewalt sind ebendiese Bedingungen Kern der theoretischen Aufarbeitung (z. B.: Pollich 2010; Beier 2016).

Im Gegensatz dazu wird in dem hier referierten Modell (Abb. 1) ausschließlich der automatisch-spontane Modus betrachtet und die Ausbildung einer gewaltvollen Sanktionsabsicht bzw. der Anwendung von Gewalt als **automatisch-spontaner Prozess** definiert: Der dispositive Charakter von Opfersensibilität, die Wirkung dieser Disposition auf die Situationsdefinition (Wahrnehmung und Verarbeitung von Ungerechtigkeitssymbolen in einer Situation) und die Befunde zur Aktivierung von kognitiven und handlungsorientierten Schemata, die auch aggressive Verhaltenstendenzen beinhalten und legitimieren können, dienen hierbei als Basis der Argumentation.

Eine Situation wird von opfersensiblen Personen durch signifikante Ungerechtigkeitssymbole zunächst als ungerecht kategorisiert, da auf Basis des dispositiven Charakters von Opfersensibilität eine hohe mentale, d. h. chronische, Verfügbarkeit gerechtigkeitsbezogener Situationsdeutungen wahrscheinlich ist. Auf Basis dieses unhinterfragten Kategorisierungsprozesses wird bei opfersensiblen Personen ein **Ungerechtigkeitsframe** selegiert, der die Orientierung in einer Situation ermöglicht. Konditional damit verknüpft ist die anschließende **Selektion der gewalthaltigen Sanktionsskripte,** die sich aus der Passung des Frames mit der Situation und den biografischen Handlungsprogrammen (Skript) herleiten lässt: Über die Annahmen der gewaltaffinen Interpretationsregime von Sutterlüty (2003) lässt sich eine starke Internalisierung und gleichsam

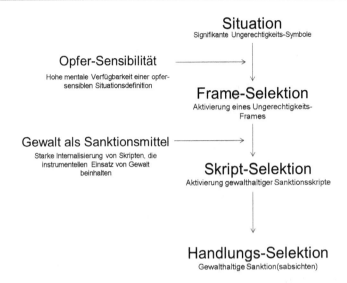

Abb. 1 Theoretisches Modell: Gewalt als Sanktionshandlung. (Quelle: Eigene Darstellung)

emotionale Verknüpfung von Gewaltskripten in das Modell einbetten, da Personen mit gewaltvollen Viktimisierungserlebnissen nicht nur das bloße Wissen um die Anwendung von Gewalt (Beobachtungslernen), sondern ebenso die eigene Anwendung zu einem späteren Zeitpunkt (und nicht nur gegen die früheren Täter) internalisiert haben. Die Verbindung zum Ungerechtigkeitsframe und die damit angenommene sanktionierende Qualität dieser Gewaltskripte spiegelt dabei zusätzlich die Parallelität zwischen den Befunden zur Opfersensibilität und Sutterlütys qualitativen Befunden wieder: Ausgangspunkt beider Ansätze sind Viktimisierungserlebnisse, die sich in einer dispositiven Ungerechtigkeitswahrnehmung und der Ausbildung einer Situationssensibilität für weitere Missachtungs- und Ohnmachtserfahrung ausdrücken. *Es wird demnach angenommen, dass opfersensible Personen sehr elaborierte gewalthaltige Sanktionsskripte automatisch-spontan selegieren, die konditional mit dem Ungerechtigkeitsframe verknüpft sind.*

Diese angenommene Elaboriertheit schlägt sich dann auch in der angenommenen automatisch-spontanen **Selektion einer gewalthaltigen Sanktionsabsicht bzw. – handlung** im Sinne der unilateralen sozialen Kontrolle nieder, die konditional an die vorherige Selektion des Ungerechtigkeitsframes und des gewalthaltigen Sanktionsskriptes geknüpft ist und durch deren Eindeutigkeit als klar geregelt verstanden werden kann. *Opfersensible Personen sanktionieren in einer als ungerecht gerahmten Situation auf Basis vorhandener gewalthaltiger Sanktionsskripte erlebte Ungerechtigkeit mit Gewalt beziehungsweise bilden eine entsprechende gewalthaltige Sanktionsabsicht aus.*

Der Erklärungsgegenstand *Gewalthandlungen* wird insgesamt in dem hier vorgestellten Modell als Ergebnis eines gerechtigkeitsbezogenen Definitionsprozesses gefasst – auf theoretischer Ebene wird es mit der Fundierung durch das MFS möglich, die Bedeutung der Situationsdefinition auf Basis der Disposition *Opfersensibilität* zu modellieren und ihre Wirkung auf die Selektion von gewalthaltigen Sanktionsskripten und die Ausbildung einer gewalthaltigen Sanktionsabsicht respektive der Gewalthandlung herauszustellen.

Die situative Aktivierung von mentalen Modellen und die daran anknüpfende Handlungsgenerierung steht hierbei im Mittelpunkt. Die mentalen Modelle wiederum stellen situationsübergreifende und im vorliegenden Fall sozialisationsbedingte Routinen der Deutung und Handlung in einer konkreten Situation dar. Gewalt ist damit einerseits *situationsbedingt,* d. h. dem Modell zufolge Ergebnis und damit der Endpunkt eines handlungsgenerierenden Prozesses, in dem Situationssymbole die sozialistionsbedingten Routinen aktivieren. Gewalt ist ferner jedoch ebenso *qualitativ bestimmbar* als eine sanktionierende Reaktion auf eine erlebte Verletzung individueller Gerechtigkeitsvorstellungen.

In weiterer Verlauf dieses Beitrages werden diese beiden Aspekte – Situation und Sanktionsbezug – als *Aufhänger* dienen: Sie bilden den Ausgangspunkt für die im folgenden Abschnitt vorgenommene kritische Auseinandersetzung mit den klassischen Handlungsmessungen mittels Selbstberichten und dem daran anschließenden Vorschlag der indirekten Messung mittels Vignetten-Technik.

3 Die Operationalisierung der Handlungskomponenten

Im Folgenden soll diese klassische Handlungsmessung vor dem Hintergrund der herausgearbeiteten Notwendigkeit, Kontext und Sanktionsbezug von Gewalt abzubilden, kritisch betrachtet und das Vignetten-Design als Ergänzung vorgestellt werden. Da diese Operationalisierungen dem DFG-Projekt *Kriminalität in der modernen Stadt* entspringen, wird dieses zunächst vorgestellt.

Selbstbericht und Vignette als Instrumente zur empirischen ...

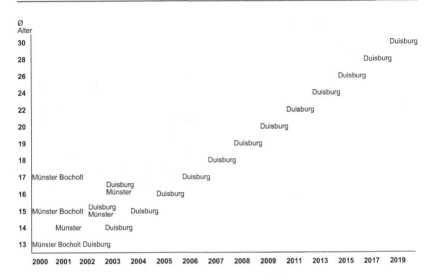

Abb. 2 Erhebungsdesign 2000–2019 des Projektes Kriminalität in der modernen Stadt. (Quelle: Eigene Darstellung)

3.1 Die DFG-Studie *Kriminalität in der modernen Stadt*

Die als Datengrundlage verwendete DFG-Studie *Kriminalität in der modernen Stadt* ist eine seit 2000 durchgeführte Dunkelfeldstudie, die sich in einem Panel-Kohorten-Design in Münster, Bocholt und Duisburg[5] der Entstehung und Entwicklung von abweichendem und kriminellem Verhaltensweisen von Jugendlichen und jungen Erwachsenen widmet (siehe Abb. 2).

Die Grundgesamtheit der Duisburger Befragung sind alle Schülerinnen und Schüler der Stadt Duisburg, die im Jahr 2002 die siebte Klasse besuchten (N = 3411). Die Studie war dabei zunächst als Klassenzimmerbefragung angelegt, wurde jedoch sukzessiv auf eine paper-pencil-Befragung umgestellt. Sie

---

[5]Im Folgenden werden die Befragungen in Münster und Bocholt ausgeklammert. Es sei für diese Befragungen weiterführend auf den Sammelband von Boers und Reinecke (2007) verwiesen.

folgte bis 2009 in einem jährlichen Rhythmus, bevor sie in einem zweijährlichen Turnus durchgeführt wurde. Im Frühjahr 2019 wird die letzte Erhebung in Duisburg durchgeführt.[6]

Die verfügbare Datenbasis der Duisburger-Befragung ergibt sich einerseits aus den vorhandenen Querschnittsdatensätzen, die für die einzelnen Erhebungszeitpunkte zur Verfügung stehen. Zusätzlich sind jedoch ebenso Panel-Analysen möglich: Die Befragten geben bei jeder Befragung einen Code[7] (Pöge 2008) an, der eine Anbindung an den bestehenden Paneldatensatz ermöglicht. Diese Datengrundlage eignet sich für Analysen bezüglich (nicht-)krimineller Verläufe (z. B.: Boers et al. 2014, 2019; Reinecke und Seddig 2011; Reinecke et al. 2015) oder zur Beantwortung unterschiedlicher Fragestellungen bezüglich der möglichen Auswirkungen von Übergängen im Lebensverlauf (Daniel 2019) oder des Victim-Offender-Overlaps (Erdmann und Reinecke 2018).[8]

3.2 Ein kritischer Blick auf die Selbstberichte zu Gewalthandlungen

In der kriminologischen und kriminalsoziologischen Hell- und Dunkelfeldforschung sind zwei unterschiedliche Datenquellen Basis diverser und weitreichender Implikationen, die nicht nur fachwissenschaftlich, sondern ebenso kriminalpolitisch verwendet werden. Hellfelddaten werden im Kontext von Straftaten vor allem aus der Polizeilichen Kriminalstatistik gewonnen (*PKS*, Bundeskriminalamt 2018). Dunkelfelddaten werden demgegenüber unabhängig von der formalen Erfassung im Rahmen (täterzentrierter) Studien erhoben und umfassen die von den befragten Personen selbst angegeben Straftaten mittels sogenannter Selbstberichte[9]. Die Itemformulierungen beziehen sich dabei auf

---

[6]Für eine Einsicht in Fallzahlen, Panelausfälle, Rücklaufquoten und methodischen Grundinformationen sei auf die Methodenberichte des Projektes verwiesen, die online unter www.crimoc.org als Informationsmaterialien zur Verfügung stehen. Ein umfassender Gesamtüberblick wird außerdem von Bentrup (2019) gegeben.

[7]Der Code besteht aus 6 Buchstaben, die aus zeitstabilen Merkmalen (z. B. letzter Buchstabe der Augenfarbe) der Befragten generiert werden.

[8]Auf die kriminologischen Grundbefunde des CrimoC-Projektes zur Ubiquität, Spontanbewährung und Intensität von Kriminalität gehen u. a. Boers et al. (2014) sowie Walburg und Verneuer (2019) ein.

[9]Siehe zur historischen Betrachtung von *self-reports* Thornberry und Krohn (2000).

Lebens- oder Jahresprävalenzen sowie Inzidenzen unterschiedlicher Delikte. Diese Selbstberichte erfassen Handlungen zunächst separat von Faktoren, die erklärenden Charakter haben, können jedoch durch andere Inhalte der Befragung in Modellierungen ergänzt werden. Im Kontext einer singulären Betrachtung von Jahres- oder Lebensprävalenz- sowie der Inzidenzraten sind die erhobenen Messungen völlig ausreichend und bieten die Möglichkeit der rein deskriptiven Analyse oder aber der weiterführenden Betrachtung unter Hinzunahme erklärender Variablen.

Allerdings sind Selbstberichte *direkte* und *retrospektive* Messungen, die beispielsweise vor dem Hintergrund der Erfassung heikler Themen durchaus zu größeren Anteilen von Item-Non-Response betroffen und somit verzerrt in der Erhebung abgebildet werden. Während die Hellfelddaten unter Umständen durch unterschiedliche Registrierungspraktiken oder durch ein verändertes Anzeigeverhalten der Bevölkerung deutlichen Verzerrungen unterliegen können (ausführlich dazu u. a. Kersting und Erdmann 2015), sind bei Dunkelfelderhebungen systematische Antwortverzerrungen aufgrund eines *Social Desirability Bias* (siehe für einen fundierten Überblick u. a. Krumpal 2013) möglich, da Selbstberichte abhängig vom Antwortverhalten der Befragten selbst sind.[10] Die retrospektive Erfassung von kriminellen Verhaltensweisen kann neben den Antwortverzerrungen eine zusätzliche Quelle von invaliden Angaben bedeuten: Es sind vor allem individuelle Faktoren – beispielsweise das Alter (z. B.: Kunz 2015) – die zu einer falschen Einschätzung seitens der Befragten führen können. Obwohl in den meisten Studien zu Kriminalität keine lang zurückliegenden Zeiträume abgefragt werden, sollte die Retrospektion immer mitgedacht und spätestens in längsschnittlichen Analysen, in denen Effekte zwischen unterschiedlichen Zeitpunkten betrachtet werden, in der Interpretation berücksichtigt werden.

Im hier betrachteten CrimoC-Projekt werden kriminelle Verhaltensweisen als Lebens- und Jahresprävalenz sowie als Tathäufigkeit (Inzidenz) auf Basis solcher Selbstberichten erfasst. Hierbei werden (bis zu) 16 unterschiedliche Delikte erfragt, die sich fast alle den Kategorien *Sachbeschädigung, Diebstahl* und *Gewalt* zuordnen lassen. Mit Eintritt in das junge Erwachsenenalter wurden

---

[10]Antizipiert werden diese möglichen Verzerrungen entweder durch den Einsatz von direkten Messungen sozialer Erwünschtheit, die eine Kontrolle der Verzerrung ermöglichen (z. B.: Eifler et al. 2015). Zusätzlich bieten indirekte Messinstrumente die Möglichkeit, präventiv vorzugehen und verzerrte Antwortmuster direkt zu verhindern (z. B.: Randomized Response Techniques; vgl. u. a. Chaudhuri und Christofides 2013; Wolter und Preisendörfer 2013).

Tab. 1 Wortlaute der Items zur Erfassung der Lebensprävalenz im Projekt Kriminalität in der modernen Stadt

Item	Wortlaut
	Haben Sie jemals…
KVoW	.. jemanden so geschlagen oder getreten, dass er verletzt wurde? Aber ohne eine Waffe oder einen anderen Gegenstand zu benutzen?
KVmW	.. jemanden mit einem Gegenstand (z. B. Knüppel) oder einer Waffe (z. B. Messer oder Tränengas) angegriffen und verletzt oder versucht, ihn zu verletzen?
Raub	.. jemandem mit Gewalt Geld oder irgendwelche Sachen abgenommen oder jemanden gezwungen, Geld oder Sachen herauszugeben? Damit ist auch das „Abziehen" gemeint
HRaub	.. einer Person eine Handtasche, Einkaufstasche oder einen Geldbeutel aus der Hand oder vom Arm gerissen?

zusätzlich Delikte erfragt, die sich auf erwachsenspezifische Bereiche wie z. B.: Steuerhinterziehung, Verkehrsdelikte und unterschiedliche Betrugsdelikte beziehen. Als Gewaltdelitke gelten im CrimoC-Projekt *Körperverletzung ohne* und *mit Waffe* (KvoW/KVmW), *Raub* (Raub) und *Handtaschenraub* (HRaub).

Die Wortlaute der einzelnen Gewaltdelikte sind in Tab. 1 aufgelistet[11] und verdeutlichen – stellvertretend für kriminologische Selbstberichte generell – die zuvor angedeuteten Limitierungen: Für die hier thematisierte empirische Abbildung von Gewalt als Sanktionshandlung bzw. einer situativen Analyse von Gewalthandlungen, stellen die Selbstberichte keine angemessene Operationalisierung dar. Erstens ist durch die Formulierung zunächst die *Kontextlosigkeit* problematisch, da durch die Selbstberichte nur das Delikt abgefragt wird, nicht aber situative Faktoren, die es ermöglichen würden, die Gewalthandlung einzubetten. Diese werden zwar selbstredend im Crimoc-Projekt durch andere Items erhoben, sind aber nicht implizit in der Handlungsmessung enthalten.

Zweitens kann ebenso der notwendige *Sanktionsbezug* einer Gewalthandlung nicht durch die Selbstberichte abgebildet werden. Vor dem Hintergrund des explizierten theoretischen Modells stellt allerdings die sanktionierende Qualität der Gewalthandlung ein zentrales Element dar und die Ausbildung einer

---

[11]An dieser Stelle werden nur die Wortlaute der Lebensprävalenz berichtet, da sich die späteren Analysen auf ebendiese beschränken.

Selbstbericht und Vignette als Instrumente zur empirischen ...   255

(gewalthaltigen) Sanktionsabsicht ist Kern der theoretischen Argumentation. Diese *Lücke* wird in der hier präsentierten Forschungsarbeit durch die Messung von gewalthaltigen Sanktionsabsichten mittels eines Vignetten-Designs als geeignete Ergänzung der klassischen Handlungsmessung antizipiert und im folgenden Abschnitt ausführlicher betrachtet.

3.3   Die Messung von gewalthaltigen Sanktionsabsichten

In der sozialwissenschaftlichen Forschung sind Vignetten-Designs jedweder Art mittlerweile weit verbreitet und werden entweder als eigenständiges Messinstrument oder aber als zusätzliches indirektes Messinstrument in die Erhebung eingebracht. Besonders durch die weite Verbreitung des *Factorial Survey Approach* (Rossi 1979; Rossi und Anderson 1982; Wallander 2009) sind Vignetten-Designs in der sozialwissenschaftlichen Forschung zu einem Standard-Messinstrument avanciert. Dieser Umstand mag jedoch darüber hinweg täuschen, dass nicht nur diese besondere Art des Forschungsdesigns[12] als Vignetten-Design gilt, sondern sich ebenso viele andere indirekte Messtechniken als solches bezeichnen lassen.

Der kleinste gemeinsame Nenner ist hierbei die Definition des Begriffes selbst: Alexander und Becker (1978, S. 94) zufolge sind Vignetten „short descriptions of a person or a social situation which contain precise references to what are thought to be the most important factors in the decision-making or judgment-making processes of respondents". Implizit weist diese Definition schon auf einen entscheidenden Moment der Konstruktion von Vignetten-Designs hin: Vordergründig steht hier die theoriegeleitete und vorab getroffene Annahme, die sich in den *precise references* und *most important factors* widerspiegelt. Forscherinnen und Forscher legen vorab fest, welche Charakteristika der Situation entscheidend für das zu untersuchende Phänomen (Handlungsentscheidung; Beurteilung; etc.) sind. Gleichzeitig muss jedoch eine besonders

---

[12]Im faktoriellen Survey werden zuvor theoretisch ausgemachte Merkmale in einer Situationsbeschreibung experimentell variiert. Ziel ist es, die Bedeutung der Merkmalsausprägungen für eine Entscheidung herauszufiltern zu können. Siehe weiterführend Wallander (2009); Dülmer (2007); Atzmüller und Steiner (2010).

hohe Realitätsnähe gewährleistet sein, damit die gesetzten Stimuli auch für die Befragten natürlich und die Messung damit frei von artifiziellen Antworten bleibt. So resümieren Eifler et al. (2015, S. 218), dass Vignetten-Designs grundlegende die Idee verfolgen „Ausschnitte der alltäglichen Erfahrung zu simulieren und Einstellungen der Befragten zu den geschilderten Situationen oder ihr vermutliches Handeln angesichts der geschilderten Situation zu erfassen".

Ausgehend von dieser Gemeinsamkeit weisen die unterschiedlichen Anwendungen von solchen Situationsbeschreibungen jedoch große Unterschiede auf[13]. Vignetten-Designs können beispielsweise entlang ihrer Präsentation in der Umfrage (visuell, verbal[14]), der methodologischen Fundierung (experimentell, quasi-experimentell) oder ihrer inhaltlichen Zielrichtung (Gerechtigkeitsforschung, Familiensoziologie, Kriminalsoziologie[15]) kategorisiert werden. Nicht zuletzt die Zunahme von computergestützten Umfragetechniken hat zu einer weiteren Verbreitung von experimentell orientierten Anwendungen in der sozialwissenschaftlichen Forschung geführt. Da an dieser Stelle eine umfangreiche Betrachtung der Vignetten-Designs nicht zielführend ist, wird im Folgenden nur das Design näher betrachtet, welches in die CrimoC-Studie eingebracht wurde. Die Vignette unterscheidet sich insofern von anderen Vignetten-Design, als dass sie ohne Messwiederholung (Eifler und Petzold 2014, S. 249) und ohne Variation der Merkmale durchgeführt wird.

Die grundlegende Idee hinter der hier verwendeten Vignetten-Technik ist insgesamt nicht die Aufdeckung relevanter Merkmale für eine Entscheidung oder Beurteilung wie im faktoriellen Survey, sondern die Aktivierung handlungsleitender Skripte, die sich einer besonders validen Antwort der Befragten auswirken soll. Eifler (2007) hat zur methodologischen Fundierung die kognitionspsychologische Skripttheorie (Abelson 1976; Schank und Abelson 1977) herangezogen, die davon ausgeht, dass Individuen Handlungsschemata (Skripte) in abstrakter Form memorieren und in ähnlichen Situationen darauf zurückgreifen, wenn durch bestimmte Merkmale eines Erlebnisses diese Skripte angesprochen, d. h. aktiviert, werden. Bereits in der theoretischen Herleitung

---

[13]Siehe zum Überblick u. a. Hughes und Huby (2002, 2004).

[14]Beispielsweise vergleichen Eifler und Bentrup (2003) unterschiedlichen Darstellungsformen von Vignetten.

[15]Der Einsatz von Vignetten in der kriminalsoziologischen Forschung kann beispielsweise im Kontext von Alltagskriminalität bei Eifler (2009); im Zusammenhang mit der *Situational Action Theory* bei Wikström et al. (2012) oder innerhalb eines Viktimisierungssurveys bei Leitgöb-Guzy (2016) gefunden werden.

Selbstbericht und Vignette als Instrumente zur empirischen …

von Gewalt als Sanktionshandlung ist die Idee der Skriptaktivierung im Rahmen des Modells der Frame-Selektion thematisiert worden. Diese Kongruenz zwischen theoretischer und methodologischer Fundierung stellt den Kernaspekt des empirischen Transfers dar und wird im Folgenden anhand des hier verwendeten Vignetten-Designs weiter vertieft.

Die Vignette (Abb. 3) beschreibt eine Konfliktsituation in einer Diskothek, in die sich die Befragten hineinversetzen sollen[16]. Je nach dem welches Geschlecht die Befragten haben, bekommen sie eine Version, die ihrem Geschlecht entspricht[17]. Nach langer Wartezeit an einer Bar in einer vollen Diskothek, wird dem Befragten durch einen Drängler/eine Dränglerin das Getränk verschüttet. Entscheidend ist jedoch nicht der materielle Verlust, sondern die Reaktion der drängelnden Person: Durch den fiktiven Ausruf ‚Du bist selbst schuld, wenn du so blöd im Weg stehst' wird eine ungerechte Behandlung des Befragten impliziert, die in der Folge eine sanktionierende Reaktion hervorrufen kann.

Als mögliche Reaktionen werden den Befragten im Anschluss sechs unterschiedliche Handlungsoptionen aufgeführt, die im Rahmen eines Pretests bezüglich ihrer Angemessenheit abgesichert werden konnten (vgl. Verneuer 2020): Diese reichen von Untätigkeit über den Einbezug einer dritten Partei (hier: Türsteher) bis hin zum hypothetischen Einsatz von Gewalt. Entscheidend ist für die letzten vier Antwortkategorien vor dem inhaltlichen Hintergrund dieses Beitrags vor allem der im *wording* enthaltene Sanktionsbezug: Will eine Person eine dritte Partei hinzuziehen oder aber den Drängler selbst zur Rede stellen, impliziert dies die Interpretation der Situation als *per se* sanktionswürdig. Äußert eine Person die Absicht, den Drängler entweder gleichgerichtet – im Sinne eines ‚Wie du mir, so ich dir' – oder aber in übertriebener Weise durch Gewalt auf sein Fehlverhalten

---

[16]Diese Vignette stellt eine aktualisierte Version eines bereits in früheren Erhebungen eingesetzten Designs dar. Aus Gründen der Stringenz wird an dieser Stelle nicht näher auf die Ursprungsversion und die vorgenommenen Änderungen eingegangen. Für einen detaillierten Einblick siehe weiterführend Verneuer (2019a, b).

[17]Da die Vignette als Beschreibung in der ersten Person in die Befragung eingeht, wäre es ohne jene geschlechtsspezifische Abfrage nicht möglich, nachzuvollziehen, welche drängelnde Person sich die Befragten imaginiert haben. Da sich jedoch die Reaktionen von weiblichen Befragten auf einen männlichen Drängler deutlich von einer Reaktion auf eine weibliche Dränglerin unterscheiden können (dies gilt natürlich ebenso für männliche Befragte auf weibliche Dränglerinnen), wurde die Erhebung gleichgeschlechtlich konzipiert, um ein Mindestmaß an Kontrolle bereits bei der Erfassung zu ermöglichen. Auf eine weitere Variierung der Vignettenzuteilung musste aus Gründen der Praktikabilität (postalische Befragung) verzichtet werden.

> **Bitte stellen Sie sich nun die folgende Situation vor:**
> Es ist Samstagabend und Sie sind in einer Disko. Sie wollen sich gerade etwas zu trinken besorgen. An diesem Abend ist es sehr voll, so dass auch die Theke überfüllt ist. Nach langem Anstehen und Warten halten Sie endlich Ihr Getränk in der Hand. Gerade als Sie sich zum Rückweg umdrehen, werden Sie von einer Ihnen unbekannten Diskobesucherin so heftig angerempelt, dass Sie stolpern und Ihr Getränk über Ihre Kleidung und auf den Boden verschütten. Sie sind ziemlich sauer und werfen der Dränglerin einen bösen Blick zu. Diese ruft Ihnen jedoch zu: „Du bist selbst schuld, wenn du so blöd im Weg stehst!"

39. Was würden Sie tun, wenn Sie in dieser Situation wären?

(Bitte kreuzen Sie nur eine Antwort an!)

Ich würde...

...mich schnell wieder abregen und mich nicht weiter darum kümmern.	①
...mich zwar innerlich sehr über das Verhalten ärgern, aber nichts tun.	②
...selber nichts tun, aber einem Türsteher Bescheid geben.	③
...versuchen, die Dränglerin zur Rede zu stellen.	④
...die Dränglerin genauso heftig anrempeln.	⑤
...die Dränglerin so schlagen, dass es ihr richtig weh tut.	⑥

Abb. 3 Vignetten-Design des CrimoC-Projektes (Ausschnitt aus dem Fragebogen 2015, weibliche Version)

aufmerksam zu machen, deutet dies zusätzlich auf den Einsatz von Gewalt als sanktionierender Reaktion hin.

Die Antwortkategorien lassen sich anhand ihres Sanktionspotenzials systematisieren: Neben den sanktionslosen Reaktionen gibt es die Option, gewaltlos oder eben gewaltvoll zu sanktionieren[18]. Diese unterschiedlichen Sanktionsabsichten lassen sich mit den *Forms of Social Control* von Horwitz' Ansatz parallelisieren und können anhand ihres Sanktionspotenzials kategorisiert werden. Besonderes Augenmerk liegt auf den beiden letzten Antwortkategorien, die sich der unilateralen sozialen Kontrolle nach Horwitz zuordnen lassen[19].

---

[18]Die drei Sanktionstypen werden in der Modellierung wieder auftauchen, da sie für einen multiplen Gruppenvergleich als Gruppierungsvariable genutzt werden.

[19]An dieser Stelle kann wiederum keine detaillierte Darlegung erfolgen. Weiterführend dazu Verneuer (2019a).

Unter Rückgriff auf die weiter oben genannte methodologische Fundierung durch kognitionspsychologische Annahmen der Skriptaktivierung, kann die situationsbezogene Ausbildung der gewalthaltigen Sanktionsabsicht auf Basis stark internalisierter gewalthaltiger Sanktionsskripte auch durch die Vignette abgebildet werden. Dabei stellt die Situationsbeschreibung im übertragenen Sinne die Rahmung der Situation als potenziell ungerecht dar und evoziert damit die Aktivierung von Sanktionsskripten, die sich dann in den Antwortkategorien der Vignette als hypothetische Absichten widerspiegeln.

Insgesamt kann das vorgestellte Vignetten-Design damit als adäquate Erweiterung der Handlungsmessung auf Basis der Selbstberichte betrachtet werden: Übergeordnet bietet sie einerseits durch ihren indirekten Charakter Vorteile bezüglich der möglichen Antwortverzerrung durch soziale Erwünschtheit – indirekte Messinstrumente gelten allgemein und Vignetten-Designs im Speziellen als weniger anfällig für ebensolche Antworttendenzen[20]. Zusätzlich wird die Handlung nicht retrospektiv erfasst, dafür aber hypothetisch eine Handlungsabsicht abgefragt. Bezüglich der inhaltlichen Schwerpunkte des Beitrages deckt die Vignette durch die Situationsbeschreibung ferner generell ein umfassenderes Bild einer ungerechten Situation ab und überwindet damit die *Kontextlosigkeit* der Selbstberichte. Zweitens – und dieser Punkt ist besonders entscheidend – wird mit den Antwortoptionen die Möglichkeit geboten, hypothetische Sanktionsabsichten zu messen, die mit zwei Kategorien auch die gewalthaltige Sanktion abbilden.

4 Die empirische Abbildung von Gewalt als Sanktionshandlung

Die Limitierungen der Selbstberichte für die Messung von Gewalt als Sanktionshandlung und die vorgeschlagene Erweiterung der Handlungskomponenten durch die vorgestellte Vignette sollen an dieser Stelle auch durch die empirische Abbildung verdeutlicht werden. Hierzu wird zunächst das Forschungsmodell und das analytische Vorgehen sowie die Operationalisierung und Deskription der Modellkomponenten vorgestellt und dann die Hypothesenprüfung – unter

---

[20]Siehe in diesem Kontext beispielsweise zum faktoriellen Design Auspurg et al. (2015); Finch (1987) bezüglich allgemeinerer Annahmen.

besonderer Betrachtung der empirischen Abbildung von Gewalt als Sanktions-handlung – vorgenommen. Die berichteten empirischen Befunde beziehen sich auf die Daten der CrimoC-Querschnittserhebung aus dem Jahre 2015[21]. In diesem Erhebungsjahr nahmen 2754 Personen an der Befragung teil, von denen 45,5 % (n = 1252) der Befragten männlichen und 54,5 % (n = 1502) weiblichen Geschlechts waren.

4.1 Forschungsmodell und analytisches Vorgehen

Auf der theoretischen Ebene ist der angenommene umfassende Zusammenhang von Opfersensibilität, der Internalisierung gewalthaltiger Sanktionsskripte und der tatsächlichen sanktionierenden Gewalthandlung zentral. Für die empirische Abbildung dieses Zusammenhangs wird die Handlungsmessung der selbstberichteten Gewalt durch den Einsatz der Vignette ergänzt und als Bedingung dieses Zusammenhangs gesetzt. Denn erst dann kann auch empirisch der Sanktionsbezug von Gewalt in den Modellen abgebildet werden.

Die empirische Modellierung erfolgt im Rahmen von Strukturgleichungsmodellen (vgl. Reinecke 2014), da zwei Elemente des Forschungsmodells als latente Faktoren vorliegen (Frame- und Skript-Komponente, Abb. 4) und die simultane Prüfung aller angenommenen Zusammenhänge als notwendig erachtet wird. Strukturgleichungsmodelle bieten durch die Verknüpfung von Mess- und Strukturmodellen die Möglichkeit, die Messfehler der latenten Faktoren im Modell zu berücksichtigen. Die vorgestellten Analysen beziehen sich auf das in Abb. 4 abgebildete Forschungsmodell zur Erklärung von Gewalttätigkeit unter der Bedingung unterschiedlicher Sanktionstypen, welches in zwei Schritten vorgestellt werden soll: Zunächst wird das Modell ohne den Einbezug der Vignette (im Folgenden *Modell I*) und in einem zweiten Schritt unter der Bedingung der hiermit gemessenen Sanktionsabsicht dargestellt (im Folgenden *Modell II*). Diese Separierung ermöglicht es, den Zugewinn zu verdeutlichen, der durch den Einbezug der Vignette für die Erklärung von Gewalt als Sanktionshandlung ermöglicht wird.

---

[21]Die referierten Befunde stellen eine Auswahl getätigter Analysen zur umfassenden Abbildung des oben dargelegten theoretischen Modells (Verneuer 2020) dar. Der im Beitrag gewählte Fokus auf die Handlungsmessung begründet dabei die Auswahl.

Selbstbericht und Vignette als Instrumente zur empirischen ...   261

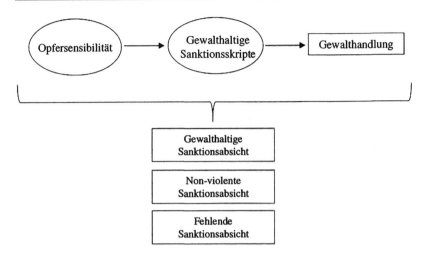

Abb. 4 Empirisches Modell: Erklärung von Gewalttätigkeit unter der Bedingung unterschiedlicher Sanktionstypen. (Quelle: Eigene Darstellung)

Konkret werden dafür Pfadmodelle mit latenten Faktoren im Sinne der *One-Step*-Strategie[22] berechnet, deren abhängige Variable kategoriales Messniveau (Lebensprävalenz der Gewaltdelikte) aufweist. Dieser Umstand führt dazu, dass für die Modellschätzung nicht auf die Ranginformationen der Variablen zurückgegriffen werden kann, sondern durch die Berechnung von Intervallen zweier latenter Indikatorvariablen auf die polyseriellen Korrelationen zwischen der latenten Skript-Komponente und der manifesten Gewalttätigkeit zurückgegriffen wird. Reineckes (2014, S. 109 ff., 198 f.) Empfehlungen folgend wird davon ausgehend für die Schätzung der Modelle die *Mean- and Variance-Adjusted Weighted Least Squares-Diskrepanzfunktion* gewählt (dazu ausführlich Reinecke 2014 sowie Urban und Mayerl 2014).

Der Einbezug der Vignetten-Messung wird durch einen multiplen Gruppenvergleich vorgenommen, der den Einfluss der Sanktionsabsicht auf den handlungsgenerierenden Prozess abbilden soll: Die Vignette wird hierfür trichotomisiert

---

[22]Im Zentrum dieser Strategie steht die Hypothesenprüfung und nicht die schrittweise Modellmodifikation, wie es bei der *Two-Step* oder *Four-Step*-Strategie intendiert ist. Siehe zur Diskussion der *Four-Step*-Strategie weiterführend Hayduck und Glaser (2000).

(fehlend/non-violent/violent) und dient als Gruppierungsvariable, anhand derer simultan drei Modelle geschätzt werden. Angenommen wird hier also ein Moderatoreffekt der Sanktionsabsicht.

Damit eine solche Prüfung der Submodelle, d. h. der Abgleich der Effekte zwischen den Modellkomponenten, vorgenommen werden kann, muss die Bedingung metrischer Invarianz erfüllt sein. In Anlehnung an den von Brown (2006) beschriebenen *Step-Up*-Ansatz wird im vorliegenden Fall zunächst die separate Schätzung der drei Modelle vorgenommen, die darauf folgend einer gemeinsamen Schätzung ohne Restriktionen *(konfigurale Invarianz)* und unter Gleichsetzung der Faktorladungen *(metrische Invarianz)* unterzogen wird. Zur Modellevaluation werden die etablierten Gütekriterien und Schwellenwerte (Hu und Bentler 1999; Reinecke 2014) genutzt: RMSEA (<,06), CFI (>,96), TLI (>,95) sowie zum Modellvergleich der Subgruppen der Chi-Quadrat-Differenztest.

4.2 Operationalisierung und Deskription der Modellkomponenten

Die Operationalisierung der Modellkomponenten soll im Folgenden entlang der angenommenen Abfolge im Forschungsmodell (Abb. 4) und jeweils gleichzeitig mit den (geschlechtsspezifischen) deskriptiven Befunden[23] aufgeführt werden.

Die **Frame-Komponente** wird als latentes Konstrukt *(Vic)* abgebildet, welches sich aus den zwei Items zur Erfassung von Opfersensibilität ergibt. Die beiden Items sind Teil einer Kurz-Skala zur Erfassung von Ungerechtigkeitssensibilität (vgl. Beierlein et al. 2013; Baumert et al. 2014). Tab. 2 enthält die Itemformulierungen und die deskriptiven Befunde der Items nach Geschlecht.

Insgesamt zeigt sich, dass nur geringe Abweichungen zwischen den Angaben von männlichen und weiblichen Befragten zu erkennen sind und sich für beide Geschlechter die höchsten Werte auf der Antwortkategorie 4 *(trifft teilweise zu)* finden lassen. Für die Analysen bedeutet dies vor allem, dass keine ausschlaggebenden Geschlechterunterschiede in der Stärke der Opfersensibilität den

---

[23]Die geschlechtsspezifische Betrachtung wird in den deskriptiven und bivariaten Analysen vorgenommen, da sie im Kontext von dem eher männlich geprägten Delikt *Gewalt* interessante Hinweise für die Interpretation der Ergebnisse liefern kann. Die multivariaten Analysen zur inhaltlichen Prüfung sparen diese separierte Betrachtung aus, da die theoretische Modellierung zunächst keine Annahmen bezüglich der Wirkung des Geschlechts zulässt.

Selbstbericht und Vignette als Instrumente zur empirischen ... 263

Tab. 2 Antwortverteilungen der Items zur Messung von Opfersensibilität nach Geschlecht (2015)

Item	Wortlaut			Antwortkategorien						
				1	2	3	4	5	6	k.A.
Vic1	Es ärgert mich, wenn es anderen unverdient besser geht als mir	m	%	14,8	21,7	15,6	28	12,6	6,6	0,6
			n	185	272	195	351	158	83	8
		w	%	15,7	20,4	14,7	30,6	11,3	6,4	0,9
			n	235	306	221	460	170	96	14
Vic2	Es macht mir zu schaffen, wenn ich mich für Dinge abrackern muss, die anderen in den Schoß fallen	m	%	12,2	22,3	19,7	24,6	14,1	6,5	0,7
			n	153	279	246	308	176	81	9
		w	%	10,9	19,8	16,8	30,2	13,8	7,1	1,5
			n	146	297	252	453	207	106	23

Berechnungen zugrunde liegen und keine ungleichmäßigen Verteilungen in den Modellen berücksichtig werden müssen.

Die Messung der **Internalisierung gewalthaltiger Sanktionsskripte** erfolgt über drei Items zur Messung von gewaltbefürwortenden Einstellungen, die einen sanktionsorientierten Einsatz von Gewalt beinhalten und ebenso als latentes Konstrukt *(Scr)* in die Modelle eingeht (s. Tab. 3).[24]

Im Gegensatz zu den Antwortverteilungen der Opfersensibilität zeigt sich bei Betrachtung der Items zur Messung von gewalthaltigen Sanktionsskripten (Tab. 5) eine deutlich ungleichmäßigere Verteilung der Häufigkeiten: Allgemein lehnen die Befragten die Aussagen der Items *ge1* und *ge3* sehr deutlich ab, mit einer stärkeren Ablehnungstendenz unter den weiblichen Befragten. Das Item *ge2* bildet hierbei insofern eine Ausnahme, als dass hier eine deutliche Kumulation auf der mittleren Kategorie *(teils/teils)* bei weiblichen sowie bei männlichen Befragten zu finden ist. Vermutet werden kann hier die Auswirkung der deutlich direkteren Formulierung des Items *ge2:* Während *ge1* und *ge3* ein allgemeines *wording* aufweisen, beschreibt *ge2* eine sehr direkte und vor allem personalisierte Anwendung von Gewalt. Die deutlich rechts-schiefe Verteilung muss in den

---

[24]Diese Art der Operationalisierung muss als eine Annäherung betrachtet werden: Die Internalisierung von Skripten würde im Idealfall über die Erfassung von Antwortlatenzen erfolgen (siehe beispielsweise Beier 2016), die jedoch im CrimoC-Projekt nicht zur Verfügung stehen.

Tab. 3 Antwortverteilungen der Items zur Messung von gewalthaltigen Sanktionsskripten nach Geschlecht (2015)

Item	Wortlaut			Antwortkategorien					
				1	2	3	4	5	K.A.
Ge1	Ich finde es gut, wenn es Leute gibt, die auch ohne die Polizei selbst mit Gewalt für Ruhe und Ordnung sorgen	m	%	35,6	27,5	26,5	7,3	2,3	0,8
			n	446	344	332	91	29	10
		w	%	56,1	26,2	12,3	2,7	1,7	1
			n	843	394	187	40	26	15
Ge2	Wenn mich jemand körperlich angreift, dann schlage ich auch zurück	m	%	7,5	11,4	24,4	29,1	26,4	1,2
			n	94	143	306	364	330	15
		w	%	14,8	21,4	32,2	19	11,8	0,9
			n	222	321	484	285	177	13
Ge3	Durch Gewalt kann man anderen zeigen, wo es langgeht	m	%	42,8	30,8	19,9	4,2	1,7	0,6
			n	536	385	249	53	21	8
		w	%	71,5	18,8	7,7	1	0,2	0,9
			n	1074	282	115	15	3	13

Modellberechnungen berücksichtigt werden, da die Annahme einer Normalverteilung nicht gegeben ist.[25]

Zur Abbildung der **Handlungsabsicht** werden die Antwortkategorien der Vignette entlang ihres Sanktionsgehalts kategorisiert (Tab. 4).

Für die Modellberechnung wird auf eine trichotome Variable als Gruppierungsvariable abgestellt *(Sank)*, welche ebenjene Kategorisierung entlang des Sanktionsgehaltes abbildet (1=*fehlend;* 2=*non-violent;* 3=*violent)*. In Tabelle 5 sind die Antwortverteilungen für diese drei Gruppen angegeben.

Es kann eine deutlich höhere Zustimmung für die fehlende Sanktionsabsicht und die non-violente Sanktionsabsicht festgestellt werden, wobei knapp die Hälfte aller weiblichen Befragten keine Sanktionsabsicht verfolgen würden.

---

[25]Die übliche ML-Diskrepanzfunktion kann in den Berechnungen der Strukturgleichungsmodelle bei Verletzung der Normalverteilungsannahme nicht angewandt werden. Da sich durch das kategoriale Messniveau der abhängigen Variable *Gewalttätigkeit* zusätzlich die Notwendigkeit einer alternativen Schätzfunktion ergibt, wird wie bereits weiter oben erwähnt in den folgenden Modellberechnungen auf die *Mean- and Variance-Adjusted Weighted Least Squares-Diskrepanzfunktion* zur Modellschätzung zurückgegriffen.

Selbstbericht und Vignette als Instrumente zur empirischen ...

Tab. 4 Zusammenfassung der Vignettenausprägung nach Art der Sanktionsabsicht (2015)

Ich würde…	
..mich schnelle wieder abregen und mich nicht weiter darum kümmern	Fehlende Sanktionsabsicht
…mich zwar innerlich sehr über das Verhalten ärgern, aber nichts tun	
…selber nichts tun, aber einem Türsteher Bescheid geben	Non-Violente Sanktionsabsicht
…versuchen, den Drängler (die Dränglerin) zur Rede zu stellen	
…den Drängler (die Dränglerin) genauso heftig anrempeln	Gewalthaltige Sanktionsabsicht
…den Drängler (die Dränglerin) so schlagen, dass es ihm richtig weh tut	

Tab. 5 Antwortverteilungen der Vignette nach Geschlecht und Art der Sanktion (2015)

Art der Sanktion		Männlich	Weiblich	$\sum$
Fehlend	%	39,8	53,1	47
	n	489	798	1296
Non-violent	%	44,5	35,6	39,7
	n	557	535	1092
Violent	%	13,8	8,4	10,9
	n	173	126	299
Missing	%	1,9	2,9	2,4
	n	24	43	67
$\sum$	n	1252	1502	2754

Im Gegensatz dazu sind die männlichen Befragten leicht höher in der Kategorie der non-violenten Sanktionsabsicht vertreten. Mit Blick auf die gewalthaltige Sanktionsabsicht zeigt sich im Vergleich der Geschlechter eine erwartbar höhere Zustimmung der männlichen Befragten, den Drängler gewalthaltig sanktionieren zu wollen.

Gewalthandlungen werden schließlich im Modell durch eine dichotome Variable ($1 = Täter; \ 0 = Nicht-Täter$) abgebildet, die sich durch die Zusammenfassung der Lebensprävalenzen (siehe Tab. 1) von vier Gewaltdelikten (*Raub, Handtaschenraub, Körperverletzung ohne* und *mit Waffe*) ergibt (vgl. Tab. 6).

Rund 14,3 % der Befragten (n = 395) geben an, mindestens einmal in ihrem Leben eines der vier einbezogenen Gewaltdelikte begangen zu haben. Unter den männlichen Befragten sind es 22,2 % (n = 278); weibliche Befragte sind

Tab. 6 Antwortverteilungen der Items zur Messung von Gewalthandlung nach Geschlecht und des Gewalt-Index (2015) (Lebensprävalenz)

Item		Männlich		Weiblich		$\sum$	
		Ja	Nein	Ja	Nein	Ja	Nein
KVoW	%	21,3	78	7,3	92,3	13,8	85,8
	n	267	977	109	1386	376	2363
KVmW	%	5	94,6	1,1	98,6	2,1	97,2
	n	62	1184	17	1481	59	2676
Raub	%	3,8	95,2	0,7	98,8	2,1	97,2
	n	48	1192	11	1484	59	2676
HRaub	%	0,5	98,6	0,3	99,1	0,4	98,8
	n	6	1234	5	1488	11	2722
Taetgew (Index)	%	22,2	77,6	7,8	91,9	14,3	85,4
	n	278	972	117	1381	395	2353

mit 7,8 % (n = 117) in der Vergangenheit deutlich seltener gewalttätig geworden. Auch hier zeigt sich ein deutlicher Geschlechterunterschied, der jedoch im Vergleich mit den Antwortverteilungen bezüglich der Sanktionsabsichten um ein Vielfaches deutlicher ausfällt.

4.3 Analyse von Gewalt als Sanktionshandlung

Zur Vorbereitung auf die Zusammenhangsanalysen mittels Strukturgleichungsmodellierung wird der bivariate Zusammenhang zwischen den beiden Handlungsmessungen – Gewalttätigkeit und Sanktionsabsicht – betrachtet. Die damit generierten Befunde geben einen ersten Eindruck über die Verteilung auf beiden Messungen.

In der Kreuztabelle der Handlungsmessungen (Tab. 7) wird zunächst kein Geschlechterunterschied deutlich: Rund ein Viertel der weiblichen und männlichen Gewalttäter (26,3 %) wählen eine gewalthaltige Sanktionsabsicht. Und auch bei der non-violenten und der fehlenden Sanktionsabsicht zeigt sich eine ähnliche Verteilung – wenn auch für die männlichen Befragten auf einem höheren Niveau. Insgesamt zeigt sich im Gegenzug, dass weibliche Personen, die kein Gewaltdelikt berichten, am häufigsten keine Sanktionsabsicht wählen (56,6 %) und männliche Nicht-Täter ebendiese (45,6 %) oder aber die non-violente Kategorie (44,1 %) angeben.

Selbstbericht und Vignette als Instrumente zur empirischen ...

Tab. 7 Bivariater Zusammenhang zwischen Sanktionsabsicht und Gewalttätigkeit (Lebensprävalenz) (2015) nach Geschlecht; N = 2754

Art der Sanktionsabsicht *(Sank)*		Gewalttätigkeit					
		Männlich		Weiblich		$\sum$	
		Ja	Nein	Ja	Nein	Ja	Nein
Fehlende Sanktions-absicht	%	23,3	45,6	31,0	56,6	25,5	52,1
	n	64	434	35	761	99	1195
Non-violente Sanktions-absicht	%	49,5	44,1	45,1	36,0	48,2	39,4
	n	136	420	51	484	187	904
Violente Sanktions-absicht	%	27,3	10,3	23,9	7,4	26,3	8,6
	n	75	98	27	99	102	197
$\sum$		275	952	113	1344	388	2296
Cramérs V		0,24		0,18		0,24	

Deutlich wird an dieser Stelle, dass in den Handlungsmessungen auch bezüglich der Stärke des bivariaten Zusammenhangs wiederum eine männliche Prägung zu erkennen ist. Das Zusammenhangsmaß *Cramérs V* übersteigt nur für die männliche Teilgruppe den Schwellenwert von 0,20 (Gehring und Weins 2009).

Zur Erklärung von Gewalt als Sanktionshandlung wurde angenommen, dass opfersensible Personen gewalthaltige Sanktionsskripte stark internalisiert haben und demgemäß ebenso eine deutlich geregelte Sanktionshandlung verfügbar ist und automatisch-spontan selegiert wird.

Modell I (Tab. 8) widmet sich zunächst der grundlegendem Argumentationslinie bezüglich der Verkettung von Opfersensibilität, gewalthaltiger Sanktionsskripte

Tab. 8 Modell I: Erklärung von Gewalttätigkeit. Standardisierte Faktorenladungen (λ), Regressionskoeffizienten (β), Messfehler (ε) und p-Werte; WLSMV

Item	λ	β	ε	p-Wert
Vic 1	0,9		0,2	0,000
Vic2	0,8		0,4	0,000
Ge1	0,6		0,6	0,000
Ge2	0,6		0,6	0,000
Ge3	0,6			0,000
Vic $\rightarrow$ Scr		0,2		0,000
Scr $\rightarrow$ taetgew		0,6		0,000
N = 2754; RMSEA = ,06; CFI = ,95; TLI = ,90				

Tab. 9 Modell II: Erklärung von Gewalttätigkeit unter der Bedingung unterschiedlicher Sanktionstypen (mult. G-Vergleich): Unstandardisierte Faktorenladungen (λ), Regressionskoeffizienten (β) und p-Werte; WLSMV

Item		λ	β	p-Wert
Vic 1		1,3		0,000
Vic2		1,1		0,000
Ge1		0,6		0,000
Ge2		0,6		0,000
Ge3		0,5		0,000
Fehlende Sanktionsabsicht	Vic → Scr		0,2	0,000
	Scr → taetgew		0,5	0,000
Non-violente Sanktionsabsicht	Vic → Scr		0,2	0,000
	Scr → taetgew		0,5	0,000
Gewalthaltige Sanktionsabsicht	Vic → Scr		0,3	0,000
	Scr → taetgew		0,7	0,000

und Gewalttätigkeit: Es wird deutlich, dass ein recht geringer, aber signifikanter Zusammenhang ($\beta=0,2$) zwischen Opersensibiltiät *(Vic)* und gewalthaltigem Sanktionsskript *(Scr)* ausgemacht werden kann, der Effekt zwischen Skript und Gewalttätigkeit *(taetgew)* jedoch deutlich höher ($\beta=0,6$) und ebenso signifikant ausfällt.

Vor dem Hintergrund der theoretischen Argumentation wird in Modell I jedoch auch auf der empirischen Ebene der fehlende Sanktionsbezug deutlich, der erst durch den multiplen Gruppenvergleich der drei Sanktionsabsicht-Kategorien als Bedingung der Erklärung von Gewalttätigkeit abgebildet werden kann (Tab. 9). Unter der Annahme der metrischen Messinvarianz (Werte des Modellvergleichs und der Gütemaße in Tab. 11 im Anhang) können die beiden nicht-gewalthaltigen Sanktionsgruppen deutlich von der gewalthaltigen differenziert werden: Keinen Unterschied kann man erkennen, wenn man die Effekte innerhalb der Submodelle zur fehlenden bzw. non-violenten Sanktionsabsicht betrachtet.

Der bereits zuvor niedrige Effekt zwischen Opfersensibilität und gewalthaltigen Sanktionsskripten fällt für diese beiden Gruppen erstens gleich aus und ist zweitens höchst signifikant ($\beta=0,2$). Erst unter der Bedingung der gewalthaltigen Sanktionsabsicht kann eine Vergrößerung der beiden Effekte beobachtet werden: Opfersensibilität nimmt in dieser Gruppe einen etwas größeren Einfluss auf die Internalisierung von gewalthaltigen Sanktionsskripten ($\beta=0,3$).

Interessanterweise wächst ebenso der Effekt zwischen Skripten und der Gewalttätigkeit ($\beta = 0{,}7$), wenn die gewalthaltige Sanktionsabsicht als Bedingung modelliert wird.

Insgesamt wird durch die hier berichteten Befunde unterstrichen, dass die Erklärung von Gewalt als Sanktionshandlung anhand der Messung mittels Selbstberichtsdaten gewinnbringend erweitert werden kann. Im Speziellen lässt sich durch den Einsatz der Vignette die situationsabhängige Frame-, Skript- und Handlungsselektion adäquater in die Modellierung einbringen und die theoretisch vollzogene Sanktionsqualität der Gewalthandlung auch durch den Einbezug unterschiedlicher Sanktionstypen bewerkstelligen.

5 Zusammenfassung und Ausblick

Ausgehend von der zusammenfassenden Darlegung des theoretischen Modells zur Erklärung von Gewalt als Sanktionshandlung, wurde im vorliegenden Beitrag der Transfer in die empirische Anwendung fokussiert und damit ein Beitrag zur Operationalisierung bezüglich der Messung von Handlung und situationsbezogener Absicht geleistet.

Mithilfe der handlungstheoretischen Basis durch das *Modell der Frame-Selektion* nach Kroneberg (2011, 2014) konnte Gewalt als das Ergebnis eines handlungsgenerierenden Prozesses erklärt werden, der sich aus der Aktivierung eines Ungerechtigkeitsframes, eines gewalthaltigen Sanktionsskriptes und der Ausbildung einer gewalthaltigen Sanktionsabsicht beziehungsweise der Anwendung von Gewalt als Sanktionshandlung zusammensetzt.

Die theoretische Erklärung lieferte dabei für den im Beitrag fokussierten Transfer in die empirische Abbildung die zwei entscheidenden Aspekte *Situation* und *Sanktionsbezug,* die als Aufhänger für die weitere Betrachtung dienten: Gewalt wird ausgehend von der theoretischen Modellierung erstens als situationsbezogen betrachtet, da die übergeordneten mentalen Modelle *Frame* und *Skript* in einer konkreten Situation aktiviert werden und insofern konditional mit den Eigenschaften der Situation verknüpft sind. Zweitens wird Gewalt als sanktionierende Reaktion begriffen, die als Sichtbarmachung einer verletzten Gerechtigkeitsnorm eingesetzt wird.

Nachdem unter Rekurs auf diese beiden Aspekten ein kritischer Blick auf die selbstberichtete Gewalthandlungen (auch im CrimoC-Projekt) gelegt wurde, konnte mit der Darlegung eines Vignettendesigns eine indirekte, explizit situationsbezogene Messung von hypothetischen Sanktionsabsichten als Vorschlag zur erweiterten Messung gemacht werden. Das Vignetten-Design im

CrimoC-Projekt beschreibt eine Konfliktsituation in einer Diskothek und bietet den Befragten unterschiedliche Möglichkeiten hypothetischer Reaktionen dar, die anhand ihres Sanktionspotenzials *(fehlend/non-violent/violent)* systematisiert werden können. Die methodologische Grundlegung der Vignette konnte dabei mit der im *MFS* angenommenen Skriptaktivierung parallelisiert werden und die Vignette insgesamt als adäquates Erhebungsinstrument mit konkretem Situations- und Sanktionsbezug klassifiziert werden.

Die empirische Überprüfung mittels eines multiplen Gruppenvergleiches im Kontext von Strukturgleichungsmodellen rundeten den Problemaufriss des Beitrags insofern ab, als dass die Erklärung der selbstberichteten Gewalt durch den Einsatz der Vignette als Gruppierungsvariable zu deutlich differenzierteren Ergebnissen in der Erklärung führte: Unter der Annahme metrischer Messinvarianz wies die Erklärung von Gewalt für die Subgruppe der gewalthaltig Sanktionierenden den stärksten Effekt auf. Insofern allerdings der Beitrag nur einen Ausschnitt eines ganz speziellen Theoriezugangs darstellt, sollte nicht zuletzt der Blick auf Limitierungen gelegt werden.

Eine entscheidende Limitierung bezieht sich auf die *Ausklammerung der methodischen Probleme von Vignetten-Designs,* die sich gemeinhin auf Aspekte von Validität beziehen. Im vorliegenden Beitrag wurde eine Diskussion aus argumentativen Gründen ausgeklammert – es sei an dieser Stelle darauf hingewiesen, dass die (externe) Validität von Vignetten-Designs nach wie vor diskutiert und durch unterschiedlichste Studien zu überprüfen versucht wird. Zur Diskussion steht beispielsweise die Annahme, dass die geforderte Realitätsnähe in einer Situationsbeschreibung automatisch zur erhöhten Validität führt oder aber die allgemeine Frage, in welchem Verhältnis Handlungsmessungen und die mittels Vignetten-Designs gemessenen hypothetischen Handlungsabsichten stehen. (Weiterführend bspw.: Eifler 2007; Collet und Childs 2011; Eifler und Petzold 2014).

Im besten Fall bilden Limitierungen immer auch Ansatzpunkte für weiterführende Analysen und können im Kontext dieses Beitrages sowohl auf theoretischer als auch auf methodischer Ebene geäußert werden – da der Fokus des vorliegenden Beitrages jedoch auf dem Transfer der theoretischen Annahmen lag, sollen an dieser Stelle lediglich zwei methodische Aspekte thematisiert werden.[26]

---

[26]Theoretische Limitierungen beziehen sich vor allem auf die in der Argumentation vorgenommene Engführung auf den as-modus und damit der Aussparung der Modellierung von Bedingungen von Gewalthandlungen bzw. der Berücksichtigung des rc-modus bei Gewalthandlungen. Eine solche Argumentation und Modellierung berührt ganz grundlegende Diskussionen zur Rationalität von Gewalt (z. B.: Sutterlüty 2009–2010) und ist als mögliche Erweiterung des vorgestellten Ansatzes möglich und erstrebenswert.

Erstens kann die geschlechtsneutrale multivariate Zusammenhangsanalyse als möglicher Ansatzpunkt für Kritik und Weiterführung der Analysen genannt werden. Die uni- und bivariaten Befunde wiesen darauf hin, dass die betrachteten Gewalthandlungsmessungen deutlich männlich geprägt sind, dieser Aspekt wurde aber nicht in den multivariaten Analysen vertieft, da die theoretische Modellierung keine inhaltlichen Ansatzpunkte bot. Eine geschlechtsspezifische Analyse von Gewalt als Sanktionshandlung steht demgemäß noch aus und könnte in weiterführenden Analysen durch eine explizit darauf ausgerichtete theoretische Ausarbeitung vorbereitet werden.

Zweitens sollte die querschnittliche Analyse kritisch hervorgehoben werden und eine Betrachtung mithilfe der Paneldaten des CrimoC-Projektes Ziel weiterführender Analysen sein. Denn auch wenn es stichhaltige Argumente (Verfügbarkeit von Messinstrumenten; erste, sparsame Modellierung) für eine solche Analyse im Querschnitt gibt: Sie verhindert nicht nur die Überprüfung des kausalen Zusammenhangs von Opfersensibilität, gewalthaltiger Sanktionsskripte und Gewalt als Sanktionshandlung, sondern lässt auch die Genese der mentalen Modelle, d. h. der sozialisationsbedingten Aspekte, zunächst außen vor. Eine Betrachtung mithilfe von Paneldaten ist demgemäß der nächste Schritt für eine (noch) adäquate(re) Abbildung der theoretischen Annahmen. Möglich wäre es beispielsweise, die Viktimisierungserlebnisse aus der frühen Jugend für die Entwicklungshypothese von Frame- und Skriptkomponenten heranzuziehen.

Schließlich ist auch die Frage nach der Übertragbarkeit der hier getätigten Aussagen und Analysen auf andere Forschungszusammenhänge im kriminalsoziologischen Feld berechtigt: Nicht nur der sehr spezielle theoretische Fokus, der die beiden Kernaspekte *Situation* und *Sanktionsbezug* enthält, ist nicht ohne Weiteres übertragbar – daran anschließend ist auch die Argumentation bezüglich der Messung der Handlungskomponenten und die empirische Abbildung sehr deutlich auf die Erklärung von Gewalt als sanktionierender Reaktion zugeschnitten und nicht direkt auf andere Kontexte anwendbar. Übergeordnet bieten die hier dargelegten theoretischen Zusammenhänge aber zwei Leitideen, die zukünftig weiter vertieft werden können und gleichsam den Schlusspunkt dieses Beitrags bilden sollen: Durch den Beitrag konnte unter anderem der Vorteil einer *interdisziplinären Herangehensweise* und der *Synthetisierung* bereits bestehender Annahmen und Konzepte zur Erklärung von Gewalthandlungen gezeigt werden – die Betrachtung von Parallelen statt Konkurrenzen mag (und sollte) in zukünftigen Forschungsarbeiten eine ähnlich zentrale Rolle spielen.

Anhang

Tab. 10 Forms of social control

Form sozialer Kontrolle	Inaction			Unilateral	Bilateral	Trilateral
	Tolerance	Avoidance	Exit			
Reaktionsweise	Direkt, informal	Direkt, informal	Direkt, informal	Direkt, informal	Direkt, informal	Indirekt, formal
Sanktionsintention	Keine Sanktion	Keine Sanktion	Keine Sanktion	Sanktion	Keine Sanktion	Sanktion
Beschreibung	Billigung des abweichenden Verhaltens	Versuch der Reduzierung des Kontaktes	Rückzug aus der Konfliktsituation	Selbsthilfe in Form von (aggressiver) Gegenwehr	Verhandlung mit dem Täter	Einsatz einer (autorisierten) Partei

Eigene Zusammenstellung nach Horwitz (1990, S. 101 ff.)

Tab. 11 Modellvergleich der Invarianzbedingungen

	Sanktionstyp	N	χ^2	df	Δ_{χ^2}	Δ_{df}	p-Wert	RMSEA	CFI	TLI
Konfigural (separat)	Fehlend	1296	31,12	8	-			,05	,97	,94
	Non-violent	1092	40,66	8	-			,06	,94	,88
	gewalthaltig	299	19,90	9	-			,06	,95	,91
Konfigural (simultan)	Fehlend	1296	33,18							
	Non-violent	1092	46.36							
	Gewalthaltig	299	15,53							
	$\sum$	2687	95,07	25				,06	,95	,91
Metrisch	Fehlend	1296	31,03							
	Non-violent	1092	42,23							
	Gewalthaltig	299	20,32							
	$\sum$	2687	93,57	34	-12,3	9	,20	,04	,96	,94

Literatur

Abelson, R. P. (1976). Script processing in attitude formation and decision making. In J. S. Carroll & J. W. Payne (Hrsg.), *Cognition and social behavior* (S. 33–45). Hillsdale-New Jersey: Lawrence Erlbaum.

Albrecht, G. (2002). Soziologische Erklärungsansätze individueller Gewalt und ihre empirische Bewährung. In W. Heitmeyer & J. Hagan (Hrsg.), *Internationales Handbuch der Gewaltforschung* (S. 763–818). Wiesbaden: Westdeutscher Verlag.

Alexander, C. S., & Becker, H. J. (1978). The use of vignettes in survey research. *Public Opinion Quarterly, 42*(1), 93–104. https://doi.org/10.1086/268432.

Atzmüller, C., & Steiner, P. M. (2010). Experimental vignette studies in survey research. *Methodology, 6*(3), 128–138.

Auspurg, K., Hinz, T., Liebig, S., & Sauer, C. (2015). The factorial survey as a method for measuring sensitive issues. In U. Engel, B. Jann, P. Lynn, A. Scherpenzeel, & P. Sturgis (Hrsg.), *Improving survey methods. Lessons from recent research* (S. 137–149). New York: Routledge.

Baumert, A., & Schmitt, M. (2016). Justice sensitivity. In C. Sabbagh & M. Schmitt (Hrsg.), *Handbook of social justice theory and research* (S. 161–180). New York: Springer.

Baumert, A., Gollwitzer, M., Staubach, M., & Schmitt, M. (2011). Justice sensitivity and the processing of justice-related information. *European Journal of Personality, 25*(5), 386–397. https://doi.org/10.1002/per.800.

Baumert, A., Otto, K., Thomas, N., Bobocel, D. R., & Schmitt, M. (2012). Processing of unjust and just information: Inerpretation and memory performance related to dispositional vicitim sensitivity. *European Journal of Personality, 26*, 99–110.

Baumert, A., Beierlein, C., Schmitt, M., Kemper, C. J., Kovaleva, C. A., Liebig, S., & Rammstedt, B. (2014). Measuring four perspectives of justice sensitivity with two items each. *Journal of Personality Assessment, 96*(3), 380–390.

Beier, H. (2016). Wie wirken „Subkulturen der Gewalt"? Das Zusammenspiel von Internalisierung und Verbreitung gewaltlegitimierender Normen in der Erklärung von Jugendgewalt. *Kölner Zeitschrift für Soziologie und Sozialpsychologie, 68*(3), 457–485.

Beierlein, C., Baumert, A., Schmitt, M., Kemper, C. J., & Rammstedt, B. (2013). Vier Kurzskalen zur Messung des Persönlichkeitsmerkmals „Sensibilität für Ungerechtigkeit". *Methoden – Daten – Analysen, 7*(2), 279–310.

Bentrup, C. (2019). Untersuchungsdesign und Stichproben der Duisburger Kriminalitätsbefragung. In K. Boers & J. Reinecke (Hrsg.), *Delinquenz im Altersverlauf. Erkenntnisse der Längsschnittstudie ‚Kriminalität in der modernen Stadt'*. Münster: Waxmann. (Im Erscheinen).

Boers, K., & Reinecke, J. (2007). *Delinquenz im Jugendalter. Erkenntnisse einer Münsteraner Längsschnittstudie*. Münster: Waxmann.

Boers, K., & Reinecke, J. (2019). *Delinquenz im Altersverlauf. Erkenntnisse der Längsschnittstudie‚Kriminalität in der modernen Stadt'*. Münster: Waxmann. (Im Erscheinen).

Boers, K., Reinecke, J., Bentrup, C., Daniel, A., Kanz, K.-M., Schulte, P., Seddig, D., Theimann, M., Verneuer, L., & Walburg, C. (2014). Vom Jugend- zum frühen Erwachsenenalter. Delinquenzverläufe und Erklärungszusammenhänge in der Verlaufsstudie „Kriminalität in der modernen Stadt". *Monatsschrift für Kriminologie und Strafrechtsreform, 97*(3), 183–202.

Bondü, R., & Krahé, B. (2015). Links of justice and rejection sensitivity with aggression in childhood and adolescence. *Aggressive Behavior, 41*(4), 353–368.

Bondü, R., & Richter, P. (2016). Linking forms and functions of aggression in adults to justice and rejection sensitivity. *Psychology of Violence, 6*(2), 292–302.

Brown, T. A. (2006). *Confirmatory factor analysis for applied research.* New York: The Guilford Press.

Bundeskriminalamt. (2018). Polizeiliche Kriminalstatistik, Jahrbuch 2017: Bd. 3.Wiesbaden: Bundeskriminalamt.

Chaudhuri, A., & Christofides, T. C. (2013). *Indirect questioning in sample surveys.* Heidelberg: Springer.

Coleman, J. S. (1991). *Grundlagen der Sozialtheorie: Bd. 1. Handlungen und Handlungssysteme.* München: Oldenbourg.

Collet, J. L., & Childs, E. (2011). Minding the gap: Meaning, affect, and the potential shortcomings of vignettes. *Social Science Research, 40*(2), 513–522.

Daniel, A. (2019). *Schule, Ausbildung, Arbeitslosigkeit. Übergänge am Beginn des Erwachsenenalters und ihre Relevanz für delinquentes Handeln.* Münster: Waxmann. (Im Erscheinen).

Dülmer, H. (2007). Experimental plans in factorial surveys – random or quota design? *Sociological Methods & Research, 35*(3), 382–409.

Eifler, S. (2007). Evaluating the validity of self-reported deviant behavior using vignette analyses. *Quality & Quantity, 41,* 303–318.

Eifler, S. (2009). *Kriminalität im Alltag. Eine handlungstheoretische Analyse von Gelegenheiten.* Wiesbaden: VS Verlag & GWV Fachverlage GmbH.

Eifler, S. & Bentrup, C. (2003). Zur Validität von Selbstberichten abweichenden und hilfreichen Verhaltens mit der Vignettenanalyse. *Bielefelder Arbeiten zur Sozialpsychologie* (208).

Eifler, S., & Petzold, K. (2014). Der Einfluss der Ausführlichkeit von Vignetten auf die Erfassung prosozialer Einstellungen. Ergebnisse zweier Split-Ballot Experimente. *Soziale Welt, 65*(2), 247–270.

Eifler, S., Pollich, D., & Reinecke, J. (2015). Die Identifikation von sozialer Erwünschtheit bei der Anwendung von Vignetten in Mischverteilungsmodellen. In S. Eifler & D. Pollich (Hrsg.), *Empirische Forschung über Kriminalität. Methodologische und methodische Grundlagen* (S. 217–247). Wiesbaden: Springer VS.

Eifler, S., & Schepers, D. (2017). Theoretische Ansatzpunkte für die Analyse der Jugendkriminalität. In B. Dollinger & H. Schmidt-Semisch (Hrsg.), *Handbuch Jugendkriminalität. Interdisziplinäre Perspektiven* (3. Aufl., S. 219–239). Wiesbaden: Springer VS.

Erdmann, A., & Reinecke, J. (2018). Youth violence in Germany: Examining the victim-offender overlap during the transition from adolescence to early adulthood. *Criminal Justice Review, 43*(3), 1–20.

Esser, H. (1999). *Soziologie. Allgemeine Grundlagen* (3. Aufl.). Frankfurt a. M.: Campus Verlag.

Esser, H. (2001). *Soziologie. Spezielle Grundlagen: Bd. 6. Sinn und Kultur.* Frankfurt a. M.: Campus.

Esser, H. (2005). *Affektuelles Handeln: Emotionen und das Modell der Frame-Selektion. Arbeitspapier im Rahmen des Sonderforschungsbereiches 504: Rationalitätskonzepte, Entscheidungsverhalten und ökonomische Modellierung*. Mannheim: Univ. Mannheim.

Esser, H. (2010). Das Modell der Frame-Selektion. Eine allgemeine Handlungstheorie für die Sozialwissenschaften? In G. Albert & S. Sigmund (Hrsg.), *Soziologische Theorie kontrovers. Sonderheft 50 der Kölner Zeitschrift für Soziologie und Sozialpsychologie* (S. 45–62). Wiesbaden: VS Verlag.

Esser, H., & Kroneberg, C. (2015). An integrative theory of action. The model of frame-selection. In E. J. Lawler, R. T. Shane, & J. Yoon (Hrsg.), *Order on the edge of chaos. Social psychology and the problem of social order* (S. 63–85). Cambridge: Cambridge University Press.

Finch, J. (1987). Research note: The vignette technique in survey research. *Sociology, 21*(1), 105–114.

Greve, J., Schützeichel, R., & Schnabel, A. (2008). *Das Mikro-Makro-Modell der soziologischen Erklärung. Zur Ontologie, Methodologie und Metatheorie eines Forschungsprogramms*. Wiesbaden: VS Verlag & GWV Fachverlage GmbH.

Gehring, U. W., & Weins, C. (2009). *Grundkurs Statistik für Politologen und Soziologen* (5. Aufl.). Wiesbaden: VS Verlag.

Gollwitzer, M., Schmitt, M., Schalke, R., Maes, J., & Baer, A. (2005). Asymmetrical effects of justice sensitivity. Perspectives on prosocial and antisocial behavior. *Social Justice Research, 18*(2), 183–201.

Gollwitzer, M., Rothmund, T., & Süssenbach, P. (2013). The sensitivity to mean intentions (semi) model: Basic assumptions, recent findings, and potential avenues for future research. *Social and Personality Psychology Compass, 7*(7), 415–426.

Gollwitzer, M., Süssenbach, P., & Hannuschke, M. (2015). Victimization Experiences and the Stabilization of Victim Sensitivity. *Frontiers in Psychology, 6*, 439.

Hayduck, L. A., & Glaser, D. A. (2000). Jiving the four-step, waltzing around factor analysis, and other serious fun. *Structural Equation Modeling, 7*(1), 1–35.

Horwitz, A. V. (1990). *The logic of social control*. New York: Plenum Press.

Hu, L-t, & Bentler, P. M. (1999). Cutoff criteria for fit indexes in covariance structure analysis: Conventional criteria versus new alternatives. *Structural Equation Modeling, 6*(1), 1–55.

Hughes, R., & Huby, M. (2002). The application of vignettes in social and nursing research. *Journal of Advanced Nursing, 37*(4), 382–386.

Hughes, R., & Huby, M. (2004). The construction and interpretation of vignettes in social research. *Social Work & Social Sciences Review, 11*(1), 36–51.

Kersting, S., & Erdmann, J. (2015). Analyse von Hellfelddaten – Darstellung von Problemen, Besonderheiten und Fallstricken anhand ausgewählter Praxisbeispiele. In S. Eifler & D. Pollich (Hrsg.), *Empirische Forschung über Kriminalität. Methodologische und methodische Grundlagen* (S. 9–29). Wiesbaden: Springer VS.

Kroneberg, C. (2007). Wertrationalität und das Modell der Frame-Selektion. *Kölner Zeitschrift für Soziologie und Sozialpsychologie, 59*(2), 215–239.

Kroneberg, C. (2011). *Die Erklärung sozialen Handelns. Grundlagen und Anwendung einer integrativen Theorie* (1. Aufl.). Wiesbaden: VS Verlag.

Kroneberg, C. (2014). Frames, scripts, and variable rationality: An integrative theory of action. In G. Manzo (Hrsg.), *Analytical sociology: Actions and networks* (1. Aufl., S. 97–123). New York: Wiley.

Krumpal, I. (2013). Determinants of social desirability bias in sensitive surveys: A literature review. *Quality & Quantity, 47*(4), 2025–2047.

Kunz, F. (2015). Selbstberichtete Kriminalität älterer Menschen. In F. Kunz & H.-J. Gertz (Hrsg.), *Straffälligkeit älterer Menschen. Interdisziplinäre Beiträge aus Forschung und Praxis* (S. 25–54). Berlin: Springer.

Leitgöb-Guzy, N. (2016). Strafeinstellungen in Deutschland. In C. Birkel, D. Hummelsheim-Doss, N. Leitgöb-Guzy, & D. Oberwittler (Hrsg.), *Opfererfahrungen und kriminalitätsbezogene Einstellungen in Deutschland. Vertiefende Analysen des Deutschen Viktimisierungssurvey 2012 unter besonderer Berücksichtigung des räumlichen Kontextes: Bd. 49. (Polizei + Forschung)* (S. 241–294). Wiesbaden: BKA.

Pöge, A. (2008). Persönliche Codes ‚reloaded'. *Methoden, Daten, Analysen, 2*(1), 59–70.

Prätor, S. (2015). Ziele und Methoden der Dunkelfeldforschung. Ein Überblick mit Schwerpunkt auf Dunkelfeldbefragungen im Bereich der Jugenddelinquenz. In S. Eifler & D. Pollich (Hrsg.), *Empirische Forschung über Kriminalität. Methodologische und methodische Grundlagen* (S. 31–65). Wiesbaden: Springer VS.

Pollich, D. (2010). *Problembelastung und Gewalt. Eine soziologische Analyse des Handelns jugendlicher Intensivtäter.* Münster: Waxmann.

Raub, W., Buskens, V., & van Assen, M. A. L. M. (2011). Micro-macro-links and microfoundations in sociology. *Journal of Mathematical Sociology, 35*(1–3), 1–25.

Reinecke, J., & Seddig, D. (2011). Growth mixture models in longitudinal research. *Advances in Statistical Analysis, 95*(4), 415–434.

Reinecke, J. (2014). *Strukturgleichungsmodelle in den Sozialwissenschaften* (2. Aufl.). München: Oldenbourgh.

Reinecke, J., Meyer, M., & Boers, K. (2015). Stage-sequential growth mixture modeling of criminological panel data. In M. Stemmler, A. Eye, & W. Wiedermann (Hrsg.), *Dependent data in social science research. Forms, issues, and methods of analysis* (S. 67–89). New York: Springer.

Rossi, P. H., & Anderson, A. B. (1982). The factorial survey approach: An introduction. In P. H. Rossi & S. L. Nock (Hrsg.), *Measuring social judgements. The factorial survey approach* (S. 15–67). Beverly Hills: Sage.

Rossi, P. H. (1979). *Vignette Analysis: Uncovering the Normative Structure of Complex Judgments. Qualitative and Quantitative Social Research.* New York: The Free Press.

Schank, R. C., & Abelson, R. B. (1977). *Scripts, plans, goals, and understanding. An inquiry into human knowledge structures.* Hillsdale-New Jersey: Lawrence Erlbaum.

Schmitt, M., Gollwitzer, M., Maes, J., & Arbach, D. (2005). Justice sensitivity: Assessment and location in the personality space. *European Journal of Psychological Assessment, 21*(3), 202–211.

Schmitt, M., Baumert, A., Gollwitzer, M., & Maes, J. (2010). The justice sensitivity inventory: Factorial validity, location in the personality facet space, demographic pattern, and normative data. *Social Justice Research, 23*(2–3), 211–238.

Schmitt, M., Baumert, A., Fetchenhauer, D., Gollwitzer, M., Rothmund, T., & Schlösser, T. (2009). Sensibilität für Ungerechtigkeit. *Psychologische Rundschau, 60*(1), 8–22.

Schulz, S., & Kroneberg, C. (2018). Die situative Verursachung kriminellen Handelns. Zum Anwendungspotential des Modells der Frame-Selektion in der Kriminologie. *Monatsschrift für Kriminologie und Strafrechtsreform, 101*(3–4), 251–271.

Sutterlüty, F. (2003). *Gewaltkarrieren* (2. Aufl.). Frankfurt a. M.: Campus-Verlag.

Sutterlüty, F. (2009–2010). Understanding youth violence: Rationality and its limits. *Illinois Child Welfare, 5*(1), 47–64.

Thornberry, T. P., & Krohn, M. D. (2000). The self-report method for measuring delinquency and crime. *Criminal Justice, 4*, 33–83.

Urban, D., & Mayerl, J. (2014). *Strukturgleichungsmodellierung. Ein Ratgeber für die Praxis* (1. Aufl.). Wiesbaden: Springer VS.

Verneuer, L. M. (2019). Zur situationsbezogenen Messung von Handlungsabsichten – Das Vignetten-Design im CrimoC-Projekt. In K. Boers & J. Reinecke (Hrsg.), *Delinquenz im Altersverlauf. Erkenntnisse der Längsschnittstudie, Kriminalität in der modernen Stadt'*. Münster: Waxmann.

Verneuer, L. M. (2020). *Gewalt als Sanktionshandlung. Eine kriminalsoziologische Analyse physischer Gewalthandlungen*. Münster: Waxmann. (Im Erscheinen).

Walburg, C., & Verneuer, L. M. (2019). Verbreitung von Delinquenz im Altersverlauf. In K. Boers & J. Reinecke (Hrsg.), *Delinquenz im Altersverlauf. Erkenntnisse der Längsschnittstudie, Kriminalität in der modernen Stadt'*. Münster: Waxmann.

Wallander, L. (2009). 25 years of factorial surveys in sociology: A review. *Social Science Research, 38*, 505–520.

Wikström, P.-O., Oberwittler, D., Treiber, K., & Hardie, B. (2012). *Breaking rules. The social and situational dynamics of young peoples urban crime* (1. Aufl.). Oxford: Oxford University Press (Clarendon studies in criminology).

Wolter, F., & Preisendörfer, P. (2013). Asking sensitive questions: An evaluation of the randomized response technique versus direct questioning using individual validation data. *Sociological Methods & Research, 42*(3), 321–353.

Verneuer, Lena M. Dr., RWTH Aachen, Institut für Soziologie, Lehrstuhl für Soziologie, Eilfschornsteinstr. 7, 52062 Aachen; lverneuer@soziologie.rwth-aachen.de; Forschungsschwerpunkte: Soziologie der Kriminalität und Gewalt, Handlungstheorien, Vignette-Designs; Methoden der empirischen Sozialforschung.

Frauen – das ängstliche Geschlecht?

Till Hovestadt und Kurt Mühler

Zusammenfassung

An Daten des ALLBUS 2016 lässt sich eine stabile und mit 4,3facher Wahrscheinlichkeit höhere Kriminalitätsfurcht der weiblichen Befragten gegenüber den männlichen beobachten. Das ist kein Einzelfall. Im Gegenteil, die Differenz zwischen Männern und Frauen bezüglich Kriminalitätsfurcht ist empirisch stabil nachgewiesen. Ist die höhere Kriminalitätsfurcht von Frauen durch benachteiligende Geschlechternormen und die geringere Verfügbarkeit insbesondere ökonomischer bzw. ökonomisch relevanter Ressourcen gegenüber Männern verursacht oder wenn nicht, liegt möglicherweise doch ein evolutionär bedingtes geschlechtsspezifisches Angstverhalten vor? Es werden Hypothesen zum Einfluss von Einstellungen zu egalitären Normen zwischen den Geschlechtern, der Erwerbstätigkeit und Bildung, sozialer Selbsteinschätzung sowie der familialen Situation begründet und multivariat geprüft. In allen Modellen bleibt die Geschlechterdifferenz nahezu konstant bestehen. Auch wenn die Zustimmung zu geschlechteremanzipatorischen Normen die Kriminalitätsfurcht senkt, beeinflusst das nicht den Zusammenhang zwischen Geschlecht und Kriminalitätsfurcht. Die hypothesenbasierten Variablen weisen insgesamt auf eine multikausale Verursachung von Kriminalitätsfurcht hin, ohne den Einfluss von Geschlecht zu variieren. Abschließend wird eine methodische Kritik am Standardindikator zur Messung von Kriminalitätsfurcht vorgenommen.

T. Hovestadt (✉) · K. Mühler
Universität Leipzig, Leipzig, Deutschland
E-Mail: th92suro@studserv.uni-leipzig.de

K. Mühler
E-Mail: muehler@sozio.uni-leipzig.de

© Springer Fachmedien Wiesbaden GmbH, ein Teil von Springer Nature 2020
I. Krumpal und R. Berger (Hrsg.), *Devianz und Subkulturen*, Kriminalität und Gesellschaft, https://doi.org/10.1007/978-3-658-27228-9_10

Schlüsselwörter

Kriminalitätsfurcht · Kriminalitätsfurchtparadox · Geschlecht ·
Geschlechternormen · Emanzipation · Evolution

Keywords

Fear of Crime · Risk-Fear Paradox · Gender · Gender Norms ·
Emancipation · Evolution

1 Fragestellung

Das Kriminalitätsfurchtparadox ist ein geeignetes Phänomen für eine Synthese
von kriminologischen und geschlechterbezogenen Forschungsinteressen. Seine
Bestandteile, Alter und Geschlecht, sind gut replizierte Prädiktoren für dessen
Auftreten. Das Kriminalitätsfurchtparadox bezeichnet eine Konstellation, derzufolge jene demografischen Gruppen mit dem geringsten Viktimisierungsrisiko (ältere Menschen, Frauen) die höchste Kriminalitätsfurcht aufweisen und
umgekehrt jene Gruppen mit dem höchsten Viktimisierungsrisiko (junge Menschen, Männer), die geringste Kriminalitätsfurcht.

Im vorliegenden Beitrag interessiert vor allem die Frage, ob sich mittels
theoretisch begründeter Drittvariablen (wie z. B. Bildung oder Einkommen) die
Vorhersage der höheren Kriminalitätsfurcht von Frauen abschwächen bzw. neutralisieren lässt. Anders ausgedrückt geht es um Hinweise darauf, ob die höhere
Kriminalitätsfurcht von Frauen eher eine naturgegebene, biologische Konstante
oder eine Folge sozio-kultureller Sozialisationsprozesse ist. Vor diesem Hintergrund ergibt sich die folgende Forschungsfrage: Ist eine höhere Kriminalitätsfurcht von Frauen durch benachteiligende Geschlechternormen und ungleiche
Ressourcen gegenüber Männern verursacht?

2 Das Kriminalitätsfurchtparadox

Das Kriminalitätsfurchtparadox ist in der Kriminologie prominent, aber auch
umstritten. Über fachwissenschaftliche Erörterungen hinaus hat es im Rahmen
sicherheitspolitischer Diskussionen bereits einen gewissen Stellenwert erreicht,
der die Frage der Verursachung von Kriminalitätsfurcht bzw. dem Sicherheitsempfinden einen gewissen öffentlichen Aufmerksamkeitsstatus beschert. Demgemäß sind die thematischen Publikationen zum Kriminalitätsfurchtparadox
vielfältig (vgl. etwa Warr 1990; Boers 1991; Gilbert et al. 1994; Hale 1996;

Kury und Obergfell-Fuchs 2003; Fetchenhauer und Buunk 2005; Reuband 2008; Walsh 2010) und verfolgen insgesamt das Ziel, dieses Paradox mit theoretischen Begründungen empirisch zu bearbeiten und aufzulösen statt maßgeblich in Design- oder Messfehlern, wie z. B. der Verzerrung durch ein normatives Geschlechtersyndrom oder unspezifischer Messung des kriminogenen Gehalts von Kriminalitätsfurcht, das Problem zu sehen.

In der Psychoanalyse wird zwischen Furcht (Realangst) und Angst (neurotisch verursacht, subjektiv erzeugt) unterschieden. Sessar (1998) stellt diesbezüglich die Frage, wie groß der neurotische Anteil an der Kriminalitätsfurcht ist. Wir verwenden hier dennoch *Furcht und Angst* in unterschiedlichen semantischen Zusammensetzungen *synonym*. Der Grund dafür besteht darin, dass hier nicht psychologische, sondern soziale Ursachen, die individuell wirksam sind, untersucht werden sollen. Mit anderen Worten geht es uns nicht um die Aufklärung von Angst als Folge individueller Persönlichkeitseigenschaften, wie z. B. eine Varianz in den Big Five, sondern darum, Hinweise dafür zu finden, inwieweit soziale Ursachen zu einer individuellen Tendenz der Angstentstehung bzw. -verstärkung beitragen. Und nur in diesem Sinne wird die Differenz zwischen Furcht und Angst vernachlässigt.

Sessar differenziert aus sozialwissenschaftlicher Perspektive zwei Erklärungen für ein größeres Angstpotenzial von Frauen. Zum einen die Vulnerabilitätsannahme, die sich hauptsächlich auf das Vergewaltigungsrisiko stützt, aber auch Erweiterungen im Sinne der Verfügbarkeit über Copingstrategien erfahren hat. Zum anderen die insgesamt schlechteren ökonomischen Zukunftschancen, an denen viele unsicherheitsgenerierende Faktoren hängen (Sessar 1998, S. 408). Diesem Erklärungspfad soll hier hauptsächlich nachgegangen werden. Darüber hinaus erhalten seit geraumer Zeit zunehmend anthropologische bzw. evolutionsbiologische Argumentationen in den Sozialwissenschaften Beachtung. Die Hauptlinien dieser Argumentation sollen als Pendant zu einer soziologischen Erklärung dienen.

Das Kriminalitätsfurchtparadox erweist sich sowohl bezüglich unterschiedlicher Operationalisierungen von Kriminalitätsfurcht als auch unterschiedlicher Erhebungskontexte als relativ stabil. Dennoch gibt es auch Ausnahmen, denen zufolge die Höhe der Differenz zwischen männlichen und weiblichen Befragten schwankt und teilweise mit einem Korrelationskoeffizienten von $r < 0,1$ (Pearson's r) ausgesprochen niedrig ausfällt.

Demgegenüber sind die Ergebnisse bezüglich der Variable *Alter* relativ instabil. Sie schwanken nicht nur in der Höhe, sondern es gibt auch Hinweise auf eine Umkehrung des Zusammenhangs. Kury und Obergfell-Fuchs (2003, S. 17) berichten beispielsweise einen signifikant geringen negativen Zusammenhang von

Tab. 1 Verhältnis zwischen Viktimisierung und Kriminalitätsfurcht. (Aus Mühler 2014, S. 64)

	Kriminalitätsfurcht	Viktimisierung	Kriminalitätsfurcht (kontrolliert mit Viktimisierung)
Lebensalter	,147**	−,199**	,174**
Geschlecht	,073*	−,055+	,080**
Viktimisierung	,112**	−	−

Pearsonkorrelation (0-ter Ordnung)/partielle Korrelation

Alter und Kriminalitätsfurcht. Dennoch eignen sich beide Variablen grundsätzlich als Prädiktoren für Kriminalitätsfurcht. Bezüglich solcher, wenn auch weniger, gegenläufiger Ergebnisse stellt sich die Frage, in welchem Umfang diese durch die Zusammensetzung der jeweiligen Stichproben verursacht ist. So z. B., wenn höhere Altersgruppen in einer Stichprobe eine höhere Bildung aufweisen, wodurch sich der Alterseffekt auch auflösen kann, weil Bildung der Kriminalitätsfurcht tendenziell entgegenwirkt. Eine solche auf Drittvariablenkontrolle beruhende Instabilität soll versucht werden, in Bezug auf das Geschlecht nachzuweisen.

Paradox wird das Verhältnis unter Bezugnahme auf die Viktimisierungs-erfahrung. Häufig werden zur Herleitung dafür die Opferzahlen der Polizeilichen Kriminalitätsstatistik herangezogen. Das ist insofern problematisch, als dass dabei das Dunkelfeld der Opferanteile nicht erfasst werden kann. Wenn ein solcher Zusammenhang hergestellt wird, dann sollte ein direktes Verhältnis anhand von Individualdaten zwischen Viktimisierungserfahrung und Kriminalitätsfurcht herangezogen werden. Ein auf diese Weise geprüfter Nachweis des Kriminalitäts-furchtparadoxes gelingt mit einem Datensatz einer Sicherheitsbefragung der Stadt Leipzig aus dem Jahre 2007.

In Tab. 1 wird unter Bezugnahme des genannten Verhältnisses mittels Individualdaten, die Gegenläufigkeit zwischen direkter Viktimisierungs-erfahrung und Kriminalitätsfurcht bezüglich Geschlecht erkennbar.[1] Auch wenn

---

[1]Das in Tab. 1 dargestellte Verhältnis zwischen Geschlecht und Viktimisierung stammt aus einem Datensatz der Sicherheitsbefragung der Stadt Leipzig aus dem Jahre 2007 (N = 1082). Mit einem zweiten Datensatz der Sicherheitsbefragung der Stadt Leipzig aus dem Jahre 2016 (N = 2845) treten zwar schwächere Zusammenhänge auf, aber die gegenläufige Richtung lässt sich auch hier nachweisen (der Zusammenhang Geschlecht – Kriminalitätsfurcht steigt der partiellen Korrelation zufolge von r = ,077*** auf r = ,081** trotz Kontrolle durch die gegenläufige eigene Viktimisierungserfahrung der letzten 12 Monate (r = −,025).

die Zusammenhänge gering sind, verweisen die entgegengesetzten Richtungen von Kriminalitätsfurcht und Viktimisierungserfahrung auf ein Paradox und stabilisieren unter Kontrolle durch partielle Korrelation das Basisverhältnis von Geschlecht und Kriminalitätsfurcht. Das gilt umso mehr, als sogar die häufig grobe Erhebung der Viktimisierung (keine Delikt- bzw. Schwerespezifik, keine Erfassung falscher Nichtopfer) empirisch stabil das genannte Verhältnis ausweist. Insgesamt lässt sich also bezüglich Geschlecht durchaus ein paradoxes Verhältnis ableiten. Der hauptsächliche Erklärungspfad auch für den geschlechtsbezogenen Teil des Paradox besteht in der Begründung einer höheren Vulnerabilität von Frauen. Neben nur wenigen empirischen Prüfungen der Vulnerabilitätshypothese sind bisher auch nur wenige Operationalisierungen von Vulnerabilität ausgearbeitet worden (z. B. über individuell verfügbare Copingstrategien (Bals 2004)). In der theoretischen Begründung unserer Hypothesen sehen wir Vulnerabilität als sich aus der Geschlechtsidentität und den sozio-ökonomischen Faktoren der Lebenssituation ergebend an.

3 Theoretische Perspektiven zur Erklärung der geschlechtsbezogenen Furchtdifferenz

Es lassen sich verschiedene Alltagshinweise beobachten, die sich auf eine scheinbare Selbstevidenz der ängstlichen Frau beziehen. Zum einen werden Gründe dafür in einer anthropologischen Vorbestimmtheit gesehen und zum anderen darin, dass weibliche Angst die Folge eines männlichen Dominanzverhaltens sei. Frauenparkplätze gehören zu den augenscheinlichen Symbolen. Auch Mütter mit Kind(ern) bekommen im öffentlichen Raum durch Beschilderungen entsprechende Aufmerksamkeit, was Vätern mit Kind(ern) nicht zuteil wird. Neuerdings erhält das Manspreading in öffentlichen Verkehrsmitteln eine gewisse Aufmerksamkeit. Männer sollen das breitbeinige Sitzen unterlassen, um nicht mehr öffentlichen Raum zu beanspruchen, als ihnen zusteht. Hunger (2011, S. 100) führt dies auf eine geschlechtliche Sozialisation von Bewegungsmustern zurück, die männliches Verhalten als agil, raumeinnehmend und aktionsbereit definiert – im Gegensatz zu weiblichem Verhalten, das in der Unterdrückung durch Dominanzansprüche besteht. Implizit kann darin auch eine Assoziation von männlicher Dominanz und weiblicher Angsterzeugung vermutet werden. In einer Spiegelkolumne wird dazu aufgerufen, dass Männer die Ängste von Frauen im öffentlichen Raum antizipieren und ein darauf bezogenes Vermeideverhalten praktizieren sollten (Cranach 2017, S. 60). Im Grunde stellt sich die Frage, ob dieses gut gemeinte Rekurrieren auf die „ängstliche Frau" nicht zugleich eine Hauptursache für die Persistenz von Ängstlichkeit ist.

Zunächst werden Argumente erläutert, die sich auf eine mögliche evolutionäre Entstehung weiblicher Angst beziehen. Daran anschließend werden die Perspektive der Psychoanalyse (Abschn. 3.2) und die emanzipationstheoretische Perspektive (Abschn. 3.3) erläutert.

3.1 Evolutionsbiologische Erklärungen – Angst als evolvierte Eigenschaft

Zahlreiche Studien kommen zu dem Schluss, dass Frauen mehr Angst als Männer im Allgemeinen haben sowie weniger risikofreudig sind (Warr 1990, S. 906; Gilbert et al. 1994, S. 5; Hale 1996, S. 96; Kury und Obergfell-Fuchs 2003, S. 15; Fetchenhauer und Buunk 2005, S. 96; Walsh 2010, S. 274). Eine häufig verwendete Erklärung hierfür findet ihren Ursprung in der Evolutionstheorie. Diese besagt, dass durch zufällige Genmutationen Variationen innerhalb einer Spezies entstehen und jene, welche ihren Trägerinnen und Trägern dabei helfen, sich besser an ihre Umwelt anzupassen und fortzupflanzen, größere Verbreitung finden. Variationen, die nicht adaptiv sind und sich negativ auf die Reproduktion auswirken, sterben nach und nach aus. Nach der auf Charles Darwin (Darwin 1996 [1859]) zurückgehenden Theorie besitzt die Spezies *Mensch* noch viele Verhaltensweisen und genetische Codes, die adaptive Lösungen für Probleme darstellen, denen unsere Vorfahren begegneten. Solange diese einstmals adaptiven Verhaltensweisen sich nicht als negativ auf die Reproduktion in späteren Zeiten auswirkten, sind sie häufig noch nicht verschwunden. Wie Campbell et al. (2001, S. 482) betonen, unterstellen evolutionäre Theorien jedoch keineswegs einen biologischen oder genetischen Determinismus des Menschen, sondern eine Gen-Umwelt-Interaktion.

Im evolutionären Sinne stellt Angst eine adaptive Reaktion auf Gefahr dar. Die unangenehme physiologische Erregung signalisiert Gefahr und die Reaktion führt zu einer Vermeidung gefährlicher Situationen (Fetchenhauer und Buunk 2005, S. 96 f.; Walsh 2010, S. 274). Dass Angst bei Frauen ausgeprägter ist, wird mit der weiblichen Rolle in der Reproduktion in Verbindung gebracht. Da Frauen aufgrund der langen Schwangerschaft, der Laktation und wegen ihrer, verglichen mit Männern, relativ kurzen fertilen Periode nur eine geringe Anzahl an Kindern bekommen können, wird oft davon gesprochen, dass die weibliche Reproduktionsstrategie qualitativ ist. Dahingegen ist die männliche quantitativ, da Männer bis ins hohe Alter hinein Kinder zeugen können und somit eine

Frauen – das ängstliche Geschlecht? 285

große Anzahl an Nachkommen möglich ist. Sie können sich aber im Vergleich zu Frauen nie ganz sicher sein, dass das ausgetragene Kind ihr eigenes ist (Ellis und Walsh 1997, S. 250; Campbell 1999, S. 204; Campbell et al. 2001, S. 489 f.; Walsh 2010, S. 273). Campbell et al. (2001, S. 490) belegen zudem, dass das Überleben der Mutter in prä-industriellen Gesellschaften sehr wichtig für die Überlebenschancen des Kindes in den ersten Lebensjahren war, wohingegen das Überleben des Vaters deutlich weniger wichtig war. Eine adaptive Strategie, die sich im Zuge der Evolution verbreitete, ist folglich die, dass Frauen Gefahren und Risiken meiden, um sich um ihre Nachkommen zu kümmern (Campbell 1999, S. 205 ff.; Campbell et al. 2001, S. 489 f.; Fetchenhauer und Buunk 2005, S. 98 f.; Walsh 2010, S. 273).

Eine weitere evolutionäre Erklärung, die darauf abzielt, warum Männer weniger Angst empfinden als Frauen und generell risikofreudiger sind – was als Gegensatz zu Ängstlichkeit gesehen werden kann – zielt auf die sexuelle Selektion ab. Da Frauen wenig Nachkommen bekommen und sich intensiv um diese kümmern, Männer jedoch als Reproduktionsstrategie jene der Maximierung der Anzahl an Nachkommen verfolgen, sind fertile Frauen ein ‚knappes Gut‘, um welches Männer konkurrieren. Eine geringe Angst sowie eine starke Risikofreude ist für Männer nun eine Strategie, Dominanzpositionen innerhalb einer Gruppe zu erlangen sowie sich in der sexuellen Konkurrenz gegen andere Männer durchzusetzen. Status und Dominanz dienen hier als Indikator, gute Partner zu sein, da dies signalisiert, dass sie in der Lage sind, Ressourcen zu akquirieren und ihre Partnerin zu beschützen (Byrnes et al. 1999, S. 369; Campbell 1999, S. 204; Fetchenhauer und Buunk 2005, S. 97 f.; Walsh 2010, S. 273). Aus dieser Sichtweise war es also adaptiv für Männer, risikofreudiger und weniger ängstlich zu sein als Frauen. Dass dies das Risiko, frühzeitig zu sterben, erhöht, stellt sich nicht als maladaptiv heraus, da sich der Tod des Vaters, wie oben beschrieben deutlich geringer auf die Überlebenschancen des Kindes auswirkt als jener der Mutter; die genetische Reproduktion ist somit weiterhin gesichert. Byrnes et al. (1999, S. 372) sehen das risikofreudigere Verhalten von Männern beispielsweise in der Tatsache gespiegelt, dass sie in einer Meta-Analyse von 150 Studien kriminelles Verhalten signifikant häufiger bei Männern sehen. Dies kann zwar nur als Meta-Indikator von risikofreudigem Verhalten bei Männern und risikomeidendem Verhalten bei Frauen gesehen werden, deutet aber den oben skizzierten Effekt an (vgl. auch Fetchenhauer und Rohde 2002, S. 241; Walsh 2010, S. 258).

Weitere empirische Evidenzen für das Vorhandensein genetisch bedingter Verhaltensweisen, die vermutlich durch die Evolution entstanden sind, liefert beispielsweise Walsh (2010, S. 260 f.). Er zitiert eine Studie von Spiro (Spiro 1975) zur Kindererziehung in israelischen Kibbutzim. Zu Beginn des 20 Jahrhunderts waren viele Kibbutzim noch stark sozialistisch geprägt und hatten zum Ziel, androgyne Menschen ohne Geschlechterdifferenzen großzuziehen. Verwirklicht werden sollte dies durch eine gleiche Erziehung und Sozialisation von Jungen und Mädchen, die keine Unterschiede zwischen den Geschlechtern machte. Dennoch entwickelten sich die im Kibbutz geborenen und aufgewachsenen Jungen und Mädchen in unterschiedlicher Weise und nach einiger Zeit waren wieder Geschlechtsunterschiede zu sehen. Daraus kann man auf die Existenz genetisch bedingter Verhaltensweisen schließen, die sich relativ unabhängig von der Umgebung entwickeln (Walsh 2010, S. 260 f., nach Spiro 1975).

Fetchenhauer und Buunk (2005) bieten ebenfalls empirische Belege für Geschlechtsunterschiede, die auf die Evolution zurückgeführt werden können. In ihrer Studie befragten sie niederländische Schülerinnen und Schüler sowie ihre Eltern und untersuchten die Kriminalitätsfurcht bei Jungen und Mädchen. Die Autoren konnten keinen Einfluss traditioneller Erziehungsstile, objektiver und subjektiver Viktimisierungswahrscheinlichkeiten sowie Geschlechternormen auf die Kriminalitätsfurcht finden. Des Weiteren drückten Frauen generell mehr Angst aus als Männer, wenn es um die Gefahr physischer Verletzungen ging, beispielsweise auch bei Autounfällen. Daraus schließen Fetchenhauer und Buunk, dass die höhere Kriminalitätsfurcht bei Frauen ein Ausdruck genetisch beeinflusster Verhaltensweisen ist und nicht durch andere Erklärungsansätze, beispielsweise die Vulnerabilitätshypothese erklärt werden kann (2005, S. 103 ff.).

Aus diesen Befunden lässt sich die Orientierungshypothese ableiten, derzufolge *Frauen evolutionär bedingt mehr Angst empfinden als Männer, da die Vermeidung gefährlicher Situationen noch heute von Bedeutung für ihre genetische Reproduktion ist.* Da diese Hypothese leider nicht direkt geprüft werden kann, wird sie als Alternativhypothese zu den zu prüfenden Hypothesen der Geschlechtsidentität und der sozio-ökonomischen Bedingungen angenommen. Weil konfundierende Faktoren für deren Unterstützung beitragen können, dient sie als ein möglicher Erklärungspfad für Anschlussforschungen.

3.2 Psychoanalytische Erklärung – Angst als Folge frühkindlicher Entwicklungsdifferenz zwischen den Geschlechtern

Wenig Beachtung, und hier als ein Exkurs gedacht, erhält ein psychoanalytischer Zugang, in dem auf die frühkindliche Lösung des Ödipuskomplexes Bezug genommen wird. In gewisser Weise berücksichtigt diese Erklärung sowohl

Frauen – das ängstliche Geschlecht?

biologische als auch soziale Faktoren und soll deshalb an dieser Stelle in aller Kürze dargelegt werden.

In der präödipalen Phase der frühkindlichen Entwicklung ist die Mutter für beide, Töchter und Söhne, das primäre Identifikationsobjekt. Insbesondere Chodorow (1985), später auch z. B. Hopf (1999); Hauser (2007) u. a. sehen in der frühkindlichen Entwicklung eine besondere Bedeutung für die Herausbildung der Persönlichkeit. Durch ihre besondere weibliche Fähigkeit des „Mutterns" sind die frühen Beziehungen zur Mutter entscheidend für die Fähigkeit des Aufbaus und der Unterhaltung sozialer Beziehungen überhaupt. Jede Person, die mütterlich umsorgt wurde, erwirbt die potenzielle Fähigkeit zur Elternschaft bzw. entwickelt den Wunsch solche Beziehungen wiederzubeleben. Dennoch führen unterschiedliche Erfahrungen in Objektbeziehungen und wie diese verarbeitet werden dazu, dass nur Mädchen und nicht auch Jungen mütterlich werden. Insbesondere das Auftreten und die Lösung des Ödipuskomplexes führen zu unterschiedlichen psychischen Reaktionen und Bedürfnissen, welche die Beziehungsfähigkeit des Mutterns bei Jungen verhindert oder einschränkt und bei Mädchen erhält oder erweitert (Chodorow 1985, S. 121). Weil Mutter und Tochter das gleiche Geschlecht aufweisen, neigen Mütter dazu, Töchter nicht in der gleichen Weise verschieden von sich selbst wie Söhne zu betrachten. Deshalb ist die primäre Identifikation und die Symbiose mit Töchtern im Allgemeinen stärker und anhaltender. Töchter erleben sich in dieser frühen Phase im Allgemeinen als Erweiterung oder Verdoppelung der Mutter. Für die Söhne hingegen entsteht die Notwendigkeit der Trennung von der primären Identifikation (Chodorow 1985, S. 143). Die identifikationsbasierte Loslösung von der Mutter (Desidentifizierung), während die Töchter noch länger in der engen Mutterbeziehung verbleiben, führt zur frühen Erfahrung eines Bindungsverlusts, einer grundsätzlichen Verunsicherung der Geschlechtsidentität der Jungen. Deren Überwindung wiederum fördert das Streben nach Autonomie und führt zur Stärkung des Selbstbewusstseins. Auch ohne die psychoanalytische Dramatik des Ödipuskomplexes lässt sich der Vorgang einer frühen Desidentifikation von Jungen beobachten. Hollstein (2012, S. 100) geht beispielsweise davon aus, dass Männer Männer werden müssen, aber Mütter ihre Söhne nicht zu Männern machen können, weil sie Frauen sind. Was wie eine Tautologie klingt, bezieht sich auf die Annahme geschlechtsspezifischer Selbstbilder, deren Erwerb erst durch Identifikation möglich wird.

In einem anderen Rekurs auf das biologische Geschlecht bezieht sich Hollstein (2012, S. 101) auf die theoretische Perspektive einer naturgegebenen Zweitrangigkeit des Mannes (sein Beitrag zur Fortpflanzung ist momenthaft und flüchtig), woraus jener Druck entsteht, der den Mann dazu bringt, Werkzeuge zu bauen, Behausungen zu errichten, Zäune um Äcker und Herden zu ziehen, Gesetze zu formulieren und Herrschaft zu begründen. Das ist seine Egalisierung von Geburt und Empfängnis (dazu auch Böhnisch 2018, S. 46 f.). Dieser Pfad führt ebenfalls zu einem Autonomiestreben und dem Streben nach Selbstsicherheit als einem Mix aus biologischen und sozio-kulturellen Faktoren.

Auf das Problem der Kriminalitätsfurcht bezogen, ist die Differenz bezüglich Angst eine Mischung aus den biologischen Grundlagen des Geschlechts und kulturellen Formen der sozialen Persönlichkeitswerdung. Sowohl Prozesse der sozialen Identifikation als auch des Drangs nach Externalisierung führen demzufolge zu einem geschlechtsbezogenen Unterschied im Umgang mit Gefahren.

3.3 Emanzipationstheoretische Erklärungen – Angst als Folge sozialer Ressourcen- und Rollendifferenzen

Neben evolutionsbiologischen und psychoanalytischen Erklärungen zur Entstehung einer Angstdifferenz zwischen Frauen und Männern beziehen sich Erklärungen einer sozio-kulturellen Bedingtheit dieser Differenz vor allem auf Unterschiede in der Geschlechtsidentität und in den sozio-ökonomischen Lebensbedingungen. Infolge sozialer Emanzipation der Geschlechter nivellieren sich sukzessive auch die Unterschiede im Sozialverhalten zwischen den Geschlechtern. Dies gründet sich auch auf die beobachtbare Fähigkeit, selbstständig Entscheidungen treffen zu können. D. h., selbst wenn evolutionäre Verhaltensprogramme Teil des genetischen Erbes sind, ist der Mensch in der Lage, sich auch gegen sie zu entscheiden. Während evolutionsbiologische Argumente von der Selbstverständlichkeit biologischer Reproduktion als letztem Bezugspunkt des Sozialverhaltens aller Organismen ausgehen, kann man z. B. aus der sinkenden Fertilität in westlichen Ländern schließen, dass sich Frauen und Männer mit alternativen Lebenskonzepten gegen diese scheinbar universell geltende biologische Selbstverständlichkeit entscheiden können.

Der Fokus soziologischer (auf der Wirkung sozialer Normen basierender) Erklärungen liegt darauf, herauszufinden, ob eine soziale Gleichheit zwischen den Geschlechtern erreichbar ist und in welcher Art und Weise dies geschehen kann (Mühler 2015, S. 100 ff.). Am entschiedensten wurde die Vorstellung der sozialen Gleichheit der Geschlechter auf kriminologischem Gebiet von Adler (1976) vertreten. Als Emanzipationshypothese bekannt geworden, nahm sie an, dass sich im Zuge der sozialen Emanzipation das delinquente Verhalten der Geschlechter völlig angleichen wird, also Frauen in den verschiedenen Delikten die gleichen Kriminalitätsraten erreichen werden wie Männer. Trotz grundsätzlicher Sympathie für eine solche Sichtweise wird doch eine fehlerhafte Schlussfolgerung deutlich, die von einer einseitigen *Vermännlichung* des weiblichen Sozialverhaltens ausgeht. Vielmehr sollte die Aufmerksamkeit darauf gerichtet werden, wie sich aus einem den Geschlechtern gemeinsamen sozialen Raum sowohl das weibliche als auch das männliche Sozialverhalten verändert. Das wird in der Konvergenz-Emanzipationshypothese berücksichtigt, auf die sich z. B. Klingemann (2018, S. 50) bezieht. Unter Berufung auf Vogt weist er hinsichtlich des Konsums legaler und illegaler Drogen auf die Beobachtung hin, derzufolge sich weibliches an männliches Verhalten (z. B. Rausch- und Komatrinken) und männliches an weibliches Verhalten (z. B. Bodybuilding) annähert.

Neuere Forschungen zeigen zudem, dass sich mit zunehmender Geschlechteremanzipation auch die soziale Welt insgesamt auf neue Formen des sozialen Lebens hin transformiert.

Starr dagegen sind institutionell basierte Forderungen und daran orientierte Maßnahmen zur Gleichstellung der Geschlechter formuliert. Ihre theoretische meist implizite Basis richtet sich auf die Angleichung von sozialen Outputs zwischen den Geschlechtern in Führungspositionen, Einkommen, politischer Beteiligung usw. Unbeeinträchtigt durch die durchaus berechtigte Kritik von Hirschauer (2016)[2], derzufolge die explizit theoretische Begründung für eine solche Gleichheit fehlt, soll geprüft werden, ob sich empirische Hinweise auf die Emanzipationshypothese bzw. deren Konvergenz bezüglich der Kriminalitätsfurcht finden lassen. Die Ausgangsüberlegung besteht darin, dass das Verhalten rationaler Akteure hauptsächlich von den gegebenen Restriktionen und kontrollierbaren Ressourcen beeinflusst wird. Gleich hingegen sind die generellen Ziele (Supergüter z. B. bei Becker (1965), allgemein menschliche Ziele z. B. bei Lindenberg 1988) rationaler Akteure.

---

[2]Die Einwände Hirschauers (2016, S. 121) mögen provokativ erscheinen (kürzere Lebensdauer von Männern, höhere Inhaftiertenrate, usw.), machen jedoch substanziell darauf aufmerksamen, dass eine politisch motivierte Geschlechterforschung auf dem männlichen Auge blind ist.

Folgt man Lindenbergs *Theorie sozialer Produktionsfunktionen* (1988), bestehen diese im Kern aus dem Streben nach sozialer Anerkennung und physischem Wohlbefinden. Wenn sich also Restriktionen und Ressourcen rationaler Akteure verändern, dann verändern sich ihre instrumentellen Zwischenziele, d. h. die Wege über das Sozialverhalten hin zu den letzten Zielen zu gelangen bzw. sich ihnen anzunähern. Einerseits haben sich in modernen Gesellschaften die generellen Restriktionen verändert und verändern sich noch. Dafür stehen die rechtliche Gleichstellung der Geschlechter, die Angleichung der Zugänge zum Arbeitsmarkt und die sinkende Geltung von Geschlechternormen. Andererseits steht dafür aufseiten der Ressourcen u. a. das Ansteigen höherer Bildung bei Frauen, wodurch hauptsächlich die seit den 1960er Jahren beobachtbare Bildungsexpansion getragen wird, das Ansteigen des generellen Sozialkapitals von Frauen und die Wirkung öffentlicher Präferenzen der Geschlechteremanzipation für das gleichberechtigte Handeln. Beides zusammen spricht dafür, dass sich, rationale Verhaltensorientierung vorausgesetzt, auch das Phänomen Angst aufgrund von Verhaltenserfahrung und dem Ansteigen sozialer Handlungskompetenz zwischen den Geschlechtern angleicht. Implizit ist auch damit zu rechnen, dass (im Sinne der Konvergenz-Emanzipationshypothese) tendenziell Männer ängstlicher werden.

4 Hypothesen zur kulturellen Bedingtheit einer geschlechtsspezifischen Angstdifferenz

Die Orientierungshypothese (Emanzipation) besteht in Folgendem: *Je stärker sich Restriktionen und Ressourcen zwischen den Geschlechtern angleichen, desto geringer ist der Zusammenhang zwischen Geschlecht und Kriminalitätsfurcht.*

Die Prüfung daraus ableitbarer Hypothesen wird über die Begründung von Drittvariablen erfolgen. Es soll herausgefunden werden, wie viel Wirkungspotenzial von relevanten Drittvariablen im vorgestellten Zusammenhang zwischen Geschlecht und Kriminalitätsfurcht enthalten ist. Im angestrebten Fall des Zutreffens der Emanzipationshypothese sollte sich dieser Zusammenhang deutlich verringern und im besten Fall auflösen.

Zunächst stellt sich die Frage, inwieweit Geschlechternormen eine Differenz im Antwortverhalten erzeugen. Brownlow (2005, S. 581 ff.) argumentiert beispielsweise, dass auch Männer Angst vor Viktimisierung hätten. Ihre Kriminalitätsfurcht und deren Ausdruck würden aber durch Maskulinitätsnormen moderiert. Ein Ausdruck von Ängstlichkeit unterminiere die Identität als Mann und den Respekt durch andere (siehe auch Rader 2008, S. 37). Nach Connell prägen patriarchale westliche Gesellschaften eine hegemoniale Maskulinität, welche das Patriarchat rechtfertigt und reproduziert. Insbesondere in der Identitätsfindung drücken junge Männer diese Attribute der hegemonialen Maskulinität übertrieben deutlich aus, um ihren Platz in der Hierarchie der Geschlechter zu finden (Connell 1995, S. 77; Brownlow 2005, S. 582 ff.). Der GEPAQ (German Extended Personal Attributes Questionnaire) von Runge et al. (1981) bietet die Möglichkeit, Geschlechternormen bzw. Erwartungen an eine geschlechtsspezifische Sozialisation empirisch abzubilden. Für männliche Sozialisation sind ‚aktiv', ‚unabhängig', ‚überlegen', ‚selbstsicher', ‚kann Druck gut standhalten' solche Erwartungen, die in geschlechtsspezifischer Sozialisation vermittelt werden. Dem entgegen gelten für die weibliche Sozialisation Attribute wie ‚freundlich', ‚gefühlsbetont', ‚verständnisvoll', ‚herzlich in Beziehung zu anderen' als maßgeblich (Sieverding und Alfermann 1992).

Diese Geschlechternormen zu internalisieren und konform mit ihnen zu handeln wird als „doing gender" beschrieben (Rader 2008, S. 35; Cops und Pleysier 2010, S. 61). Gender-Identität ist die internalisierte Selbstdefinition des Geschlechts. Sie entsteht im Zuge der Sozialisation von Geschlechterrollen (Meixner 2010, S. 36 f.). Perfekt internalisierte Normen wirken nicht nur in präsenten Interaktionen (z. B. Interview), sondern auch in Situationen, in denen eine Person die Kontrolle über ihre Handlung wahrnimmt (schriftliche Befragung). Der Grund dafür liegt in der Assoziation dieser Norm mit dem emotionalen Potenzial einer Person, was dazu führt, dass eine innere Belohnungsquelle bzw. Quelle von Bestrafung im Verhältnis zu dieser Norm entsteht. Internalisierung entlastet externe Sanktionen. Nach Coleman (1991, S. 379 ff.) bedeutet die Internalisierung einer Norm, dass ein Individuum ein inneres Sanktionssystem entwickelt, das mit einer Bestrafung reagiert, wenn das Individuum eine durch die Norm verbotene Handlung ausführt oder eine von der Norm vorgegebene Handlung nicht ausführt.

Cops und Pleysier (2010, S. 64 ff.) können mit Gender-Identität einen Teil des Zusammenhanges zwischen Geschlecht und Kriminalitätsfurcht erklären: Je maskuliner die Gender-Identität, desto geringer die Kriminalitätsfurcht – unabhängig vom Geschlecht der Person. Allerdings bleibt selbst unter Kontrolle der Gender-Identität die Kriminalitätsfurcht von Frauen größer als jene von Männern. Gender-Identität kann also nur einen Teil des Zusammenhanges erklären. May et al. (2010, S. 16) argumentieren, dass Männer, die nicht der hegemonialen

Maskulinität entsprechen, ein Gefühl der Machtlosigkeit verspüren und dies erhöhe ihre Kriminalitätsfurcht[3].

Es ist demnach möglich, dass Befragte mit hoher Salienz für tradierte Geschlechternormen an der Entstehung des Kriminalitätsfurchtparadox beteiligt sind. Die theoretische Erwartung besteht darin, dass in Abhängigkeit der Internalisierung und Salienz tradierter Geschlechternormen auch das Antwortverhalten beeinflusst wird. Demzufolge müssten männliche Befragte, die von geschlechteremanzipatorischen Normen überzeugt sind, tendenziell eher eine höhere Kriminalitätsfurcht und weibliche Befragte mit einer ausgeprägt geschlechteremanzipatorischen Überzeugung tendenziell weniger Kriminalitätsfurcht äußern. Wenn dem so ist, dann könnte ein ausreichend hoher Anteil dieser Gruppen eine Konvergenz der Geschlechtervariable im Hinblick auf die Kriminalitätsfurcht bewirken.

Je geringer die Akzeptanz tradierter Geschlechternormen ist, desto geringer ist die Geschlechterdifferenz in der Kriminalitätsfurcht.

Ein emanzipatorisches Selbstverständnis wird durch den Erwerb bedeutsamer Ressourcen unterstützt. Wir nehmen an, dass insbesondere Faktoren der wirtschaftlichen Selbstständigkeit (z. B. Bildung) dabei eine wichtige Rolle spielen. Frauen können global betrachtet als *Bildungsgewinnerinnen* bezeichnet werden. Der Global Gender Gap Report 2017 des World Economic Forum (2017) weist vor allem bezüglich Bildung und Gesundheit die geringste Lücke zwischen den Geschlechtern auf. Bildung fördert internale Kontrollüberzeugungen, ein positives Selbstbild und das Bedürfnis nach einem kognitiven Zugang zum Alltag. Diese kognitive Seite verbindet sich auch mit der Wahrscheinlichkeit einer Verfügbarkeit vielfältiger weiterer materieller Ressourcen, sodass die Wahrnehmung von Kontrolle tendenziell anhand realer Konsequenzen von Handlungen geschieht. Insgesamt unterstreicht dies die Überzeugung, Probleme verschiedener Art aktiv lösen zu können, wofür entsprechende Copingfähigkeiten und deren Wirksamkeitseinschätzung stehen (z. B. Bals 2004).

Dem folgend sollten Frauen und Männer mit höherer Bildung die geringste Kriminalitätsfurcht aufweisen. Frauen mit geringer Bildung dagegen die höchste. Männer mit geringer Bildung sind eher als ambivalent einzuschätzen. Einerseits steigert geringe Bildung die Tendenz tradierte Geschlechternormen

---

[3]Diese Erklärung ist nicht notwendigerweise in Konflikt mit der evolutionären Hypothese, sie stellt vielmehr eine erweiterte Erklärung dar. Da die evolutionäre Hypothese, wie oben erwähnt, aber nicht direkt geprüft werden kann, lässt sich der genaue Zusammenhang nicht vollständig herausfinden.

anzuerkennen, andererseits geht aus einschlägigen Untersuchungen hervor, dass mit sinkendem sozio-ökonomischem Status aus Gründen sozialer Vulnerabilität die Kriminalitätsfurcht steigt (z. B. Boers 1991, S. 66 f.).

Je höher die formale Bildung einer Person ist, desto geringer ist die Geschlechterdifferenz in der Kriminalitätsfurcht.

Der Erwerbsstatus ist im Sinne der Emanzipationshypothese von grundlegender Bedeutung. Mit der wirtschaftlichen Eigenständigkeit verändert sich der Sozialstatus, mentale Komponenten des Selbstverständnisses und des Selbstvertrauens. Frauen und Männer mit hohem Einkommen sollten die geringste Kriminalitätsfurcht aufweisen, dagegen Frauen mit einem geringen oder keinen eigenen Einkommen die höchste Kriminalitätsfurcht. Männer mit niedrigem Einkommen sind theoretisch eher als ambivalent einzuschätzen, ihre Kriminalitätsfurcht steigt, wenn sie Erfahrungen der Arbeitslosigkeit aufweisen. Insgesamt wird ein analoger Zusammenhang, wie er bezüglich Bildung auftritt, erwartet.

Je höher das eigene Einkommen einer Person ist, desto geringer ist die Geschlechterdifferenz in der Kriminalitätsfurcht.

Der Familienstatus könnte Hinweise auf eine implizite Wirkung einer evolvierten Tendenz der Vorsicht geben. Wenn minderjährige Kinder im Haushalt einer weiblichen Einelternfamilie leben, dann könnte die Wahrscheinlichkeit erhöhter Furcht eintreten. Das schließt eine kumulative Wirkung im Falle ungünstiger Drittvariablen wie geringe Bildung und geringes Einkommen ein.

Frauen, in deren Haushalt eigene minderjährige Kinder leben, weisen eine höhere Kriminalitätsfurcht auf, als Frauen ohne aktuell minderjährige Kinder. Dieser Effekt ist stärker für alleinerziehende Frauen als für verpartnerte Mütter.

Eine geringe Siedlungsgröße steht als Proxyvariable für tradierte Lebensweise, hohe informelle Sozialkontrolle und für ein niedriges Kriminalitätsniveau. Im Kern sind in dieser Variable wahrscheinlich gegenläufige Prozesse enthalten. Einerseits weisen tradierte Lebensmuster auf die Akzeptanz tradierter Geschlechternormen hin. Zudem steigt die informelle Sozialkontrolle mit sinkender Siedlungsgröße, was auf die Festigung tradierter Einstellungen hin. Andererseits ist das Kriminalitätsniveau in kleinen Siedlungsgrößen am geringsten, d. h. mit der Größe der Siedlung sinkt das Kriminalitätshellfeld (Polizeiliche Kriminalstatistik 2017). Dessen ungeachtet bleibt eine Unsicherheit bestehen, die sich auf die soziale Zusammensetzung geringer Siedlungsgrößen und deren Funktionalität richtet, z. B. als tradierte Siedlungsform oder als Pendlersiedlungen, also städtisch arbeitender und ländlich bzw. kleinstädtisch wohnender Personen. Neben der Siedlungsgröße sollen soziales Vertrauen (als Hinweis auf Selbstsicherheit, postmaterialistische Wertorientierung (im theoretischen Verständnis eines

Wertewandels auf eine moderne Persönlichkeit hinweisend) sowie der selbst eingeschätzte Zustand der Gesundheit (als Proxyvariable für Vulnerabilität) dienen. Wir nehmen an, dass von diesen Kontrollvariablen ein diffuser Einfluss auf den interessierenden Gegenstand der Kriminalitätsfurcht ausgeht, was eine geeignete Prüfung der Stabilität gefundener Zusammenhänge ermöglichen soll.

5 Beschreibung Datensatz

Die Hypothesen werden mit dem Datensatz der Allgemeine Bevölkerungsumfrage der Sozialwissenschaft (ALLBUS) 2016, der Gesellschaft Sozialwissenschaftlicher Infrastruktureinrichtungen (GESIS) geprüft.[4] Die Erhebung fand vom 06.04.2016 bis 18.09.2016 statt. Die Stichprobe enthält 3490 Fälle. Wir verwenden den Split 1 (F005A) zur Messung von Einstellungen zu Geschlechterrollen (missingbereinigt, N = 1479). Ergänzend werden die ALLBUS-Datensätze aus den Jahren 2000 und 2008 verwendet, sowie die Datensätze der Sicherheitsbefragungen der Stadt Leipzig 2011 und 2016, um methodische Vergleiche der Messung von Kriminalitätsfurcht vorzunehmen.[5]

6 Operationalisierungen

In Tab. 2 sind die Items erläutert, die zur Hypothesenprüfung verwendet werden. Näheres zu einzelnen Items ist im dazugehörigen Variablenreport ZA5250 der GESIS enthalten (www.gesis.org).

---

[4]Im Rahmen des ALLBUS-Programms wird seit 1980 alle zwei Jahre eine Zufallsstichprobe der Bevölkerung der Bundesrepublik mit einem teils konstanten, teils variablen Fragenprogramm befragt. Die Studiennummer des verwendeten Datensatzes ist ZA 5250. Die vorgenannte Institution trägt keine Verantwortung für die Verwendung der Daten in diesem Aufsatz.

[5]Wir danken der Stadt Leipzig, dem Amt für Statistik und Wahlen dafür, dass uns die Datensätze für sozialwissenschaftliche Analysen zur Verfügung gestellt wurden. Die vorgenannte Institution trägt keine Verantwortung für die Verwendung der Daten in diesem Aufsatz.

Frauen – das ängstliche Geschlecht? 295

Tab. 2 Übersicht über die verwendeten Messinstrumente

Bezeichnung der Variablen	Itemformulierungen und Antwortkategorien, Cronbach's Alpha (α), arithmetischer Mittelwert $\bar{x}$, Standardabweichungs
Abhängige Variable	
Kriminalitätsfurcht	Gibt es eigentlich hier in der unmittelbaren Nähe – ich meine so im Umkreis von einem Kilometer – irgendeine Gegend, wo Sie nachts nicht alleine gehen möchten? 0 – nein, gibt es hier nicht 1 – ja, gibt es hier;
Unabhängige Variablen	
Geschlecht	1 – Mann (51,1 %), 2 – Frau (48,9 %)
Egalitäre Geschlechter-norm (Mutter)	Eine berufstätige Mutter kann ein genauso herzliches Verhältnis zu ihren Kindern finden, wie eine Mutter die nicht berufstätig ist. (1 – stimme überhaupt nicht zu … 4 – stimme voll und ganz zu) Ein Kleinkind wird sicherlich darunter leiden, wenn seine Mutter berufstätig ist. (1 – stimme voll und ganz zu … 4 – stimme überhaupt nicht zu) Es ist für ein Kind sogar gut, wenn seine Mutter berufstätig ist und sich nicht nur auf den Haushalt konzentriert. 1 – stimme überhaupt nicht zu … 4 – stimme voll und ganz zu) (α) = 0,6606; $\bar{x}$ = 3,06; s = 0,670
Egalitäre Geschlechter-norm (Erwerb)	Für eine Frau ist es wichtiger, ihrem Mann bei seiner Karriere zu helfen, als selbst Karriere zu machen. (1 – stimme voll und ganz zu … 4 – stimme überhaupt nicht zu) Es ist für alle Beteiligten besser, wenn der Mann voll im Berufsleben steht und die Frau zu Hause bleibt und sich um den Haushalt und die Kinder kümmert. Eine verheiratete Frau sollte auf eine Berufstätigkeit verzichten, wenn es nur eine begrenzte Anzahl von Arbeitsplätzen gibt und wenn ihr Mann in der Lage ist, für den Unterhalt der Familie zu sorgen. (α) = 0,6979; $\bar{x}$ = 3,19/s = 0,688
Bildung	1 – ohne Abschluss, 2 – Volks-/Hauptschule, 3 – mittlere Reife, 4 – Fachhochschulreife, 5 – Hochschulreife, 6 – anderer Abschluss, 7 – noch Schüler
Bildung (metrisiert)	(ohne Abschluss = 6) (Volks-/Hauptschule = 8) (mittlere Reife = 10) (4 Fachhoch-/Hochschulreife = 13) (Fachhoch-/Hochschulabschluss + 5). $\bar{x}$ = 11,78/s = 3,728

(Fortsetzung)

Tab. 2 (Fortsetzung)

Bezeichnung der Variablen	Itemformulierungen und Antwortkategorien, Cronbach's Alpha (α), arithmetischer Mittelwert $\bar{x}$, Standardabweichungs
Soziale Selbsteinstufung	In unserer Gesellschaft gibt es Bevölkerungsgruppen, die eher oben stehen, und solche, die eher unten stehen. Wir haben hier eine Skala, die von oben nach unten verläuft. Wenn Sie an sich selbst denken: Wo würden Sie sich auf dieser Skala einordnen? 1 – unten bis 10 – oben). $\bar{x} = 6,37/s = 1,616$
Eigenes Einkommen	Wie hoch ist Ihr eigenes monatliches Netto-Einkommen? Ich meine dabei die Summe, die nach Abzug der Steuern und Sozialversicherungsbeiträge übrigbleibt. (offene Abfrage, kein Einkommen – 0; + Listenangabe) $\bar{x} = 1626,49/s = 1284,958$
Unbefristetes Arbeits-verhältnis	Ist Ihr Arbeitsvertrag, Ihr Arbeitsverhältnis befristet oder unbefristet? 0 – befristet, kein Arbeitsverhältnis, 1 – unbefristet
In Partnerschaft lebend	Welchen Familienstand haben Sie? 0 = verheiratet, getrennt lebend, verwitwet, geschieden ledig, 1 = verheiratet und zusammen lebend, mit Lebenspartner/-in zusammenlebend
Kind(er) im Haushalt	Lebt mindestens ein Kind unter 15 Jahren im Haushalt) 0 – nein, 1 – ja
Kontrollvariablen	
Siedlungsgröße (abnehmend)	Welche Kategorie auf dieser Liste beschreibt am besten, wo Sie wohnen? 1 – Großstadt, 2 – Rand oder Vororte einer Großstadt, 3 – Mittel- oder Kleinstadt, 4 – ländliches Dorf, 5 – Einzelgehöft oder allein stehen des Haus auf dem Land
Vertrauen	Manche Leute sagen, dass man den meisten Menschen trauen kann. Andere meinen, dass man nicht vorsichtig genug sein kann im Umgang mit anderen Menschen. 0 – man kann nicht vorsichtig genug sein; das kommt darauf an; sonstiges; 1 – den meisten Menschen kann man trauen.
Alter	$\bar{x} = 51,15/17,249$
Gesund	Wie würden Sie Ihren Gesundheitszustand im Allgemeinen beschreiben? 1 – schlecht, 2 – weniger gut, 3 – zufriedenstellend, 4 – gut, 5 – sehr gut; $\bar{x} = 3,59/s = 1,008$
Inglehart (post-materialistisch)	Inglehart-Index 1 – materialistisch, 2-materialistisch misch-typ 3 – postmaterialistisch mischtyp 4 – postmaterialistisch (Rekodierung übernommen aus Variablenreport ZA5250)

Frauen – das ängstliche Geschlecht?   297

7   Ergebnisse

7.1   Die Ausprägung des Kriminalitätsfurchtparadoxes im Datensatz

Obwohl ein empirischer Nachweis des Kriminalitätsfurchtparadoxes weitgehend gelingt und häufig repliziert wurde, weichen die Befunde einzelner Datensätze hinsichtlich Geschlecht und Alter mitunter ab. Besonders die Altersvariable erweist sich als relativ instabil im Hinblick auf das Auftreten von Kriminalitätsfurcht. In den vorliegenden Datensätzen ist das auch der Fall. Ein Vergleich der ALLBUS-Datensätze, in denen Kriminalitätsfurcht mit dem jeweils gleichen Item erhoben wurde, zeigt, dass sich der Zusammenhang Alter-Kriminalitätsfurcht im Unterschied zum Geschlecht merklich verändert (Tab. 3).

Wie aus Tab. 3 ersichtlich wird ist demgegenüber der Zusammenhang Geschlecht – Kriminalitätsfurcht stabil und zufriedenstellend, was die Stärke betrifft und damit für die verfolgte Hypothesenprüfung geeignet.

Eine einfache Prüfung des Kriminalitätsfurchtparadoxes, in der nur die beiden Hauptvariablen (Alter und Geschlecht) enthalten sind, bestätigt die gefundene Konstellation, in welcher der Einfluss des Geschlechts deutlich erkennbar wird, aber kein Alterseinfluss beobachtbar ist (Tab. 4).

Diese Vorprüfung zur Eignung der Geschlechterdifferenz hinsichtlich Furcht/ Angst ist zufriedenstellend. Da Alter sowohl lebenszyklische als auch kohortenspezifische Differenzen enthalten kann, ist damit weitgehend sichergestellt, dass implizite Alterseffekte in der Geschlechtsvariable ausgeschlossen werden können. Das Alter hat im Datensatz keinen direkten Einfluss auf die Erhöhung oder Verringerung der Kriminalitätsfurcht. Geschlecht (weiblich) steigert demnach die Kriminalitätsfurcht im ALLBUS-Datensatz 2016 um das 4,4 fache. Mit der Hypothesenprüfung soll herausgefunden werden, ob diese Wahrscheinlichkeit unter Kontrolle der mit den Hypothesen begründeten Variablen sinkt.

Tab. 3 Bivariate Zusammenhänge von Alter und Geschlecht mit Kriminalitätsfurcht (Für den Datensatz ALLBUS 2016 wird die Teilstichprobe (Split 1) verwendet)

	Alter – Kriminalitätsfurcht	Geschlecht (Frau) – Kriminalitätsfurcht
ALLBUS 2000	,083**	,297**
ALLBUS 2008	,052**	,270**
ALLBUS 2016	−,024	,296**

Bivariate Korrelationskoeffizienten (Pearson) **signifikant 1 %, *signifikant 5 %

Tab. 4 Vergleich Kriminalitätsfurchtparadox zwischen drei ALLBUS-Datensätzen

	Alter	Geschlecht	R^2 – Nagelkerke
ALLBUS 2000	1,009**	4,193**	,133**
ALLBUS 2008	1,006*	3,946**	,113**
ALLBUS 2016	,999	4,435**	,132**

Standardisierte logistische Regressionskoeffizienten **signifikant 1 %, *signifikant 5 %

7.2 Zustimmung zu tradierten Geschlechterrollen und Kriminalitätsfurcht

Zuerst soll eingeschätzt werden, inwieweit normative Grundüberzeugungen bezüglich Mutter- und Erwerbsrolle an der Äußerung von Kriminalitätsfurcht beteiligt sind. Einer der Einwände gegen das Paradox besteht darin, dass Männer aufgrund internalisierter tradierter Geschlechternormen Furcht eher nicht zugeben und Frauen ihre Furcht tendenziell überhöhen. Eine Prüfung dieser Tendenz soll mithilfe der Itembatterien zu Geschlechternormen vorgenommen werden.

Dem Ergebnis zufolge lässt sich kein Effekt der normativen Rollenüberzeugung zwischen den Geschlechtern auf die Kriminalitätsfurcht beobachten. Zudem sind eher die weiblichen Befragten egalitär eingestellt.

Eine partielle Korrelation, kontrolliert mittels Alter und den beiden Geschlechternormen, ergibt nahezu keine Veränderung zwischen Geschlecht und Kriminalitätsfurcht (Tab. 5). Zunächst lassen sich erwartbare Konstellationen zwischen der Ablehnung tradierter Geschlechterrollen und dem Alter, denen zufolge wahrscheinlich ein Generationeneffekt beteiligt ist, beobachten. Aus einer Generationenperspektive zeigt sich, dass die Akzeptanz egalitärer Erwerbsnormen

Tab. 5 (Partielle) Korrelation Geschlecht – Kriminalitätsfurcht. (ALLBUS 2016)

	Kriminalitätsfurcht	Geschlecht	Alter
Egalitäre Geschlechternorm (Mutter)	,003	,178**	–,074**
Egalitäre Geschlechternorm (Erwerb)	–,016	,144**	–,176**
Geschlecht	,294**		
Geschlecht *(partieller Korrelations-koeffizient)*	,301**		

Korrelationskoeffizienten **signifikant 1 %, *signifikant 5 %

Frauen – das ängstliche Geschlecht? 299

zwischen den Geschlechtern mit dem Alter bzw. zu den älteren Generationen hin, abnimmt. Bezüglich Mutterschaft und Erwerbstätigkeit ist dieser Zusammenhang etwas geringer ausgeprägt. Das ist unter sozialisationstheoretischen Erwägungen erwartbar. Angehörige der älteren Generation haben eher unter der Bedingung des Vorherrschens tradierter Geschlechternormen ihre frühe Sozialisation erlebt. Ebenso erwartbar ist eine positive Korrelation zwischen Geschlecht (Frau) und egalitären normativen Überzeugungen. Die weiblichen Befragten lehnen demnach tendenziell Vorstellungen über eine tradierte Rollenaufteilung zwischen den Geschlechtern stärker ab als die männlichen Befragten. Ein Zusammenhang zwischen der Überzeugung egalitärer Geschlechterrollen und der Kriminalitätsfurcht lässt sich dagegen nicht beobachten. Es ist faktisch kein Zusammenhang nachweisbar. Auf dieser Grundlage zeigt sich dann auch keine wesentliche Veränderung, wenn mittels partieller Korrelation die Drittvariablen herausgerechnet werden.

Ein weiterer Zugang ergibt sich aus einer Teilung des Datensatzes nach Geschlecht und der Berechnung von t-Tests, indem geprüft wird, ob sich Männer bzw. Frauen mit keiner oder vorhandener Kriminalitätsfurcht in Bezug auf ihre normativen Überzeugungen hin unterscheiden. Bezüglich der Überzeugungen zu einer egalitären Auffassung der Mutterrolle lässt sich nur bei den weiblichen Befragten ein minimaler Unterschied feststellen. Der Mittelwert der Kategorie „keine Kriminalitätsfurcht" beträgt $\bar{x} = 3{,}21$ und jener der Kategorie „Kriminalitätsfurcht" $\bar{x} = 3{,}11$. Der Unterschied ist auf dem 5 %-Niveau signifikant. Demzufolge stimmen weibliche Befragte, die keine Kriminalitätsfurcht aufweisen, etwas stärker (Mittelwertdifferenz von $\bar{x} = 0{,}10$) einer egalitären Mutterrolle zu. Bei den männlichen Befragten ist die Differenz noch kleiner und nicht signifikant. Hinsichtlich einer egalitären Auffassung der Erwerbsorientierung der Geschlechter sind die Differenzen ähnlich (weibliche Befragte $\bar{x} = 0{,}10^*$, männliche Befragte $\bar{x} = 0{,}13$).

Während sich zumindest minimal ein Hinweis darauf ergibt, dass Frauen, wenn sie mehr zu einer egalitären Rollenaufteilung neigen, eine geringere Kriminalitätsfurcht aufweisen, entspricht dies gegenüber männlichen Befragten nicht den theoretischen Erwartungen. Hier war erwartet, dass Männer, die zu egalitären Geschlechterrollen neigen, eine höhere Kriminalitätsfurcht aufweisen, indem sie jenem Grad der Angstverweigerung, welcher der männlichen Rolle entspricht, nicht mehr folgen. Dies hätte als ein normatives Syndrom im Sinne von Atteslander und Kneubühler (1975) aufgefasst werden können, in dem sich ein Antwortverhalten ergibt, das sich an Normen orientiert: Die Zustimmung zu tradierten Geschlechterrollen entspricht der Zustimmung zu männlicher

Geschlechtsidentität – diese wiederum resultiert aus der Tendenz, Furcht nicht zu äußern. Ein solches normatives Syndrom kann mit den Daten nicht bestätigt werden.

7.3 Bildung und Kriminalitätsfurcht

Bildung ist ein gut replizierter Faktor, demzufolge mit zunehmender formaler Schulbildung die Kriminalitätsfurcht sinkt. Die Frage aber ist, ob auch die Differenz zwischen den Geschlechtern entlang des Bildungsgrades abnimmt. Anhand der Berechnungen lässt sich auch hier nur ein sehr geringer Zusammenhang beobachten, wenngleich er mit der erwarteten Richtung übereinstimmt. Bildung senkt die Kriminalitätsfurcht, allerdings beträgt der Korrelationskoeffizient lediglich $r = -0{,}076$. Die Differenz zwischen den Geschlechtern dagegen verringert sich nicht ($r = 0{,}294$ und kontrolliert mit Bildung $r = 0{,}291$).

Getrennt nach weiblichen und männlichen Befragten ergibt sich mittels t-Test ein etwas differenzierterer Befund: Demnach unterscheiden sich männliche Befragte mit Kriminalitätsfurcht und keiner Kriminalitätsfurcht um 1,25 Punkte auf der metrisierten Bildungsskala auf einem 1 %-Signifikanz-Niveau. Männliche Befragte mit einem durchschnittlich etwas geringeren Bildungsniveau äußern demzufolge eher Kriminalitätsfurcht. Die weiblichen Befragten weisen eine deutlich geringere ($\bar{x} = 0{,}33$) Differenz auf, die allerdings nicht signifikant ausfällt. Sowohl bei den weiblichen als auch bei den männlichen Befragten senkt Bildung das Auftreten von Kriminalitätsfurcht, bei den männlichen Befragten ist diese Tendenz jedoch deutlicher zu beobachten.

Eine Aufteilung des Datensatzes nach der kategorialen Variante der Bildungsvariable führt aber zu einer kaum interpretierbaren Veränderung des Zusammenhangs Geschlecht – Kriminalitätsfurcht (Tab. 6).

Tab. 6 Korrelation nach Bildungs kategorien; aufgeteilter Datensatz

	Ohne Abschluss	Volks-/ Hauptschule	Mittlere Reife	Fachhochschulreife	Hochschulreife
Geschlecht-Kriminalitätsfurcht	,420+	,260**	,270**	,378**	,335**
Partielle Korrelation tradierte Geschlechterrollen	,414+	,270**	,271**	,397**	,338**

Korrelationskoeffizienten **signifikant 1 %, *signifikant 5 %, +signifikant 10 %

Frauen – das ängstliche Geschlecht? 301

In Tab. 6 zeigt sich bezüglich einer Kontrolle durch Bejahung egalitärer Geschlechterrollen auch in den Teilkategorien der formalen Bildung kaum ein Unterschied zwischen Geschlecht und Kriminalitätsfurcht. Das ist umso bemerkenswerter als dies auch für die Kategorien mit höherer Bildung gilt. Hier war zu erwarten, dass in der Gruppe der weiblichen Befragten mit Bildungszunahme die Kriminalitätsfurcht sinkt.

Es bestätigt sich auf einem zunächst elementaren Niveau demnach nicht, dass Bildung die Geschlechterdifferenz bezüglich Kriminalitätsfurcht merklich verringert, wenn mit egalitären normativen Überzeugungen kontrolliert wird. Auch insgesamt lässt sich die gut replizierte Tendenz, derzufolge Bildung die Kriminalitätsfurcht senkt, nur in einem sehr geringen Ausmaß beobachten und gilt scheinbar für männliche Befragte stärker als für weibliche.

Mithilfe des eigenen Einkommens soll die Wirkung wirtschaftlicher Selbstständigkeit genauer bestimmt werden.

7.4   Eigenes Einkommen und Kriminalitätsfurcht

Das eigene Einkommen senkt die Kriminalitätsfurcht stärker als die Variable zur formalen Bildung ($r = -0,178{**}$ gegenüber $r = -0,076{**}$). Hinsichtlich des Zusammenhangs zwischen beiden Variablen zeigt sich aber, dass die Pearsonkorrelation zwischen Einkommen und formaler Bildung mit $r = 0,419{**}$ relativ gering ist. Eine differenzierte Analyse nach dem Erwerbsstatus soll deshalb weitere Aufschlüsse ermöglichen. Die partiellen Korrelationskoeffizienten des Zusammenhangs Geschlecht – Kriminalitätsfurcht ändern sich nur geringfügig, wenn sie durch Einkommen, Bildung und Alter kontrolliert werden (Tab. 7).

Tab. 7 Status der Erwerbstätigkeit und Kriminalitätsfurcht

	Erwerbstätigkeit			
	Hauptberufl. ganztags ($N = 656$)	Hauptberufl. halbtags ($N = 163$)	Nebenher berufstätig ($N = 81$)	Nicht erwerbstätig ($N = 508$)
Geschlecht – Kriminalitätsfurcht	,288**	,091	,216*	,305**
Partielle Korrelation (Alter, Einkommen, Bildung)	,261**	,080	,195+	,281**

Korrelationskoeffizienten **signifikant 1 %, *signifikant 5 %, +signifikant 10 %

Zunächst fällt auf, dass sich der Zusammenhang zwischen Geschlecht und Kriminalitätsfurcht in der Gruppe der ganztags erwerbstätigen Befragten kaum vom unkontrollierten bivariaten Zusammenhang der Teilstichprobe unterscheidet ($r = 0,288$ zu $0,261$). Interpretiert man die Variable der Erwerbstätigkeit als gesellschaftlichen Bereich, in dem im Zusammenhang mit Bildung Emanzipation über den Erwerb von sozialem Status und Einkommen erzielt werden kann, dann läuft dieses Ergebnis den Erwartungen entgegen. Zum einen ist kein nennenswerter Unterschied zur Gruppe der nicht Erwerbstätigen zu beobachten (der Zusammenhang ist nur etwas geringer). Zum anderen löst sich der Zusammenhang zwischen Geschlecht und Kriminalitätsfurcht bei den halbtags Erwerbstätigen nahezu auf. Insgesamt verändert die Kontrolle durch die ausgewählten Drittvariablen die Unterschiede zwischen den vier Gruppen nicht. Mit einem $N = 163$ ist die Teilstichprobe der halbtags Beschäftigten auch nicht zu klein, um interpretiert zu werden. Die Effekte sind nur unwahrscheinlich Zufallseffekte. Warum zwischen den ganz- und halbtags Erwerbstätigen solche großen Unterschiede bestehen, ist nicht ganz klar.

Eine Kreuztabellierung gibt weiteren Aufschluss über die Differenz zwischen ganztags erwerbstätig und nicht erwerbstätig, was direkt auf die Hypothesenprüfung verweist: So wie bereits im Zusammenhang mit der partiellen Korrelation zeigt sich auch bei Cramer's-V nur ein geringfügiger Unterschied, wenngleich in die erwartete Richtung ($V = 0,290**$ ganztags zu $V = 0,322**$ nicht erwerbstätig). Der Zusammenhang zwischen Geschlecht und Kriminalitätsfurcht ist also bei Erwerbstätigkeit leicht geringer. Um diese Differenz genauer zu betrachten, wird zusätzlich die Verteilung zwischen den Zellen herangezogen (Tab. 8).

In den Verteilungen zeigt sich, dass sowohl bei den männlichen als auch bei den weiblichen Befragten der Anteil derjenigen, die Kriminalitätsfurcht angeben,

Tab. 8 Einfluss Erwerbstätigkeit auf Geschlecht und Kriminalitätsfurcht

	Ganztags erwerbstätig		Nicht erwerbstätig	
	Kriminalitätsfurcht		Kriminalitätsfurcht	
	Nein	Ja	Nein	Ja
Männlich	91,4 (N = 391)	8,6 (N = 37)	88,1 (N = 252)	11,9 (N = 34)
Weiblich	68,8 (N = 163)	31,2 (N = 74)	59,8 (N = 177)	40,2 (N = 119)

Angaben in Prozent

Frauen – das ängstliche Geschlecht?

Tab. 9 Geschlechtsbezogene Erwerbsparameter und Kriminalitätsfurcht

	Alter	Einkommen	Bildung	unbefristetes Arbeitsverhältnis
Weibliche Befragte				
Kriminalitätsfurcht	−,021	−,089*	−,044	−,096**
Männliche Befragte				
Kriminalitätsfurcht	−,017	−,135**	−,097**	−,046

Bivariate Korrelationskoeffizienten (Pearson) **signifikant 1 %, *signifikant 5 %

bei den nicht Erwerbstätigen höher ist als bei den ganztägig Erwerbstätigen. Darüber hinaus ist bei den weiblichen Befragten diese Differenz jedoch deutlich größer. Zumindest lässt sich dies als ein leichter Hinweis auf die Erwerbshypothese interpretieren.

Eine weitere Kontrolle durch das Merkmal unbefristeter Arbeitsvertrag bezüglich der ganztägig Erwerbstätigen kann Aufschlüsse darüber geben, ob die Sicherheit des Arbeitsplatzes das Verhältnis Geschlecht – Kriminalitätsfurcht beeinflusst bzw. die gefundene leichte Absenkung durch Erwerbsparameter verstärkt. Hierzu soll eine differenzierte Betrachtung der weiblichen und männlichen Befragten Aufschlüsse geben (Tab. 9).

Grundsätzlich zeigen die Zusammenhänge der Erwerbsvariablen bei beiden Geschlechtern in die erwartete Richtung. Alle Variablen senken die Kriminalitätsfurcht sowohl bei den weiblichen als auch bei den männlichen Befragten. Die Geschlechtsunterschiede in der Kriminalitätsfurcht können durch die Kontrolle der Einkommensvariablen jedoch nicht nennenswert verringert werden. Das Einkommen weist bei den männlichen Befragten eine stärker senkende Wirkung auf die Kriminalitätsfurcht auf. Bei den weiblichen Befragten zeigt sich diese Tendenz zwar im Zusammenhang mit der Sicherheit des Arbeitsplatzes, jedoch nur sehr geringfügig (−0,096** bei den Frauen im Vergleich mit −0,046 bei den Männern). Insgesamt verweisen die Tab. 7, 8, 9 und 10 also darauf, dass sich die Geschlechterdifferenz in der Kriminalitätsfurcht durch die Erwerbsparameter nur sehr geringfügig verringert.

7.5 Familie und Kriminalitätsfurcht

Zunächst soll geprüft werden, ob der Status des Alleinlebens bereits die Intensität der Kriminalitätsfurcht beeinflusst und ob sich männliche und weibliche Befragte darin unterscheiden. Weil damit zu rechnen ist, dass Alleinleben mit dem

Lebensalter korreliert und darüber hinaus über diese Korrelation auch eine relevante Vulnerabilitätsvariable von Bedeutung ist, nämlich der Gesundheitszustand, wird diese Variable ebenfalls einbezogen.

Es ergeben sich erwartbare, aber geringe bivariate Zusammenhänge. Allein zu leben steigert die Kriminalitätsfurcht ($r = 0{,}070**$) und ein guter Gesundheitszustand senkt sie ($r = -0{,}089**$). Des Weiteren steigt mit dem Lebensalter die Wahrscheinlichkeit allein zu leben ($r = 0{,}122**$) und nimmt der Gesundheitszustand ab ($r = -0{,}351**$). Mit dem Geschlecht sind jedoch keine Zusammenhänge mit Alleinleben ($r = 0{,}006$) und dem Gesundheitszustand ($r = 0{,}004$) verbunden. Alleinleben und Gesundheitszustand stehen schließlich in einem negativen Zusammenhang ($r = -0{,}139**$) mit der Kriminalitätsfurcht. Grundsätzlich kann erwartet werden, dass die Wahrscheinlichkeit derzufolge Frauen im höheren Lebensalter allein leben, gesundheitlich schlechter bestellt sind, d. h. eine höhere Vulnerabilität empfinden, steigt und sie dadurch eine höhere Kriminalitätsfurcht aufweisen. Eine partielle Korrelation mit diesen Drittvariablen ergibt jedoch keine Veränderung des Zusammenhangs zwischen Geschlecht und Kriminalitätsfurcht.

Eine Aufteilung des Datensatzes erlaubt es, diese Zusammenhänge geschlechtsspezifisch zu betrachten (Tab. 10).

Bezüglich der Kriminalitätsfurcht zeigt sich bei den weiblichen Befragten ein leichter, signifikanter Zusammenhang mit dem Leben in Partnerschaft ($r = -0{,}074*$). Tendenziell, und im Unterschied zu den männlichen Befragten,

Tab. 10 Geschlecht und Kriminalitätsfurcht kontrolliert durch Familienvariablen

	Alter	In Partnerschaft	Kinder unter 15 Jahre	Gesund
Weibliche Befragte				
Kriminalitätsfurcht	,021	−,074*	−,033	−,067
Alter	−	,173**	−,320**	−,314**
In Partnerschaft	−	−	,276**	,047
Kinder unter 15 Jahre	−	−	−	,177**
Männliche Befragte				
Kriminalitätsfurcht	−,017	−,058	-,013	−,111**
Alter	−	,407**	−,247**	−,351**
In Partnerschaft	−	−	,187**	−,037
Kinder unter 15 Jahre	−	−	−	,141**

Bivariate Korrelationskoeffizienten (Pearson) **signifikant 1 %, *signifikant 5 %

Frauen – das ängstliche Geschlecht? 305

ist dies ein Merkmal, das dazu beiträgt, dass die Kriminalitätsfurcht von Frauen geringer ist. Demgegenüber zeigt sich bei den männlichen Befragten durch den Gesundheitszustand die stärkste Korrelation zur Kriminalitätsfurcht ($r = -0{,}111^{**}$). Diese Befunde lassen sich auch mittels der Orientierungshypothese interpretieren. Mangels konkreter Messinstrumente für Copingstrategien in den Daten und mangels der Möglichkeit evolutionäre Hypothesen mittels der vorliegenden Daten generell zu prüfen, sind diese nur als Interpretationen und nicht als Befunde aufzufassen. Demzufolge setzen die männlichen Befragten stärker auf Copingstrategien, die mit ihrer physischen Gesundheit zusammenhängen, während die weiblichen Befragten auf den Schutz von Partnerschaft vertrauen. Insbesondere weist die geschlechtsbezogene Differenz im Zusammenhang zwischen Alter und Partnerschaft darauf hin. Diese Ergebnisse lassen sich auch evolutionsbiologisch interpretieren: Männer wählen eher die riskantere Strategie der Selbstverteidigung. Dies sind Strategien, die dazu führen sollen, die Kontrolle über die Situation zu erhalten. Frauen wählen eher die risikoärmeren Strategien, die auf den Schutz durch die männlichen Begleitpersonen vertrauen. So sind sie selbst einem geringeren physischen Risiko ausgesetzt und erhalten ihre Reproduktionsfähigkeiten länger. Männer hingegen schützen die Reproduktion von Frauen und erhalten so ihre eigene Reproduktion. Ähnliche Ergebnisse findet auch Brownlow (2005, S. 583; vgl. auch Campbell 2001, S. 489 f.; Walsh 2010, S. 275 f.).

7.6 Siedlungsgröße und Kriminalitätsfurcht

Schließlich soll geprüft werden, ob die Wohnortgröße die geschlechtsspezifische Differenz bezüglich Kriminalitätsfurcht beeinflusst. Es zeigt sich wie erwartet, dass mit der Wohnortgröße die Intensität der Kriminalitätsfurcht ansteigt ($r = 0{,}134^{**}$). In Großstädten ist eine höhere Kriminalitätsfurcht anzutreffen, als in kleineren Siedlungsgrößen. Bezogen auf die Geschlechterdifferenz ergibt sich jedoch keine Veränderung. Die gefundene Tendenz des Anstiegs der Kriminalitätsfurcht mit der Wohnortgröße ist sowohl bei den männlichen als auch bei den weiblichen Befragten beobachtbar. Es zeigt sich aber auch, dass die Wohnortgröße negativ mit dem Leben in einer Partnerschaft zusammenhängt. Wie bereits dargestellt, ist Partnerschaft eine Variable, welche negativ mit der Messung zu Kriminalitätsfurcht zusammenhängt. Aber auch unter Kontrolle des Lebens in Partnerschaft ergibt sich keine Veränderung des Zusammenhangs zwischen Geschlecht und Kriminalitätsfurcht.

Im folgenden multivariaten Regressionsmodell soll geprüft werden, ob weitere in Betracht gezogene Variablen auch auf die Geschlechterdifferenz Einfluss

Tab. 11 Logistische Regressionsmodelle zur Erklärung von Kriminalitätsfurcht

	Kriminalitätsfurcht				
	Modell 1	Modell 2	Modell 3	Modell 4	Modell 5
Geschlecht (weibl.)	4,671**	5,003**	4,392**	4,335**	4,387**
Alter	,997	,996	,994	,996	,992
Egalitäre Norm (Mutter)		,895	,888	,887	,854
Egalitäre Norm (Erwerb)		,819*	,936	,939	1,012
Eigenes Einkommen			1,000*	1,000*	1,000*
Bildung (metrisiert)			,991	,992	,987
Unbefristeter Arbeitsvertrag			,791	,830	,873
Soziale Selbsteinstufung			,910[+]	,925[+]	,938
In Partnerschaft lebend				,788	,895
Kind(er) im Haushalt				1,024	1,002
Gesund					,864*
Wohnortgröße (abnehmend)					,749**
Allgemeines Vertrauen					,866
Inglehart (postmaterialistisch)					,779**
Nagelkerke R^2	,132**	,139**	,162**	,164**	,200**
	N = 1503				

Standardisierte logistische Regressionskoeffizienten (**signifikant 1 %, *signifikant 5 %, +signifikant 10 %)

nehmen. Dazu werden als Kontrollvariablen der Inglehartindex und das allgemeine Vertrauen herangezogen. Bezüglich dieser Variablen vermuten wir, dass sie sowohl konkrete emanzipatorische Einstellungen als auch Wirksamkeitsüberzeugungen im Selbstbild unterstützen.

Die Einzelprüfungen der Hypothesen werden nun multivariat zusammengeführt (Tab. 11).[6]

Erstens lässt sich beobachten, dass alle in den Hypothesen begründeten Zusammenhänge sowie die Kontrollvariablen, ungeachtet der Stärke und des

---

[6]Die leichten Abweichungen zu den Werten in Tab. 4 ergeben sich aus dem verwendeten Filter, der auf dem Split 1 im Allbus 2016 beruht.

Signifikanzniveaus, in die theoretisch erwartete Richtung weisen. Lediglich das eigene Einkommen liefert keinen Hinweis auf ein Sinken oder Steigen der Wahrscheinlichkeit von Kriminalitätsfurcht. Es ist zu vermuten, dass sich der Unterschied zum bivariaten Zusammenhang durch neutralisierende Einflüsse der verwendeten Variablen im multivariaten Modell ergibt. Dennoch ist die Stabilität des nicht vorhandenen Zusammenhangs zwischen Einkommen und der Wahrscheinlichkeit von Kriminalitätsfurcht gerade bezüglich dieser, für die Emanzipationshypothese relevanten Variable, erstaunlich.

Zweitens ist auffällig, dass die Kontrollvariablen das Ergebnis besonders beeinflussen. Bis auf das allgemeine Vertrauen sind alle Kontrollvariablen signifikant.

Drittens leistet die Akzeptanz egalitärer Geschlechternormen einen sehr geringen Beitrag zur Erklärung der Kriminalitätsfurcht. Die Variable zur egalitären Überzeugung der Vereinbarkeit von Mutterrolle und Erwerbstätigkeit ist zwar durchgängig stabil und senkt die Wahrscheinlichkeit von Kriminalitätsfurcht um ca. 15 %, aber erreicht keine Signifikanz und der Beitrag liegt insgesamt unter den Erwartungen, was die Steigerung der Erklärungskraft des Modells betrifft. Die Variable zur egalitären Überzeugung bezüglich der Erwerbstätigkeit verliert sogar sukzessive ihren Einfluss und die Signifikanz mit der Erweiterung des Modells und kehrt sich schließlich leicht um.

Viertens ist die Stärke und die Stabilität der Geschlechtsvariable besonders auffällig. Hochsignifikant steigert sie um das ca. 4-fache die Wahrscheinlichkeit von Kriminalitätsfurcht bei den weiblichen Befragten. Zugleich lässt sich sagen, dass diese Variable den Kern der Modellanpassung trägt. Die zuvor gefundenen, wenngleich eher geringen Zusammenhänge mit den begründeten Variablen führen zu keiner nennenswerten Veränderung des Koeffizienten der Geschlechtsvariable. Die Modelle stützen den Eindruck eines multikausalen Zusammenhangs mit der Kriminalitätsfurcht. Fast alle Variablen sind über die Modelle hinweg stabil.

Insgesamt kann aus den Analysen der Eindruck einer indirekten Bestätigung der getroffenen Annahmen entstehen, derzufolge Kriminalitätsfurcht tendenziell eine weibliche Eigenschaft sei, die durch den Einbezug von Drittvariablen nicht beeinflusst wird. In der Tat gibt es dahingehende Auffassungen, wie in der alternativen theoretischen Begründung skizziert. Ob evolviert oder sozial verursacht, lässt sich im Rahmen der hier durchgeführten Hypothesenprüfung nicht einschätzen. Es soll abschließend der Frage nachgegangen werden, inwieweit die Messung der Kriminalitätsfurcht selbst an diesem Ergebnis beteiligt ist, auch wenn wir eingangs den Standpunkt vertreten, dass die methodische Kritik nicht im Vordergrund stehen soll, kann sie auch nicht völlig außer Acht gelassen werden.

Exkurs: Methodische Kritik am Standardindikator

Drei grundsätzliche Einwände gegen den Standardindikator gehören zu den häufig vorgebrachten: Die unspezifische Bezugnahme auf Furcht, die ausschließliche Bezugnahme auf nachts sowie die simple Skalierung. Den Einwänden soll zumindest skizzenhaft nachgegangen werden. Dazu eignen sich zwei Sicherheitsbefragungen der Stadt Leipzig aus den Jahren 2011 und 2016. Die Kriminalitätsfurcht wird semantisch als Sicherheitsempfinden sowohl tagsüber als auch nachts getrennt erhoben. Hier wird zur Vergleichbarkeit nur das Item zum Sicherheitsempfinden nachts herangezogen: „Wie sicher fühlen Sie sich in der Gegend, in der Sie wohnen?" – nachts. Gemessen wurde mittels einer 4-stufigen Ratingskala: sehr sicher, sicher, unsicher, sehr unsicher. Die Messung in der Sicherheitsbefragung aus dem Jahre 2016 ist identisch. Da in den Sicherheitsbefragungen andere Indikatoren zur Verfügung stehen, als im Allbus 2016 kann nicht das Gesamtmodell verglichen werden, sondern es soll eine Auswahl gut replizierter Grundbedingungen Hinweise auf die Wirkung von Messunterschieden erbringen. In allen drei Erhebungen (Allbus 2016 und Sicherheitsbefragungen 2011 und 2016[7]) sind das Geschlecht, das Alter und die Bildungsvariable erhoben. Das erscheint zunächst wenig, aber folgende in unterschiedlichen Untersuchungen sich als stabil erweisende Zusammenhänge können im Vergleich Hinweise auf Messdifferenzen geben: Das betrifft den Zusammenhang zwischen Kriminalitätsfurcht und Geschlecht, jenen von Kriminalitätsfurcht und Bildung sowie schließlich den Einfluss von Bildung auf den Zusammenhang von Kriminalitätsfurcht und Geschlecht.

Tab. 12 enthält die bivariaten Korrelationskoeffizienten und im Vergleich dazu, die Ergebnisse einer partiellen Korrelation. Der Datensatz ALLBUS 2016 ist dabei als Substichprobe in die Berechnungen eingegangen und bezieht sich auf die Zusammenhänge bei Befragten, die in Großstädten leben, um mit den beiden Datensätzen der Leipziger Sicherheitsbefragung verglichen werden zu können. Zunächst bleibt die Besonderheit des Standardindikators *Kriminalitätsfurcht* erhalten. Das Geschlecht bildet einen deutlichen Zusammenhang mit dem Item Kriminalitätsfurcht ($r = 0{,}247^{**}$ (Allbus 2016); $0{,}124^{**}$ und $0{,}082^{**}$ (Sicherheitsbefragungen 2011 respektive 2016; dichotomisiert)). Dementgegen steigt aber nun, wie eingangs grundsätzlich erwartet, mit dem Alter die

---

[7]Der Tendenz nach weisen Städter eine höhere Kriminalitätsfurcht auf – dies lässt sich auch im ALLBUS-Datensatz beobachten. Aus diesem Grund wird für den hier ausgeführten Vergleichszweck aus dem Allbus 2016 nur ein Teildatensatz von denjenigen Befragten verwendet, die in Großstädten leben ($N = 682$).

Frauen – das ängstliche Geschlecht? 309

Tab. 12 Vergleich der drei Datensätze bzgl. Kriminalitätsfurcht nach Geschlecht, Alter und Bildung

	Kriminalitätsfurcht (nachts)				
	Allbus 2016	Sicherheitsbefragung 2011		Sicherheitsbefragung 2016	
	Gefiltert Großstadt	Dichotomisiert	Ratingskala	Dichotomisiert	Ratingskala
Geschlecht	,247**	,124**	,141**	,082**	,106**
Alter	,082*	,127**	,155**	,117**	,142**
Bildung (metrisiert)	−,118**	−,134**	−,158**	−,166**	−,200**
Partielle Korrelation Geschlecht	,248**	,119**	,136**	,079**	,103**
	N = 682	N = 2918		N = 2608	

Korrelationskoeffizienten **signifikant 1 %, *signifikant 5 %

Kriminalitätsfurcht an ($r = 0,082$*; $0,127$** und $0,117$** im Allbus und in den Sicherheitsbefragungen 2011 und 2016 respektive (dichotomisiert)). Mit höherer Bildung wird die Kriminalitätsfurcht geringer ($r = -0,118$**; $-0,134$** und $-0,166$** im Allbus und in den Sicherheitsbefragungen 2011 und 2016 respektive (dichotomisiert)). Vorsichtig könnte angenommen werden, dass das Kriminalitätsfurchtparadox in städtischen Siedlungsgebieten mit größerer Wahrscheinlichkeit beobachtbar ist. Dennoch bleibt der Zusammenhang zwischen Geschlecht und Kriminalitätsfurcht unter der Bedingung der Kontrolle durch Alter und Bildung unverändert bestehen (partielle Korrelation $= 0,248$**, $0,119$** und $0,079$** in Allbus 2016 und den Sicherheitsbefragungen 2011 und 2016 respektive (dichotomisiert)). Diese Eigentümlichkeit, die Dominanz und große Stabilität der Variable Geschlecht in Beziehung zur Kriminalitätsfurcht, erweist sich als mit Drittvariablen in den herangezogenen Datensätzen nicht relativierbar. In den Vergleichsdatensätzen ist zum einen das Geschlecht nicht so intensiv mit Kriminalitätsfurcht verbunden wie im ALLBUS-Datensatz und zum anderen bildet das Alter den größeren Zusammenhang mit der Kriminalitätsfurcht. Dies könnte ein Hinweis darauf sein, dass das Standarditem diffuse Ängste misst, wie auch in anderen Untersuchungen bereits angenommen wurde. Mit der verbalen Bezugnahme auf „Sicherheit" in den beiden anderen Befragungen vermindert sich der Zusammenhang Geschlecht-Kriminalitätsfurcht zumindest etwas. Darüber hinaus kann angenommen werden, dass einer der Gründe im höheren kriminogenen Gehalt des Items besteht.

Des Weiteren geht von der formalen Bildung ein stärker senkender Einfluss auf die Kriminalitätsfurcht aus. Allerdings zeigt sich auch hier, dass die partielle Korrelation den Zusammenhang zwischen Geschlecht und Kriminalitätsfurcht nur geringfügig senkt. Durchweg aber ist beobachtbar, dass eine Skalenerweiterung die Korrelationskoeffizienten erhöht (vgl. die Spalten dichotomisiert und metrisiert in den Sicherheitsbefragungen 2011 und 2016 in Tab. 12). Das ist durchaus auf eine Erhöhung des Informationsgehalts zurückzuführen und kann als eine Verbesserung der Analysemöglichkeiten angesehen werden.

Schließlich kann eingewendet werden, dass es für einen Teil der Bevölkerung, z. B. ältere Menschen oder im Sinne eines intendierten Vermeideverhaltens, das nachts allein unterwegs zu sein nicht von praktischer Bedeutung ist, d. h. im Sinne von „als ob" geantwortet wird, weil sie eine solche Situation in ihrem Alltag nicht oder kaum erleben. Dem kann mit zwei Items zum Sicherheitsempfinden (tagsüber und nachts) abgeholfen werden. Dabei zeigt sich, dass sich beide Messungen im Hinblick auf die Häufigkeitsverteilung unterscheiden. Das Sicherheitsempfinden ist sowohl in der Stichprobe 2011 als auch 2016 tagsüber höher als nachts. In der Stichprobe 2016 geht aus einer Varianzanalyse eine hochsignifikante Differenz der Mittel der Quadrate zwischen den Gruppen (114,196) und innerhalb der Gruppen (,218) hervor. Einerseits enthält dieses Verhältnis eine Wirkung des nächtlichen Sicherheitsempfindens auf jenes tagsüber, andererseits wird deutlich, dass zwischen den Sicherheitseinschätzungen nachts durchweg auch eine signifikante Differenz des Sicherheitsempfindens tagsüber besteht.

Tab. 13 weist Unterschiede der Zusammenhänge zwischen den interessierenden Variablen und der Kriminalitätsfurcht nachts und tagsüber aus. Der Zusammenhang zwischen der Kriminalitätsfurcht nachts und tagsüber lässt sich nun genauer bestimmen. Der bivariate Zusammenhang ist in mittlerer Stärke gegeben, zeigt aber auch, dass daraus kein zwingender, übergreifender Einfluss besteht. Damit lässt sich eine durchaus erklärenswerte Differenz zwischen der Kriminalitätsfurcht nachts und tagsüber beobachten. Auffällig ist, dass der Einfluss des Alters nicht nur statistisch signifikant und den Erwartungen folgend die Kriminalitätsfurcht steigert, sondern dieser Zusammenhang tagsüber stärker als nachts ist. Die Ergebnisse von zwei Varianzanalysen weisen darauf hin, dass die Kriminalitätsfurcht tagsüber zwar im Mittelwert etwas geringer als nachts ist (im arithmetischen Mittel um 0,8 Punkte), aber der (signifikante) Anstieg zwischen den Altersgruppen tagsüber größer ausfällt (von $\bar{x} = 1,51$ bis auf $\bar{x} = 1,92$ gegenüber $\bar{x} = 2,27$ auf $\bar{x} = 2,49$ nachts). Möglicherweise ist dies einem verstärkten Vermeideverhalten älterer Personen geschuldet, die nachts seltener die Wohnung verlassen und sich dadurch die Einschätzung der Kriminalitätsfurcht nicht stärker jüngeren Befragten mit geringerem Vermeideverhalten

Frauen – das ängstliche Geschlecht? 311

Tab. 13 Vergleich der Kriminalitätsfurcht nachts und tagsüber

	Sicherheitsbefragung 2011		Sicherheitsbefragung 2016	
	Kriminalitätsfurcht			
	Nachts	Tagsüber	Nachts	Tagsüber
Kriminalitätsfurcht nachts	–	,521**	–	,599**
Geschlecht	,141**	,051**	,104**	,027
Alter	,154**	,231**	,142**	,288**
Bildung	–,158**	–,171**	–,199**	–,252**
Partielle Korrelation Geschlecht	,132**	–,027	,111**	–,048*

Bivariate Korrelationskoeffizienten (Pearson) **signifikant 1 %, *signifikant 5 %

unterscheidet. Formale Bildung dagegen senkt erwartungsgemäß die Kriminalitätsfurcht darüber hinaus tagsüber etwas stärker als nachts.

Interessanter sind jedoch die Differenzen bezüglich zunächst der bivariaten Zusammenhänge. Es zeigt sich ganz klar, dass der Zusammenhang zwischen Geschlecht und Kriminalitätsfurcht entscheidend durch die Kriminalitätsfurcht nachts zustandekommt. Tagsüber ist dieser Zusammenhang nicht nur deutlich geringer, sondern im Datensatz der Sicherheitsbefragung 2016 ist er eigentlich nicht mehr vorhanden. Es unterscheiden sich weibliche und männliche Befragte hinsichtlich ihrer Kriminalitätsfurcht also nicht mehr. Noch deutlicher wird dies unter Kontrolle von Bildung, Alter und der jeweilig tagesbezogenen gegenteiligen Kriminalitätsfurcht. In der Sicherheitsbefragung 2016 kehrt sich der Zusammenhang sogar leicht um und wird auf dem 5 %-Niveau signifikant. Damit kann man von einem erheblichen Unterschied in der Kriminalitätsfurcht sprechen, wenn diese Zusammenhänge kontrolliert werden. Zugleich ist damit ein Hinweis auf die Komplexität der Einflussfaktoren auf die Kriminalitätsfurcht gegeben, die mit dem Standardindikator nicht näherungsweise so detailliert aufgeklärt werden kann.

8   Diskussion der Ergebnisse

Unsere Forschungsfrage richtet sich darauf, ob eine höhere Kriminalitätsfurcht von Frauen durch benachteiligende Geschlechternormen und die geringere Verfügbarkeit, insbesondere ökonomischer bzw. ökonomisch relevanter Ressourcen gegenüber Männern verursacht ist. Die Hypothesen richten sich deshalb auf die

Akzeptanz von Geschlechternormen und Ressourcenverteilung. Grundannahme ist, dass die verringerte Geltung von Geschlechternormen (wegen der Unterordnung von Frauen) und die erhöhte Ressourcenverfügbarkeit von Frauen die Differenz in der Kriminalitätsfurcht zwischen den Geschlechtern verringert.

Die stabile und mit 4,3facher Wahrscheinlichkeit höhere Kriminalitätsfurcht der weiblichen Befragten ist ein Resultat, das einer Einordnung bedarf. Insbesondere deshalb, weil, wie eingangs erläutert, auch die Annahme vertreten wird, der zufolge Angst ein evolutionär entstandenes weibliches Merkmal sei. Genauere evolutionsbiologische und soziobiologische Zusammenhänge konnten in diesem Aufsatz nicht herausgestellt werden, da diese schwer messbar sind und daher als Alternativannahmen dienten.

Ein Einwand betrifft methodische Bedenken. Auf die Messung der Kriminalitätsfurcht mittels des Standardindikators richtet sich bereits längere Zeit Kritik. Unser Einwand betrifft vier Punkte: Das Antwortverhalten sollte mittels Ratingskala ermittelt werden, um den Informationsgehalt zu erhöhen. Es sollte ferner eine Bezugnahme auf Sicherheit erfolgen und diese bezüglich tagsüber und nachts erhoben werden. Darüber hinaus betrifft eine Kritik den kriminogenen Gehalt, der mithilfe der Furcht vor konkreten Delikten, wie es z. B. üblich ist, die Viktimisierungserwartung zu messen, erhoben werden kann.

Insgesamt verweist das multivariate Endmodell auf eine multikausale Struktur. Das Effektmaß des interessierenden Hauptmerkmals (Geschlecht) verändert sich nicht unter der Hinzunahme weiterer Variablen, die einen signifikanten gegenläufigen Einfluss auf die Wahrscheinlichkeit des Auftretens von Kriminalitätsfurcht aufweisen. Die sehr verschiedenen Kontrollvariablen Gesundheitszustand, Wohnortgröße, Vertrauen und postmaterialistische Überzeugungen (die im Hinblick auf Kriminalitätsfurcht einschlägig begründet werden können) zeigen deutliche Zusammenhänge, die aber in keiner Weise das Verhältnis Geschlecht – Kriminalitätsfurcht beeinflussen. Mit anderen Worten diese auf sehr verschiedene Bereiche hinweisenden Variablen verlaufen „parallel" zur Variable Geschlecht. Es sind demnach wahrscheinlich jeweils eigenständige kausale Zusammenhänge.

Überraschend wenig Einfluss auf das Modell geht von der Zustimmung zu emanzipatorischen Geschlechternormen aus. Die Modellanpassung verändert sich durch ihre Aufnahme in das Modell kaum. Der Erklärungsbeitrag zur Kriminalitätsfurcht ist demnach gering. Immerhin weisen zunächst beide Variablen auf eine Verringerung der Wahrscheinlichkeit des Auftretens von Kriminalitätsfurcht hin. Zudem hatten wir gefunden, dass weibliche Befragte den emanzipatorischen Geschlechternormen tendenziell eher zustimmen. Am Einfluss der Geschlechtsvariable aber ändert sich im Modell kaum etwas bzw. die Wahrscheinlichkeit von Kriminalitätsfurcht erhöht sich sogar auf das 5-fache, wenn keine weiteren der

Frauen – das ängstliche Geschlecht?

begründeten Variablen aufgenommen sind. Auffällig ist, dass die Zustimmung zu egalitären Geschlechternormen bezüglich der Vereinbarkeit von Mutterschaft, wenn auch nicht signifikant, die Wahrscheinlichkeit von Kriminalitätsfurcht in allen Modellen auf dem gleichen Niveau senkt. Anders dagegen die Zustimmung zu egalitären Erwerbsnormen der Verteilung zwischen Mann und Frau. Bereits unter Hinzunahme der Erwerbsvariablen verliert diese Variable ihre Signifikanz und sinkt der Einfluss auf die Verringerung der Kriminalitätsfurcht. Wenn die Kontrollvariablen hinzugenommen werden, hat diese Variable keinen Einfluss mehr.

Mit Blick auf die Emanzipationshypothese ist festzustellen, dass die Erwerbsvariablen einen insgesamt geringen Einfluss aufweisen, wenngleich dieser wie erwartet die Kriminalitätsfurcht senkt. Auffällig ist insbesondere der ausbleibende Zusammenhang des eigenen Einkommens mit der Kriminalitätsfurcht. Weder die Kriminalitätsfurcht noch die Geschlechterdifferenz werden durch das eigene Einkommen gesenkt. Abgesehen davon verändern die Erwerbsvariablen in nur sehr geringem Umfang die Wahrscheinlichkeit des Auftretens von Kriminalitätsfurcht.

Mehr Klarheit könnte in diesem Zusammenhang die Messung des psychologischen Geschlechts bringen. D. h., das Selbstbild nicht über die Akzeptanz von Normen zu ermitteln, sondern direkt zu messen, ob das Selbstbild in den beiden Dimensionen expressiv und instrumentell eher maskulin, feminin, indifferent oder androgyn ausfällt. Mithilfe des GEPAQ wäre es möglich, diese Autostereotype im Unterschied zu den Geschlechternormen, relativ unbeeinflusst von öffentlichen Präferenzen zu messen. So könnten männliche und weibliche Befragte mit dem gleichen Autostereotyp in Bezug auf Kriminalitätsfurcht verglichen werden, wie z. B. weibliche und männliche Befragte mit einem maskulinen Selbstbild. Eine solche Forschungsperspektive, mit der basale Persönlichkeitseigenschaften gemessen werden, haben Giolla und Kajonius (2018) eingenommen. In einer internationalen Studie haben sie den Zusammenhang zwischen dem länderspezifischen Index des Global Gender Gap Reports von 22 Ländern mit der Messung von Persönlichkeitseigenschaften (Dimensionen der Big Five) geprüft. Im Ergebnis zeigt sich, dass mit einer zunehmenden Gleichstellung der Geschlechter die Differenz zwischen den Geschlechtern tendenziell in den fünf Dimensionen der Persönlichkeitsmessung größer wird (Giolla und Kajonius 2018, S. 3 f.). Mit anderen Worten ergibt sich ein weiter zu prüfender Hinweis, demzufolge mit dem Sinken geschlechtsspezifischer sozialer Restriktionen die Differenzen in den Persönlichkeitsdimensionen der Geschlechter größer werden. Abgesehen von den Interpretationsmöglichkeiten dieses Ergebnisses sehen wir darin eine Bestärkung des Arguments, in sozialwissenschaftlichen Forschungen zum Geschlecht Instrumente der Persönlichkeitsmessung stärker zu berücksichtigen.

Literatur

Adler, F. (1976). *Sisters in crime. The rise of the new female criminal.* New York: Mc Graw-Hill.

Atteslander, P., & Kneubühler, H.-U. (1975). *Verzerrungen im Interview.* Opladen: Westdeutscher Verlag.

Bals, N. (2004). Kriminalität als Streß – Bedingungen der Entstehung von Kriminalitätsfurcht. *Zeitschrift Soziale Probleme, 15,* 54–76.

Becker, G. (1965). The theory of the allocation of time. *The Economic Journal, 75,* 493–517.

Böhnisch, L. (2018). *Der modularisierte Mann.* Bielefeld: transcript.

Boers, K. (1991). *Kriminalitätsfurcht.* Pfaffenweiler: Centaurus-Verlagsgesellschaft.

Brownlow, A. (2005). A geography of men's fear. *Geoforum, 36,* 581–592.

Byrnes, J. P., Miller, D. C., & Schafer, W. D. (1999). Gender differences in risk taking: A meta- analysis. *Psychological Bulletin, 125,* 367–383.

Campbell, A. (1999). Staying alive: Evolution, culture, and women's intrasexual aggression. *Behavioral and Brain Sciences, 22,* 203–214.

Campbell, A., Muncer, S., & Bibel, D. (2001). Women and crime. An evolutionary approach. *Aggression and Violent Behavior, 6,* 481–497.

Chodorow, N. (1985). *Das Erbe der Mütter. Psychoanalyse und Soziologie der Geschlechter.* München: Verlag Frauenoffensive.

Coleman, J. (1991). *Grundlagen der Sozialtheorie* (Bd. 1). München: Oldenbourg.

Connell, R. W. (1995). *Masculinities.* Berkeley: University of California Press.

Cops, D., & Pleysier, S. (2010). ‚Doing gender' in fear of crime: The impact of gender identity on reported levels of fear of crime in adolescents and young adults. *The British Journal of Criminology, 51,* 58–74.

Cranach, X. (2017). Angst. Der Spiegel, 48.

Darwin, C. (1996). *The Origin of species* (Herausgegeben von G. Beer). Oxford: Oxford University Press (Erstveröffentlichung 1859).

Ellis, L., & Walsh, A. (1997). Gene-based evolutionary theories in criminology. *Criminology, 35,* 229–276.

Fetchenhauer, D., & Buunk, B. P. (2005). How to explain gender differences in fear of crime: Towards an evolutionary approach. *Sexualities, Evolution & Gender, 7,* 95–113.

Fetchenhauer, D., & Rohde, P. A. (2002). Evolutionary personality psychology and victimology: Sex differences in risk attitudes and short-term orientation and their relation to sex differences in victimizations. *Evolution and Human Behavior, 23,* 233–244.

Gilbert, A. M., Gilbert, B. O., & Gilbert, D. G. (1994). Fears as a function of gender and extraversion in adolescents. *Journal of Social Behavior and Personality, 9,* 89–94.

Giolla, E. M., & Kajonius, P. J. (2018). Sex differences in personality are larger in gender equal countries: Replicating and extending a suprising finding. *International Journal of Psychology.* https://doi.org/10.1002/ijop.12529.

Hale, C. (1996). Fear of crime: A review of the literature. *International review of Victimology, 4,* 79–150.

Hauser, S. (2007). Gewissensentwicklung in neueren psychoanalytischen Beiträgen. In C. Hopf & G. Nunner-Winkler (Hrsg.), *Frühe Bindungen und moralische Entwicklung* (S. 43–68). Weinheim: Juventa.

Frauen – das ängstliche Geschlecht? 315

Hirschauer, S. (2016). Der Diskriminierungsdiskurs und das Kavaliersmodell universitärer Frauenförderung. *Soziale Welt, 67,* 119–135.

Hollstein, W. (2012). *Was vom Manne übrig blieb. Das missachtete Geschlecht.* Stuttgart: opus magnum.

Hopf, C., Silzer, M., & Wernich, J. M. (1999). Ethnozentrismus und Sozialisation in der DDR. In P. Kalb, K. Sitte, & C. Petrym (Hrsg.), *Rechtsextremistische Jugendliche – Was tun? 5. Weinheimer Gespräch* (S. 80–121). Weinheim: Beltz.

Hunger, I. (2011). Empirische Annäherungen an die frühkindliche Bewegungswelt unter dem Aspekt „Gender". Buchreihe. In T. Bindel (Hrsg.), *Feldforschung und ethnographische Zugänge in der Sportpädagogik: Bd. 2. Forum Sportpädagogik* (S. 89–103). Aachen: Shaker.

Klingemann, H. (2018). Sucht, Männergesundheit und Männlichkeit – ein neu entdecktes Thema. In J. Jacob & H. Stöver (Hrsg.), *Männer im Rausch* (S. 33–76). Bielefeld: transcript.

Kury, H., & Obergfell-Fuchs, J. (2003). Kriminalitätsfurcht und ihre Ursachen. *Der Bürger im Staat, 53,* 9–18.

Lindenberg, S. (1988). *Social production functions, deficits, and social revolutions: A theory of revolution exemplified by pre-revolutionary France and Russia. Prepublication no.2.* Utrecht: ICS.

May, D. C., Rader, N. E., & Goodrum, S. (2010). A gendered assessment of the „threat of victimization": Examining gender differences in fear of crime, perceived risk, avoidance, and defensive behaviors. *Criminal Justice Review, 35,* 159–182.

Meixner, S. (2010). *Kriminalitätsfurcht. Einfluss von Alter, Geschlecht, Copingfähigkeit und Geschlechterrollen.* (Diplomarbeit, Uni Wien).

Mühler, K. (2014). Das Kriminalitätsfurchtparadox und geschlechtsspezifische Vulnerabilität. In I. Nagelschmidt & B. Borrego (Hrsg.), *Interdisziplinäres Kolloquium zur Geschlechterforschung II* (S. 51–74). Frankfurt a. M.: Peter Lang GmbH.

Mühler, K. (2015). Geschlecht und Kriminalität: Aggressive Männer – ängstliche Frauen? In I. Nagelschmidt & B. Borrego (Hrsg.), *Genderkompetenzen. Ausgewählte interdisziplinäre Beiträge aus Forschung und Lehre an der Universität Leipzig* (S. 83–115). Frankfurt a. M.: Peter Lang GmbH.

Rader, N. E. (2008). Gendered fear strategies: Intersections of doing gender and fear management strategies in married and divorced women's lives. *Sociological Focus, 41,* 34–52.

Reuband, K.-H. (2008). Erscheinungsformen, Trends und soziale Determinanten. In H.-J. Lange (Hrsg.), *Auf der Suche nach neuer Sicherheit. Fakten, Theorien und Folgen* (S. 233–251). Wiesbaden: Springer VS.

Runge, T. E., Frey, D., Gollwitzer, P. M., Helmreich, R. L., & Spence, J. T. (1981). Masculine (instrumental) and feminine (expressive) traits. A comparison between students in the United States and West Germany. *Journal of Cross-Cultural Psychology, 12,* 142–162.

Sessar, K. (1998). Kriminalitätseinstellungen: Von der Furcht zur Angst? In H.-D. Schwind, E. Kube, & H.-H. Kühne (Hrsg.), *Festschrift für Hans Joachim Schneider* (S. 399–414). Berlin: Walter de Gruyter.

Sieverding, M., & Alfermann, D. (1992). Instrumentelles (maskulines) und expressives (feminines) Selbstkonzept: ihre Bedeutung für die Geschlechtsrollenforschung. *Zeitschrift für Sozialpsychologie, 23,* 6–15.

Spiro, M. E. (1975). *Children of the kibbutz: A study in child training and personality* (Rev Aufl.). Cambridge: Harvard University Press.

Walsh, A. (2010). *Biology and criminology: The biosocial synthesis.* Abingdon: Routledge.

Warr, M. (1990). Dangerous situations: Social context and fear of victimization. *Social Forces, 68,* 891–907.

World Economic Forum (2017). The Global Gender Gap Report.

Hovestadt, Till Universität Leipzig, Institut für Soziologie, Beethovenstr. 15, D-04107 Leipzig, th92suro@studserv.uni-leipzig.de, Forschungsschwerpunkte: Ungleichheitsforschung, insbesondere von Bildungsungleichheiten; Kriminologie; Forschungsmethodik und Statistik.

Mühler, Kurt Prof. Dr., Universität Leipzig, Institut für Soziologie, Beethovenstr. 15, D-04107 Leipzig, muehler@sozio.uni-leipzig.de, Forschungsschwerpunkte: Wahrnehmung und kognitive Verarbeitung von Kriminalitätsphänomenen und deren Einfluss auf das Sicherheitsempfinden; Wirkung von Geschlechternormen auf das Sozialverhalten.